本书受到
云南省哲学社会科学学术著作
出版专项经费资助

杨林军 著

明至民国时期纳西族文化地理研究

A Cultural Geography Study on Naxi Ethnic Minority from Ming Dynasty to the Period of Republican China

中国社会科学出版社

图书在版编目(CIP)数据

明至民国时期纳西族文化地理研究/杨林军著.—北京:中国社会科学出版社,2016.3
ISBN 978-7-5161-8328-1

Ⅰ.①明… Ⅱ.①杨… Ⅲ.①纳西族—文化地理学—研究—中国—明代—民国 Ⅳ.①K285.7②K928.6

中国版本图书馆CIP数据核字(2016)第123984号

出 版 人 赵剑英
责任编辑 郭 鹏
责任校对 张艳萍
责任印制 李寡寡

出 版 中国社会科学出版社
社 址 北京鼓楼西大街甲158号
邮 编 100720
网 址 http://www.csspw.cn
发 行 部 010-84083685
门 市 部 010-84029450
经 销 新华书店及其他书店

印 刷 北京君升印刷有限公司
装 订 廊坊市广阳区广增装订厂
版 次 2016年3月第1版
印 次 2016年3月第1次印刷

开 本 710×1000 1/16
印 张 24.5
字 数 425千字
定 价 89.00元

序

历史文化地理的研究在近些年逐渐成为历史地理研究中的重要分支，总的来看，目前的历史文化地理研究成果基本上可分成三大类，一是区域综合文化地理，二是专题历史文化地理，三类是断代综合文化地理。但是从现在的区域历史文化地理研究来的看，基本上都是以行政区划为研究空间的，主要是一种功能文化区的概念下的研究，很少用其他自然区、民族区、文化区进行文化地理研究的。在文化区这个意义上的历史地理研究往往只是区域专题研究，如岭南服饰地理、西南彝族服饰地理的研究，而以荆楚、巴蜀、吴越等为空间背景的文化研究还不是严格意义上的历史文化地理研究。目前专题的历史文化地理研究往往多是从文化现象的文化背景研究入手，其中周振鹤先生的研究尤为突出，共他学者的研究论文也很多。有关断代文化地理的研究较多，如汉晋文化地理、秦汉区域文化研究、宋代地域文化的研究。应该看到，以一个小区域少数民族聚居区为空间进行的综合历史文化地理的著作还很少，所以，杨林军博士以川滇纳西族聚居区为研究空间，全方位展现这个区域的重要文化要素的时空演变，分析其变化的原因，仅从选题的空间选择和内容全面意义上来看，都是值得称道的。

中国许多少数民族，由于地缘和历史发展进程的因素，发展到今天，其民族保存的中古历史痕迹和中古历史记忆远远比汉民族更丰富，许多在中古时期各民族共有的文化，发展到今天，由于汉族面临一统儒学和西方现代化的影响明显，中古文化特征往往大多消失殆尽，但往往是在少数民族中得以保存下来，成为研究中古文化时期的活化石。纳西族是中国古代氐羌系统民族中的一个重要分支，其聚居的环境和区位的特殊性使其在氐羌系统民族中保留了大量上古中古时期的社会文化特征，特别是纳西象形文字、洞经音乐、特殊的婚姻制度尤为明显。

我注意到杨林军本身是纳西族学者，长期生活在金沙江边的那块热土上，熟悉民族语和文字，所以，研究除运用了大量汉文文献，也运用了许多纳西族东巴文、碑刻和地方考古材料，使我们能更全面地了解纳西族地域的文化特征。

在历史文化地理的研究中，文化区的划分十分重要，也有较大的难度，杨林军在前人的研究基础上对纳西族地区丽江、中甸白地、永宁三大文化亚区的历史发展进程作了深入的分析，特别是深入分析了形成这个亚区的自然环境、区域地缘、文化政治等原因，有较大的学术价值。

历史文化地理研究应该具有较强的现实意义，故从杨林军的论文中至少可以引发我们两个方面的反思。

第一是在历史发展进程中怎样处理好传统与现代的关系问题。在传统中国思维中有一种相当可怕的现象，就是对历史上的过去往往采取彻底打倒、完全否定后完全重新建立的全新世界的思维。这种思维如果从政治上看还可以理解，但在文化上这种方式的影响就很可怕。我们知道任何文化的发展都应该是哲学意义上的“扬弃”的发展，但在近代中国现代化的过程中，我们对传统文化从非物质的思想到物质的景观都往往是彻底打倒，往往将现代化与传统文化完全对立起来，这使我们许多民族地区出现“双重丧失”，即传统文化丧失与真正现代化缺乏的“双重丧失”。应该看到纳西族地区也是面临这种问题。所以，怎样才能做到既能很好保存纳西族的文化，又能很快完成现代化，这是我们急需解决的问题。在这方面，日本近代从明治维新以来处理传统与现代化的关系是值得我们学习的。

第二是历史文化的多元化问题。其实在历史发展中和社会进步中的一个很重要的因素就是社会文化的多元共存，这可使不同群体价值的共同实现，人类身心空间的尽可能释放。在中国历史上就有不同民族间各种文化制度共存现象。以婚姻制度为例，纳西族在历史发展中，单偶制（一夫一妻制）、多偶制（一夫多妻、一妻多夫、多夫多妻制）、对偶制（走婚制）一度共存，具体就如杨林军总结的以丽江为中心的一夫一妻制、以泸沽湖为中心的走婚制、以俄亚为中心的安达婚与共妻共夫制。在历史上这三种婚姻适应于不同的社会自然环境，相安共存，内部平安和谐。其实，我们不要简单认为这些制度是落后的，反而我们面对现代婚姻制度带来的种种社会问题时，我们是否应该对现代一统婚姻制度产生反思，能从传统婚姻制度中汲取一些合理的东西吗？从长远来看，婚姻制度的多元化是否也应该是人类社会文明进步的标志之一呢？

应该看到，区域历史文化地理的研究空间还十分大，有许多区域都亟待研究，在研究方式手段上也还需要创新，杨林军在这方面为我们做了一个很好的尝试。整体上来看，历史文化地理的研究怎样将量化研究与感性研究结合、怎样处理好历史文献记载与田野考察材料关系、怎样将现化技术融入历史文化地理研究之中、怎样从历史文化地理中汲取现实所需的营养是我们要注意的四大问题。这需要我们共同努力。

蓝勇

2015 年 9 月 11 日

蓝勇，男，汉族，四川泸州人。

西南大学历史地理研究所所长、西南历史地理研究中心主任、教授、博士生导师，历史地理学博士点学术带头人。主持国家级项目 30 多项，出版各类著作 20 多部，发表论文 180 多篇、杂文 30 多篇。

同时兼任国家社会科学基金专家组专家，教育部历史教学指导委员会委员、中国地理学会历史地理专业委员会副主任，《历史地理》副主编，《中国历史地理论丛》编委，《中国人文田野》《中国图像史学》《西南史地》主编，中国唐史学会理事，中国民族研究会理事，中国西南民族研究会常务理事，中国地理学会西南代表处委员，重庆市政协特邀委员，重庆史学会常务理事，重庆地理学会理事兼历史地理专业委员会主任，重庆市三峡文化研究会副会长，重庆三国文化研究会常务理事，重庆川江号子研究会副会长，重庆市旅游规划专家咨询委员会委员，重庆市文化发展与改革委员会委员。

享受政府特殊津贴，获霍英东优秀青年教师奖（研究类）、四川巴蜀十佳优秀教师等称号和荣誉，入选教育部新世纪优秀人才计划、重庆市“322 人才计划”第一层次人选、重庆市社会科学领军人物、重庆市学术技术带头人等。

目　录

表目录

图片目录

地图目录

绪　　论

历史地理学“是研究历史时期人类地理环境变化，以及环境与人类和人类社会发展关系的科学”。[①] 其下分为历史自然地理、历史人文地理、历史地理理论与文献研究三个部分。历史文化地理属于历史人文地理的范畴，是“研究历史时期各种文化现象的地域系统及其形成和发展规律的科学”，有明显的交叉性学科倾向。本书以历史地理学理论为研究基础，探讨明至民国时期纳西族文化地理的分布、变迁、差异特征及文化区演变等。本书以纳西族文化的时空二维度为研究的经纬坐标，试图打破行政区划的界线，以纳西族整体文化观为基调来研究文化演变的时空关系，并讨论综合文化区的特点及各个文化亚区的差异特征。

一　选题缘起、意义及研究思路

一　选题缘起

本书出于以下四点考虑：

其一是历史文化地理学科发展的需要。在中国，真正意义上的历史文化地理研究兴起于20世纪80年代，三十余年来已取得丰硕成果，正朝着更加深化主题和更加宽广的领域发展。中国各民族在历史上形成了“你中有我，我中有你”的中华民族共同体，各少数民族文化是中华文化不可或缺的组成部分，共同构成了绚丽多彩的中华文化。从三十余年来历史文化地理研究来看，少数民族地区的历史文化地理研究成果很少，很多少数民族的历史文化地理研究还是空白，这对中华文化地理的综合性研究是一个不足，本书是弥补这一领域研究的一次尝试，目的是为其他民族的历

---

① 蓝勇编著：《中国历史地理》（第二版），高等教育出版社2010年版，第1页。

史文化地理研究提供一种研究模式，为中华民族文化地理整体观的研究提供样本。

其二是构建纳西学学科体系的需要。纳西族文化中的东巴文化、摩梭母系文化、纳西古乐已成为国际性的显学，被赞誉为“小民族创造大文化”，引起国内外学者的广泛关注。白庚胜①提出：“纳西学就是以纳西族为研究对象的学科……（研究内容包括）纳西族的生存环境、存在历史、生活方式、精神信仰、组织制度、艺术创造、技术成就等。”② 现有的纳西学研究重点在东巴文化、摩梭母系文化这两大主题上，从历史地理学视角来研究的成果极少，与当前研究热点极不匹配，也是学科建设中的明显不足。

其三是明至民国时期纳西族地区的文化融合与分异最为突出。选取明至民国时期作为研究的时间界限，是因为从纳西族整个历史来考察，明至民国时期是纳西族文化变化最突出、最剧烈的时期，东西文化区的特征明显，与其他各民族文化接触和交融最为活跃，远胜于汉至元时期。加之明代以前纳西族汉文献资料奇缺，考古和民族文献极少，选取这一时段也有客观条件限制的考虑。有关纳西族文化的研究虽然起步很早，但以往的研究多从文化史的角度去描述其发展演变过程，而鲜有以地理的视角对其文化现象的分布、成因及其变迁规律进行探讨。这方面研究的缺乏，往往会削弱我们对纳西族文化总体面貌的把握和理解。纳西族生活区域处于“藏彝走廊”③ 的核心地区，研究纳西族历史文化应该放在这个大区域内进行，以便使视野更加宽广，结论更能客观反映真相，这对于揭示和解构“藏彝走廊”中各民族的历史文化是有帮助的。

其四是认识“我是谁”的需要。笔者作为纳西族一分子，研究纳西族的历史文化，是对根的眷恋，更是民族的责任。现代化交通改变了封闭的地理格局，在片面追求经济发展的背景下，“玉璧金川”的原生形态正在改变着；旅游大潮下民族文化正在变异、消融，民族地区的数次行政改

① 为行文方便和学术规范，避免顾此失彼，凡是文中提及的专家、学者均直接使用姓名，不加头衔，特作说明。

② 白庚胜：《纳西学发凡》，白庚胜、和自兴主编《白庚胜纳西学论集》，民族出版社 2008 年版，第 13 页。

③ 费孝通在 1978 年政协民族组会议、1981 年中央民族学院民族研究所座谈会、1982 年武汉与部分少数民族同志座谈会上发言后提出了“藏彝走廊”的概念。“藏彝走廊”是一个区域性概念，与历史地理学有着密切的联系。

制，纳西族的生存空间正处于解构和重组中。沉湎于古城（丽江古城）、古字（东巴象形文字）、古乐（纳西古乐）之中的纳西人，需要思考的不只是民族现代化的问题，还要思考更深层次的民族文化发展的原动力、发展空间和民族文化特质，重新认识纳西族地区的人地关系。

二　选题意义

历史地理学是最具现实关怀的学科，"从现代历史地理学的角度去解释现代自然地理、社会发展、人文背景等因素的演变历程，探索其演变规律及内在原因，无疑会对今天的经济建设提供许多借鉴和参考，可对未来的发展提出具有规律性的预见"。[①] 因此，本书具有学术和现实的双重意义。

1. 本书是研究中国少数民族历史文化地理的一次尝试

通过考察和梳理三十年来中国历史文化地理研究成果，我们不难发现，涉及少数民族的论著很少，论文也不多，与汉族地区文化地理研究的丰硕成果相形见绌。本书全面考察明代以来纳西族地区的文化地理，梳理和揭示了纳西族文化形成、变迁及与其他民族文化冲突、融合的过程和规律，增强对中华民族多元一体格局形成的认识，从而丰富中华民族灿烂的文化。它为少数民族地区历史文化地理研究提供一种思路和启发，也为实现全国性历史文化地理的构建打下了基础。历史时期中原汉人对少数民族的偏见和歧视，主要源于在"数千年追求大一统的历史过程中，人们对文化也形成了定于一尊的理想。尽管各地民风习俗的差异从来就不曾消弭，但古往今来都认为它是一种不理想状态，属于理当整齐之列。从秦代的'书同文'到现代的规范语言文字，从北魏孝文帝的改革到明初朱元璋的'革命'，一直有这一文化观念的具体表现"。[②] 今天，中国明确提出"民族平等、民族团结和各民族共同繁荣"的民族政策，费孝通从文化层面也提出"各美其美，美人之美，美美与共"的大同理想。各民族只有强弱、大小之分，没有优劣之别。因此，研究各少数民族历史时期的文化，是丰富和繁荣中华民族文化的需要。

2. 本书开启了纳西族历史文化地理研究的新视角

通过研究明代以来纳西族文化的分布情况、演变规律，我们复原了

---

① 蓝勇编著：《中国历史地理》（第二版），高等教育出版社 2010 年版，第 15 页。

② 张伟然：《湖北历史文化地理》，湖北教育出版社 2000 年版，第 4 页。

明、清、民国时期纳西族文化景观，尤其是纳西族对外来文化的吸纳、消化，充实和丰富了本民族文化；同时，本书认为，在其他因素作用下，纳西族文化内部出现了分异和变异，形成了多元一体的纳系族群文化。本书是第一次提出纳西族文化区可分三个文化亚区，第一次以纳系族群的视野来研究文化地理问题，突破了前人研究中“重西轻东”之羁绊，比之传统的纳西族文化史研究更具有学术意义和启迪作用。它将弥补纳西族文化地理研究之不足，也将在一定程度上充实和丰富纳西学。

3. 在西部大开发战略背景下研究滇川藏交角的纳西族文化，具有旅游开发、经济发展、社会安定等方面的现实意义

历史地理学强调“现实关怀”，为现实服务。历史文化地理不仅关注时间上的文化变迁，还重视文化现象的空间分布状况，如宗教信仰的空间分布与差异、民族服饰的空间分布与差异、民风民俗的空间分布与差异、民族语言的空间分布与差异等，这些都为界定一个民族文化区的文化特色起着重要的作用，“而文化特色的定位对于文化旅游资源开发很有价值”。[①] 本书的研究可为丽江旅游文化、泸沽湖环线旅游、大香格里拉旅游圈规划提供文化地理视角的学术支持。如何治理民族自治区域，如何制定民族政策都要研究民族文化特点和形成的历史过程，盲目、片面地制定民族政策和发展规划，势必会影响民族地区的和谐发展。

三 研究思路

本书从纵向研究明至民国时期纳西族文化时空变迁，关注不同历史时期内不同区域文化差异，从内因和外因两个层面探讨形成文化差异的地理原因和社会因素。以最具文化地理特质和民族特质的指标为研究对象，梳理、对比、分析和综合纳西族多元文化形成的历史和地理因素，构建历史时期纳西族文化变迁的地理学观点，以期对纳西族文化进行地理学的诠释，从而为民族地区文化地理研究提供思路和研究模式。

复原历史时期纳西族的文化景观，关键在于选取指标。一个民族、一个地区的文化非常广泛，不同视野下可以架构起不同的文化景观。所以，指标的选取应该具有民族特点，这样才能反映出民族的文化特性。选取民族文化的指标是主观行为，会受到不同知识根源、文化积淀、个人偏好等

① 蓝勇编著：《中国历史地理》（第二版），高等教育出版社2010年版，第20页。

因素的影响，没有现成和客观的规定性。即便是选取到某一指标，其构成的各种因子对主题的权重是不一样的。如果选取了一些看似重要实则细枝末节的因子，那就很难实现预设的目标。文化地理学者一般把语言和宗教作为首选的指标，在中国，语言指的是汉语言。那么，纳西族地区应该选取汉语还是纳西语呢？如果把汉语言作为研究指标，显然会让研究者感到无从下手，毕竟汉语言对少数民族的影响是有局限的，汉语言对于少数民族而言近似于第一外语，生活在交通极端不便的纳西族地区，汉语言就成为研究的次要因子。因此，在语言选择上以纳西语方言为指标。在宗教的选择上，纳西族的信仰从自然崇拜到人文崇拜，从苯教到东巴教，从汉传佛教到藏传佛教等，还有地方性的信仰文化。依据选题的内在要求和纳西族文化的总体特点，笔者选取的主要研究指标有：第一，民族语言文字：主要考察纳西语变迁，地域分布特点，东巴文献传世地域特点，汉、藏语言的影响等方面；第二，宗教信仰：东巴教及地方信仰变迁、藏传佛教、汉传佛教、道教等外来宗教冲击和信仰改变；第三，风俗文化：从祭天、丧葬、婚俗三个方面来考察；第四，物质生活：选取服饰、饮食、民居等方面；第五，艺术文化：选取建筑艺术、壁画等；第六，汉文化在纳西族地区的全面影响等。这些文化因子在明至民国时期都有明显变迁，重构了纳西族文化机体。选题最后一章，也是最重要的一部分，将对所选取文化因子进行综合分析，从自然环境因素、交通开发程度、政治权力、行政区划、外来文化挤压和民族互动等方面来分析文化演变的过程和文化区的成因，最终归结到人地关系的调适上来。

二　相关研究综述

总体而言，历史文化地理学的研究成果非常丰富，包括历史文化地理学的理论和研究方法的探讨，主题性（如方言、信仰、民俗等）的研究，文化区研究等。本书的一个核心内容是历史时期的纳西族文化，这方面的研究参差不齐，从历史地理学角度来研究的成果显得很单薄。

一　历史文化地理的理论和研究方法的探讨

1. 关于历史文化地理的定义及学科属性的讨论

从目前的研究成果看，历史文化地理的定义不尽相同，其原因在于学者的学科背景和研究方向不同，受到研究目的和学科发展趋势的影响。毛曦认为，历史文化地理学“是研究不同历史阶段各种文化现象的地域系统及其形成和发展规律的一门科学”。① 从它的研究内容和方法看，具有文化地理学、历史地理学和文化史的特点，认为是三者的分支学科或是交叉学科。这一定义更倾向于地理学的分支学科——文化地理学的定义。文化地理学对于历史文化地理学的影响远胜于历史学本身的影响，很多学者的论著都受到文化地理学理论的影响，甚至是在其理论架构体系下完成的。王恩涌在《文化地理学》② 一书中介绍了美国学者提出的“主题研究学说”，把文化地理的研究内容划分为文化区、文化扩散、文化生态、文化整合以及文化景观五大主题。这套“主题学说”理论在国内地理学界产生了重要的影响，至今仍占居重要的学术地位。日本地理学者木内信藏等人曾将文化地理学的文化要素归纳为五个方面：语言地理、宗教地理、民俗与生活、民居地理以及农业的起源与传播。③ 张步天的《中国历史文化地理》、司徒尚纪的《广东文化地理》、周振鹤的《中国历史文化区域研究》等力作所选取的研究指标都是以方言、民俗、宗教、人才（学校、文化、学术）、艺文等来展开的，这些都是文化地理学研究的常规指标。可见，历史文化地理学一开始就受到文化地理学思想、研究内容、研究方法等因素的影响，甚至起到了决定性的作用。那么，历史文化地理学到底归属于哪一门学科呢？

对于历史地理学的学科属性，学界有四种基本看法：其一认为应归属于历史学，是历史学的二级学科；其二认为应归属于地理学，是地理学的三级学科；其三认为是历史学和地理学的交叉学科；其四认为是独立的综合性学科，朝着“人地时空学”发展。④ 历史地理学一出现就处于学科属性的讨论中，至今没有定论，这也说明了历史地理研究成果不足以定论的现实。作为历史人文地理分支下的次级分支学科——历史文化地理，其学科属性在学界仍在热烈地讨论中。有的认为它是历史地理学的分支学科，有的认为是文化地理学分支学科，还有的学者认为是历史地理学、文化地

① 毛曦：《历史文化地理学的理论与方法》，《陕西师范大学学报》（哲学社会科学版）2002 年第 3 期。

② 王恩涌：《文化地理学》，江苏教育出版社 1995 年版。

③ 王星、孙慧民、田克勤等：《人类文化的空间组合》，上海人民出版社 1990 年版。

④ 蓝勇编著：《中国历史地理》（第二版），高等教育出版社 2010 年版，导言。

理学和文化史的交叉学科。对此，谭其骧在《历史人文地理研究发凡与举例》一文中点出了问题所在：“文化区域的形成因素主要是语言、信仰、生活习惯、社会风气的异同……历史文化地理研究所选取的指标与民族学、文化人类学有着非常相似的特点，因此，容易给人一种研究相同问题的假象，其实，都在完成自己的任务和实现自己的目标。”①

地理学者认为，文化地理学包括当代文化地理学和历史文化地理学，“是代表着地理学新的发展方向”。历史地理学者则认为，它是历史人文地理学下的一个分支，与民族地理、经济地理、政治地理等处于并列地位。更多的学者倾向于把历史文化地理学归属于交叉学科。如陈正祥根据多年的研究，认为划分的难度很大，“我体会到文化地理和历史地理实在难以严格划分；譬如地名，它是文化地理的一个构成部分，但却追随历史而不断改变”。② 一般认为，文化史是文化学的一个分支。文化史以研究历史时期的文化现象及其发展过程与演变规律为对象，既要研究文化各要素的历史发展过程与规律，又要研究文化现象空间组合的历史过程与规律，前者如思想文化史、风俗文化史、语言文化史等，后者即属于历史文化地理学的范围。历史文化地理学研究内容多与文化史相同，因此，也有人提出了历史文化地理学是文化史的分支学科。

既然历史文化地理学是多学科的交叉，那么，它是否存在自身的研究内容和特点？显然，历史文化地理学作为一个历史学和地理学的分支，有着自己的学科体系。首先，历史文化地理学有着自己的理论与研究方法，与现代文化地理学、文化史的关注点是不一样的。如文化史，关注的是过程和变化，而淡化地域分布及其特点的研究。其次，历史文化地理学已经形成的理论体系和研究内容构成了该学科的重要体系。最后，历史文化地理学已经形成学科体系。历史文化地理下可分作区域历史、断代（时间段）、文化本体三个层面的历史文化地理，“而文化本体的历史文化地理研究又可分为文化要素的历史文化地理研究和文化区划的历史文化地理研究。按空间、时间和文化本体进行的划分仍可再做进一步的划分”。③

---

① 谭其骧：《历史人文地理研究发凡与举例》，《历史地理》1992 年第 10 期。

② 陈正祥：《中国文化地理》，生活·读书·新知三联书店 1983 年版，第 3 页。

③ 毛曦：《历史文化地理学的理论与方法》，《陕西师范大学学报》（哲学社会科学版）2002 年第 3 期。

2. 历史文化地理研究内容和方法的讨论

历史文化地理学是20世纪80年代才兴起的年轻学科，因其涉及历史、地理、文化等多个维度，所以研究方法就更多地借助于其他学科，采用什么样的方法取决于所研究主题或内容的需要，三十年来在某些主题研究领域已形成了研究范式，但从整个学科来看，任重而道远。

《对中国历史文化地理研究的思考》① 一文是作者长期在历史地理学中潜心研究的结晶，也是对《西南历史文化地理》著作的一次总结和反思，从理论到实际，再到理论高度，言之凿凿，很有启发性。文中讨论了“文化因子”的概念，提出划分文化区的关键在于文化因子的取舍，而复原文化因子愈多，文化区愈加明晰；文化区的研究不仅要讨论不同地区的文化差异，还要关注同一文化区内部亚文化区的差异。作者列举了首先尝试“人种体质特征差异”来研究西南文化地理，是一个开创性的研究方法。张伟然在《中国历史文化地理研究的核心问题》一文中认为，文化地理研究主要朝三个研究路径发展：“一种是象做专门史似的，做断代研究，如卢云的《汉晋文化地理》；一种是就某一种文化现象展开分析，类似于部门地理研究，如周振鹤、游汝杰的《方言与中国文化》；还有一种是以区域为中心，就其历史文化的空间发展过程进行研究，目前这方面的成果最多，已经出版的有广东、湖南、湖北、陕西及西南等多种。”② 接着他提出，把“文化水平”和“文化面貌”作为中国历史文化地理研究的两个核心问题。前者通过指标体系的设定来量化分析，如文化人数、文化成果、文化设施等；后者则主要讨论区域分异，如方言、宗教、民俗等。这两方面具有不同任务和目标的文化因子，在获取资料、处理手段等方面就表现为不同的价值目的。从这一点出发，也许可以为中国历史文化地理的研究建立起一些核心的学术概念。雍际春的《论历史文化地理学的研究对象、科学内容及其任务》也是从五个方面来概括历史文化地理研究的内容，“历史时期地理环境与文化发展的相互关系、历史时期的文化区域、文化传播、文化景观以及历史时期各文化要素的空间组合及其规律等”③。这五个方面包含有庞大的指标体系，这些指标当然就依据研究

① 蓝勇：《对中国历史文化地理研究的思考》，《学术研究》2002年第1期。

② 张伟然：《中国历史文化地理研究的核心问题》，《江汉论坛》2005年第1期。

③ 雍际春：《论历史文化地理学的研究对象、科学内容及其任务》，《中国历史地理论丛》1994年第3期。

对象来选取，不必面面俱到。

在研究方法上，蓝勇从时间断面与文化分区、人才的统计和指示意义、个性特征的心理计量分析、移民籍贯统计四个方面来具体展示各种方法的巧妙运用。他还就历史文化地理研究方法提出五点要求：区域历史文化分区的研究必须依赖于区域文化各种因子的复原研究，历史文化地理研究还要更多地向其他学科学习研究方法，在划分综合文化区时，当务之急是要解决不同时间断面上的文化分区问题，形式文化区和机能文化区如何利用现代科技展示，区域文化地理的研究十分需要研究者对区域文化的切身体验等。此外，毛曦也提出四点研究方法。这些研究方法在学界取得了共识，并已在其指导下取得了丰硕的研究成果。

二　三十年来中国历史文化地理学的发展

历史文化地理学因其独特的视角，对文化现象和历史时期文化演变的探索愈来愈受到学者的重视，其研究成果倍增，涉及的区域、历史时段、主题研究等内容更加丰富。为了展示三十年来中国历史文化地理学发展的清晰脉络，将分别从方言研究、宗教信仰研究、民俗研究、人才教育研究、艺文研究、文化区综合研究等方面来回顾前人的研究成果。

1. 方言研究

方言是一个民族或一个地域的文化表征，具有民族文化特质。三十年来这方面发表的文章虽然不多，但为历史文化地理研究做了很有意义的探索。周振鹤的《方言与中国文化》讨论了中国的方言地理，历史上各时期方言的区划，探索了地名和历史文化景观、移民、经济史、历史交通地理、民族史、历史民族地理等各个方面的关系，填补了中国历史文化地理中方言研究的空白，为今后的研究开拓了新的领域。此后陈桥驿发表的《中国古代的方言地理——〈方言〉与〈水经注〉在方言地理学上的成就》[①] 则从方言角度探索我国古代方言地理的研究，周振鹤接着发表了《现代汉语方言地理的历史背景》[②] 一文。然而方言的研究并没有掀起高潮，直到 1999 年张晓虹发表了《陕西方言地理格局的形成及其历史地理

---

① 陈桥驿：《中国古代的方言地理——〈方言〉与〈水经注〉在方言地理学上的成就》，《中国历史地理论丛》1988 年第 1 期。

② 周振鹤：《现代汉语方言地理的历史背景》，《历史地理》1990 年第 9 期。

背景》[①]、张伟然的《楚语的演替与湖北历史时期的方言区域》[②] 等都甚有见地。吴永焕的《从〈方言〉所记地名看山东方言的分区》[③] 从杨雄《方言》记录方言词语时所用地名单独列举与并举情况考察，得出秦汉时期山东方言大致可分为齐鲁、东齐海岱两区，直至今日山东方言中仍然保持着这样的格局。方言研究受到研究方法和文献资料的限制，研究的难度不言而喻。

2. 宗教信仰研究

宗教信仰是指信奉某种特定宗教的人们对所信仰的神圣对象（包括特定的教理教义等），由崇拜认同而产生的坚定不移的信念及全身心的皈依。严格地讲，宗教与信仰是两个问题。宗教不仅涉及世界性的宗教，还包括原始宗教和人文宗教、地方性宗教等；信仰是指对圣贤的主张、主义或对神的信服和尊崇，对鬼、妖、魔或天然气象的恐惧，并衍生出自己的行为准则。宗教信仰具有很强的地域性和民族特征，虽然它是精神层面的文化现象，但在实际中则表现为物质、精神和制度的三统一。

从历史文化地理视角来研究宗教信仰，成果数量虽然不算多，但成绩斐然。介永强的《历史宗教地理学刍议》是历史宗教地理的专篇研究，在这一领域起到指导和启迪作用。他认为："历史宗教地理学是研究历史时期宗教形成、传播和发展的区域特征及其分布变迁规律的一门学科，是历史文化地理学的分支学科，主要研究历史时期宗教源地的形成、宗教传播的途径、宗教景观的分布、宗教的区域特征，以及历史时期地理环境与宗教发展的相互关系等。"[④] 张伟然的《南北朝佛教地理的初步研究》[⑤]、李映辉的《论唐代高僧游徙的空间分异》[⑥] 等论文以不同视角和方法来研究佛教问题。林拓的《唐代以前福建宗教信仰的地域分布格局》[⑦] 在钩稽相关零星史料的基础上，试图揭示唐代以前福建佛教与道教分布、播迁与

① 张晓虹：《陕西方言地理格局的形成及其历史地理背景》，《历史地理》1999 年第 15 期。

② 张伟然：《楚语的演替与湖北历史时期的方言区域》，《复旦大学学报》1999 年第 1 期。

③ 吴永焕：《从〈方言〉所记地名看山东方言的分区》，《文史哲》2000 年第 6 期。

④ 介永强：《历史宗教地理学刍议》，《陕西师范大学学报》（哲学社会科学版）2004 年第 3 期。

⑤ 张伟然：《南北朝佛教地理的初步研究》，《中国历史地理论丛》1991 年第 4 期。

⑥ 李映辉：《论唐代高僧游徙的空间分异》，《中国历史地理论丛》2004 年第 2 期。

⑦ 林拓：《唐代以前福建宗教信仰的地域分布格局》，《中国历史地理论丛》2005 年第 1 期。

传衍的地域形态。屈丙之的《汉唐巴蜀道教文化地理学考察》一文探讨了巴蜀地区民间道教的传播路线。李大海、吴宏岐的《清末民初陕北天主教传播过程时空特征分析》[①] 依据地方史料，主要分析了清末民初天主教入秦的过程及时空分布特征。

以信仰为主题的研究，涉及内容广泛。如妈祖信仰研究。张桂林的《试论妈祖信仰的起源、传播及其特点》[②] 从妈祖起源、传播路线到影响，都作了较深入的探讨，开启了妈祖研究的先河。李少园的《论宋元明时期妈祖信仰的传播》[③]、尹国蔚的《妈祖信仰在河北省及京津地区的传播》[④] 等论文都是这方面研究的成果。地域性的民间信仰研究更是层出不穷，如张伟然的《湖南古代的民间信仰及其区域差异》[⑤] 就南岳朝香、杀人祭鬼、民祀源流的地域分布及其区域差异作了深入细致的探讨。司徒尚纪、李燕的《岭南汉民系神灵崇拜地理差异》[⑥] 将岭南汉族划分为广府、客家、福佬三大民系，分别对他们神灵崇拜的地域差异作了论述。研究浙江民间信仰和文化地理的集大成者朱海滨，在《浙江地方神信仰的区域差异》[⑦] 一文中将浙江分为杭嘉湖宁绍五府的水乡平原区、温台处三府的闽浙山区、金衢严三府的盆地丘陵区，从宏观上揭示了浙江各大区域的地方神信仰。他的两部著作《祭祀政策与民间信仰变迁：近世浙江民间信仰研究》《近世浙江文化地理研究》进一步对浙江岁时习俗的区域差异和民间信仰进行了深入研究，探讨民间信仰的地域性、行政区域和自然区域的关系。张晓虹、张伟然合撰的《太白山信仰与关中气候——感应与行为地理学的考察》[⑧] 一文，试图从行为地理学的角度阐释陕西太白山崇拜的产生及地域分布的形成过程，很有见地。

3. 民俗研究

---

① 李大海、吴宏岐：《清末民初陕北天主教传播过程时空特征分析》，《中国历史地理论丛》2006 年第 1 期。

② 张桂林：《试论妈祖信仰的起源、传播及其特点》，《文学月刊》1991 年第 4 期。

③ 李少园：《论宋元明时期妈祖信仰的传播》，《福建论坛》（文史哲版）1997 年第 5 期。

④ 尹国蔚：《妈祖信仰在河北省及京津地区的传播》，《中国历史地理论丛》2003 年第 4 期。

⑤ 张伟然：《湖南古代的民间信仰及其区域差异》，《中国历史地理论丛》1995 年第 4 期。

⑥ 司徒尚纪、李燕：《岭南汉民系神灵崇拜地理差异》，《历史地理》2002 年第 18 期。

⑦ 朱海滨：《浙江地方神信仰的区域差异》，《历史地理》2001 年第 17 期。

⑧ 张晓虹、张伟然：《太白山信仰与关中气候——感应与行为地理学的考察》，《自然科学史研究》2000 年第 3 期。

民俗是依附于百姓的生活、习惯、情感与信仰而产生的文化，是一定地域和民族所创造、传承、共享的风俗文化。民俗内容包罗万象，有婚俗、习气、丧葬、民居、服饰、饮食、岁时等，从所发表论文看，几乎涉及民俗的方方面面。

不同地域的风俗区研究主要有：陈克伦的《吴越风俗考》[①] 一文从春秋以来吴越地区的图腾崇拜、断发、文身与裸体的习俗为研究指标，提出建立吴、越两国的主体民族“很可能属于同一支越族，即‘于越’”。表明吴越文化渊源“与正统的中原文化有区别，它们应是由两种不同基础的文化分别演化而来的”。司徒尚纪的《广东风俗文化景观与群落》[②] 将历史上的广东风俗文化景观划分为汉与少数民族两大区。王振忠《明清扬州盐商社区文化及其影响》[③] 分析了盐商大批麇居扬州“河下”一带，形成了独特的盐商社区文化。周振鹤的《秦汉风俗地理区划浅议》[④] 阐明了风俗地理区划的基本原则，将秦汉时期风俗地理划分为塞上塞外、黄河中下游、淮汉以南三大风俗区域和风俗亚区，并论述了各个风俗区域、风俗区、风俗亚区的基本特征。程民生的《论宋代南方习俗特点》[⑤] 论述了宋代南方习俗中灵巧轻扬、柔弱、奢侈、好讼等基本特点和婚丧、杀婴、分财折居、称呼与时序等方面的非礼法特点。康健的《明代云南民俗文化的地域差异》[⑥] 从服饰、居住、岁时、丧葬四个方面对明代云南民俗文化的地域特征进行了细致考察，认为该省西南部顽强地保持着固有的民族特色，而东北部成为汉文化的扩散区。可见，区域风俗研究，既可着力于某一主题，也可以限于某一区域内。

婚丧礼俗方面的成果有：卢云的《先秦两汉时期婚姻礼制的地域扩张与阶层传播》[⑦]、吴成国的《论东晋南朝婚姻礼制的地域差异》[⑧] 等对唐以前婚俗研究的专文。张晓虹的《清代陕西婚俗地域分布的初步研

---

① 陈克伦：《吴越风俗考》，《复旦学报》1989 年第 1 期。
② 司徒尚纪：《广东风俗文化景观与群落》，《中国历史地理论丛》1992 年第 4 期。
③ 王振忠：《明清扬州盐商社区文化及其影响》，《中国史研究》1992 年第 2 期。
④ 周振鹤：《秦汉风俗地理区划浅议》，《中国历史地理论丛》1996 年第 4 期。
⑤ 程民生：《论宋代南方习俗特点》，《中国历史地理论丛》1996 年第 1 期。
⑥ 康健：《明代云南民俗文化的地域差异》，《中国方域》1996 年第 3 期。
⑦ 卢云：《先秦两汉时期婚姻礼制的地域扩张与阶层传播》，《历史地理》1990 年第 8 期。
⑧ 吴成国：《论东晋南朝婚姻礼制的地域差异》，《湖北大学学报》1996 年第 3 期。

究》[①]以清代陕西缔结婚姻中的缔约程序、迎娶仪式、礼后习俗三项为研究指标，将陕西划分为关中、陕北、陕南三个婚俗区及六个亚区，并探讨了三大婚俗区形成的因素及其影响。段塔丽的《战国秦汉时期巴蜀丧葬习俗——船棺葬及其民俗文化内涵》[②]运用民俗学和文化人类学的研究方法，从船棺葬的发现与地理分布、船棺葬与巴蜀先民生产和生活的关系、船棺葬的特点及其民俗文化内涵三个方面，论述了这一古老丧葬习俗的成因及民俗文化内涵。

在民居建筑方面，虽然研究成果数量不多，但在质量上可谓是奠基性的力作。蓝勇的《历史时期四川居民个性特征的地理分区及演变研究》[③]将四川居民个性特征分成川东北、川西、川南三个地区，归纳出川东北人尚武、川南人尚仁、川西人尚文的特征，这一个性特征、地域特征从整体上讲一直延续至今。洪璞的《乡居·镇居·城居——清末民国江南地主日常活动社会和空间范围的变迁》[④]论述了清末以来地主由乡村迁移到城镇的历史现象，提出居住环境的改变对地主日常生活全方位的影响。此外，蓝勇的《巴蜀休闲好赌风考》[⑤]一文对巴蜀的休闲好赌风气进行考说，《中国古代美女的地域认同文化研究》[⑥]一文则是研究古代美女的地域分布及认同问题。郭声波、刘兴亮的《中国槟榔种植与槟榔习俗文化的历史》[⑦]对中国槟榔种植与槟榔习俗文化、蒟酱食用习惯和开发等进行了研究。

服饰文化是民俗文化中最具活力的内容，是区分不同民族和区域的一个显著标志。王清廉的《服饰与地理环境》[⑧]主要讨论地理环境对服饰的影响及服饰的地域性特点。许桂香、司徒尚纪的《岭南服饰历史文化地

---

① 张晓虹：《清代陕西婚俗地域分布的初步研究》，《陕西师范大学学报》1997年第2期。

② 段塔丽：《战国秦汉时期巴蜀丧葬习俗——船棺葬及其民俗文化内涵》，《中国历史地理论丛》2002年第1期。

③ 蓝勇：《历史时期四川居民个性特征的地理分区及演变研究》，《中国历史地理论丛》1996年第3期。

④ 洪璞：《乡居·镇居·城居——清末民国江南地主日常活动社会和空间范围的变迁》，《中国历史地理论丛》2002年第4期。

⑤ 蓝勇：《巴蜀休闲好赌风考》，《西南大学学报》（社会科学版）2008年第6期。

⑥ 蓝勇：《中国古代美女的地域认同文化研究》，《学术研究》2008年第2期。

⑦ 郭声波、刘兴亮：《中国槟榔种植与槟榔习俗文化的历史》，《地理探索》2009年第4期。

⑧ 王清廉：《服饰与地理环境》，《河北师大学报》1991年第4期。

理初探》[①] 根据文化与环境相感应原理，阐述了在湿热气候、宽松政治、滞后经济、多元文化整合的背景下，岭南服饰具有的用料广泛、形态多样、崇尚轻、薄和色彩淡雅与艳丽并重等文化风格，构成河谷平原和三角洲、山区、沿海三大服饰区域分异的空间格局。张瑛的《西南彝族服饰文化历史地理》[②] 一书影响也很大，在简述彝族的社会历史沿革及其地理分布、族源以及彝族服饰文化内涵、符号系统等基础上，重点研究了从先秦至清时期彝族服饰文化的地域性特征，以历史地理学的视角对彝族服饰文化进行全方位的研究，还探讨了精神文化的时空分布特点。许桂香著的《岭南服饰历史文化地理》[③] 一书，是岭南服饰文化研究中屈指可数的著作之一。在历史文化地理研究的著作中也有专题论述服饰文化地理的，如蓝勇的《西南历史文化地理》[④] 就专辟"西南历史服饰文化地理"一章，按照时间线索对西南各民族的服饰文化特征进行分析，尤其是明清以来的各少数民族色彩斑斓、形式各异的服饰从区域和表现形式进行归类，复原了西南服饰文化色彩斑斓的景观。张步天的《中国历史文化地理》一书中关于"民俗"一章，对服饰文化地理进行了不同程度的探讨。

4. 人才教育研究

对人才、学校、书院、官宦等分布与地域特征的研究，成果丰硕，是三十年来历史文化地理研究成果较多的主题之一。

对于人才地理分布方面的研究有：卢云的《秦汉时代滨海地区的方士文化》[⑤]、王尚义的《汉唐时期山西文人及地理分布及其文化发展之特点》，王尚义、徐宏平的《宋元明清时期山西人才的地理分布及文化发展特点》[⑥] 等文，都说明了历代文化中心与经济中心的关系，随着经济中心移动，文化中心也随之移动。李泉的《试论西汉高、中级官吏籍贯分布》[⑦] 研究了西汉二千石以上 302 位高中级官吏籍贯的分布、变迁及其成

① 许桂香、司徒尚纪：《岭南服饰历史文化地理初探》，《三门峡职业技术学院学报》2008 年第 1 期。

② 张瑛：《西南彝族服饰文化历史地理》，民族出版社 2005 年版。

③ 许桂香：《岭南服饰历史文化地理》，民族出版社 2010 年版。

④ 蓝勇：《西南历史文化地理》，西南师范大学出版社 1997 年版。

⑤ 卢云：《秦汉时代滨海地区的方士文化》，《复旦大学学报》1988 年第 6 期。

⑥ 王尚义、徐宏平：《宋元明清时期山西人才的地理分布及文化发展特点》，《山西大学学报》1988 年第 3 期。

⑦ 李泉：《试论西汉高、中级官吏籍贯分布》，《中国史研究》1991 年第 4 期。

因以及对社会的影响。黎小龙的《两汉时期西南人才地理特征探析》[①]一文认为，两汉西南人才地理分布南、北悬殊，由北而南有序递减的特征反映了两汉时期西南开发的格局。李仁的《回族杰出人物的历史地理之分析》[②]则是对少数民族——回族的人才研究，认为回族人口分布西多东少，但杰出人物东高西低，认为东南沿海优越的历史、地理环境与穆斯林优秀人才的出现、成长不无关联，因而呼吁，提高西北地区回族人民的文化教育水平是一个十分重要的现实问题。段塔丽在《北魏至隋唐时期女性参政的地域分布及其特征》[③]一文中讨论了女性参政的地域性分布特点，认为这些地区受胡化影响较深，受封建礼俗束缚则很少。王雪玲的《两〈唐书〉所见流人的地域分布及其特征》[④]、吴慧平的《魏晋南北朝时期书法家的地理分布与区域划分》[⑤]、沈登苗的《明代双籍进士的分布、流向与明代移民史》[⑥]、郑威的《试析明代宦官籍贯的分布与变化》[⑦]、叶晔的《晚明党争人物的地理分布和特征》[⑧]，任泉香、朱竑、李鹏的《近现代中国女性人才的地理分布和区域分异》[⑨]、林家虎等的《安徽近代文化人物的地理分布与特征》[⑩]等都是清代以来不同层面人才的地理分布及其特征的研究。

学校、书院地理分布研究，康健的《明代云南儒学文化的地域差异》[⑪]一文，以进士为考察指标，将明代云南儒学的分布划分为四类区域，并分析造成分布不均匀的原因。林拓的《福建刻书业与区域文化格

---

① 黎小龙：《两汉时期西南人才地理特征探析》，《西南师范大学学报》1995年第2期。

② 李仁：《回族杰出人物的历史地理之分析》，《回族研究》2000年第1期。

③ 段塔丽：《北魏至隋唐时期女性参政的地域分布及其特征》，《中国历史地理论丛》2001年第1期。

④ 王雪玲：《两〈唐书〉所见流人的地域分布及其特征》，《中国历史地理论丛》2002年第4期。

⑤ 吴慧平：《魏晋南北朝时期书法家的地理分布与区域划分》，《中国历史地理论丛》2003年第2期。

⑥ 沈登苗：《明代双籍进士的分布、流向与明代移民史》，《历史地理》2004年第20期。

⑦ 郑威：《试析明代宦官籍贯的分布与变化》，《中国历史地理论丛》2004年第4期。

⑧ 叶晔：《晚明党争人物的地理分布和特征》，《中国历史地理论丛》2005年第2期。

⑨ 任泉香、朱竑、李鹏：《近现代中国女性人才的地理分布和区域分异》，《地理学报》2007年第2期。

⑩ 林家虎：《安徽近代文化人物的地理分布与特征》，《中国历史地理论丛》2009年第4期。

⑪ 康健：《明代云南儒学文化的地域差异》，《原学》1995年第3期。

局研究》①、刘景纯的《清代黄土高原地区城镇书院的时空分布与选址特征》②，成文浩、孙文学的《清代山西书院空间分布的统计分析》③ 等，这些论文都是从历史地理学角度来研究学校、书院的，虽然学校和书院史的研究成果巨丰，但多侧重于发展史而忽略了地理分布的差异性研究。

5. 艺文研究

从艺术、文学角度来研究历史文化地理，其本身具有跨学科性质，对研究者提出必须具备文艺史和历史地理学方面的理论知识和研究方法的要求。胡阿祥的《魏晋文学地理论纲》④ 对魏晋文学家籍贯的地理分布、群体流动、文学活动中心的形成、分体文学地理等问题，探讨了历史时期文学现象的地理分布、组合及变迁，揭示了文学与地域的关系。何鑫的《论建立美术地理学之下的历史美术地理学》⑤ 就国家美术地理学学科的方方面面进行了探讨。马强的《唐宋诗歌中的“巴蜀”及文化地理内涵》⑥ 认为，唐宋巴蜀诗不仅多方面反映了巴蜀地区的经济、军事、社会、风俗，而且也留下了有关对巴蜀地域富于时代特色的地理感知，特别是其中所折射的感觉地理认识，对于巴蜀文化地理的研究具有重要价值。宋展云、柳宏的《汉魏六朝地域文化与文学研究述评》⑦、王德华的《东晋文学的主题变迁与地域分布》⑧ 等论文也是这方面开拓性的研究成果。

6. 文化区研究

研究文化区的成果也不少。卢云的《西汉时期文化区域与文化重心》⑨ 一文，详述西汉文化区和文化重心的问题。《三国西晋时期的文化

① 林拓：《福建刻书业与区域文化格局研究》，《华东师范大学学报》（哲学社会科学版）2001 年第 4 期。

② 刘景纯：《清代黄土高原地区城镇书院的时空分布与选址特征》，《中国历史地理论丛》2007 年第 1 期。

③ 成文浩、孙文学：《清代山西书院空间分布的统计分析》，《晋阳学刊》2007 年第 4 期。

④ 胡阿祥：《魏晋文学地理论纲》，《历史地理》2002 年第 18 期。

⑤ 何鑫：《论建立美术地理学之下的历史美术地理学》，《中国历史地理论丛》2005 年第 4 期。

⑥ 马强：《唐宋诗歌中的“巴蜀”及文化地理内涵》，《成都大学学报》（社会科学版）2010 年第 2 期。

⑦ 宋展云、柳宏：《汉魏六朝地域文化与文学研究述评》，《黑龙江社会科学》2010 年第 6 期。

⑧ 王德华：《东晋文学的主题变迁与地域分布》，《浙江大学学报》2006 年第 1 期。

⑨ 卢云：《西汉时期文化区域与文化重心》，《历史地理》1987 年第 5 期。

区域与文化重心》[1] 是卢云两汉文化地理研究的延续，认为三国两晋的文化发达区仍然在北方，但已出现了不断向外扩张的趋势。

以某一省区或城市为研究对象，成果也很突出。虽然不少论文是作者论著的一部分或是著作研究的拓展，但都推动了文化区域研究的发展。史龙身的《洛阳文化地理特征论纲》[2] 一文，细究一个地区文化发展诸多特征。张伟然的《湖南文化的发展过程》和《历史时期湖北文化格局与交通形势变迁的关系》[3] 两文，对湖南、湖北两省文化的分布格局及其成因进行了深入研究。安介生的《移民与山西区域文化之变迁》[4] 把研究的重点放在固有文化格局的变迁方面，将北方游牧民族的内迁作为主要线索，将非汉族移民的进入作为考察的主要内容。林拓的《从化外之地到两个文化带的相继发育——宋代以前福建文化地域格局的演变》[5] 和《明清时期福建文化地域格局的演变》[6]、刘影的《地域文化与国家文化——三晋文化与山西文化关系辨析》和《晚清以来“山西文化”的逐渐形成——兼论行政层级与经济网络的双重规整》[7] 等讨论了文化区的成因和其他影响因素。

对文化区研究的没有停留在某个区域，而是把研究视野放到全国范围研究的成果也不少。周振鹤的《从北到南与自东徂西——中国文化地域差异的考察》[8]、《文化区：中国历史发展的空间透视》和《从“九州异俗”到“六合同风”》[9]，吴必虎的《中国文化区的形成与划分》[10]，刘岩

① 卢云：《三国西晋时期的文化区域与文化重心》，《历史地理》1988 年第 6 期。

② 史龙身：《洛阳文化地理特征论纲》，《洛阳师专学报》1987 年第 2 期。

③ 张伟然：《湖南文化的发展过程》《中国史研究》1996 年第 2 期；《历史时期湖北文化格局与交通形势变迁的关系》，《历史地理》1996 年第 13 期。

④ 安介生：《移民与山西区域文化之变迁》，《历史地理》1999 年第 15 期。

⑤ 林拓：《从化外之地到两个文化带的相继发育——宋代以前福建文化地域格局的演变》，《中国历史地理论丛》2001 年第 1 期。

⑥ 林拓：《明清时期福建文化地域格局的演变》，《中国史研究》2003 年第 4 期。

⑦ 刘影：《地域文化与国家文化——三晋文化与山西文化关系辨析》，《中国历史地理论丛》2007 年第 3 期；《晚清以来“山西文化”的逐渐形成——兼论行政层级与经济网络的双重规整》，《史林》2007 年第 5 期。

⑧ 周振鹤：《从北到南与自东徂西——中国文化地域差异的考察》，《复旦大学学报》1988 年第 6 期；《文化区：中国历史发展的空间透视》，《历史地理》1990 年第 9 期。

⑨ 周振鹤：《从“九州异俗”到“六合同风”》，《中国文化研究》1997 年第 4 期。

⑩ 吴必虎：《中国文化区的形成与划分》，《学术月刊》1996 年第 3 期。

的《河北地域文化景观分析》[①]，毛曦的《中国新石器时代文化区划述论》[②]，张伟然、周鹏的《唐代的南北地理分界线及相关问题》[③]，宋燕鹏、高楠的《论北齐文士的地理分布——以“待诏文林馆”籍贯为考察中心》[④] 等都是这方面研究的代表作。

这一时期出版的历史文化地理的著作，大多数都以文化区的视野来研究，往往选取文化地理研究的几个主题来探讨不同时期不同区域的文化特点，约占这一时期历史文化地理著作的三分之二强。卢云的《汉晋文化地理》研究了两汉、三国、西晋时期学术文化区域特征及其变迁、滨海宗教文化带与汉晋三次宗教浪潮、婚姻形态的地域分布、俗乐区域与雅乐中心四大问题，取得了开拓性成就，填补了很多学术研究的空白。司徒尚纪的《广东文化地理》[⑤] 是第一部区域文化地理著作。此外，王会昌的《中国文化地理》[⑥]、徐少华的《周代南土历史地理与文化》[⑦] 是从全国层面来讨论文化地理的。张伟然的《湖南历史文化地理研究》[⑧] 借鉴综合自然区划的原则和方法，以语言和风俗为主要指标，将湖南的历史文化区域划分为湘资区和沅澧区，并细分为两个亚区。周振鹤主编的《中国历史文化区域研究》[⑨] 是由一个个专题汇结而成，分为语言文化区、宗教文化区、风俗文化区、人物地理、文化重心区、区域文化地理六编，归纳出中国文化地域传播的变迁大势是先自北到南、后自东到西。本书颇具学术深度，可以说为历史文化地理各相关问题的研究起到了榜示作用。王子今的《秦汉区域文化研究》以论述秦汉时期显著文化区及其文化风貌为重点，先后讨论了 12 个文化区人文地理和民俗构成，对秦汉时期统治集团对区域文化理念及其政策进行了总结。史念海在序言中评价道：“作者对秦汉

---

① 刘岩：《河北地域文化景观分析》，《人文地理》1996 年第 1 期。

② 毛曦：《中国新石器时代文化区划述论》，《中国历史地理论丛》2002 年第 1 期。

③ 张伟然、周鹏：《唐代的南北地理分界线及相关问题》，《中国历史地理论丛》2005 年第 2 期。

④ 宋燕鹏、高楠：《论北齐文士的地理分布——以“待诏文林馆”籍贯为考察中心》，《中国历史地理论丛》2006 年第 4 期。

⑤ 司徒尚纪：《广东文化地理》，广东人民出版社 1993 年版。

⑥ 王会昌：《中国文化地理》，华中师大出版社 1992 年版。

⑦ 徐少华：《周代南土历史地理与文化》，武汉大学出版社 1994 年版。

⑧ 张伟然：《湖南历史文化地理研究》，复旦大学出版社 1995 年版。

⑨ 周振鹤主编：《中国历史文化区域研究》，复旦大学出版社 1997 年版。

区域文化方面的研究有诸多独到的见解，是一部成功的多有创见的著作。”①蓝勇的《西南历史文化地理》② 一书分十三章，100 万字之巨，以今天西南地区四川、重庆、云南、贵州四省市为研究对象，探讨历史时期西南人种与少数民族、汉族移民及文化嬗变、教育、学术、信仰、丧葬、艺文、饮食、服饰、民居、交通等文化因子的地理分布及其变迁过程，还讨论了综合文化区的划分及其影响因素，为区域文化地理研究提供了一种范式。此后，有关文化区的研究成果不断涌现，丰富了历史文化地理研究的内容、空间和方法。

7. 其他方面

郝良真、韩世平的《赵文化研究与邯郸城市文化的发展》③ 把历史文化地理与城市文化结合起来研究，开辟了一条文化地理研究的新路子。赵丰的《中国古代染色文化区域体系初探》④ 以东周秦汉魏晋为时间界限，从染色材料应用、染色工艺等角度来讨论中国古代染色文化的区域体系，把中国古代染色文化区域体系划分为三大独立区和三大交界区共六大区域：华北、岭南、西域三大独立区和陕甘边区交界区、长江中下游交界区、巴蜀滇交界区三大交界区。他还对各个文化区的特点进行了全面剖析。葛剑雄的《秦汉时期的人口迁移与文化传播》⑤ 分析了秦汉时期三辅、蜀和吴会地区，论述了文化与人口迁移的关系，认为就文化的传播而言，移民的数量虽有关系，但移民的文化素质影响更大，在一定条件下甚至是决定性的。周振鹤的《王士性的地理学思想及其影响》⑥ 指出：王士性是明代后期的大地理学家，其贡献主要体现在人文地理方面。蓝勇的《清代西南移民会馆名实与职能研究》⑦ 厘清了南方移民会馆、北方移民会馆、西南区域内移民会馆纷繁复杂的名称，探讨了这些移民会馆的一级职能、政治职能和文化宗教职能，评价了会馆对保留移民乡土观念的作用。

根据文化区表现不同，可分为功能文化区、乡土文化区（感觉文化

① 王子今：《秦汉区域文化研究》，四川人民出版社 1998 年版。

② 蓝勇：《西南历史文化地理》，西南师范大学出版社 1997 年版。

③ 郝良真、韩世平：《赵文化研究与邯郸城市文化的发展》，《城市问题》1988 年第 5 期。

④ 赵丰：《中国古代染色文化区域体系初探》，《中国历史地理论丛》1989 年第 1 期。

⑤ 葛剑雄：《秦汉时期的人口迁移与文化传播》，《历史研究》1992 年第 4 期。

⑥ 周振鹤：《王士性的地理学思想及其影响》，《地理学报》1993 年第 1 期。

⑦ 蓝勇：《清代西南移民会馆名实与职能研究》，《中国史研究》第 4 期。

区）和形式文化区。马强的《唐宋时期对西部地理认识若干特征初探》[①]对唐宋两朝西部地理认知之异同、西部地理认知空间的广泛性、西部地理认知中浓重的历史主义意识、唐宋西部地理文献中的忠君思想和忧患意识、西部地理认识中的地域歧视和神秘主义思潮作了富有开拓性的探讨。张伟然的《湖北历史时期的感觉文化区》[②]也是感觉文化区研究的专篇。徐晓望的《论宋代福建经济文化的历史地位》[③]、周伟州的《古代西北少数民族多元文化的发展与变异》[④]、郭红的《明代卫所移民与地域文化的变迁》[⑤]、唐晓峰的《"超级机制"与文化地理学研究》[⑥]等都是文化区域研究的代表作，在方法论上都有所突破。

值得一提的是，三十年来具有历史地理学工具书性质的著作也不断推出，深化和拓展了本学科的研究领域。如杜瑜、朱玲玲编的《中国历史地理学论著索引（1900—1980）》[⑦]、华林甫编的《中国历史地理学五十年（1949—1999）》[⑧]、薛国屏著的《中国古今地名对照表》[⑨]、华林甫著的《中国历史地理学·综述》[⑩]中的第十二章"历史社会文化地理研究"等，对后学提供了方便，"前人栽树，后人乘凉"，这也是学科发展的一个标志。

三　纳西族历史文化地理研究综述

1. 纳西族发展史研究

研究纳西族的历史发轫于20世纪初，一百多年来成果迭出，如方国瑜的《么些民族考》《纳西族的渊源、迁徙和分布》，周汝诚的《宁蒗见闻录》《纳西族史料编年》，国家民委《民族问题五种丛书》之一的《纳

① 马强：《唐宋时期对西部地理认识若干特征初探》，《社会科学战线》2009年第9期。

② 张伟然：《湖北历史时期的感觉文化区》，《历史地理》2000年第16期。

③ 徐晓望：《论宋代福建经济文化的历史地位》，《东南学术》2002年第2期。

④ 周伟州：《古代西北少数民族多元文化的发展与变异》，《中国历史地理论丛》2003年第3期。

⑤ 郭红：《明代卫所移民与地域文化的变迁》，《中国历史地理论丛》2003年第2期。

⑥ 唐晓峰：《"超级机制"与文化地理学研究》，《地理研究》2008年第2期。

⑦ 杜瑜、朱玲玲编：《中国历史地理学论著索引（1900—1980）》，书目文献出版社1986年版。

⑧ 华林甫编：《中国历史地理学五十年（1949—1999年）》，学苑出版社2001年版。

⑨ 薛国屏：《中国古今地名对照表》，上海辞书出版社2010年版。

⑩ 华林甫：《中国历史地理学·综述》，山东教育出版社2009年版。

西族社会历史调查》《纳西族简史》，郭大烈、和志武著的《纳西族史》，杨尚孔、白郎主编的《四川纳西族与纳文化研究》，美籍学者洛克的《中国西南古纳西王国》等。从研究纳西族历史的学者分布来看，可分为三个群体：第一个群体是本民族学者，如方国瑜、和志武、周汝诚、郭大烈、和即仁、白庚胜、杨福泉、和少英等，薪火相传，成果最多；第二个群体是以巴蜀地区为主的国内学者，如任乃强、李霖灿、陶云逵、邓少琴、李绍明、李星星、赵心愚、石硕、杨嘉绒、喻遂生、李锦、严汝娴、宋兆麟等，他们的研究视野宽广，研究成果多有真知灼见。第三个群体是国外学者，如美国学者洛克、英国学者杰克逊、德国学者雅纳特、日本学者诹访哲郎、法国学者米可等。他们的研究成果对纳西学的发展起到了推波助澜的作用。

2. 纳西族语言文字的地理研究

（1）纳西语的归属及空间分布

纳西语是纳西族通用的语言，因所居地理环境、行政区划、外来文化影响程度及社会经济发展等因素的共同作用，清代出现了不同地域间语言交流困难的情况，而后即出现了语言的分域和东西方言区的雏形。民国时期加强了行政区划和外来文化影响，这一语言区划更加凸显出来，洛克在《中国西南古纳西王国》一书中就提及同一民族的不同类型语言。此后，李霖灿、宏宥等有专篇论述不同区域间纳西语的差异及成因分析。

而真正意义上的纳西族语言研究是从1956年开始的。中国社会科学院组织了七个少数民族语言调查工作队，其中一个小组调查了丽江、维西、中甸、宁蒗、永胜以及四川盐源、盐边、木里等县的纳西语的相关情况。经过对调查资料的反复研究，分为东西两个纳西语方言区。和即仁、姜竹仪的《纳西语简志》① 一书介绍了纳西语语音、词汇、语法、方言和文字的基本情况。和力民在《东部方言区的纳西族没有文字的说法不尽确切》② 一文中则认为，东西两个方言区均有达巴教和东巴教，均有文字经书，但达巴教用口诵经，主要流传在东部方言区；东巴教利用图画象形文字书写的东巴经，主要流传在西部方言区。孙宏开的《纳西族在藏缅

① 和即仁、姜竹仪：《纳西语简志》，民族出版社1985年版。

② 和力民：《东部方言区的纳西族没有文字的说法不尽确切》，《玉龙山》1989年第4期。

语族语言中的历史地位》[①] 一文，试图从纳西语的基本特点出发，从五个方面讨论纳西语在藏缅语族总体性中的历史地位。日本学者诹访哲郎的《藏缅语言分布圈与纳西语汇的重层分布》[②] 考察了整个东亚的基本语汇，探讨纳西语的归属问题。以上论著对于研究纳西语言的地理分布、演变有一定的参考价值。

（2）纳西族象形文、东巴经书创制及发展的空间研究

以象形文字为对象的研究，成果很多，其代表著作有：法国巴克的《么些研究》，方国瑜的《纳西象形文字谱》，李霖灿的《么些象形文字字典》《么些标音文字字典》，傅懋勣的《丽江么些象形文〈古事记〉研究》，洛克的《纳西英语百科辞典》（上、下卷）等。

有关纳西族象形文字的研究，20 世纪 40 年代董作宾曾作过与甲骨文的比较研究，傅懋勣则从图画文字和象形文字之区别来研究，方国瑜从文字的含意来研究。李霖灿的《论么些象形文字的发源地》[③] 从纳西象形文字来推断东巴字产生的时间和地点。20 世纪 80 年代以来，金沙江中游悬崖峭壁间发现了数十处岩画，有的学者认为，这些岩画就是东巴字的雏形。如杨正文的《从岩画到东巴象形字》[④] 一文。作为东巴文字研究的重要基地——西南大学文献所，十余年的研究积累了丰硕的成果，如喻遂生的《纳西东巴文应用性文献的语言文字考察》[⑤] 等。也有学者以宏观视角研究象形文字的传播和分布问题，如朱宝田的《纳西族象形文字的分布与传播问题新探》[⑥] 一文提出不同看法，“木里地区无象形文字”的结论是不符合实际的，其传播是由南而北的。有关纳西族语、东巴象形文字、东巴经书等方面分布和演变的研究，在以上所列举的研究成果中多少有所涉及，但从历史地理学意义上的研究成果还很有限。

3. 纳西族宗教信仰研究

纳西族的宗教信仰可分作东巴教、藏传佛教、汉传佛教、道教、基督

---

① 孙宏开：《纳西族在藏缅语族语言中的历史地位》，《语言研究》2001 年第 1 期。

② ［日］诹访哲郎著，白庚胜译：《藏缅语言分布圈与纳西语汇的重层分布》，《民族学》1996 年第 2、3 期。

③ 李霖灿：《论么些象形文字的发源地》，《麽些研究论文集》，台北故宫博物院 1984 年版。

④ 杨正文：《从岩画到东巴象形字》，《思想战线》1998 年第 10 期。

⑤ 喻遂生：《纳西东巴文应用性文献的语言文字考察》，《玉振金声探东巴：国际东巴文化艺术学术研讨会论文集》，社会科学文献出版社 2002 年版。

⑥ 朱宝田：《纳西族象形文字的分布与传播问题新探》，《云南社会科学》1984 年第 3 期。

教等方面，研究成果较为丰硕。纵观纳西族历史，东巴教、藏传佛教对纳西族社会影响是最为突出的，而这方面的研究成果也最多。主要成果有：和志武的《纳西东巴文化》，和志武主编的《中国原始宗教资料丛编·纳西族卷》，李国文的《东巴文化与纳西哲学》，伍雄武的《纳西族哲学思想论集》，英国学者杰克逊的《纳西宗教：对纳西宗教经典的分析评价》，美国学者孟彻理的《骨与肉：纳西传统建筑空间结构中体现的宇宙观和社会关系》等等。

(1) 东巴教及其他民间信仰

东巴教是纳西族的本土宗教，纳西族在其发展过程中受到苯教、藏传佛教、道教等外来宗教的影响，形成独具特色的宗教。学者一般认为东巴教起于唐代，发展于宋元时期，明清至民国时期是成熟时期。在东巴教发展时期，西部纳西族使用和保存了东巴经书，东部则口传心授，没有经书传世，口传者称“达巴”。这方面的研究成果中具有历史文化地理“味道”的论著不多。杨福泉的《论东巴教对纳西族社会的影响》[①] 一文，以纳西族为个案，对东巴教在纳西社会生活的影响，尤其对纳西族社会风尚和伦理道德的影响作了初步研究。陈烈的《从纳西族东巴神话外来神祇体系看东西文化交融》[②]、和力民的《论东巴教的性质》[③] 等文都对东巴教进行界定和研究。近一个世纪以来，纳西东巴文化整理、研究的集大成者，当推《纳西东巴古籍译注全集》（100卷）。研究论著有：和志武的《纳西东巴文化》，郭大烈主编的《东巴文化论集》《东巴文化论》，白庚胜的《玉振金声探东巴》，杨福泉、白庚胜的《国际东巴文化研究集粹》，杨福泉的《纳西族文化史论》，白庚胜的《纳西文化》《摩梭达巴文化》等。

纳西族除了信仰东巴教外，还有地域性的信仰。“三多”神并不是所有纳西族的保护神，而是以丽江为中心的西部地区保护神。在中甸的白地、宁蒗的永宁、四川的木里就没有“三多”神的崇拜，他们的保护神是其他的土主神。周源的《纳西族神祇“三朵”考》[④] 一文认为，“三

① 杨福泉：《论东巴教对纳西族社会的影响》，《民族学研究》（第12辑），北京民族出版社1982年版。

② 陈烈：《从纳西族东巴神话外来神抵体系看东西文化交融》，《中国民间文化》1993年第3期。

③ 和力民：《论东巴教的性质》，《思想战线》1990年第2期。

④ 周源：《纳西族神祇“三朵”考》，《云南师范大学学报》2002年第3期。

多”神是一个自然与社会的综合神，是纳西族先民自然崇拜和祖先崇拜的综合产物。嘟玛切里佩措的《纳西三多神》[①] 是这方面的第一本论著。

（2）藏传佛教

历史上纳西族和藏族交往密切，在政治、经济和宗教文化上相互影响深远，东巴教和藏族的苯教之间有千丝万缕的关系。这方面的研究成果很多，杨福泉在《民族研究》《思想战线》《西藏大学学报》等刊物上连续发表了十多篇研究纳藏关系的论文，从历史、文化、宗教、艺术等诸多方面对纳藏两族的关系进行深钻细研的专题研究。如《论唐代吐蕃苯教对东巴教的影响》[②] 是研究吐蕃宗教对纳西族影响的专文。文章认为，唐代吐蕃军事势力一度控制了麽些人居住的滇西北、川西等地，吐蕃苯教对纳西族产生了较大的影响。由于西藏吐蕃统治者实施“扬佛灭苯”的政策，迫使藏地苯教祭司逃亡或流放到滇西北、川西等地，苯教进一步影响了纳西本土宗教的形成。从东巴教的神祇体系以及东巴经与敦煌吐蕃文书之间的密切关系中，也可以看出唐代吐蕃苯教对东巴教的影响。杨福泉的《纳西族与藏族历史关系研究》、赵心愚的《纳西族与藏族关系史》是两部研究纳藏关系史的集大成者。此外，石硕的《藏族族源与藏东古文明》中提出纳西先民是从藏族四大古氏族之一“穆氏族”中发展起来的。王晓松、王尧、冯智、郭大烈、和少英、陶占琦等学者发表过研究纳藏关系以及藏族苯教和东巴教关系的论文。上述研究，揭开了纳西学研究的新篇章，其中无不涉及藏传佛教对纳西族地区的传播、交融、影响，也谈及纳西族文化对藏传佛教文化影响。杨福泉的《纳西族文化史论》就专辟一节来研究藏传佛教文化的发展史。由于研究者的学术背景和研究方向不同，对于区域文化关系的研究始终徘徊不前，仍有很大的研究空间。

（3）汉传佛教、道教、基督教等外来宗教的洗礼

关于汉传佛教及道教传入纳西族地区的情况，杨福泉在《纳西族文化史论》中认为，汉传佛教可能是明初传入丽江的，运用明清时期的文献资料和田野考察，梳理了明清至民国时期丽江汉传佛教文化及其影响。这方面的论文甚少。

关于道教在丽江的传播，杨福泉在《纳西族文化史论》中认为，道

---

① 嘟玛切里佩措、杨志坚编著：《纳西三多神》，云南美术出版社 2012 年版。

② 杨福泉：《论唐代吐蕃苯教对东巴教的影响》，《思想战线》2002 年第 2 期。

教最迟在明中期传入丽江。清代改土归流后，道教文化得到加强，在民间影响深远。如纳西族地区自唐代以来受到了道教文化的影响。雷宏安的《丽江洞经会调查》① 认为，洞经会是云南历史悠久的、风格独特的道教组织，1987 年他对丽江洞经会的主要活动、组织结构、典章制度、礼器法物等重要问题作了全面调查。李国文的《云南丽江纳西族地区的道教》② 主要介绍丽江纳西族地区的道教信仰情况。

基督教在丽江传播影响很小，民国时期天主教在丽江修建教堂，四处招纳教徒，结果没有什么效果，反而在宁蒗、维西等地天主教得到了发展。这方面尚没有学术论著出现。

4. 纳西族民俗文化研究

纳西族民俗文化内容涉及广泛，丰富多彩。此方面的研究成果很多，中外学者从不同视角来调查、探讨和研究纳西族习俗特点，也有学者采用比较研究的方法对纳西族及周边民族进行研究，如日本学者诹访哲郎的《西南中国纳西族、彝族的民俗文化》③ 一书，集中展现了民俗学者联合考察和研究的成果。这样的比较研究虽然成果不多，但容易发现民族文化的地域差异性和独特性。

纳西族民俗文化主要表现在以下四个部分：

（1）岁时节庆

此专题方面的研究成果，散见于纳西族民俗、风俗、风物志、历史、文化等著作中。研究的论文多以现代社会调查为基础，尚未见明代、清代纳西族岁时节庆方面的专文。祭天是纳西族最为隆重的节庆。李霖灿的《中甸县北地村的么些族祭天典礼》④ 是对中甸县北地村麼些族祭天典礼的实录。和品正的《丽江古纳西人的民俗节庆与原始宗教》⑤ 一文探讨了东巴教与习俗节庆的关系。和钟华的《火把节习俗及其传说浅谈》⑥ 介绍了火把节这一富有民族特色的传统节日，认为是汉藏语系藏缅语族彝语支

① 雷宏安：《丽江洞经会调查》，《民族学调查研究》1987 年第 4 期。

② 李国文：《云南丽江纳西族地区的道教》，《道教学探索》1995 年第 9 号。

③ 《民俗研究》编辑部：《西南中国纳西族、彝族的民俗文化》，《民俗研究》2000 年第 2 期。

④ 李霖灿：《中甸县北地村的么些族祭天典礼》，《麼些研究论文集》，台北故宫博物院 1984 年版。

⑤ 和品正：《丽江古纳西人的民俗节庆与原始宗教》，《丽江志苑》1988 年第 6 期。

⑥ 和钟华：《火把节习俗及其传说浅谈》，《山茶》1983 年第 5 期。

几个民族共同的节日，反映了各个历史阶段的社会经济状况、物质文化水平和人们的精神风貌等。

（2）丧葬文化

丧葬是一个民族对死亡的一种态度，是最具民族特征的习俗。总体来看，纳西族的丧葬习俗与先民的游牧生活息息相关。明代以来出现了土葬、火葬两种葬俗，并延续至今。陈树珍的《从婚丧习俗谈中甸藏纳文化的交融》[①] 以大、小中甸两个藏区和三坝纳西族乡为对象，分析了两个民族的婚丧习俗和藏、纳文化交融的原因，提出了两个民族文化的共同性。20 世纪 80 年代，和发源等分别到迪庆州中甸县的白地、四川省木里县的俄亚、油米，宁蒗县的永宁等地进行社会历史文化调查，分别撰写成白地、俄亚、油米、永宁《纳西族的丧葬习俗》[②] 四篇。刘龙初[③]、日本学者丸山宏[④]等通过实地调查后对葬俗进行比较深入的研究。杨福泉的《神奇的殉情》[⑤] 研究了殉情的成因、变迁以及特点，揭示了殉情与民族传统文化、民族个性和社会文化变迁之间的内在联系。张旭的《纳西人的火葬仪式》[⑥] 一文也有一定的参考价值。

（3）文化、教育、艺术

纳西族教育主要体现在汉文化教育上。明代，纳西族对汉文化处于主动接受的态势，但接受群体仅限于土司层面；清代改土归流后，以丽江为代表的西部方言区全面推行汉学。清代出现了 2 位翰林，7 位进士，举人 60 余人，贡生上百人。清末至民国时期先后有十余人出国留学，1907 年还创办了云南第一份白话报——《丽江白话报》。这些反映了汉文化对纳西族地区的影响和融合。张大群的《略论丽江纳西族历史上的学校教育》[⑦] 一文，在调查的基础上论述了纳西族历史上学校教育的演变过程，

① 陈树珍：《从婚丧习俗谈中甸藏纳文化的交融》，《玉振金声探东巴：国际东巴文化艺术学术研讨会论文集》，社会科学文献出版社 2002 年版。

② 云南省社会科学院东巴文化研究室编：《滇川纳西族地区民俗和宗教调查》，云南省社会科学院东巴文化研究室 1990 年印。

③ 刘龙初：《纳西族火葬习俗试析》，《民族研究》1988 年第 5 期。

④ ［日］丸山宏、张泽洪：《论纳西族东巴和彝族毕摩的仪礼传统：以送葬仪礼为中心》，《西藏民族学院学报》2001 年第 4 期。

⑤ 杨福泉：《神奇的殉情》，三联书店（香港）有限公司 1993 年版。

⑥ 张旭：《纳西人的火葬仪式》，《纳西、摩梭民族志——亲属制、仪式、象形文字》，云南大学出版社 2010 年版。

⑦ 张大群：《略论丽江纳西族历史上的学校教育》，《云南师范大学学报》1987 年第 6 期。

纳西族历史上学校教育特点及其发展原因，纳西族历史上学校教育的局限性。此外，拙著《丽江历代碑刻辑录与研究》收录的15通关于明清至民国时期的教育类碑刻，对于研究汉学在纳西族地区的辐射强度及分布情况是有价值的。

艺术方面以绘画、音乐、舞蹈最具代表性。在绘画艺术中，宗教艺术更突出。李霖灿的《麽些经典的艺术论》[①] 列举了麽些经典的五项特色。汪宁生的《纳西族源于羌人之新证》[②] 一文，从考古学的方法来研究木牌画，做出了纳西族是羌人后裔的结论。金重在《纳西艺术精神试论》[③] 一文中认为，纳西族有着丰富多彩的艺术宝藏，指出东巴艺术与民间艺术、汉文艺术三者结合，形成了纳西艺术丰富多彩、别具一格的特点。有关纳西族艺术的文章，据宋光淑在《纳西族东巴文化研究总览》一书中统计，至2003年已有30余篇论文发表。论著则较少，只有1992年和万宝主编的《东巴文化艺术》和2010年赵世红、和品正等编著的《东巴艺术》两部。纳西族地区留存有不少的壁画，绘画手法各异，体现了多元文化的交融，为研究文化区域差异性提供了条件。如陈兆复的《关于丽江壁画笔记》[④] 一文，是作者的读画笔记。高宇的《宁蒗永宁清代壁画》[⑤]，简介了永宁温泉瓦拉别村公布家经堂内的壁画，认为是显宗、密宗、道教的糅合，用笔设色受汉藏两族风格影响。李伟卿的《关于丽江壁画的几个问题》[⑥] 记述了1957年所调查到的丽江壁画，认为壁画经过了汉、藏、白、纳西等几个民族画工辗转绘制，是几个民族艺术的结晶。壁画具有中国明代佛教的绘画特点，又具有鲜明的云南地方特点。

音乐与舞蹈在纳西族地区具有鲜明的民族特性。纳西古乐是唐宋元时期的宫廷音乐与纳西族传统音乐的融合，成为“华夏古乐”的组成部分。

---

① 李霖灿：《麽些经典的艺术论》，《麽些研究论文集》，台北故宫博物院1984年版。

② 汪宁生：《纳西族源于羌人之新证》，《思想战线》1981年第5期。

③ 金重：《纳西艺术精神试论》，《民族艺术》1991年第4期。

④ 陈兆复：《关于丽江壁画笔记》，云南省编辑组编《纳西族社会历史调查》（二），民族出版社2009年版。

⑤ 高宇：《宁蒗永宁清代壁画》，云南省编辑组编《纳西族社会历史调查》（二），民族出版社2009年版。

⑥ 李伟卿：《关于丽江壁画的几个问题》，《美术研究》1959年第3期。

这方面的研究首推宣科的代表作《纳西古乐在中国音乐史上的地位》。[①]文章指出，白沙细乐是我国屈指可数的几部大型古典管弦乐之一，丽江洞经音乐是一种道教经腔音乐，在内地早已绝种，丽江洞经音乐中与承德难离宫音乐传谱相同和相近的就有8首，文章还论述了其在中国音乐史上的地位。《纳西古乐》[②]、《对热美磋的来历经的研究》《纳西多声民歌“热美磋”的原始状态》[③] 等文章中涉及舞蹈分布和演变等研究。这方面的论文从纳西古乐的来源、表现形式和具体演奏顺序等方面展开，论述中很少涉及音乐传播的时空问题。东巴音乐是纳西族音乐的重要组成部分，这方面有影响的研究有：和力民的《纳西族东巴音乐文化简述》[④] 一文，介绍了东巴声乐（经腔）、东巴器乐（配乐），并论述了东巴音乐文化的六个特点，指出它的存在价值。李丽芳、杨海涛的《凝固的旋律：纳西族音乐图像的构架与审美》[⑤]、桑德若瓦的《纳西文化背景中的音乐》[⑥]、张兴荣的《云南洞经文化：儒道释三教的复合性文化》[⑦] 等多为作者实地考察后，阐述纳西族传统音乐融会儒、释的礼乐、经籍及民间音乐，从而繁衍汇成儒道释三教的复合性文化。和云峰的《纳西族音乐史》[⑧]、英国学者李海伦（Helen Rees）的《历史的回声：现代中国的纳西音乐》[⑨] 等都将纳西音乐置于中国音乐、云南民族音乐的大背景下论述其音乐个性，探讨传播流变踪影以及它们与民族生存史、民俗礼仪和宗教信仰的特定关系。杨杰宏的《族群艺术的建构与表述：以丽江洞经音乐为研究个案》是对这一问题进行再次深入研究的成果。关于纳西族舞蹈方面，杨德鋆等编的《纳西族古代舞蹈和舞谱》[⑩] 介绍了纳西族古代舞蹈的历史沿革，介绍了

---

① 宣科：《纳西古乐在中国音乐史上的地位》，《云南文化资源研究与开发》，云南民族出版社1994年版。

② 宣科；《纳西古乐》，《玉龙山》1995年第1期。

③ 宣科：《对热美磋的来历经的研究》，《音乐探索》1990年第4期；《纳西多声民歌“热美磋”的原始状态》，《天津音乐学院学报》1996年第4期。

④ 和力民：《纳西族东巴音乐文化简述》，《玉龙山》1992年第1期。

⑤ 李丽芳、杨海涛著；《凝固的旋律：纳西族音乐图像的构架与审美》，云南人民出版社2002年版。

⑥ 桑德若瓦：《纳西文化背景中的音乐》，中央音乐学院音乐研究所1994年版。

⑦ 张兴荣：《云南洞经文化：儒道释三教的复合性文化》，云南教育出版社1998年版。

⑧ 和云峰：《纳西族音乐史》，中央音乐学院出版社2004年版。

⑨ ［英］李海伦（Helen Rees）：《历史的回声：现代中国的纳西音乐》，牛津大学2000年版。

⑩ 杨德鋆等编：《纳西族古代舞蹈和舞谱》，北京文化艺术出版社1990年版。

古代纳西人创造的象形文字（东巴文）舞谱。其他的著作多为内容和表现层面上的研究，很少涉及区域差异、人地关系的深层次问题。

（4）婚姻家庭方面

纳西族的婚姻形式和家庭建立不是一个统一模式，不同区域形成迥然不同的婚俗。以丽江古城为中心的坝区和山区，清代以来完全按照汉俗推行一夫一妻制，婚前自由恋爱，结婚则按照“父母之命，媒妁之约”的规矩，不少年轻男女用生命来对抗封建礼教，在丽江掀起殉情之风，直到20世纪50年代初才渐渐消退下去。而在金沙江中游以东的泸沽湖周围，则盛行“男不娶，女不嫁”的走婚习俗。男女交往自由，不受父母和家人掣肘。家庭以母系为中心，几代人组成一个大家庭，不存在分家分财产情况。此外，在西藏芒康的盐井、四川木里的俄亚、盐源的左所等地则流行一夫多妻、一妻多夫的婚姻家庭形式。纳西族婚姻形式的多元性，成为学界持续关注的热点问题。对于此，学界的探讨主要集中在如下三个方面。

其一，以东巴文化视角来研究纳西族婚姻家庭形态。和宝林的《纳西族多元婚姻形态和东巴文化》① 一文认为，丽江坝子及附近的纳西族与外界联系较多，脱离母系制早一些，其他支系则或多或少地保留了母系制的特点。和发源的《从东巴经书的记载看纳西族古代婚姻家庭的演变》②、《纳西族的婚姻家庭与亲属称谓》③ 两文，依据纳西族东巴经书记载来论述纳西族古代婚姻家庭的演变过程，对纳西族婚姻家庭和亲属称谓作了梳理和探讨。和少英的《东巴教圣地纳西族的家庭结构与社会生活：中甸县白地水甲村田野调查报告》④ 一文，通过实地调查后，分析白地纳西族婚姻家庭变迁的原因。

其二，以泸沽湖为中心的走婚习俗和母系家庭研究。这方面研究成果最为丰硕。这里包含两方面的内容，一是走婚习俗，二是母系家庭形式。

---

① 和宝林：《纳西族多元婚姻形态和东巴文化》，《玉振金声探东巴：国际东巴文化艺术学术研讨会论文集》社会科学文献出版社 2002 年版。

② 和发源：《从东巴经书的记载看纳西族古代婚姻家庭的演变》，《民族学研究》第 8 辑，北京民族出版社 1982 年版。

③ 和发源：《纳西族的婚姻家庭与亲属称谓》，《云南民族学院学报》（哲学社会科学版）1995 年第 2 期。

④ 和少英：《东巴教圣地纳西族的家庭结构与社会生活：中甸县白地水甲村田野调查报告》，《云南民族学院学报》（哲学社会科学版）2000 年第 6 期、2001 年第 1 期。

两者之间是紧密联系在一起的。走婚的研究起于实地调查，如严汝娴、刘尧汉的《四川前所乡四个自然村的婚姻简况》[①]，杨学政的《摩梭人的母系家庭和阿夏婚姻：喇瓦村摩梭人家庭婚姻调查研究》[②]、《日斯立马、高格高岩、司格甲皮错三人结交阿注的典型调查》[③]，詹承绪的《云南永宁纳西族的阿注婚姻》[④] 等都是作者通过对泸沽湖周边村落的实地调查而展开的讨论。

母系制方面的研究成果中调查报告资料也不少。吴光湖的《永宁金沙江地区拉卡西和拉伯自然村纳西族的婚姻制度》[⑤]，严汝娴、刘尧汉的《阿古瓦和拉梅家庭婚姻补充调查》[⑥]，王承权、詹承绪的《拖支乡纳西族各户家庭成员婚姻情况若干世系》[⑦]，严汝娴的《家庭产生和发展的活化石：泸沽湖地区纳西族家庭形态研究》[⑧]，杨学政的《四川省盐源县左所区罗洼村"纳日"人的婚姻形态和家庭结构调查》[⑨] 等都是对纳西族（摩梭人）地区母系制家庭进行实地调查和实地研究的资料，其中有些观点、数据值得商榷，但在当时能克服交通和生活困难进行研究，也是难能可贵的，而且很多调查报告和资料成为研究母系家庭不可多得的文献资

① 严汝娴、刘尧汉：《四川前所乡四个自然村的婚姻简况》，载中国社会科学院民族研究所云南民族调查组《云南省宁蒗彝族自治县永宁纳西族社会及其母权制的调查报告》（三），云南省民族研究所1964年版。

② 杨学政：《摩梭人的母系家庭和阿夏婚姻：喇瓦村摩梭人家庭婚姻调查研究》，《云南省历史所研究集刊》1984年第2期。

③ 王承权、詹承绪：《日斯立马、高格高岩、司格甲皮错三人结交阿注的典型调查》，《云南省宁蒗县彝族自治县永宁纳西族社会及其母权制的调查报告》（二），中国社会科学院民族研究所、云南省历史研究所编印1977年版。

④ 詹承绪：《云南水宁纳西族的阿注婚姻》，《云南社会科学战线》1979年第2期。

⑤ 吴光湖：《永宁金沙江地区拉卡西和拉伯自然村纳西族的婚姻制度》，《云南省宁蒗彝族自治县永宁纳西族社会及其母权制的调查报告》，中国社会科学院民族研究所、云南省历史研究所编印1963年版。

⑥ 严汝娴、刘尧汉：《阿古瓦和拉梅家庭婚姻补充调查》，《云南省宁蒗彝族自治县永宁纳西族社会及其母权制的调查报告》（三），中国社会科学院民族研究所、云南省历史研究所编印1964年版。

⑦ 王承权、詹承绪：《拖支乡纳西族各户家庭成员婚姻情况若干世系》，《云南省宁蒗彝族自治县永宁纳西族社会及其母权制的调查报告》（二），中国社会科学院民族研究所、云南省历史研究所编印1978年版。

⑧ 严汝娴：《家庭产生和发展的活化石：泸沽湖地区纳西族家庭形态研究》，《中国社会科学》1982年第3期。

⑨ 杨学政：《四川省盐源县左所区罗洼村"纳日"人的婚姻形态和家庭结构调查》，载四川省编辑部《四川省纳西族社会历史调查》，四川省社会科学院出版社1987年版。

料。显然，多数学者仅以社会学、人类学视野来研究，缺乏对多类型婚姻成因的地理因素进行探究。

关于母系家庭和婚姻制度的研究，代表性的论文有杨堃的《论泸沽湖畔母系家族在家族婚姻发展史中的地位和作用》①，此文主要讨论了亲属制度的起源和发展、家庭的起源和发展、婚姻的起源和发展、泸沽湖畔母系家庭在家庭婚姻发展史中的地位与作用等四个方面，是三十年来泸沽湖母系制研究的阶段性综述。夏之乾的《关于纳西族家庭类型问题》② 一文针对《论纳西族的母系“衣杜”》《家庭产生和发展的活化石》《纳西族的母系家庭辨析》三篇文章中的几个核心概念进行集中讨论，认为新中国成立前纳西族的家庭结构分别以“母系家庭”“母系父系并存家庭”和“父系家庭”定名为宜。值得一提的是，民族学者已经注意到研究的误区，拉木·嘎吐萨在《摩梭人不是生活在海外奇谈中：对某些反映摩梭人生活的文艺作品的批评》③ 一文中，对近年来一些文学作品对摩梭人的婚姻家庭描写中的夸大、猎奇和不真实提出批评，希望不要歪曲民族形象。杨启昌的《还摩梭称谓的本来含义》、白庚胜的《摩梭为“母系社会活化石”说质疑——摩梭文化系列考察之一》都是这方面纠正性质的论文。

其三，从一夫多妻、一妻多夫的婚姻形态地区进行调查研究。这方面与走婚和母系家庭的研究成果比较，不是很多。其中，刘龙初是成果最多的一位学者，他的《略述木里县俄亚乡纳西族的群婚残余》④ 一文，根据实地调查，对新中国成立前俄亚纳西族婚姻中保留的群婚残余进行分析，指出俄亚纳西族双系家庭的存在，正是群婚残余在家庭形态上的反映。在《俄亚纳西族安达婚姻及其与永宁阿注婚的比较》⑤ 一文中比较俄亚纳西族和永宁纳西族（摩梭人）的语言、婚俗，拓展了研究领域和视野，提出了一些新的观点。翁乃群的《女源男流：从象征意义论川滇边境纳日

① 杨堃：《论泸沽湖畔母系家族在家族婚姻发展史中的地位和作用》，《北京师范大学学报》1983 年第 3 期。

② 夏之乾：《关于纳西族家庭类型问题》，《中国社会科学》1983 年第 2 期。

③ 拉木·嘎吐萨：《摩梭人不是生活在海外奇谈中：对某些反映摩梭人生活的文艺作品的批评》，《玉龙山》1989 年第 1 期。

④ 刘龙初：《略述木里县俄亚乡纳西族的群婚残余》，《云南社会科学》1986 年第 5 期。

⑤ 刘龙初；《俄亚纳西族安达婚姻及其与永宁阿注婚的比较》，《民族研究》1996 年第 1 期。

文化中社会性别的结构体系》[1]、宋恩常整理的《宁蒗县永宁区纳西族社会及家庭形态调查》[2] 等也有讨论这方面的内容。杨文顺的《20 世纪纳西族的婚姻家庭相亲属制度研究述评》[3] 一文梳理了 20 世纪以来国内外学者对这一问题研究的成果。

5. 纳西族生产生活研究

（1）服饰文化

服饰是一个民族的表征，是民族文化物化的表现。宋兆麟的《一幅珍贵的纳西族风俗画》[4] 一文，介绍了现藏于中国历史博物馆的《麽些图卷》这一明代的珍品，它是迄今发现的纳西族最早的风俗画卷，具有极高的学术和艺术价值。清代乾隆时期的《皇清职贡图》有四幅麽些画像，分别是丽江的麽些和木里的麽些，还有文字说明。此后，嘉庆时期的《滇省夷人图说》有一幅麽些画卷，是依据明代史书中的记载来描绘的。民国时期，开始采用胶卷照相，更客观地保留了不同纳西族地区的服饰特征。纳西族服饰文化方面除了在杨福泉著的《纳西族文化史论》中有所介绍外，还没有系统研究的成果问世。

有关纳西族服饰研究，多数从纳西族披肩来论述，如和品正的《纳西族羊皮服饰的崇拜寓意》[5] 一文，从羊皮服饰的产生及其演变过程分析其装饰图案的用意、装饰图案的宗教意义及心理作用，指出羊皮服饰继承、保留了纳西族先民崇拜星宿的传统，包含的寓意即光明、温暖、防妖、避邪。木丽春的《纳西族的图腾服饰：羊皮》[6]，根据纳西族《东巴经》的记载和丰富的民间口头传说，介绍了纳西族的图腾服饰羊皮，纳西族把羊皮形象地剪裁成蛙体形状，而缀在羊皮背面上的大小圆盘图案，示意蛙的眼睛。木基元的《略论民族服饰的传承与发展：以纳西族服饰

① 翁乃群：《女源男流：从象征意义论川滇边境纳日文化中社会性别的结构体系》，《民族研究》1996 年第 4 期。

② 宋恩常整理：《宁蒗县永宁区纳西族社会及家庭形态调查》，《宁蒗彝族自治县永宁纳西族社会及家庭形态调查》（一），云南人民出版社 1987 年版。

③ 杨文顺；《20 世纪纳西族的婚姻家庭相亲属制度研究述评》，《楚雄师范学院学报》2003 年第 2 期。

④ 宋兆麟：《一幅珍贵的纳西族风俗画》，《民族研究》1989 年第 6 期。

⑤ 和品正：《纳西族羊皮服饰的崇拜寓意》，《东巴文化论》，云南人民出版社 1991 年版。

⑥ 木丽春：《纳西族的图腾服饰：羊皮》，《东巴文化论集》，云南人民出版社 1985 年版。

的流变和推广为例》[①]、文静的《浅谈摩梭与纳西的服饰文化》[②] 等都对纳西族古往今来穿戴艺术的独特风貌及其发展演变历程进行了科学的论述。孔令奇的《纳西女装特征的区域文化解析》[③] 一文，以纳西女装为研究对象，以地域文化的相关理论为依托，从拿喜、纳罕、纳日三个支系的服饰类型、着装方式探讨地理环境因素。此外，部分学者开始关注纳西族服饰与周边民族服饰比对研究，如理安民的《云南白、彝、纳西等民族的“衣尾”习俗探源》[④] 一文，对白、彝、纳西等民族的“衣尾”习俗的形制、穿着方式、起源、流传以及暗寓某种文化意义的服饰进行了探讨。彭红的《普米族与纳西族摩梭人服饰现象探析》[⑤] 一文，通过普米族和纳西族服饰、族源、地域和文化对比分析认为，“同宗同源”是两个族群服饰类同的根本原因，相仿的地域条件使得这一服饰能长期保留。他认为，这种现象是“同源异流”后新的融合，其产生的结果是不同民族间服饰形态的趋同。可见，有关服饰文化方面已经具有历史地理学特点的研究成果。

（2）饮食文化

一个民族的饮食文化首先与地域即自然地理环境有关，其次与该地区与外界接触和交流的频次有关，还与外来物种的引入和外来民族文化的渗透有关。这方面的研究很单薄。阿泽明次尔独支的《摩梭人的饮食习惯》[⑥] 一文，从主食、副食、果品、饮料、食谱、风味食品、饮食禁忌、饮食礼仪等方面介绍了摩梭人的饮食习俗。关于农作物传播和地域性饮食文化的研究，仍然是较为薄弱的环节。

（3）农牧文化

除了一些论著中提及外，农耕文化方面的研究也很单薄，还有不少空白需要填补。郭大烈的《明清时期纳西族地区经济的发展》[⑦] 一文认为，

---

① 木基元：《略论民族服饰的传承与发展：以纳西族服饰的流变和推广为例》，《思想战线》2002 年第 3 期。

② 文静：《浅谈摩梭与纳西的服饰文化》，《佳木斯教育学院学报》2011 年第 3 期。

③ 孔令奇：《纳西女装特征的区域文化解析》，《天津纺织科技》2011 年第 2 期。

④ 理安民：《云南白、彝、纳西等民族的“衣尾”习俗探源》，《民族艺术研究》1995 年第 5 期。

⑤ 彭红：《普米族与纳西族摩梭人服饰现象探析》，《艺术长廊》2010 年第 3 期。

⑥ 阿泽明次尔独支：《摩梭人的饮食习惯》，《民族学调查研究》1996 年第 3 期。

⑦ 郭大烈：《明清时期纳西族地区经济的发展》，《民族学》1995 年第 1、2 期。

明清两代是历史上纳西族地区经济发展的重要时期，他从农业、手工业、采矿业、贸易交通、商业、土地的典当与买卖等几个方面，分述了明清两代纳西族经济发展的状况。段松廷的《丽江马》[①]、桑文祥的《漫话丽江耕作制史》[②]、宋兆麟的《泸沽湖畔摩梭人的农业》和《俄亚纳西人的农业》[③]，以及国外学者的代表作《中国西南纳西族的农耕民性与游民民性》[④] 等，虽然涉及农耕文化的很多方面，但深入不够，时空方面研究仍明显不足。农牧文化具有地域性和民族性，从外来物种、外来文明等深入主题研究还是一片空白，有待历史文化地理研究者进行深入地考察与探讨。

（4）民居文化

纳西族民居文化的研究，尚属于薄弱环节，发表的论文不多，研究专著多是“重今薄古”。在这些论著中，较有影响的当属刘敦桢的《丽江古建筑考察》，此文是作者于1938 年到丽江考察后撰写的，具有很高的学术价值。朱良文主编的《丽江纳西族民居》[⑤] 一书，论述了丽江古城的历史沿革及布局特点，介绍了丽江纳西族民居的平面布局、材料和构架以及建筑艺术特色。和少英的《纳西族文化史》重点介绍了丽江古城的民居，但对历史时期的纳西族民居文化描述甚少。杨福泉的《多元文化与纳西社会》论述了纳西族东西部民居建筑的变迁，运用了历史地理学研究的视角和方法。他的另外一部著作《纳西族文化史论》，则从文化学这一精神层面去研究，穿插在其他主题内容中。显然，以上的论著多以西部纳西族为主，除泸沽湖边摩梭人民居外，鲜有提及东部纳西族民居的情况，这些都有待于深入研究。李靖寰的《云南少数民族民居建筑艺术初探——对自然的征服与适应》[⑥] 也有论及纳西族民居建筑，但多是以当代民居为

① 段松廷；《丽江马》，《云南文史丛刊》1989 年第 3 期。

② 桑文祥：《漫话丽江耕作制史》，《丽江文化荟萃》，宗教文化出版社 2000 年版。

③ 宋兆麟：《泸沽湖畔摩梭人的农业》，《农业考古》1982 年第 1 期；《俄亚纳西人的农业》，《农业考古》1995 年第 3 期。

④ ［日］諏访哲郎著：《中国西南纳西族的农耕民性与游民民性》，日本学习院大学研究丛书东京日本学习院 1988 年版；《从创世神话看纳西族的游牧民性与农耕民性》，《云南民族学院学报》1989 年第 2 期。

⑤ 朱良文主编：《丽江纳西族民居》，云南科技出版社 1988 年版。

⑥ 李靖寰：《云南少数民族民居建筑艺术初探——对自然的征服与适应》，《云南艺术学院学报》2000 年第 4 期。

研究重点，很少体现出民居的时空差异。近年来对纳西族民居的研究多数集中在现存建筑的风格、艺术、信仰等方面，如王子璇的《云南纳西族民居建筑装饰细部研究》、董理的《丽江纳西族民居悬鱼装饰艺术研究》、高端阳的《丽江纳西族民居的演变与更新研究》等均为研究纳西族民居建筑细部。遗憾的是，他们并没有就对比结果以文化地理学的视角来深入讨论，也没有分析引起这些演变的原因。

6. 纳西族历史地理研究

这方面的论著不多，其中洛克的《中国西南古纳西王国》最具代表性。此书第二章虽然题名为“丽江历史”，但其中介绍和考说了纳西族地区很多地名，虽然有些考说值得商榷，但以一个地名来追述历史的做法，是值得借鉴的。第三章“丽江的地理”，不仅没有局限于民国时期的丽江山川、行政区划的版图，还对藏传佛教、汉传佛教、“三多”神崇拜、渡口等进行了研究。第四章“丽江迤西和西北区域”，介绍了滇西北自然地理和人文景观，延及今天的西藏和云南交界区。第五章“永宁区域的历史和地理”和第六章“盐源县的历史和地理”，是对金沙江以东地区的考察，从历史传说到土司统治区域，从自然地貌到人文景观都以田野考察视角进行描述。从历史地理学角度来看，研究方法独特，从文献资料到田野考察，从自然地貌到文化景观各个方面都进行了研究，是迄今为止最翔实的文化地理著作。方国瑜著的《中国西南历史地理考释》（上、下册）中也有大量的纳西族历史区域的地理考释，其研究高度至今无人企及，可惜所涉及的地名只到县级，还有不断深入考证的空间。20 世纪 80 年代以来在全国开展的《地名志》调查和修订，弥补了上述之不足，除丽江县《地名志》外，纳西族地区的地名志书都已经出版，以一个县域为单位，以当时行政上的“区”为基层，对地名进行考说，虽然参加调查、修订的人员参差不齐，对有争议的地名没有进行更多的论证，但参编者多为该地区长期生活的居民，收集到的地名及考说还是有很高的价值的。

此外，对东巴经书中出现地名的考证，如和发源、习煜华等选编的《东巴经书专有名词选》[①]。云南省社会科学院丽江东巴文化研究室也编辑

① 和发源、习煜华等选编：《东巴经书专有名词选》，中国社会科学院世界宗教研究所、云南省社会科学院丽江东巴文艺研究室编印 1983 年版。

出版了《纳西东巴经专有名词汉译规范》[①] 一书。

纳西族历史地理方面的单篇文章也不断见于报端。如陶立璠的《东巴文化与风水信仰》[②] 一文，论述了纳西族东巴经、建寨选址、盖房习俗等方面所蕴含的风水信仰，尤重墓地的选址，体现出安守本分的心态。风水信仰虽意在求得福吉，但亦包含与特定的山川地理相适应的合理成分。其中不难窥见汉、藏、白等民族文化的影响。李国文的《纳西族先民对宇宙结构的哲学思考》[③] 一文，论述了生活在上千年以前的纳西族先民对天地形状、结构的思考和认识等，这些都不失为人地关系研究的新视角。

三　相关概念界定

一　纳系族群

目前，各国学者对“民族”概念尚未形成一个共识，中西方的民族概念差异很大。国内学者对民族概念的理解也有多个层次，学术层面上的民族与政治概念上的民族也是不一样的。中国55个少数民族是在新中国成立后，为了适应时代发展和社会安定大局考虑来认定的，由于认定时间、认定方法和认定条件等方面存在局限，产生了一些负面的影响，但是，民族认定的功绩是应该肯定的。西方最早对民族下定义的是英国人泰勒。而在中国，清光绪二十九年（1903）梁启超介绍德国政治学家伯伦知理的民族概念时提出，民族是民俗的结果，同居一处、同一血统、形体相同、语言相同、宗教、风俗、生计等也相同的群体就是一个民族。之后，斯大林在《马克思主义和民族问题》一文中指出：“民族是人们在历史上形成的一个有共同语言、共同地域、共同经济生活以及表现在共同文化上的共同心理素质的稳定的共同体。”这成为影响中国民族概念的权威定义。20世纪80年代以来，中国民族学者对民族概念提出许多不同看法和观点，包括民族识别和认定过程中的不足，为了便于国际交流而提出了“族群”“民族集团”等概念。

---

① 云南省社会科学院东巴文化研究室编：《纳西东巴经专有名词汉译规范》，云南省社会科学院东巴文化研究室编印1990年版。

② 陶立璠：《东巴文化与风水信仰》，《中央民族大学学报》2004年第2期。

③ 李国文：《纳西族先民对宇宙结构的哲学思考》，《云南民族学院学报》（哲学社会科学版）1989年第3期。

纳西族是我国55个少数民族之一，分布在滇、川、藏交界区域，是一个有着悠久历史和深厚文化的少数民族，据第六次全国人口普查统计为32.6295万人[①]。纳西族名称是1956年确定的，并不完全包括历史上出现的麽些（本书对纳西族认定时遗留的问题不作讨论）。历史上对这一族群有多种称呼，《华阳国志》就有“摩沙夷”记载，唐代记载更为详细，《蛮书》称“磨（麽）些蛮”，分布区域广泛，元明时期以丽江为中心的木氏土司崛起，其控制范围不断扩大，称为“末些”“麽些”“獏狻”“摩梭”等，皆为同音异写。明清至民国时期多数称“麽些”。本书以文化地理视角来讨论明、清、民国三个历史时期的麽些民族，包括“纳木依”（木里县境内，今划归蒙古族）、“纳日”（木里县境内，今划归藏族）、“纳罕”“摩梭”“玛丽玛萨”等分支，不限于1956年认定的民族。从历史上看，这些分支都属于麽些族群，李绍明[②]、和即仁[③]、李星星[④]、赵心愚[⑤]、杨福泉[⑥]等学者作了深入的研究，认为各个分支都属于纳系族群。目前，学术界提出用“纳系族群”来统称历史上出现、具有不同称谓的纳西族各支系，显然，“纳系族群”更关注于文化层面。本书所称的纳西族特指明、清、民国时期的这一民族，即“纳系族群”。

二 研究的时空界定

本书研究的时间范围限定在明、清、民国三个历史时期。明朝建立政权时间在1368年，而明朝控制云南丽江的时间却在1382年之后，本书以1368年明政权建立为起始时间；民国时期晚至1949年新中国成立前夜。从空间上看，明代由于木氏土司的兴起，其控制范围东北达到雅砻江流域的木里、九龙、稻城，占有盐井卫、建昌卫的一部分领地；北面远达巴塘、理塘、昌都一线；西达今天缅甸的恩梅开江一带。清代改土归流后，纳西族控制区逐步缩小。就云南而言，清代、民国时期的纳西族地区为今天的丽江市、迪庆州及怒江的一部分；就四川而言，包括今天的凉山州、

---

① 国家统计局：http://www.stats.gov.cn/tjsj/pcsj/rkpc/6rp/indexch.htm。

② 李绍明：《论川滇边境纳日人的族属》，《社会科学研究》1983年第1期。

③ 和即仁：《“摩些”与“纳木依”语源考》，《民族语文》1991年第5期。

④ 李星星：《盐边大村纳恒人的考察》，杨尚空、白郎主编《四川纳西族与纳文化研究》，中国文联出版社2006年版。

⑤ 赵心愚：《纳西文化与康巴文化》，《纳西族历史文化研究》，民族出版社2008年版。

⑥ 杨福泉：《纳木依与“纳”族群之关系考略》，《民族研究》2006年第3期。

攀枝花市的一部分；西藏则只留有芒康县的盐井。从长时段来看，纳西族分布区域表现为不断缩小，形成了以泸沽湖和丽江坝为中心的两大区域。

三 几个与选题相关概念的界定

1. 文化的讨论

“文化”一词的含义是随着时代需求而发生变化，赋予了时代特点，因此要给“文化”下一个较为准确的定义是困难的。在中国古文献中，西汉刘向的《说苑》中提到了“凡武之兴，谓不服也；文化不改，然后加诛”。英国的爱德华兹·泰勒在《原始文化》一书中，对文化下了一个非常明确的定义：“文化或文明，就其广泛的民族学意义来说，是包括全部的知识、信仰、艺术、道德、法律、风俗以及作为社会成员的人所掌握和接受的任何其他的才能和习惯的复合体。”[①] 文化地理学者一般认为，广义上的文化应该包括三个层面的内容，即技术、社会和精神层面。本书就采用广义上的文化含义。

2. 文化史、文化地理与历史文化地理之间的关系

首先，文化史与文化地理在研究内容上是有区别的。文化史是“对某个社会或社会群体的过去和现在的综合的民族志描述。重点是积累资料，而不是为了制定宏大计划而解释这些资料”。[②] 民族史与民族志范畴结合起来就是文化史所要研究的内容。其次，从所使用材料的角度看，文化史研究注重文化发展的逻辑过程，对于资料的空间位置往往不需要特别在意，而文化地理研究则注重于空间分布方面的材料，对其时间相位却不那么看重。历史地理研究，需要将文化史和文化地理两种研究相结合，它不仅要求展示时间变化，还要求呈现出空间的差异，对资料要求更高，也就是说文献材料的约束性更强。本书涉及历史、民族、文化和地理的四维交叉学科的研究领域，既要有历史民族地理的视野，还要有历史文化地理的分支学科的特点。那么，它究竟是属于历史民族地理范畴还是历史文化地理范畴呢？该归属于哪一种分支学科呢？笔者以为仍属于区域文化地理的范畴，只不过是“区域”概念发生了变化，原来

---

① ［英］爱德华·泰勒著，连树声译：《原始文化》，广西师范大学出版社2005年版，第1页。

② 《简明不列颠百科全书》（中文版）第8卷“文化史”条，中国大百科全书出版社1986年版，第260页。

意义上的“区域”就是一个相对静态的地方或是一个行政区划，而现在的“区域”就是一个民族活动的动态范围。对“区域”范围理解上的定势，源于长期以来历史民族地理研究者关注于民族分布、变迁、演变等方面，忽视了民族文化的地理变迁和空间差异；历史文化地理学者则多从汉族文化地理出发，行政区划往往与民族分布区一致，研究文化地理多可以此为范围。蓝勇的《西南历史文化地理》第一次照顾到西南少数民族地区文化演变，并从时空维度概括和总结了西南地区各民族文化交融和鲜明的地域性文化区域的演变进程。此后，黄绍文的《诺玛阿美到哀牢山：哈尼族文化地理研究》是首部以哈尼族为研究对象的文化地理学著作。

此外，选题使用的“外来文化”指除纳西族文化以外的其他文化，包括汉文化、藏文化、彝文化，也包括了西方文化。

3. 吸纳、分异

“吸纳”即吸收和容纳。明代以来的纳西族社会，一方面是积极吸收汉文化、藏文化及其他民族的文化，充实本民族传统文化，取其精华，形成多元文化一体、独具特色的纳西族文化；另一方面是外来文化强行性进入纳西族地区，对传统文化形成威胁性的冲击，出现了局部地区的对抗和阵痛（如殉情文化），但在更大程度上保持了纳西族容纳的态度，体现为兼容并蓄，不断调适自己心态以适应新环境。“分异”即分化和差异之意。历史上纳西族文化区不是汉代以来就勾勒出来的，直到明代才出现相对明显的变化，分异出纳西族东、西方言区，它在形式上是文化区的分化，其内容上表现为分异，具有了与其他区域不同的文化特征。

四　研究方法及创新

一　研究方法

根据学科特点和研究对象，研究中将交叉使用历史学、民族学、地理学等多学科的研究方法。其中以历史文献法、考古资料法、田野考察法、比较研究方法、地理学方法等为主。

1. 历史文献法

本书研究范围为明、清、民国三个历史时期，需要对这一时期的历史文献资料进行收集、整理和分析，是本书最主要的研究方法。文献资料包括汉文文献和少数民族文献。汉文文献主要包括明、清、民国时期的正史、地理总志、地方志书、游记、诗文、笔记以及清末民国时期外国学者撰写的著作等，还包括散落在民间的各种历史时期的文书资料：如近年在长江第一湾龙蟠乡发现的清乾隆三十五年至1949年前一个乡村的完整文书资料120卷；宝山吾母村、三坝白地村发现的东巴文、汉文书写的土地开荒和买卖的契约等。为了更好地复原和揭示文化演变的规律，还需涉及明代以前的文献资料。少数民族文献包括纳西族东巴古籍文献、藏文古籍文献等。东巴经书不仅记载了鬼神祭祀仪式等，还涉及纳西族社会生活的方方面面，是纳西族的“百科全书”。藏文化对纳西文化的影响不逊于汉文化，很多纳西族的历史记载于藏文献中。此外，也有涉及彝族、白族的文献资料。虽然使用这些文献资料有一定的难度，所幸很多民族资料已翻译成汉文，使用起来较为方便。

此外，碑刻文献资料具有很强的地方性和专一性。纳西族地区碑刻散布很广，涉及政治、经济、文化、社会等方面，据笔者前期初步研究发现，明代以来的碑刻数量最多，有汉文碑、东巴象形文字碑、藏文碑、梵文碑，所记载的内容多与纳西族地区历史文化变迁有关。所以，可以作为较为重要的史料来应用。

2. 考古资料法

纳西族接触汉文化时间最早在元、明时期，汉文献记载语焉不详，而东巴经书记载多数又没有具体时间年限，所记载的内容与各朝代很难对应起来，因此，可运用考古资料来研究纳西族历史文化分布及变迁，如金沙江岩画的大量发现，丽江、永胜、宁蒗等地考古发现等，都可以弥补文献资料的不足。

3. 田野考察方法

田野考察不仅是人类学、民族学的研究方法，也是历史地理学重要的研究方法。“读万卷书，行万里路”，对所研究区域实地考察，感受“历史现场感”，有助于感知自然地理和人文景观，对研究对象的总体评价更加合理。田野考察过程是通过采访、体验、实物资料收集等方法，对研究对象进行再认识。田野考察还能验证文献记载的虚实，更能有选择地使用文献资料，尤其对交通不便、地理单元相对独立、民族文化保存较好的地区，如木里的俄亚、芒康的盐井等都是很好的考察目的地。

4. 地理学方法、比较研究方法等

历史地理学通过借鉴地理学等其他学科的研究方法，体现出学科的特性。如运用地理信息系统（GIS）绘制数据化地图，展示不同文化区和不同文化图层；运用统计学方法展示人口、人才分布等。生活在滇川藏交角的纳西族，历史上与其他民族交往甚密，通过与藏、彝、白等民族文化进行比较研究，更能突出纳西族的文化特征，从而避免单一民族文化研究所带来的局限，即关注纳西族历史文化地理研究的共时性和历时性。区域描述法、数据统计法、地图分析法等也将在研究中灵活运用。

最后，还要把握民族地理研究的三点原则：民族平等原则、尊重历史原则和客观评价原则，尤其是在研究本民族的历史文化时，要避免民族自大和民族狭隘的倾向。

二　研究创新

本书的创新点主要表现在三个方面：

其一，研究理论上的创新。以少数民族区域为研究空间，对以往研究较为薄弱的区域进行深入探讨，尝试构建少数民族地区历史文化地理研究的理论。“藏彝走廊”是西南民族地区的文化走廊，是西南民族最集中和文化资源最丰富的区域。目前，人类学、民族学、历史学等多学科研究者试图从自己的研究领域揭开这一区域的民族文化“真面目”，仅靠某个学科来研究是无法完成的。历史地理学研究者也应该以自己学科的视角关注这一区域，因为该区域是最能体现人地关系理念的“富矿区”。本书以处于“藏彝走廊”核心区的纳西族地区为空间范围，通过对单个民族文化的解构，对“藏彝走廊”的全面研究提供必要支撑。历史地理学中的历史文化地理理论、文化地理学理论及民族地理学的理论在本书中的交叉使用，是对学科发展的一次尝试。

其二，运用材料上的创新。本书运用纳西族东巴经书、碑刻、考古等资料。历史地理学所选用的材料基本上是汉文纸质材料，本书将广泛运用纳西族东巴经书、东巴应用性文书材料，使用碑刻、考古等方面的材料来丰富研究内容。

其三，方法上的创新。不仅用传统的历史文献、田野调查等方法，还运用计算机技术绘制与研究相呼应的绘制图标方法，以所研究的文化因子的分层构图以及叠加来实现文化亚区的区分等。本书在方法上试图有所突破，借用文字学、建筑设计的基本研究手段来完成部分专题的研究，以期取得方法上的突破。此外，区域描述法、数据统计法、地图分析法等较为成熟的方法也将在研究中灵活运用。

第一章　纳西族历史概述

第一节　纳西族生存地理环境

地理环境是人类生存和发展的根基，离开自然环境谈历史文化就失去了研究的根基，也就不能全面而真实地反映问题，继而所得出的结论是不准确的。在中国传统的历史地理学研究中，学者们格外重视自然环境的地位和作用。在长时段的历史时期，自然地理变化是明显的，气候、水文、山脉、植被、物种等都按照自身规律发生变化，加上人类干预，这些变化更具复杂性。就人类而言，干预自然的同时也在改变着自我发展的轨迹。我们可以得出这样一个共识：时间愈早，人类对自然的依赖程度愈强；近现代以来科技的显著进步，使人类对自然的依赖程度似乎有所减弱。但在实际上，人类对自然的依赖程度始终如同磁铁般附着在地球表面上，“从天地生的综合研究来看，地理环境对人类社会肯定起到决定性作用，只是在一定的时间和地域内，人类可以加速和延缓历史发展的进程，在一些具体问题上起决定作用；不能片面地强调生产力越高，地理环境对人类社会的作用越小，更要注意生产力越高，人类在更广泛的领域内和更深刻的程度上接受地理环境的制约；地理环境一方面通过物质资料生产方式影响人类社会及其上层建筑，一方面直接影响民族性格，造成文明的差异”。①人地关系始终是历史地理学研究的核心问题。

探讨历史时期纳西族文化的分布与差异，地理环境是发生变化的最主要因素。以历史上分布区域与中国常规自然区划相结合来看，纳西族都处在西南地区的横断山脉（又称横断山区），从川西高原到云贵

---

① 蓝勇编著：《中国历史地理》（第二版），高等教育出版社2010年版，第27页。

高原边缘，再到横断山脉的腹地，都深藏在高山峡谷中，与中原地区的平原和沿海地区的冲积平原截然不同。这种不同不仅表现在地表的凹凸上，而且在气候、水文、交通、习俗等方面都有差异，形成了“一山有四季，十里不同天”“五里不同天，十里不同俗”的纳西族生存环境。

对历史时期纳西族分布区的描述，引用“核心”“边缘”等概念会更清晰。概括地讲：秦汉至唐代初期，纳西族分布以盐源为中心，西南方向的永宁、中甸、丽江、维西等金沙江中游一带，为边缘区域；东北方向的大渡河流域也属于边缘区域。唐代至元初，纳西族分布的中心区从盐源转移到金沙江中游“И”字形江湾的丽江，盐源和丽江成为两个中心区。元明以来，纳西族分布以丽江为中心，向北、东、西三个方位拓展，盐源到永宁一带也出现了亚中心区，而西北的盐井、维西、中甸等地成为边缘区。这一区域为我国地势垂直变化三大阶梯之第二阶梯，地貌以高山深谷

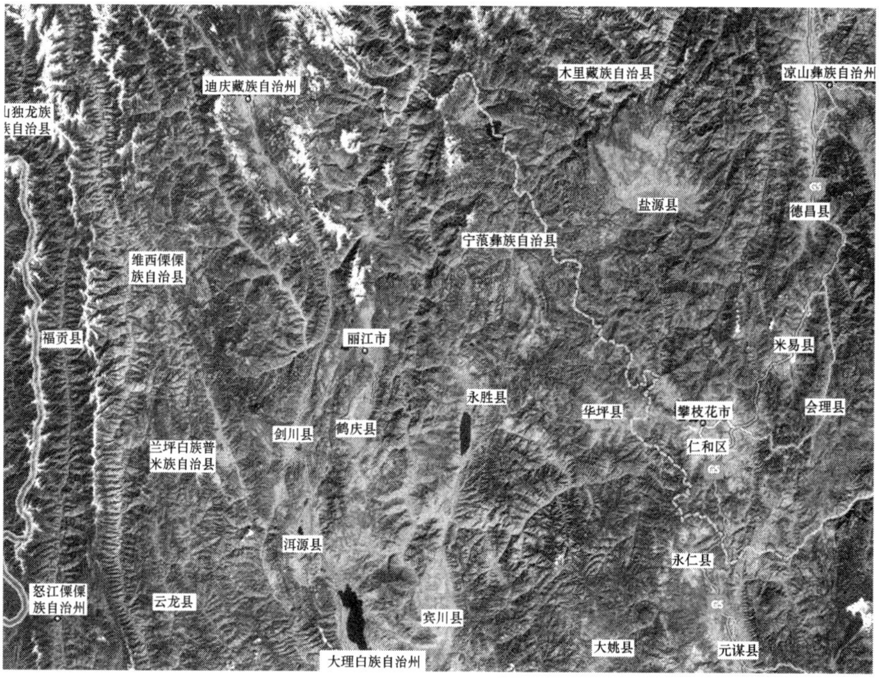

图 1—1　纳西族主要居住区卫星示意图

为主，山脉以南北走向为主，山脉间便是曲曲长长的河流，其间零星地夹杂着一些大小不等的高原平地。大部分地区的海拔都在800—3000米之间，差距悬殊，有的河谷地段的海拔不足1000米，有的台地则超过5000米。这一区域分布着七座5000米以上的高山，终年积雪，造就了同纬度仅存的现代冰川奇观。这里的高原、盆地、山地、河谷等构成了复合型的地貌特征，气候上总体属于亚热带季风气候区，而实际上处于亚热带气候的区域不足整体地域的三分之一（见图1—1）。

一　山脉与水系并列

山脉与河流自北向南一字排开是这一区域最突出的地貌特征。横断山脉指中国青藏高原东南缘，川滇西部自川西平原至高黎贡山间东西并列、南北纵横的广大区域，呈北向南下倾的褶皱紧密的地势。中国科学院青藏高原综合考察队认为，在北纬26度到32度之间，东自大凉山、邛崃山，西至昌都的这一区域为横断山脉，总面积近40万平方公里。[①]自西向东分列山脉与河流有：高黎贡山、怒江、怒山山脉、澜沧江、云岭、金沙江、哈巴雪山—玉龙雪山山脉、沙鲁里山脉南支、水洛河、雅砻江、锦屏山、安宁河等。南北山脉阻断东西交通，故名横断山脉。地理学界还将其划分成北段、中段和南段：巴塘、理塘一线以北称为北段，保山、下关一线以南称南段，中间段为中段，纳西族活动区域集中在中段。从地势看，中段的偏北部高原面海拔在4000—4500米，偏南部高原面则降至3000米左右，与山地、高原相间的湖盆面海拔在2000米以上。[②]

生活在这一区域的民族充分利用这些山脉和水系，形成了独具特色的文化景观。梅里雪山（6740米）、玉龙雪山（5596米）、哈巴雪山（5396米）、仙乃日（6032米）、夏诺多吉（5998米）、央迈勇（5998米）等山峰成为所居住民族心中的神山，是民族生活和信仰中不可缺少的自然神，已经完全融入民族文化的内涵中。河流众多，以南北走向为主，自西向东有：怒江、澜沧江、金沙江、无量河、雅砻江、大渡河

① 中国科学院青藏高原综合考察队编：《横断山考察专集》（一），云南人民出版社1983年版，第96页。

② 杨勤业、郑度：《横断山区综合自然区域纲要》，《山地研究》1989年第1期。

等，纳西族就分布在藏彝走廊“六江流域”的核心区。大河大江往往是人类文明的发祥地，在金沙江中游的纳西族聚居区就发现了52处岩画，近年还不断发现远古时期的文物。金沙江因含有金子而得名，很多河流被生活在其间的民族赋予了文化使命。如在纳西族东巴经书中，就涉及很多座终年积雪的山峰和多条河流。这些区域的峡谷往往广布着纳西族等众多少数民族，他们从事农业生产，造梯田，培植多种农作物，温暖的气候和充足的水源奠定了生存的物质基础，海拔升高，畜牧业的比重增加。

二　平坝与高原湖泊共存

在山脉和水系间，零星分布着大小不等的平地，统称为盆地，云南俗称为坝子，如香格里拉的大中甸坝、小中甸坝，丽江坝、七河坝、九河坝、拉市坝，永胜的金官坝，宁蒗的永宁坝、蒗蕖坝、西昌坝，盐源的盐源坝等。这些高原台地水源丰富，土地肥沃，利于农作物的垦殖和农业推广，是主要居住区。这些坝子孕育了纳西族深邃的文化。3000米以上高原坝子的纳西族人以畜牧业为主，间或从事农业。湖泊有邛海、泸沽湖、程海、拉市海等高原湖泊。高原湖泊往往孕育了最具地域特色的民族文化，如以泸沽湖为中心的摩梭母系文化，是目前尚存的走婚和母系制习俗保留区，它已成为研究人类婚俗的重要研究基地；丽江广布着大小不等的湖泊，如拉市海、中海、文笔海等湖泊位于纳西文化传承发展的重要区域，这些湖泊都是优质的淡水，鸟类众多，是高原重要的湿地区，它孕育了与金沙江沿岸不同的山地文化。

三　立体性气候与多样性植物互依

这样凹凸不平的皱褶地势，完全打破了理论上的气候带划分。很多山脉都有立体型气候特点，山脚是亚热带气候，山顶是亚寒带气候，山间则是温带气候。横断山区中段气候主要有三种类型：中亚热带、高原温带和高原亚寒带。植物分布也呈常绿阔叶林和云南松林、山地暗针叶林与山地硬叶常绿阔叶林和高山松林、高山灌木丛和高山草甸……各带分异取决于温度和水分条件的地域组合及地势差异。[①] 中段以北，海拔在2500米到3500米之间，大部分地区最暖月均温为12—18℃，日均温≥10℃的天数有50—180天，属于高原温带气候。南暖北冷趋势较为明显，但在同纬度气温也有很大的差异。[②] 植物资源丰富，也呈垂直分布。虽然横断山区中部高山林立，峡谷纵深，江河湍急，但也给纳西族提供了非常丰富的物质资源。关于这一点，笔者将在后面相关章节中谈及。

第二节 纳西族族源、族称讨论

每个民族都需要探索民族的源流，这是对根的眷恋，也是探索民族走向的基础。纳西族是我国56个民族中的一员，有着悠久的历史和璀璨夺目的文化。纳西族发源于何方？纳西族称呼的历史变迁又是如何？这是本节所要讨论的主要问题。

一 纳西族族源之说

关于纳西族发源于何地、属于何种族群的讨论已经有上百年的历史，至今还没有定论。百年来学者对纳西族族源的研究取得了丰硕的成果。目前，学界有四种说法：羌人说、土著说、夷人说、多元一体说。以下分别概述之。

1. 羌人说

这是目前学术界普遍认同的一种说法。方国瑜在《麽些民族考》一文中就明确提出："纳西族渊源于远古时期居住在我国西北河湟地带的羌人，向南迁徙至岷江上游，又向西南迁至雅砻江流域，又西迁至金沙江上游东西地带。"[③] 他还进一步提出，他们应该是羌人中的牦牛羌。章太炎在《纳西族象形文字谱·序》中就认为"麽些者，羌之遗种"。任乃强也认为纳西族是由羌族的远支发展成单一民族。"西康土著，非汉族，亦非藏族也，盖羌之遗裔……化为若干部落，历世愈久，

① 杨勤业、郑度：《横断山区综合自然区域纲要》，《山地研究》1989年第1期。

② 同上。

③ 方国瑜：《纳西族的渊源、迁徙和分布》，《纳西族象形文字谱·绪论》，云南人民出版社2005年版。

穷蔓愈远，分化亦愈繁；渐至语言习俗亦生差异，变为若干小民族……曰麽些。"[①] 汪宁生通过对西北地区出土的"人面形木牌"与纳西族东巴祭祀时所用的木牌做比较，提出"对纳西族渊源于羌人之说也增添了一条新的证据"。[②] 杨福泉认为："如果说这种石棺葬文化与'牦牛部'有关的话，同为藏族和纳西族先祖的'牦牛羌'所具有的这种葬俗，无疑与藏族和纳西族都有密切的关系。"[③] 赵心愚也提出："纳西族与羌族原始宗教祭司及祖师的称呼、有关传说以及所使用法器相同或相似，说明两个民族的原始宗教都源于古羌人原始宗教，这从一个方面证明纳西族与古羌人确有渊源关系。"[④] 此外，江应樑、李绍明也持有此观点。

2. 土著说

刘尧汉根据楚雄元谋出土的元谋猿人（距今170万年前），提出彝族和彝语支民族是当地的土著。[⑤] 同样丽江本土学者也根据距今5—10万年前"丽江人"和其他考古文物资料，断定纳西族是丽江的土著民族。如日本学者诹访哲郎认为，纳西族母体应该是土著的农耕部落，在漫长的历史长河中不断受到来自北方游牧部落的影响。[⑥]

3. 夷人说

张增祺认为，纳西族不是羌人中的牦牛羌，而是白狼夷。蒙默提出，纳西族非羌系，而属于夷系。牦牛羌非牦牛夷，纳西族应源于很早就活跃在川西贡嘎岭一带的牦牛夷。石硕认为，纳西族源于横断山的古夷人。[⑦] 和士华则根据东巴经典和实地考察，提出："纳西族源于古东夷族，太昊是纳西先民的始祖和首领，太昊的后裔'任'和'宿'是最早的纳西先民。"[⑧]

---

① 任乃强：《西康图经·民俗篇》，南京新亚细亚出版社1933年版，第1页。

② 汪宁生：《纳西族源于羌人之新证》，《思想战线》1981年第5期。

③ 杨福泉：《纳西族与藏族历史关系研究》，民族出版社2005年版，第19页。

④ 赵心愚：《纳西族与古羌人渊源关系的又一证据》，《中山大学学报》2003年第2期。

⑤ 刘尧汉：《中华文明源头新探——道家与彝族的宇宙观》，云南人民出版社1985年版，第29页。

⑥ ［日］诹访哲郎：《从创世神话看纳西族的游牧民性与农耕民性》，载郭大烈、杨世光主编《东巴文化论》，云南人民出版社1991年版，第445页。

⑦ 石硕：《藏族族源与藏东古文明》，四川人民出版社2001年版，第108页。

⑧ 和士华：《纳西族的迁徙与融合》，云南人民出版社2007年版，第21页。

4. 多元一体说

郭大烈在《纳西族史》中提出："可以初步认为，纳西族的形成以土著为主，融合了北来的羌人，以后又同化了周围其他一些民族，边缘地区则是纳西族被其他民族同化。"[①] 笔者更倾向于这一种说法。

此外，在纳西族东巴经典《创世纪》中用纳西象形文字记述了人类的起源，认为人类起源于声音和气体。声音和气体通过震荡蒸发，相互感应化成了白露，白露落入海中，孕育出有生命的白色蛋来，白色的蛋又经过无数次变化最终演变成人类。李霖灿认为，这是一种"卵生观"。[②] 纳西族的这种蛋生说在《木氏宦谱》（文谱本）开篇就被引用，其是纳西族内部普遍认同的一种说法。诚然，这种起源讨论远早于以上所讨论的四种情况，但更像故事传说，而非史料，这里不再作更详细的介绍。

二　纳西族族称之演变

每一个民族都有自己的称呼，少数民族的称呼更为复杂，既有民族内部的自称，也有周边民族的他称，还有不同历史时期汉文献的不同记载。这些称呼包含着异常丰富的历史记忆和文化内涵，破解这些称呼就是揭秘民族历史文化的一把钥匙。因此，民族称呼的研究要引起重视。

1. 纳西族不同族称

关于纳西族的族称，研究纳西族的学者一直以来给予关注。尽管20世纪30年代以来不断有讨论此问题的论文发表，至今仍有不少问题未能解决。纳西族的族称共有四种类型：一是汉族和周边少数民族对纳西族的他称；二是纳西族内部不同支系间的互称；三是纳西族各支系都较认可的自称；四是纳西族各支系的自称。

中国古代汉文典籍记载了纳西族不同的族称。虽然各时期所指向的民族或族群是一致的，但在称呼上可谓是五花八门，隐含着不同撰写者对少数民族迥然不同的情感。下表汇总了汉代以来汉文典籍中出现的数十种纳西族族称（见表1—1）。

---

① 郭大烈、和志武：《纳西族史》，四川民族出版社1999年版，第24页。

② 李霖灿：《麼些研究论文集》，台北故宫博物院1984年版，第182页。

表1—1 中国历代汉文献所记纳西族族称汇总表

朝代	称呼	所见主要书籍	备注
晋	摩沙	《华阳国志》	
唐	磨（麽）些	《蛮书》《旧唐书》《新唐书》	
元	麽些	《元史·地理志》	亦作“摩沙”
	麽𡻕	《元史·兀良合台传》	
	麽娑	《元史·世祖本纪》	
	末些	《云南志略》	
明	麽些	《明史·土司传》	
	麽些	景泰《云南图经志书》	亦作“末𡻕”
	麽𡻕	《徐霞客游记》	
	摩获	《南诏野史》	
	麽娑	《木氏宦谱》	
	磨𡻕	《滇略》卷九	
	麽𡻕	《明一统志》、正德《云南志》	
清	麽些	《维西见闻纪》	
	麽𡻕	《清史稿·四川土司传》、嘉庆《四川通志》	
	麽𡻕	乾隆《丽江府志略》	
	獏狻	《清史稿·四川土司传》	
民国	麽些	《麽些象形文字字典》	
	麽𡻕	《关于麽𡻕之名称分布与迁移》	
	摩梭	《盐边乡土志》	
	麽些	《新纂云南通志》	

此表在郭大烈、和志武著的《纳西族史》第75—76页和方国瑜的《麽些民族考》的基础上制成。

从表1—1可以看出，历史上出现的纳西族族称很多，但多数为“麽些”的同音异体，没有出现与其他民族名称相混淆的情况。20世纪30年代陶云逵通过调查发现，丽江、永北（今永胜）两县交界地带的金沙江两岸，维西、贡山一带的傈僳族称纳西族为“麽𡻕”；大理的剑川、鹤庆、云龙各县的民家（白族）也称纳西族为“麽𡻕”。中甸县、阿敦子

（德钦）的古宗称纳西族为“三赕娃”，西番人（普米族）称为“色”。[①]傈僳语称为“罗木扒”，藏语称为“姜”“卓”，普米语称之为“娘命”等，其含义都是“麼些”之意。以上所列举的称呼都是他称，那么，自称又是什么呢？

历史时期，纳西族发展成六个支系，分别是：拿喜、摩梭、纳罕、阮可、玛丽玛萨、拉洛。各个支系都有自己的称呼，“纳”是各支系自称中共同拥有的一个音。“拿喜”一支，“拿”或“纳”，有的学者望文生义就认为是“黑”的意思，更多学者则认为是“大”“宏伟”“浩大”之意[②]，“西”或“喜”是人之意。这一支系主要分布在云南省丽江市古城区、玉龙县、永胜县、宁蒗县，迪庆州的香格里拉县、维西县，四川省木里县的俄亚、盐源县的达住，西藏昌都地区的盐井乡等，约占纳西族总人口的六分之五。“摩梭”（又称纳日或纳汝）一支，分布在云南省宁蒗泸沽湖边、四川木里和盐源的雅砻江流域，其中有部分被划入蒙古族。“纳罕”一支，主要居住在香格里拉县的白地、宁蒗的蒗渠坝。“阮可”一支，“阮”指江边河谷一带较热的地方，“可”指峡谷等高低不齐之地方，居住在四川盐源、木里，香格里拉县的三坝，丽江的金沙江沿线，分布广，但人口不多。“玛丽玛萨”一支，认为是“木里摩梭”之变音，居住在维西县塔城一带，自认为是明代从盐源左所（剌塔）搬迁而来，人口近3000人。“拉洛”一支，“拉洛”意为老虎过山，他称为“鲁鲁”，广布在丽江市古城区和玉龙县。

纳西族各支系间还有互称，如“吕西”“邦西”“苏西”等称呼。“吕西”，“吕”即指永宁地方，“西”意思是人，指的是永宁的纳西族，是丽江一带纳西族对永宁纳西族的称呼，而他们自称为“纳”。其他支系对丽江的纳西族则称“英古堆西”，“英”指江，特指金沙江；“古”指拐弯；“堆”指地方；合起来就是指金沙江拐弯地方的人，即是丽江（纳西）人。丽江的纳西族大部分自称“纳西”。“邦西”，“邦”指糖，是丽江和永宁纳西族对居住在金沙江鸿门口一带从事种植甘蔗榨糖的纳

① 陶云逵：《关于麼些之名称分布与迁移》，《中央研究院历史语言研究所集刊》（第七册），中华书局1987年版，第122页。

② 杨福泉：《纳西族文化史论》，云南大学出版社2006年版，第18页。

西族的称呼，他们也自称为“纳西”。“苏西”，“苏”指铁，就是丽江和永宁纳西族对木里无量河流域从事炼铁的纳西族称呼，他们自称为“纳”或“纳汝”。我们不能因为称呼上的不同而把同一支系的纳西族视为不同支系，有些学者未能区分自称、他称、互称关系而混淆了各支系称呼。

此外，在纳西族东巴古籍文献《创世纪》《木氏宦谱》、乾隆《丽江府志略》光绪《丽江府志稿》等史书中提到纳西族的分支情况。在东巴经典《创世纪》就记载有古代四个氏族的情况：高勒趣有四个儿子，分别是树（有的写成“束”）、尤（有的写成“叶”）、梅（有的写成“买”）、禾，后来分别称为纳西族的四个支系。梅和禾两兄弟互不分离，居住到江边一带；树、尤两兄弟互不分离，他们前往丽江坝居住。这四个支系与上文谈及的六大支系也是不同，他们互相交叉，如居住在丽江市古城区金安乡的纳西族都属于“纳西”一支，但从四兄弟分支来看，居住在同一个村子的纳西族就有束、尤、梅等。所以四兄弟分出四个支系之说没有足够的证据，纳西族各个支系中关于四兄弟支系传说，不足为划分支系的重要依据（见图1—2）。

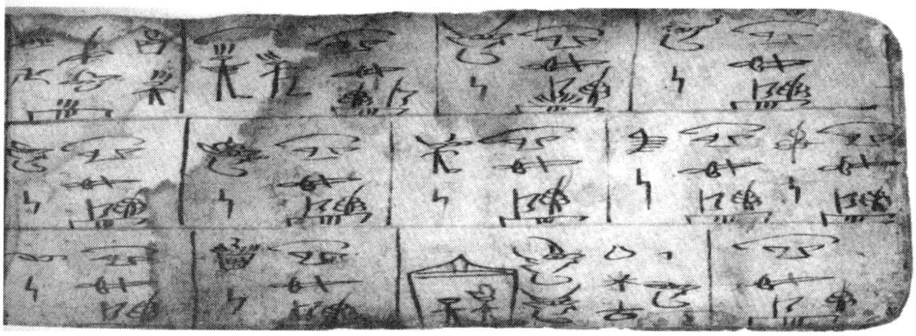

图1—2　《祭天·远祖回归记》①

据《木氏宦谱》记载：“哥来秋，娶戟女戟钟，生四子，分束、叶、

① 《纳西族东巴古籍译注全集》编委会：《纳西东巴古籍译注全集》（第1卷），云南人民出版社1999年版，第51页。

买、何，寿一千九十岁。"[①]该"宦谱"修于清初的顺治年间[②]，内容与东巴经书一致。乾隆《丽江府志略》和光绪《丽江府志稿》也有相同的记载，"麽些，乌蛮别种，其始分束、叶、买、禾四种"；"束叶二氏居府治，即木氏之前为土司，名叶古年者时也；买、禾二氏多居山外江边"。四兄弟之说在丽江坝区的文献记载和口头流传中最为明显，看来这可视为具有丽江地域特点的族源之说。

那么，"麽些"一词又是什么意思呢？

2. "麽些"之含义

"麽些"是对纳西族各个支系的通称，由来已久。学界对"麽些"含义的讨论可谓是众说纷纭，各执一词。主要观点有：①方国瑜等学者认为，髦、旄、犛、猫、摩是同音异写，与纳西族先民曾被称为"牦牛夷""牦牛羌"有关。摩沙之名正与牦羌同，摩沙以牦得名，则摩沙或许为牦羌之主要民族，故有这样的名号。[③]即"摩沙"与"麽些"就是同音字。②也有的学者认为，纳西古语中有"纳摩堆"（纳摩地方）、"纳摩若"（纳摩男人）、"纳摩命"（纳摩女人）等词语，可能与这个古语有关。杨启昌认为，外族人在称呼"纳摩若"时，省略或掉了"纳"字，喊为"摩若"。汉语不能准确地记录纳西的"若"字，即变音为"梭"，喊成"摩梭"，久而久之，成了专用他称。[④]这样的解释显然有些牵强附会。③傅于尧等学者从语言学角度来考察，提出了这样一个假定场景：古代汉族人到纳西族地区后，用汉语询问是什么民族时，纳西族先民听不懂他们说的意思，便说"摩些，摩些（不知道之意）"，汉人以为是自称为"麽些"而作了如此记述。殊不知纳西语的"麽些"就有"不知道、不懂"等含义，如此一个误会产生了"麽些"名称。看似合理，实则从现代纳西语来考察古代纳西语，如果不能证明"麽些"一词古今都没有发生变化的话，研究的方法上有待多学科介入。④还有的学者认为，"麽些"这个称呼来源于元代蒙古大将月鲁帖木儿之父。盐源县志办编撰的《盐源

① 云南省博物馆供稿：《木氏宦谱》（影印本），云南美术出版社2001年版，第6页。

② 杨林军：《〈木氏宦谱〉版本源流新考》，《云南社会科学》2012年第5期。

③ 方国瑜：《麽些民族考》，白庚胜、和自兴主编《方国瑜纳西学论集》，民族出版社2008年版，第16页。

④ 杨启昌：《摩梭称呼，应还其历史本来面目——兼谈纳西族的他称和自称》，《民族工作》1994年第6期。

县志资料》第二期上记载了一段民间传闻：相传帖木儿自号月鲁，其父叫摩梭，以其卓越战功影响着滇川边界地带的麽些人，日月流逝，时间久远，人们可能因其首领之名称来统称。[1] 可是，汉代就称为“摩沙”、唐代称“麽些”的民族，怎么与元朝后期的蒙古人说成是一回事，有奇谈怪论之感。其实，这样的民间传说起于近代以来，尤其是为了迎合化归于蒙古族的“麽些”之需要，更没有文献史料来佐证。⑤和即仁通过考察“麽些”与“纳木依”之间的语源和历史关系，在《“麽些”与“纳木依”语源考》中，对纳西语“纳母”一词的语源进行初步研究后认为，“摩沙”这个族称与“纳木依”人的自称在语源上有着历史渊源关系。“‘纳木依’这个称谓的正确含义应译为‘纳木的后裔’，决不能简单地理解为‘黑人’。同时还说明，‘纳木依’人与属于纳西族支系的‘纳汝’人之间存在着历史渊源关系。且‘纳木依’又称‘纳木汝’，正与纳西语的‘纳母若’相吻合。故摩些（摩梭）这个称谓疑是‘纳母若’的对音。”[2]

笔者则认为，“麽”，在纳西语中有“天”之意；“些、梭”都是对人的称呼，合在一起就是天之子民的含意。这一点与纳西族一个古俗相呼应，即祭天。纳西族每年都要举行两到三次的祭天活动。每年农历正月初三至十三，各支系都要举行祭天活动，内容包括祭自然神、祭战神、祭保护神等，几乎涉及一年中的天地人的关系，预示着在新的一年里天地人的和谐共处。李京在《云南志略·诸夷风俗》中就有记载：“不事神佛，惟正月十五日，登山祭天，极严洁，男女动百数，各执其手，团旋歌舞以为乐。”此后明代的《景泰云南图经志书》《徐霞客游记》等都有涉及。直到现在纳西族仍然沿袭着祭天的习俗，都说“纳西目布若”，意为纳西族是祭天的民族，以祭天为最严肃、最重视的活动。显然，“麽些”是其他周边民族对纳西族先民的一个通称，不仅在汉文献中这样记载，其他民族也是这样称呼的。

3. “纳西”之含义及其影响

“麽些”是汉代以来对纳西族最通用的称呼，“纳西”则是近代以来以丽江为中心的纳西族支系称呼，至清代的文献中都未曾有“纳西”之

---

① 娃素·沙拉若：《川滇边界蒙古族的由来》，《内蒙古社会科学》1988 年第 2 期。

② 和即仁：《“麽些”与“纳木依”语源考》，《民族语文》1991 年第 5 期。

记载。明代木氏土司对外扩张时期，从丽江分派到四川木里的俄亚、西藏芒康的盐井及澜沧江一线的纳西族，都自称是从丽江来的“纳西”。可见，“纳西”是纳西族迁徙到丽江一支的自称，而通称都是“麽些”。有的学者直译“纳西”二字为“黑人”，加之在低纬高海拔地区日照时间长，太阳辐射强，皮肤相对黝黑，乍一看还有点像那么一回事，但显然是错误的。“纳”在纳西语中不仅有“黑”之意，还有“大、浩大、宏伟”之意。从语法角度看，纳西语中形容词性的修饰定语都后置，如果“纳”(黑之意）来修饰“西”，那么当是“西纳”才是。而表示地点等名词、人称代词作定语时则要前置，放在中心词之前，与汉语习惯一致，如“英古堆西”，“英古堆”指丽江，“西”为人之意，即为丽江人之意。凡是形容词性的定语在纳西语中都要后置，因此，视“纳”为形容词就只能置后，而实际上“纳”一直居于“西”之前，说明应该保持“纳”当成是名词性定语来考察才是。假如“纳”为黑之意就无法解释“纳西”真实含义了。无论是民族学、人类学研究者所倡导的“纳族”“纳系族群”，还是各支系所自称的“纳西”“纳恒”“纳”，都涉及着破解“纳”字之本义。从以上所说可知，“纳”的确切含义有待从地理方位、族群发展历史、古字变音等角度来破解。关于麽些、纳西、麽蛮、些蛮之间的讨论，陶云逵之《关于麽歩之名称分布与迁移》、方国瑜之《麽些民族考》两文中都作了深入讨论，并对此有了令人信服的结论。

两千年来一直使用的“麽些”称呼于1954年就停用，以麽些民族六大支系中人数最多的“纳西”一支自称来统称。由于“麽些”与摩梭发音更相近，造成了纳西族与“摩梭人”平行的假象，其实，摩梭人只是纳西族的一个支系，是统称和支系称谓的关系。摩梭与麽些是两个概念，麽些是总称，摩梭是仅限于纳日、纳、纳恒支系，而不能把摩梭支系与麽些民族等同起来。此外，历史上的麽些民族在20世纪50年代划分民族时把部分支系，如纳木依、纳恒等划入蒙古族、藏族中去，给后来的民族工作者和研究者的研究带来不少难度。杨福泉等学者提出：“‘纳’或‘纳日’目前被普遍称为‘摩梭人’，这并不是他们的自称。摩梭、‘麽些’、摩挲、磨（麽）些等在所有的汉文史籍中都是对分布在滇川藏地区的纳西族的称呼。‘摩梭人’与纳西族分开称呼的结果导致了不少人对纳西族历史的误解，以为史书上的‘麽些’、‘摩梭’、‘摩挲’等只是指永宁等地的‘摩梭人’。长此以往，势必造成对中国民族历史理解的混乱。因此，以‘名从其主’的原则，随永宁纳西人的自称‘纳’而采用‘纳’或‘纳人’一词。”[①] 现在，纳西族本民族学者提出采用“纳族”或“纳系族群”来称呼更能关照各个支系，这也是目前民族学、人类学研究者所发出的一个声音。

第三节 历史时期纳西族分布与变迁

一 唐以前纳西族分布与变迁

唐以前，纳西族在康藏一带向西南迁移。唐初迁至金沙江两岸，大渡河以西、雅砻江、无量河、金沙江中游即云南、四川、西康交界一带，以盐源为中心分布开来。追溯纳西族先秦甚至更早时期的活动，目前所能依靠的汉文献资料寥寥无几。东巴经书所记述的历史又很难考证所反映的具体时间，加之东巴经书均以神话、传说、故事形式来记述，其史料的准确性很难把握。

在《史记·西南夷列传》中第一次较明确地提到纳西族分布的大致范围：

> 西南夷君长以什数，夜郎最大；其西靡莫之属以什数，滇最大；自滇以北君长以什数，邛都最大；此皆椎结、耕田，有邑聚。其外，西自同师以东，北至楪榆，名为巂、昆明，皆编发，随畜迁徙，毋常处，毋君长，地方可数千里。自巂以东北，君长以什数，徙、筰都最大；自筰以东北，君长以什数，冉駹最大。其俗或土著，或移徙，在蜀之西。自冉駹以东北，君长以什数，白马最大，皆氐类也。此皆巴蜀西南外蛮夷也。[②]

这是古代西南地区民族分布和社会发展情况的描述，把西南民族分成七个集团，四种社会发展类型。郭大烈等学者认为，“自嶲以东北，君长以什数，徙、筰都最大”中筰都夷是纳西族先民[③]，“筰”与纳西语中的

① 杨福泉：《“纳木依”与“纳”之族群关系考略》，《民族研究》2006 年第 3 期。

② 司马迁：《史记·西南夷列传》（第 116 卷），中华书局 1959 年版，第 2991 页。

③ 郭大烈、和志武：《纳西族史》，四川民族出版社 1999 年版，第 72 页。

"崇"（$tsho^{22}$）一致来断定。"筰都"夷的分布范围当在今天四川西南的汉源、冕宁、盐源、盐边、木里，也就是分布在大渡河和雅砻江流域。由于史料所限，很难绘制出具体的居住区域来。

西汉武帝时对这一地区设置行政区，完成了中央对这一区域的控制。元鼎六年（前111），武帝派郭昌、卫广平定南粤之乱，"南越破后，及汉诛且兰、邛君，并杀筰侯，冉駹皆振恐，诸臣置吏。乃以邛都为越嶲郡，筰都为沈犁郡……"① 越嶲之名来源于嶲水，即今天四川的越西河，下辖十五个县②：包括身邛都（今西昌）、遂久（丽江）、灵关道（美姑）、台登（冕宁西部）、定筰（盐源）、会无（会里）、姑复（永胜）、三绛（元谋）、筰秦（冕宁东部）、大筰（盐边）、青蛉（大姚）等。将纳西族先民主要居住区域直接纳入西汉王朝统治的版图，促进了纳西族地区的社会发展。东汉时期，中央政权控制力减弱，于是，这个区域长期处于叛乱无常的状态。近期，学术界最为关注的是，白狼王所作诗三章是否为纳西族先民所作。方国瑜从音韵学和历史学的角度分析后认为："凡三章四十四句，共一百七十六字。瑜尝分析研究此一百七十六字之音义，与纳西语对照，大都可解。证明白狼语与纳西语最相近，或即白狼语为纳西族古语也。"③ 此外，关于白狼王的族属问题，丁文江、杨成志、王静等提出是彝族先民，马长寿等认为是嘉戎古国，陈宗祥、邓文峰等认为是普米族先民等。这有待于其他学科的介入来综合研究。

三国时期蜀汉政权确立，加强了对西南各民族的统治，史书上对这一区域民族的记载多了起来。其中，纳西族先民第一次被明确无误地记录为"摩沙夷"。《华阳国志·蜀志》记载：

> 定筰县。筰，筰夷也。汶山曰夷，南中曰昆明，汉嘉、越嶲曰筰，蜀曰邛，皆夷种也。县在郡西。渡泸水，宾刚徼，曰（白）摩沙夷。有盐池，积薪，以齐水灌而焚之，成盐。汉末，夷皆锢之，张嶷往争，夷帅狼岑，槃木王舅，不肯服，嶷擒（禽），挞杀之。厚赏

① 司马迁：《史记·西南夷列传》（第116卷），中华书局1959年版，第2997页。

② 班固：《汉书·地理志》（第28卷），中华书局1962年版，第1600页。

③ 方国瑜：《白狼歌诗》，载白庚胜、和自兴主编《方国瑜纳西学论集》，民族出版社2008年版，第211页。

赐，余类皆安，官迄今有之（北沙河是）。[①]

定筰县即在今天的盐源县境内，泸水当为雅砻江。定筰县所产的盐铁，为摩沙夷所占有，而越嶲太守张嶷“使壮士数十直往收致，挞而杀之，持尸还种，厚加赏赐，喻以狼岑之恶，且曰：‘无得妄动，动即殄矣！’种类咸面缚谢过。嶷杀牛饷宴，重申恩信，遂获盐铁，器用周赡”。[②] 可见，张嶷是用了大计谋才把牦牛夷（摩沙夷）酋首狼岑、槃木王舅拿下。而此时的牦牛夷种有4000户之多，首领狼岑、槃木王舅“甚为蛮夷所信任”，婚亲关系复杂，从中可见摩沙夷分布的情况。

据周汝诚推论：“晋安帝义熙十四年戊午（418）前后，麽些蛮祖泥月乌逐出吐蕃，遂居楼头赕。”[③] “麽些蛮祖泥月乌”指永宁纳西族先祖，名泥月乌，418年前后率一支麽些攻取了今天宁蒗县永宁，楼头赕即永宁。这也较明确地记载了麽些迁移和分布的情况。

二 唐至元时期纳西族分布与变迁

1. 唐代纳西族分布与变迁

唐代，纳西族不断向南迁移，一部分从盐源、盐边进入永北、永宁一带；另一部分则渡过金沙江，开始在丽江一带居住。唐武德年间，其中一支进入丽江坝，成为最早居住于丽江坝区的纳西族。自唐贞元十年后，南诏把盘踞在金沙江中游的一部分纳西族迁移到大理、楚雄、昆明、玉溪一带[④]。

在唐代史书中，樊绰的《云南志》[⑤] 一书翔实记载了他们的分布情况：

（卷一，云南界内途程）台登城（今四川冕宁县泸沽镇）直西有西望川。行一百五十里入曲罗。泸水（雅砻江，亦成东泸水）从北来，至曲罗萦回三曲。每曲中间皆有磨（麽）些部落，以其负阻深

---

① （晋）常璩撰、任乃强校注：《华阳国志补注图注·蜀志》（第3卷），上海古籍出版社1987年版，第210页。

② （晋）陈寿：《三国志·张嶷传》（第43卷），中华书局1959年版，第1053页。

③ 周汝诚编撰，郭大烈整理：《纳西族史料编年》，云南民族出版社2011年版，第3页。

④ 杨林军：《论神川铁桥及神川铁桥大战》，载张波主编《丽江民族研究》（第一辑），云南民族出版社2007年版。

⑤ （唐）樊绰撰，木芹校注：《云南志校注》，云南人民出版社1995年版。

险，承上莫能攻讨。泸水从曲罗南经剑山之西，又南至会同川。边水左右，总谓之西蛮。邛部东南三百五十里至勿邓部落，大鬼主梦冲地方阔千里……又东、钦两姓在北谷，皆白蛮。三姓皆属梦冲。内受恩赏于国，外私于吐蕃。贞元七年，节度使韦皋使巂州刺史苏隗杀梦冲，因别立大鬼主。勿邓南七十里有两林部落。

（卷二，山川江源）［磨（麽）些江］源出吐蕃中节度西共笼川犛牛石下，故谓之犛牛河。环绕弄视川，南流过铁桥上下磨（麽）些部落，即谓之磨（麽）些江（金沙江中游）。至寻传与东泸水合。东北过会同川，总名泸水。

（卷三，六诏）越析，一诏也。亦谓之磨（麽）些诏。部落在宾居，旧越析州也。去囊葱山一日程。有豪族张寻求，白蛮也。贞元中通诏主波冲之妻，遂阴害波冲。剑南节度巡边至姚州，使召寻求笞杀之。遂移其诸部落，以地并于南诏。波冲兄子于赠提携家众出走，天降铎鞘。东北渡泸，邑龙佉沙，方一百二十里，周回石岸，其地总谓之双舍。于赠部落亦名杨堕，居河之东北。后蒙归义隔泸城临逼于赠，再战皆败。长男阁罗凤自请将兵，乃击破杨堕，于赠投泸水死。数日始获其尸，并得铎鞘。

（卷四，名类）磨蛮，亦乌蛮种类也。铁桥上下及大婆（永胜）、小婆（华坪）、三探览（永宁）、昆池（昆明）等川，皆其所居之地也……此种本姚州部落百姓也。南诏既袭破铁桥及昆池等诸城，凡虏或万户，尽分隶昆川左右，及西爨故地。磨（麽）些蛮，在施蛮（维西、德钦一带的乌蛮）外。与南诏为婚姻，又与越析诏姻娅。

（卷六，云南城镇）拓东城，广德二年凤伽异所置也……贞元十年，南诏破西戎，迁施、顺、磨（麽）些诸种数万户以实其地。

铁桥城在剑川北三日程……今西城南诏置兵守御，东城至神川已来，半为散地。见管蒗加萌……磨（麽）些……等十余种。

昆明城……西南至小婆城，又西南至大婆城，西北至三探览城，又西北至铁桥城。其铁桥上下及昆明（盐源县）、双舍至松外（盐边一带）已东，边近泸水，并磨（麽）些种落所居之地。

从《云南志》所记载情况来看，纳西族在唐时期分布最为广远。其居住地以盐源为中心向西、向南迁移，在今丽江、中甸、宁蒗、永胜、华坪及四川的盐源、木里、盐边都有分布。尤其是唐初“磨（麽）些”[①]在洱海边建立的越析诏政权，说明了5—7世纪纳西族逐渐强大并向西、向南迁移。这一时期纳西族内部出现了分异，大致可以看作三个主要支系。向南一支，从盐源、盐边渡过金沙江，在今天大理宾川一带打退白蛮，建立了越析诏。笔者以为，“越析”乃是“越嶲”之同音异体字，秦汉时期越嶲郡的主要居民——麽些民族，此后在不断南迁过程中带来了这名称。越析诏未能在洱海边站稳脚跟，这与唐王朝扶持南诏的治边政策有关。开元年间，越析诏之主波冲被害，南诏趁乱出击，波冲侄子于赠率众北去。不少学者以为是朝着今天鹤庆、丽江方向了，其实不然。他们原路返回，仍从金沙江回到盐源、盐边、永宁一带。《新纂云南通志》记载：“越析诏即在今宾川地，一名磨（麽）些诏者，盖以人种称之，唐代磨（麽）些所居，以今四川盐源、盐边为根据地，所渐移殖于其西部，以至丽江亦有移而南至宾川之部落，然为南诏皮罗阁所征伐，复渡泸而北也。”[②]“泸”即指金沙江。

向西迁徙的一支纳西族，在麽些各支系中发展最为迅速。唐武德年间，他们渡过金沙江，赶走居住在丽江坝周围的“濮獬蛮”。在《木氏宦谱》（文谱本）记载：“始祖叶古年，唐摩娑。年之前十一代，东汉为越嶲诏，诏者王也；年之后六代改为筰国诏，又定筰县改昆明，升为昆明总军官，传至唐武德时，祖叶古年凡十七世继传至秋阳。秋阳，唐初改昆明，属嶲州。高宗上元中为三甸总管。”[③]到丽江时期最早的首领是秋阳。其后的阳音都谷、都谷剌具、剌具普蒙、普蒙普王、普王剌完、剌完西内、西内可西等几代首领控制时期受制于南诏，而且参与了南诏的重大军事行动。如阳音都谷时期，唐与南诏的天宝战争刚结束，都谷为先锋率领南诏军队攻陷了嶲州，掳回西泸县令郑回；如都谷剌具，参与了天宝战争和攻陷云南都护府的军事行动；再如普蒙普王，全程参与了贞元九年至十年南诏归复唐朝的一系列行动。这些军功带给这些酋长的是得到南诏的赏赐和扶持。如此看来，这一支纳西族先民与南诏同进退，受到南诏扶持，因而得到较快的发展。唐代中期，纳西族已遍布于金沙江中游两岸，金沙

① 唐朝时纳西族叫“磨些”。

② （民国）周钟岳、赵式铭总纂，李斌等点校，李春龙审订：《新纂云南通志》（三），云南人民出版社2007年版，第280页。

③ 张永康、彭晓主编：《木氏宦谱》（影印本），云南美术出版社2001年版，第6页。

江一度被称为“磨（麽）些江”。今天德钦、维西、中甸到丽江、永胜、宁蒗等界内金沙江两岸都有分布，由于纳西族内部未得到统一，人数众多，各支系间互不统属，在唐、南诏和吐蕃之间成为一颗重要的砝码。贞元十年（794），南诏在唐王朝支持下，突袭吐蕃铁桥，发动了神川铁桥大战。结果吐蕃大败，南诏斩断铁桥以绝往来。原先投靠吐蕃的沿江各民族，被南诏充配到楚雄、昆明、玉溪等地。据估计，“十万户”按每户3人计，则不下于30万人被迁徙到滇中地区。这部分被迫迁徙的纳西族，直到民国时期还有零星的记载。

纳西族先民中仍有一部分活动在大渡河、雅砻江流域。松外蛮是纳西族先民之一，分布在今天盐边一带，与铁桥上下、昆明、双舍的麽些连成一片。[①] 东蛮三部包括了勿邓、两林、丰琶等部落，勿邓部由21个“姓”组成，大部分是乌蛮。其中有一个梦蛮。梦蛮之“梦”与“麽些”之“麽”同音，故梦蛮当为其中一支，而且与今日冕宁之纳日、纳木依居所一致。[②] 丰琶、两林部也大部分是麽些蛮，只不过是称为西蛮和东蛮，郭大烈认为，可以概括为“麽些蛮三部落”。这三部分布广泛，范围在西昌、越西、喜德、冕宁、石棉、甘洛、美姑之洪溪、昭觉、峨边等广大地区。（见地图1　唐代磨（麽）些民族分布图）

2. 宋代纳西族分布

自晚唐至宋末的400余年间，纳西族南移西迁似乎进入了相对静止的状态，没有出现像唐代一样波澜壮阔般的涌动，也没有在纳西族各支系中出现合并和统一的情况，西南地区各种力量似乎处于长期对峙的状态。相对而言，以丽江为中心的纳西族支系不断积蓄能量，《木氏宦谱》中的记载体现了这种变化。

唐昭宗添附二年（902），南诏政权被郑买嗣篡夺，剌土俄均条有“遂不附郑矣……生六子，牟具、牟刀、牟古、牟歹、牟来、牟通，各分部为诸夷之长”。剌土俄均时开始脱离南诏政权控制，自立政权。牟西牟磋则在宋仁宗至和年间更立为摩娑诏大酋长，大理国的“段氏虽盛，亦莫能有”。“摩娑诏”实际控制区域只字未提。《元史·地理志》谈及的内容不多，“（巨津）大理西北陬要害地，麽些大酋世居之”；“大理极边险

① 郭大烈、和志武：《纳西族史》，四川民族出版社1999年版，第109页。

② 同上书，第114页。

僻之地，居民皆麽、些二种蛮”① 等语。盐源一带“宋时羁縻，为大理所据，又以为贺头甸”。② 盐源、盐边一带虽然被大理国所控制，其实“诸酋争强，不能相下，分地为四，推段兴为长，其裔浸强，逐并诸酋，自为府主，大理不能制”。③ 我们认为，这时期纳西族地区处于大理国半控制状态，各自积蓄实力。方国瑜也评价说：“故自南诏以后，麽些之境，大理不能有，吐蕃未能至，宋亦弃其地，成瓯脱之疆，自为治理，经三百五十年之久。”④

3. 元代纳西族分布

宋末，蒙古军队的南下打乱了西南长期以来较为宁静的局面。1253年6月，忽必烈率三路军自甘肃南下，9月底深入四川雅安的西部地区，跨过大渡河，进入木里地区。10月到达达蓝（今永宁），驻扎在日月和，纳西族首领和字内附；之后朝着纳西族聚居区的西南方向而动，渡金沙江，直达丽江，首领麦良投诚。兀良合台所率的西路军自旦当岭进入云南，受到麽些两个部落酋长唆火脱因、塔里马迎接，顺利到达金沙江边。然而面对阿塔剌所居的半空和寨——依山枕江，牢不可破，西路军七天七夜奋战，唯断其水源才攻克。这时的纳西族地区，仍然是“酋寨星列，不相统摄”。⑤ 1253年忽必烈南征，在金沙江渡口受到纳西族酋长麦良迎接，并帮助他渡过金沙江。为此，忽必烈封麦良为察罕章管民官。1271年在丽江设置了察罕章宣慰司，1276年改设丽江路，设置军民总管府，1285年改设丽江宣抚司。短暂的32年间就改设了四次行政级别，级别由最初的从二品降为从三品，这与元朝的行政区划有关系。丽江宣抚司下辖“府一、州七、县一”，分别是：北胜府、顺州、蒗蕖州、永宁州、通安州、兰州、宝山州、巨津州、临西县。《元史》记载：“己亥，云南行省言：‘金沙江西通安等五城，宜依旧隶察罕章宣抚司，金沙江东永宁等处

① （明）宋濂等：《元史·地理志》（第61卷），中华书局1976年版，第1466页。

② （清）辜培源等修，曹永贤等纂：光绪《盐源县志》（第2卷），《中国地方志集成·四川府县志辑》（第70册），成都巴蜀书社1992年版，第660页。

③ （明）宋濂等：《元史·地理志》（第61卷），中华书局1976年版，第1466页。

④ 方国瑜：《麽些民族考》，白庚胜、和自兴主编《方国瑜纳西学论集》，民族出版社2008年版，第42页。

⑤ （元）李京撰、王叔武辑校：《云南志略·诸夷风俗》，云南民族出版社1986年版，第93页。

五城宜废，以北胜施州为北胜府。’从之。”[1] 方国瑜认为，金沙江以西五城指通安州、宝山州、巨津州、兰州和临西县；金沙江以东五城指永宁州、蒗蕖州、施州、顺州和北胜州。各府、州、县具体的演变情况如下：

北胜府：因曾经是施蛮故地，1278 年立为施州，1280 年改施州为北胜州[2]，1283 年升为府。管辖金沙江东岸的北胜、永宁、蒗蕖、顺州等地，也包括了今天华坪至攀枝花一带。

顺州：原名牛赕，因曾是顺蛮故地，1278 年改为顺州。顺州至今尚存，包括板桥、顺州、程海、期纳部分。

蒗蕖州：古称罗古赕，1279 年改为蒗蕖州，即为今天宁蒗县城及以南至永胜县接壤部分。

永宁州：古称答蓝，1279 年改设永宁州，即为今天的宁蒗县城以北、泸沽湖以东、金沙江以西的区域。

通安州：古称三赕，1277 年改为通安州，包括今天的丽江坝、拉市坝、九河坝、太安、龙山等区域。

宝山州：1279 年设宝山州，位于今天玉龙县宝山乡及附近奉科、大具、宝山、鸣音、大东乡一带的金沙江以西地区，也包括金沙江以东的三坝白地、瓦刷、哈巴、江边等地。

巨津州：古称罗波九赕，“盖以铁桥自昔为南诏、吐蕃交会之大津渡，故名”。[3] 1277 年设巨津州，为今天的巨甸镇，控制金沙江的西南地区，包括今天的龙蟠、石鼓、金庄、鲁甸、塔城、维西县的其宗等地。江对面的木高木刻湾至虎跳峡的样车阁也属于巨津州。

兰州：1275 年设兰州，为今天的怒江州兰坪县，澜沧江以东地区。

临西县：旧名罗裒间，1277 年设临西县，隶属于巨津州，澜沧江以东区域。

可见，元朝丽江府的行政区划范围包括了今天的丽江市古城区、玉龙县全部，永胜县和宁蒗县大部分，迪庆州的香格里拉和维西县的大部分，怒江州兰坪县的大部分，行政区域连成一片。今天香格里拉县的江外区域隶属于吐蕃宣慰司都元帅府管辖。

---

① （明）宋濂等：《元史·世祖》（第 15 卷），中华书局 1976 年版，第 312 页。

② “北胜”之名，在冯甦《滇考》中认为，忽必烈所率领的蒙古军南下攻取大理国时，“首捷此土”，故名“北胜”。

③ （明）宋濂等：《元史·地理志》（第 61 卷），中华书局 1976 年版，第 1466 页。

以上这些行政区内都有纳西族分布，如临西县："县在州之西北，乃大理极边险僻之地，夷名罗裒间，居民皆麽、些二种蛮。至元十四年，立大理州县，于罗裒间立临西县，以西临吐蕃境故也，隶巨津州。"① 元代在四川的盐源等地设置了府县，"至元十年（1273）其盐井摩沙酋罗罗将鹿鹿、茹库内附。十四年，立盐井管民千户；十七年，改为闰盐州，以鹿鹿部为普乐州，俱隶德平路。二十七年，并普乐、闰盐二州为闰盐县，立柏兴府，隶罗罗宣慰司"。② 元代行政机构设置多遵守"以夷治夷"之策略，推行土官土司制度。在纳西族地区第一次实现了在几个土司政权下的统一，这对纳西族以后社会发展和文化繁荣奠定了基础。然而，也因为这种行政区划在纳西族地区推行，客观上限制乃至禁锢了纳西族各支系间的交流和迁移，造成了东西纳西族方言区的形成。

三　明至民国时期纳西族分布

1. 明代纳西族分布

明代是纳西族不断向金沙江、澜沧江、怒江中游地区迁移的时期，最北达到察隅、昌都、芒康，四川木里之俄亚。也有丽江的"拿喜"支系东迁回盐源、盐边等地，纳西族分布的区域较之前代有了很大扩展。

明初，朱元璋无力顾及西南边地，直到洪武十四年（1381）明朝军队才深入云南。明王朝对西南各民族的治理，基本承袭了元代的土官制。这时期的纳西族分布区域与元朝无明显差异。随着丽江木氏土司依托明朝，不断对西北、北、东北三个方位用兵，纳西族分布区域有了明显的变化，其中对四川木里县的俄亚、西藏芒康县的盐井影响最为突出。

洪武十五年，丽江土官阿甲阿得不远万里到达南京觐见朱元璋，受到朱元璋高度评价："尔丽江阿得，率众先归，为夷风望，足见摅诚！且朕念前遣使奉表，智略可嘉；今命尔为木姓，从总兵官傅拟授职，建功于兹有光，永永勿忘，慎之慎之。"③ 此后，木氏土司一直得到明朝的大力支持，由丽江路宣抚司改设为丽江府，1397 年升为丽江军民府，下设四州一县一巡检司，分别是：

① （明）宋濂等：《元史·地理志》（第 61 卷），中华书局 1976 年版，第 1466 页。

② 同上书，第 1475 页。

③ 周汝诚编、郭大烈校订：《纳西族史料编年》，云南省编辑组编《纳西族社会历史调查》（二），民族出版社 2009 年版，第 219 页。

通安州：西北有玉龙山，又有金沙江环绕其周围。金沙江古名丽水，源出吐蕃界犁牛石下，名犁水，“犁”讹“丽”，流经巨津、宝山二州，至武定府，北流入四川大江。西有石门关巡检司。“编户十三里”，初由高氏任同知，至嘉靖年间改为流官性质的同知。管辖区域与元代一致。

宝山州：西南有阿那山，南有金沙江。设土知州，以“鲁普瓦”为治所，即为今天的宝山石头城，编户六里[①]，包括大具、鸣音、宝山、奉科等地，与元代辖区一致。

兰州：元属丽江路。洪武十五年三月属丽江府，旋属鹤庆府，后仍来属。北有福源山，西北有澜沧江。仍设土知州，编户四里，与元代辖区一致。

巨津州：“南有华马山，北有金沙江，流入州界，有铁桥跨其上。西北有临西县，元属州，洪武十五年三月因之，弘治后废。又东北有雪山关。”[②] 初设土知州，后改为流官知州，实则土知州。

临西县：仍属巨津州所管辖，设流官，成化二十一年敖毓元曾贬到临西县当县丞。此后，临西县成了木氏土司和吐蕃拉锯的战场。

石门关巡检司：是明代洪武年间设置在交通要道上的常备军驻地，任用地方军籍人员。宣德三年（1428）石门关千夫长阿亏叛乱后，为木氏土司据有，空有流官而实为土司所辖。

元代所领有的北胜府、蒗蕖州、永宁州、顺州不再属于木氏土司的行政管辖范围。1383 年将元代的北胜府降为北胜州，隶属于鹤庆军民府管辖，1396 年北胜州改属澜沧卫军民指挥使司，出现了土司、卫所共治的局面。木氏土司控制区域仅限于金沙江以西的四州一县一巡检司，地域只有元代的一半。明代中后期，木氏土司不断扩疆拓土，将原属于北胜府靠近金沙江一线的梓里、睦科、大湾、米厘、松坪、喇嘛、娄子海等地据为已有。

在川西南地区，明太祖废除了元代的行政区划建制，在木里设置建昌卫（今西昌）、宁番卫（冕宁）、盐井卫（盐源、盐边）、会川卫（会理、会东）、越嶲卫（越西）。洪武二十五年（1392）改盐井卫为柏兴千户所，

① 顾祖禹撰，贺次君、施和金点校：《读史方舆纪要》（第 117 卷），中华书局 2005 年版，第 5175 页。

② （清）张廷玉等：《明史·地理志》（第 46 卷），中华书局 1974 年版，第 1188 页。

属建昌卫。洪武二十七年再改为盐井军民指挥使司，属四川行都司。这一区域广布着纳西族，是明代木氏土司所博弈的区域。

明代木氏土司在滇西北、川西南和藏东地区纵横驰骋，其实际控制的区域远远大于元代时期的辖区。东面是北胜土司、永宁土司、五所管辖区，北面是吐蕃控制区，西面是吐蕃和其他少数民族聚集区，这三个方位是木氏土司扩张势力的主战区。南面的鹤庆、大理是流官直接管辖，对他用兵就是公然反叛朝廷，因此，木氏土司自始至终都没有往南扩张的举动。成化年间是木氏土司向维西、中甸（今香格里拉县）推进时期，在《木氏宦谱》详细记载了土司木嵚、木泰对外用兵情况。至嘉靖年间的木公、木高父子已将辖区推进到西藏昌都地区的左贡县一带。“麽些兵攻之，吐蕃建碉数百座以御，而维西之六村、喇普、其宗皆要害，拒守尤固；木氏以巨木作碓，系以击碉，碉悉崩，遂取各要害地，屠其民而徙麽些戍焉；自奔子栏以北番人惧，皆降。于是自维西及中甸，并现隶四川巴塘、理塘，木氏皆有之，收其赋税，而以内附上闻。”① 嘉靖八年（1529）木氏土司还在今天小中甸修建了年各羊恼寨，即为木氏土司的行宫。至明末，木氏土司势力范围达到最宽广：东北方向已达雅砻江流域，五所、盐井卫、宁远宣慰司等区域的一部分，四川省九龙县一带，香城、稻城一带。正北方向已达巴塘、理塘至昌都（查木多）一线，向西达到今缅甸恩梅开江一带。木氏土司控制区域已是明王朝划定行政区的上百倍。

整个明代，木氏土司先后获赏赐达28次，这是明代朝廷的战略和木氏土司的智慧共同作用下的结果。任乃强的《西康图经·民俗篇》认为：“麽些为康滇间最大民族，亦为最优秀之民族也。”“万历中，丽江木氏浸强，日率麽些兵攻吐蕃地，陷维西、其宗、喇普、康普、叶枝、奔子浦、阿敦子诸地，屠其民而徙麽些戍之。更出兵北伐，筑碉于九龙、木里等处，巴里等番皆迎降。”② 由于木氏不断向北用兵，这些区域民族称木氏土司为“木天王”。他们的势力一度东达雅砻江，西抵怒江，北至打箭炉、巴里塘附近。“开辟滇康间文化之三大动力，以丽江木氏图强，经略附近民族，为第一动力！”木氏土司近200年对吐蕃地用兵，并没有遭到

① （清）余庆远：《维西见闻纪》，方国瑜主编《云南史料丛刊》（第12卷），云南大学出版社2001年版，第58页。

② 任乃强：《西康图经·民俗篇》，南京新亚细亚出版科1933年版，第318页。

明中央的封杀，反而受封，原因在于其从不违背明王朝指令，未建独立政权，亦未自封国号，对明王朝甚是恭顺；“屏蔽吐蕃，捍卫滇南，沐氏镇滇，深倚畀之”。可见，明政权视木氏土司为“屏藩”。这样看来，明代麽些广布于怒江、澜沧江、金沙江、无量河、雅砻江等流域，虽然麽些控制区域内还有很多民族，有些区域以吐蕃、番人为主体，但木氏土司的“徙麽些戍之”的策略，扩大了麽些民族之分布区域。

俄亚，位于今天四川省木里县西南的一个纳西族乡。“俄亚”一词在纳西语中为“大岩包”之意。纳西族何时进入俄亚，民间有这样的传说：很久以前，俄亚是蛮荒之地，14 世纪末丽江木土司的一个叫瓦赫嘎加的管家，每年都要到俄亚的苏打河边打猎，一去就是十多天。他在山崖上搭棚吃住。看到这里气候温润，土地肥沃，有一次把带去的米和谷子撒在附近。等他秋天转来的时候，看到沉甸甸的稻谷。回去后就把这事向木土司禀报，得到应允后从丽江坝子东部迁来一些纳西族百姓居住，俄亚的纳西族逐渐繁衍开来。传说毕竟是传说，真实的历史应该是：明万历三十二年（1604）木氏土司木懿率麽些兵沿冲天河逆流而上，先后占领了木里、稻城、理塘。同时派来了大批纳西族百姓“实其地”，至清顺治四年（1647）木里产生第一代活佛，取代了木氏土司统治。这些来自丽江的纳西族百姓大部分留在木里。虽然这一地区曾是纳西族先民居住地，但在明代已有吐蕃、番人居住，纳西族在人数上不占优势。居住在木里的纳西族出现了两个支系，“纳”（纳日、纳木依）和“纳西”（来自丽江一支），他们之间在文化和生活方式上有了明显区别。（见地图 2　明代万历年间纳西族分布图）

明隆庆二年至崇祯十二年（1568—1639）丽江木氏土司攻占巴塘，派大臣驻扎巴塘，建立了得荣麦那（得荣）、日雨中咱（中咱）、察哇打米（盐井）、宗岩中咱（宗岩）、刀许（波柯）五个宗。也就是这一时期，木氏土司“徙麽些戍之”。随着崇祯十二年青海蒙古和硕特部南下康区，先后打败了白利土司和木氏土司，结束了木氏土司在巴塘统治 71 年的历史。迁徙到巴塘五个区的大部分纳西族则未能回到丽江，成为纳西族与藏族交融的最西北点。盐井是最主要的纳西族据点，盐井即“茶卡洛”，“茶卡”纳西族语为盐井之意，“洛”为地方、峡谷之意。关于盐井由何人所开发，在《盐井乡土志》曰：“今传盐井为磨（麽）些王所开，又谓宗崖之城为木天工（王）所建……盐井之开创于木氏无疑矣。”①

2. 清代纳西族的分布区域

在滇川藏区域纵横驰骋的木氏土司，随着明朝灭亡，其控制区域收缩到金沙江以南，清初又遇上吴三桂据滇，可谓是内外交困，控制区域缩减至明代初期范围，“木天王”的风光不再。由于木氏土司木懿效仿先祖“争先投诚”，得到了“寻裁通安、宝山、兰州、巨津四州、临西一县归丽江府”，管理相当于明初时期的行政区域。雍正元年（1723）丽江改土归流，结束了木氏土司统治丽江 470 年的历史。值得一提的是，在藏区，从明崇祯十二年（1639）蒙古和硕特部进兵康区，1647 年木氏土司主力被迫退出忠甸（今香格里拉），标志着木氏历经 240 年在藏区的拓展宣告失败。雍正元年，丽江改土归流后，金沙江北岸不再归属丽江，金沙江成为“山川形便”区划的依据。明代中后期木氏土司据有北胜府的梓里、睦科、大湾、米厘、松坪、喇嘛、娄子海等地，也是在改土归流后划归永北府（康熙三十七年将北胜州与永宁府合并，成立永北府）。明代纳西族拓展的新区域不再由纳西族统领，被划归不同行政单元内。木氏土司派去戍守的大部分将士留在了原地，如西藏芒康，澜沧江和怒江流域，冲江河流域的俄亚一带等。

清初，俄亚一地被中甸头人甲加家占据。西藏军队攻打中甸，命令木里土司出兵收复俄亚，木里大喇嘛桑登绒布率喇嘛兵助战，击败甲加家，因作战有功，五世达赖喇嘛将俄亚等五个地方作为奖赏划给木里，并于 1675 年 9 月颁发了文书。此事在《木里政教史》记载：“木虎年（1674）10 月西藏进军中甸之甲加，由桑登绒布、勒喜降村率僧俗组成援军赴中甸，其行军神速，先于蒙军一日到达阵地立即开战，首战告捷。甲加兵逃至山中又被西藏军队所围……在欢度木兔年（1675）新年之同时犒赏官兵。此时，蒙古带兵总管（中账）噶扎西巴都尔台吉询问木里：‘你们这次攻城有功，愿受何赏?’‘请将俄亚等五个村赏给木里。因该五村是木里从穆（木）天王手中夺来，又被甲波卡卓夺去。希望藏政府同意我们收回来。’9 月，达赖颁发文书，将俄亚赐还木里。”② 此后，木里等地纳

① 段鹏瑞编：宣统《盐井乡土志·源流》，《中国地方志集成·西藏府县志辑》，江苏古籍出版社 1995 年版，第 409 页。

② 阿旺钦饶著，鲁绒格丁等译：《木里政教史》（汉译本），四川民族出版社 1993 年版，第 30 页。

西族不断被周边民族所同化，人口不断减少，很多地方成了“古宗纳西”，到民国时期完全变成了藏族。

清代以来，纳西族分布区盐井等地属巴塘管辖。“今以盐井之蛮人而论，同此唐古特语言文字，而接壤滇边语言与丽江府相类。盖又南诏之麽些种也。麽些语于藏话迥别，但能行之于盐井及滇边，而不能行之于巴塘。”① 可见，到了清末，盐井仍保留了纳西语言，但与周边地区相比，分布区的萎缩已经非常明显。

清代，纳西族分布区域总体上不断缩小，这与藏族势力和藏文化不断浸入川西南、滇西北有关系。（见地图3　清代纳西族分布图）

3. 民国时期纳西族分布

一般来讲，中原政权更迭时期，战事连绵，对于西南各民族而言则是较为安定的时期。唐末至元初如此，民国时期也是如此。民国时期纳西族的分布区与清代一致，只是在人数和版图上表现出缩小的态势。如民国时期的盐井县，分布着麽些（纳西族）、古宗（藏族）等六个民族，平常以藏语为官话。这从一个侧面反映出盐井纳西族的影响力已下降。这一时期的纳西族分布情况如下：

西面达澜沧江、怒江流域，如澜沧江流域自盐井往南，一直到白济汛都有纳西族分布，金沙江流域自羊拉往南的两岸都有分布，尤其是丽江塔城以下至永胜的大安分布最为密集。东面的川西一带，德荣、乡城、木里、盐源、盐边都有数目不等的纳西族分布。这一时期的纳西族表现为各支系间加快分异，与周边藏、汉、白、彝、普米等民族间的融合加速，这些内容将在随后的各章节中铺开，这里不作讨论。

本章小结

本章主要介绍纳西族所处的自然环境和历史发展脉络，为本书的展开打下基础，埋下伏笔。历史上，纳西族主要在藏彝走廊区域内活动，这里自然地理复杂，南北走向的六江和一系列大山形成了地形地貌最复杂的区域，其间夹杂着平坝和大小不等的高原湖泊，立体式气候孕育了生物的多

① 段鹏瑞编：宣统《盐井乡土志·种族》，《中国地方志集成·西藏府县志辑》，江苏古籍出版社1995年版，第400页。

样性，也造就了民族文化的多样性。关于纳西族的族源，有羌人说、土著说、夷人说和多元一体说四种观点。汉代以来，纳西族被称作“摩沙夷”，活跃在川西南，此后的史书中有多达20余种不同称谓，主要有“磨（麽）些”“摩梭”“麽些”等，属于他称，民族内部又有自称和互称。就民族内部而言，“纳”是各支系的自称，具体含义如何，有待进一步考说。

唐以前，纳西族在康藏一带向西南迁移；唐初至金沙江两岸，大渡河以西、雅砻江、无量河、金沙江中游即今天的云南、四川、西藏交界一带，以盐源为中心分布。唐代，纳西族不断向南迁移，一部分从盐源、盐边进入永北、永宁一带；另一部分则渡过金沙江，开始在丽江一带居住。也有一支渡过金沙江，在洱海边创建越析诏，后退回金沙江以北地区。忽必烈南征客观上起到了统一纳西族各支系的作用，使丽江成为一个政治中心。明代是纳西族不断向金沙江、澜沧江、怒江中游地区迁移的时期，最北达到察隅、昌都、芒康，四川木里之俄亚。也有丽江的“拿喜”支系东迁回盐源、盐边等地，纳西族分布的区域较之前代有了很大扩展。清代蒙古和硕特部南下和改土归流后，纳西族分布区域基本固定下来，并有不断缩小范围的趋势。在与多民族杂居过程中既有冲突也有融合、相互渗透，纳西族形成了多元一体格局。

由于特殊的历史发展过程和特定的自然环境影响，研究纳西族多元性的文化因子就具有了地域性和民族性的双重特点。

第二章　明至民国时期纳西族语言文字地理研究

第一节　纳西语的空间分布及其方言区

研究纳西族地区的文化地理，语言和宗教是比较重要的文化因子。纳西族地区宗教文化发展脉络清晰，可查阅的汉文献资料比较丰富，研究起来难度不大，而语言文字研究则难度不小。纳西族先民以纳西语作为主要的交流工具，纳西语研究的困难主要有二：一是没有汉文献资料的支撑，在乾隆《丽江府志略·礼俗篇》有“方言”目，在光绪《丽江府志稿·地理志》中也有“方言”条目。“方言”条目的记载方式一样，先标一个汉字或词，其下用汉字来表示纳西语的读音。这些记载很笼统，众所周知，今天我们可以用国际音标来标注，古人没有统一的标音工具，汉字无法准确地标出少数民族语言的读音。二是今人对纳西语的调查研究仍然很有局限。最有影响的研究成果当属和即仁、和志武撰写的《纳西族的社会历史及其方言调查》。此后，和即仁、姜竹仪、杨焕典、和洁珍等学者都出版过这方面的专著，但对明至民国时期纳西语的地理分布及其特点的研究很少。

一　历史时期纳西语的文献记载

历史时期对纳西语的记载，可谓是寥寥无几。“永平中……白狼、槃木、唐菆等百余国，户百三十余万，口六百万以上，举种奉贡，称为臣仆。辅上疏曰：‘臣闻诗云：彼徂者岐，有夷之行’。传曰：‘岐道虽僻，而人不远’……今白狼王唐菆等慕化归义，作诗三章。”① 川西南白狼王所作的诗三首分别是：《远夷乐德歌》《远夷慕德歌》《远夷怀德》。方国瑜在《麽些民族考》一文中认为，《白狼王歌》是纳西族先民所创作的诗歌。在44句176言中，90余字与纳西语最接近。如果把这三首诗歌视为古代纳西语的话，那么，纳西语的记载可以追溯到汉代。学界对《白狼王歌》的族属问题，除了认为是纳西族外，还有彝族说、嘉戎古国说、普米族说等，笔者以为是属于彝语支的古语，可视为共同祖先的语言。

《南诏野史·南诏各种蛮夷》下卷“麽些”记载：“乌蛮别种，性淳朴，鸟音。”清乾隆八年刊印的《丽江府志略》“礼俗略”下“方言”一目，以“华夷译语”的方式，收录了308个纳西语词的汉字译音，如“天美地里甸日你买月海买皇帝卡臣喜公”。此后光绪《丽江府志稿》也照录了这些语词。这些语词虽然数量不多，而且记音很粗，但对于研究250多年以前纳西语和云南话都有重要的参考价值。②《新纂云南通志》卷66“方言考”记载：“云南氏族，汉回族外，以罗罗、摆夷为两大支系，白子、摩些次之，语言、文字亦然……摩些有摩些文。”“至若摩些语即纳喜语，所通行之地，亦占滇中之一大部分。罗罗语、摆夷语、摩些语，合之滇西白文，为云南四种语言。”在“各族语言之比较”一目中，把云南各少数民族语言进行了比较，广泛采用《丽江府志略》中的纳西语，在天文、岁时、地理、学问、道里、人伦等25类比较中都有涉及，“学问”类更是以《丽江府志》和《东川府志》为比较对象，只是“音乐”类中没有提及纳西语。这是对纳西语言的一次研究，但从所反映情况看，以丽江地区纳西语为主，而东部方言几乎没有提及。民国《中甸县志》“语言文字”目下有“摩些语”条：“摩些语多唇音、喉音、腭音，其次则为舌音，最少鼻音或齿音。其音节语气极短促，而言词亦粗鄙无文。其造句多名词在前，形容词在后，动词又在后。”③ 这是对纳西语较为深入的分析，虽然有些观点缺乏依据，与事实不符合，但在纳西语研究方面也算不易。

① （南朝）范晔：《后汉书·南蛮西南夷列传》（卷86），中华书局1965年版，第2854—2855页。

② 喻遂生：《乾隆〈丽江府志·方言〉记略》，《中国音韵学研究会第十一届学术研讨会、汉语音韵学第六届国际学术研讨会论文集》，香港文化教育出版社有限公司2000年版。

③ （民国）段绶滋纂修，和泰华、段志诚标点校注：《中甸县志资料汇编》（三），中甸县志编纂委员会1991年（内部资料），第138—139页。

西方学者巴克开启了对纳西语的调查和研究，他在《么些研究》（1913 年出版）一书中对纳西语的代词、形容词、助词、副词语法结构和功能作了分析。1916 年美籍德人劳佛在《西夏—印度支那语文研究》中，首次将纳西语、西夏语、彝语归属于一个语族。1936 年周汝诚考察永宁后撰写了《永宁见闻录》，用国际音标记录了摩梭话常用词 758 个。此后罗常培对纳西语进行过研究，傅懋勣发表了《维西么些语研究》长文，分别从语音、语法、词汇三个方面进行研究。但这些研究并没有覆盖整个纳西族地区，未能全面窥视纳西语的时空变迁。可见，研究纳西语，可用的文献资料很少，所以要借助于 20 世纪 50 年代的调查资料和近年来学者的研究成果。

二 纳西语的分异与空间分布

何谓方言？“方言是一种语言的地方变体，是语言分化的结果。”① 按照语族来分类，纳西语属于汉藏语系藏缅语族彝语支②，与同属于藏缅语族同语支的彝、哈尼、拉祜、傈僳等语言有很多相似之处，尤其在专有名词的发音、含义等方面都极其相似，在基本词汇中也有较多的同源词。③ 纳西语是一种非常独立的语言，早在汉代就在《白狼王歌》中记载了古纳西语。从语音学角度分，30 个辅音，可分清、浊、鼻浊三种辅音；19 个元音，可分单元音和复元音。郭大烈在《纳西族史》中认为：“元音不分松紧，同彝语支其他语言有别；无辅音韵尾，与藏语、羌语、景颇语有别。”一个民族的语言与其他民族语言的差异是很突出的，但一个民族内部的方言，在基本词汇和语法结构规律等方面是一致的，只是在其他方面各具特点，很难有一个普适的标准。关于纳西族区域间语言差异的研究，一般从语音、词汇、语法三个方面来考察，其中语音是重点。

1955 年，在第一次少数民族语言文字科学研讨会上，有学者提出未

① 翟时雨：《汉语方言学》，西南师范大学出版社 2003 年版，第 1 页。

② 关于纳西语言的归属，中国大多数学者认同于汉藏语系藏缅语族彝语支，如和即仁、姜竹仪著的，1982 年由民族出版社出版的《纳西语简志》，第 3 页。法国科学研究中心（CNRS）口传语言与文化研究所（LACITO）米可博士、研究员，对纳西族地区进行十数年田野调查后认为，纳西语与缅彝语相差很大，归属上应该重新定位。

③ 郭大烈、和志武：《纳西族史》，四川民族出版社 1999 年版，第 509 页。

来两年内开展全国少数民族语言普查的建议，在此基础上设计各民族文字方案。其所属第三工作队下组成的纳西语调查小组，经过六个多月实地调查，基本走遍了纳西族分布的各个行政区，通过分析、讨论和研究，最终制定了纳西语拼音方案。在这个过程中，他们发现了纳西语在地域分布上的特点，作出纳西语东、西部方言区的结论。（见地图4　纳西族地区东巴经书及方言分布图）

和即仁、和志武撰写的《纳西族的社会历史及其方言调查》，对这一问题作了深入研究，是目前这方面研究的权威。他们认为，纳西族方言差异突出，根据方言地理分布可以分成西部方言区和东部方言区，以水洛河、金沙江相连为界，大致以东属于东部方言区，以西属于西部方言区。西部方言区包括了今天古城、玉龙、香格里拉、维西、永胜，此外在鹤庆、剑川、兰坪、德钦、贡山、永宁（皮匠村）、俄亚（木里县）、盐井（芒康县）、利加嘴（木里）等区域也有分布。再根据语音、词汇等方面的差异，西部方言区又分为大研镇土语、丽江坝土语和宝山州土语。大研镇土语是以丽江大研古镇为中心，包括白沙、束河等地，约有3万人（1956年数据）使用。这种土语有31个声母，21个韵母。丽江坝土语以古城区、玉龙县境内的大部分纳西族分布区，还包括了香格里拉、维西、德钦、贡山、盐井、永胜等，在纳西族各支系中使用最为广泛，约有13万人使用。这种土语有37个声母，21个韵母。宝山土语是以玉龙县宝山乡为中心的小方言区，使用者不足5000人，有34个声母，14个韵母。

东部方言区主要分布在宁蒗、盐源、木里，此外永胜的獐子旦、维西的塔城、其宗，丽江的海龙、奉科，盐边等地也有分布。根据语音、词汇等方面差异，可划分为三个土语，分别是：永宁土语、瓜别土语、北蕖土语。永宁土语主要分布在宁蒗的永宁、盐源的左所、维西的攀天阁（自称是玛丽玛萨）等区域，含声母33个，韵母16个。瓜别土语主要分布在盐源的瓜别，木里搏凹、列凹等区域。声母33个，韵母24个。北蕖土语主要分布在宁蒗的北蕖、永胜的哨平、獐子旦等地，声母34个，韵母17个（见表2—1、表2—2、表2—3）。

表 2—1　　东部方言和西部方言声母对照表

声母		例词		
西部方言	东部方言	西部（大研镇）	东部（永宁）	汉义
p p′	p p′	py^{2} p′ər^{2}	pv^{1} p′ər^{2}	豪猪 白
mb	b ʐ	mbɛ^{1} mbɛ^{1}	bil^{1} ʐɛ^{1}	雪 做
m	m ȵ	my^{3} miə^{2}	mi^{4} ȵə^{2}	推 眼睛
f	χ f	fv^{1}	χu^{1} fv̩^{1}	野鸡 喜欢
t t′ nd	t t′ d	tæ^{2} t′o^{1} ndər^{1}	tə^{1} t′o^{1} dæ^{1}	拉 松 短
n	n ȵ	nɯ^{1} n̩v^{3} tɑ^{1}	nɯ^{1} ni^{2} to^{1}	少 嘴
l	l ɬ	lɑ^{1} lɛ^{1}	lɑ^{1} ɬɛ^{1}	虎 獐
k	k	k̩v^{1}	k̩v^{1}	蒜头
	ɣ	ko^{1}	ɣər^{1}	咽
k′	k′	k′ɑ	k′ɑ	苦
ŋg	g ɣ	′g̩v^{1} ŋgæ^{2}	g̩v^{1} ɣæ^{3}	九 散
ŋ	ŋ ȵ	ŋv^{2} ŋə^{2}	ŋv^{1} ŋɑ1	哭 我
χ	χ ɬ	χɑ^{1} χər^{1}	χɑ^{1} ɬæ^{1}	饭 风
ɣ	ɣ ʐ	ɣɯ^{1} ɣɯ^{1}	ɣɯ^{4} ʐi^{1}	皮 牛
ʦ	ʦ tʂ	ʦɿ^{1} ʦɿ^{2}	ʦər^{1} tʂə^{2}	栓 计算

续表

声母		例词		
西部方言	东部方言	西部（大研镇）	东部（永宁）	汉义
ʦ'	ʦ' tʂ'	ʦ'ɛ^{2} tʂ'uɑ^{3}	ʦ'e^{1} tʂ'æ^{4}	十 鹿
nʣ	ʣ	ndzɿ^{2}	ʣɿ^{2}	冰
s	s ʂ ʐ	sæ^{1} su^{2} sə^{3}	sɛ^{1} ʂɛ^{1} ʐuə^{1}	血 铁 说
z	z ʐ	zo^{1} zæ^{2}	zo^{1} ʐæ^{1}	男子 笑
tʂ tʂ' ndʐ ʂ ʐ tɕ	tʂ tʂ' dʐ ʂ ʐ tɕ	tʂʅ^{1} tʂ'ər ndʐɿ^{1} ʂər^{3} ʐɿ^{1} tɕi^{2}	tʂ'3^{1} tʂ'æ^{1} dʐɿ1 ʂər^{4} ʐɿ^{1} tɕ'i^{1}	土 洗 街、市 满 酒 云
tɕ'	tɕ' k	tɕ'i^{2} tɕ'ər^{1}	tɕ'i^{2} k'æ^{1}	折
ȵdʑ ȵ	dʑ ȵ	ȵdʑy^{1} ȵi^{1}	dʑu^{1} ȵi^{1}	有 借
ɕ	ɕ χ	ɕy^{2} ɕi^{1}	ɕi^{2} χi	香 人

表 2—2　　东部方言和西部方言韵母对照表

韵母		例词		
西部方言	东部方言	西部（大研镇）	东部（永宁）	汉义
ɿ	ɿ ɛ ə ər	tsɿ^{3} tʂʅ^{1} tsɿ^{2} ʦ'ɿ^{3}	tsɿ^{4} tʂʅɛ^{1} tʂə^{2} ts'ər^{2}	塞 土 计算 山羊
i	i i˺ v	ʨi^{2} ɕv^{1} mi^{1}	ʨi^{2} χi^{1} mv^{1}	云 人 火

续表

韵母		例词		
西部方言	东部方言	西部（大研镇）	东部（永宁）	汉义
y	ɿ	sy^{3}	sɿ^{4}	杀
	i	ndy^{3}	di^{4}	追
	v	py^{2}	pv^{1}	豪猪
	u	y^{2}	ʐu	绵羊
ε	ε	ʦ'ε^{1}	ʦ'ε^{1}	盐
	i	p'ε^{2}	p'i1	麻布
æ	æ	zæ^{2}	ʐæ^{1}	笑
	uæ	χæ^{1}	χuæ^{4}	挂
	ə	tæ^{2}	tə^{1}	拉
ɑ	ɑ	χɑ^{1}	χɑ^{1}	饭
	æ	p'ɑ^{1}	p'æ^{1}	脸
	ə	p'ɑ^{1}	p'ə^{1}	呛
o	o	t'o^{1}	t'o^{1}	松
	u	χo^{3}	χu^{4}	八
	əTr	o^{1}	əTr^{1}	骨头
	uə	χo^{2}	χuə^{1}	晚、迟
ə	ə	ʂə^{2}	ʂə^{4}	撕
ər	ər	p'ər^{2}	p'ər^{1}	白
	ɿ	sər^{3}	sɿ^{4}	肝
	æ	ər	æ^{1}	铜
	uɑ	χər^{2}	χuɑ^{1}	青
	i	mbər^{2}	bi^{1}	牦牛
u	u	mbu^{2}	bu^{1}	吻
	ε	k'u^{1}	k'ε^{1}	门
	uə	u^{2}	uə^{1}	奴隶
	uæ	u^{1}	uæ^{1}	肿
ɯ	ɯ	ɣɯ^{2}	ɣɯ^{4}	皮
	ʅ	dɯ^{2}	dʅ^{2}	大
	i	χɯ^{1}	χi^{1}	牙
	o	nɯ^{2}	no^{1}	你
	v	t'ɯ^{1}	t'v^{1}	他
v	v	mbv^{1}	bv^{1}	粗
	ər	mbv^{1}	bər^{1}	肠子

续表

声母		例词		
西部方言	东部方言	西部（大研镇）	东部（永宁）	汉义
iæ		iæ^{2}		香油
iɑ		iɑ^{1}ko^{2}		家
iə		iə^{2}		舐
yɛ		yɛ^{2}næ^{2}		云南
yæ		yæ^{2}		圆
uɛ		suɛ^{1}		官
uæ		uæ^{1}		左
	uæ		dʐuæ	条锄
uɑ	uɑ	χuɑ^{3}	χuɑ^{2}	锈
	uə	χuɑ^{1}	χuə^{1}	白鹇
uə		kuə^{3}		支（烟）
	uə		uə^{1}	硬

表 2—3　　东部方言和西部方言声调对照表

声调		例词		
西部方言	东部方言	西部（大研镇）	东部（永宁）	汉义
┤	┤	χɑ^{1}	χɑ^{1}	饭
	┤┘	mɯ^{1}	mæ^{2}	万
	┐	ɕi^{1}	ɕi^{3}	百
	┤┤	ʐu^{1}	ʐu^{4}	午饭
┤┘	┤	mu^{2}	mv^{1}	穿
	┤┘	tɕ'i^{2}	tɕ'i^{2}	麂子
	┤┤	k'v^{2}	k'v^{4}	请
┐	┤	mər^{3}	mæ^{1}	闭（眼）
	┤┘	mi^{3}	mv^{2}	熟
	┐	ʂɿ^{3}	ʂɿ^{3}	新
	┤┤	mi^{3}	mv^{4}	女
┤┤	┤	na^{4}	no^{1}	你
		nɛ^{4}	la	和、与

资料来源：《纳西族的社会历史及其方言调查》一文中的《东部方言和西部方言声母对照表》《东部方言和西部方言韵母对照表》《东部方言和西部方言声调对照表》等。

《纳西语简志》一书认为，西部方言区内的大研镇土语和丽江坝土语受汉语影响较大，汉语借词多于其他土语，复元音也多于其他土语。宝山州土语则汉语借词较少，保留了单元音为主的特点。[1] 东部方言区的三个土语中，元音差异主要在鼻化音上，永宁土语有两个鼻化元音，而其他土语则没有出现；在音调上，瓜别土语只有三个声调，低降调和低升调合为两者之间的低降调（21）。在语法结构、词汇等方面也有差异。

综上所述，东、西部方言差异主要表现在以下三个方面：

其一是语音上的差别。西部方言都有带鼻冠音和塞音声母，东部方言则是浊塞音和浊塞擦音，两者具有对应关系。

其二是元音上的差别。西部方言复元音多达九个：ie、ia、iə、ye、ya、ue、ua、uɑ、uə。东部方言区则只有三个：ua、uɑ、uə。

其三是词汇上的差别。对1527个常用词进行比较，同源词达946个，占62%，非同源词有581个，占38%。[2] 两者同源词比例不断缩小，而非同源词比例增大，加上汉语借词的增多，两者间共性不断减少。

三　东、西部纳西语方言差异的地理因素探讨

语言的形成是一个缓慢的过程，而一旦形成就较为稳定。从表2—1、表2—2、表2—3可知，纳西族地区在方言上存在着东、西部之别。造成这一差异的原因很多。明清以来，以丽江为中心的纳西族地区接受了汉文化为主的多元文化，纳西语受汉语影响较为明显，借用外来词语增多，使得原有母语中较为模糊的方言消失。这是在历代行政区划、自然地理阻隔、外来文化影响等因素共同作用下形成的。

1. 外来文化是影响东西方言差异的主要原因

从上述3个对照表看，就声母而言，西部方言区的声母都能在东部方言区找到，东部方言区的声母更加丰富，与西部方言区不能一一对应的多达16个，声母愈多愈显示其方言的单一性。就韵母而言，西部特有韵母6个，东部方言区的韵母中不能与西部方言区对应的多达28个。就声调而言，西部方言已经实现了四声调的转变，而东部方言则表现出很丰富的声调特点。这些数据表明，西部方言区的统一性加强，形成了以丽江为中心的方言区，无

① 和即仁、姜竹仪：《纳西语简志》，民族出版社1982年版，第106页。

② 同上书，第113页。

论从俄亚、三坝、盐井到丽江，还是从永宁到丽江，他们都能听懂大研镇土语，西部方言中大研镇土语成为纳西族的共同语。随着这种共同语影响力扩大，其他方言终将被共同语所替代。这也是纳西族西部人口多，语言较为统一的原因所在。姜竹仪也认为："两种方言虽说有诸多语法上的差异，但从语音、词汇和语法整体来看，不能视为是两种语言的差别。"①

在纳西语中，有一部分是古汉语借词，历史渊源深远，据本土学者和士华研究②，在纳西语中，有近 2000 个词与古代汉语发音、意思都一致，由此提出了纳西语是古代汉语的结论。虽然这样的结论不够严谨，但也说明纳西语中保留了不少的古汉语，是在历史时期不断吸收、融合汉文化的表现。有一部分纳西语是现代汉语借词，理解起来难度不大，多为现代新名词和新事物名称。下面选几个古汉语借词举隅：

> si^{33}khɯ^{31}"丝线"、dɑ^{33}dy^{21}"蚕豆（大豆）"、khɑ^{21}"帝王（可汗）"、lə^{21}"美（浏）"、by^{33}"笔"、kə^{33}"镜子"、pi^{33}li^{21}"笛子（觱篥）"、mi^{21}thv^{33}"黄果"、xa^{33}thɑ^{24}"汉衫"③^{4}、tho^{33}pv^{21}"土布"、lo^{21}ko^{33}"烙锅"、thv^{21}"桶"、kha^{33}tɕia^{33}"坎肩"、mə^{24}xo^{24}"墨盒"、ɕiæ^{33}yi^{55}"便宜（相因）"等。

《纳西语简志》中的"词汇附录"共收录了 398 条汉语借词，其中东部方言借词 195 条，西部方言 203 条。虽然这只是择取部分借词，但我们认为，东部方言区主要受四川汉语方言的影响，西部方言区则主要受云南方言影响。目前，纳西语中汉语借词领域的研究还很薄弱，难度也很大。此外，纳西语中还有藏语借词现象，主要体现在藏区的纳西族与藏区交错杂居的纳西族地区，如在东巴经书《烧天香经》《三多颂》《净水咒》（白地藏本）等就都有藏语音读现象，一般集中在属相、数词、宗教专用名称等方面，数量不多。和继全回忆说："幼时跟随树银甲先生学习这类经典时，先生告诉笔者，个别字要用藏语读出来。比较常用的有鸡、马、三、七等东巴字。"④ 此外，还有借用白语的现象，研究者更少，成果不多。

---

① 姜竹仪：《纳西语东部方言和西部方言语法异同概述》，《民族语文》1993 年第 4 期。

② 和士华：《纳西语的语源》，云南美术出版社 2014 年版。

③ 和即仁、姜竹仪：《纳西语简志》，民族出版社 1982 年版，第 16—17 页。

④ 和继全：《东巴文藏语音读研究》，《西南民族大学学报》（人文社科版）2012 年第 5 期。

2. 行政区划是造成东西方言差异的人为因素

如果说明代纳西族地区的土司土官制对方言起到保护作用的话，那么，清代以来的改土归流便是对这一方言的冲击和突破，并形成一种新的共同语，即在汉语引领下的民族地区方言。如西南官话中称“便宜”为“相因”（$çiæ^{33}yi^{55}$），不仅在西南汉语中使用，纳西语也是这样使用的。明代东、西部方言区都处于土司、土官控制下，但在社会经济制度、外来文化影响等方面已有明显的差异。清代，尤其是丽江改土归流后，流官以推行汉俗为己任，学习汉文化、接受封建社会制度成为当时的主流。而在东部方言区，则依然在土司、土官控制下，外来文化的影响力还很有限，这些因素显然加大了东西方言区的差异。当然，方言的变化与社会经济发展不一定按必然的趋势发展，如据曾小鹏对俄亚的纳西语深入研究后得出，“俄亚和丽江语言同源，丽江经济发展很快，而俄亚则相对闭塞，但是反映在语言上却不尽如此，在某些声母的舌面化方面，俄亚反而走在了前头，显示出语言发展与社会发展的不同步性，语言发展的主要动力还是来自语言本身内部的因素。”① 但无论怎么说，行政区划造成东西方言区差异是明显的。

3. 自然地理阻隔是导致东西方言差异的客观因素

“在政治不统一、经济不发达的情况下，方言的界线常常与自然的交通屏障一致。”即便是在政治统一、经济相对发达情况下，自然环境（河流、山脉、沼泽等）所造成的阻隔仍然是方言形成的因素，两地间交流缺失和文化上的多样性，便形成了各具特色的方言。一种方言的形成基础便是地理环境。恩格斯认为，“民族的分界线，即语言的分界线”。可见，在民族识别和民族内部划分上，方言成了重要的指标和条件。纳西族地区形成六种土语也是自然地理阻隔所造成的，每一个土语分布区就是一个相对独立的地理单元区。从东西部方言区来看，以水洛河、无量河、金沙江连线为界，最南至五郎河，以西为西部方言区，以东为东部方言区。同样，各方言区内部的土语划分，也是以自然地理为界线。西部方言区的大研镇土语，主要分布在大研镇、束河、白沙及金沙江沿线，这显然与茶马古道有着密不可分的关系。丽江坝土语分布广泛，这与明代木氏土司对外扩张时期，迁徙坝区纳西族戍边政策有关，芒康的盐井、木里的俄亚便是

① 曾小鹏：《俄亚拖地村纳西语言文字研究》，西南大学 2011 年博士学位论文，第 22 页。

这类情况。新中国成立后，原来属于麽些民族的一支纳木依，现在划归藏族，有学者对他们的方言与彝语、纳西语、羌语进行了比较，“从声韵母的主要对应情况看，纳木依语与彝、纳西语的对应比较整齐，而与羌语的对应则显得紊乱。”从声调对应关系看，纳木依语声调与纳西语的声调对应最有规则。从同源词比例看，纳木依语与纳西语同源词比例占比较词的52.26%，远高于藏缅语族彝语支。① 这样的结论也证明了该支系与纳西族渊源关系密切度高于藏、彝等民族。

由于明代以来纳西族人口的重心在以丽江为中心的区域，加上木氏土司在滇西北称雄一时，丽江成为茶马古道线上重要的中转站，成为纳西族政治、经济、文化中心，因此，20世纪50年代制定的拼音方案以西部方言为基础，以大研镇土语为标准。

第二节　纳西族象形文创制及发展的地理机理

一　纳西象形文字创制的背景

人类文明的标志性特征有四个方面：文字、城市、金属器、大型礼仪型建筑。文字是人类记忆的延展，是人类智慧的结晶，所以，人类发明和使用文字就有具有划时代的意义。纳西族属于中国五十六个民族之一，居住在滇川藏交角区，有着非常悠久的历史和丰富多彩的文化，蜚声世界的东巴文化、纳西古乐等就是纳西族人所创制和使用的。就文字而言，纳西族在历史上先后创制过两种较为成熟的文字：东巴文和哥巴文。这种文字与汉字不同，也与藏文不同，更不同于拉丁文字，它是一种停留在图画象形阶段的文字。如果说人类文字都经历了“见物画物、见人画人”的图画阶段发展到带有一定抽象韵味的象形文字，再到完全抽象的成熟文字，如汉字的甲骨文到隶书，再到今天的简化字。那么，纳西族的象形文字就处于图画记事和表意的文字发展时期。与汉字发展时间段相对应，应当在商代以前就完成了创制。历史上很多图画文字都发展到了一字一音的成熟阶段，而纳西族的象形文字则至今保留着图画象形的阶段，以图画表意为主要表现形式，是迄今唯一“活着的象形文字”。② 东巴经书全部用东巴字

① 拉玛兹偓：《纳木依语支属研究》，《民族语文》1994年第1期。

② ［日］西田龙雄：《活着的象形文字——纳西族文化》，1966年日本中公新书。

（哥巴字）书写，因所用象形文字处于图画和文字之间，费孝通说："东巴文是一种比甲骨文还古老的文字。"这是从文字发展形态而言，也彰显了东巴文字的古文字学价值。一种文字，如果失去了使用人和场所，那就意味着这是一种"死文字"。历史上出现过的古文字难以计数，但从远古直到今天仍然在使用的文字，全球唯有纳西象形文字。纳西族象形文字成为破解人类童年文字成因的重要研究对象，具有研究文字学、历史学的价值。本书主要研论纳西象形文字称谓问题，以历史地理学的视角探讨纳西象形文字创制的地理因素，讨论东巴文和哥巴文创制时间先后等问题。

目前，学界对历史时期由纳西族所创制的象形文字有多种叫法：纳西象形文字、东巴文、哥巴文、玛丽玛萨文和阮可文，其中，纳西象形文字、东巴文是学界较为常用而指代不明的两个称谓。东巴文本名为"$sə^{33}tɕə^{55}lv^{33}tɕə^{55}$"，意为木石标记，从纳西语本义考察，"$sə^{33}$"即木之意，"$lv^{33}$"为石头之意，"$tɕə^{55}$"作动词，意为作标记；作名词时为痕迹之意。合起来意为刻在木板和石头上的文字，而不是"见木画木，见石画石"之意。显然，这一称呼的主要用意是强调文字载体而不是文字内容。东巴祭祀仪式中的木牌画被认为是最早的象形文字，这与"$sə^{33}tɕə^{55}$"相统一。

在近百年的纳西学研究论著中，东巴文、纳西象形文在叫法上交替使用，没有形成固定称呼，邓章应的《"东巴文"的科学定名》① 一文就是对这一名称的梳理和研究，最后提出"东巴文"的提法更加符合科学命名的原则。笔者以为，纳西象形文和东巴文都是对由纳西族先民创制的图画文字称呼，没有孰是孰非的问题。但从民族语言称谓习惯和体现民族特征的角度看，称"纳西象形文"是对纳西族地区出现过的诸多文字的统称，名副其实。东巴文专指东巴祭祀活动中所使用的经书和书写于木板或纸片上的图画，因东巴书写，服务于东巴教祭祀活动而得名。再说，这种象形文字被广泛应用于民间记事和契约一类的文书中，成为历史时期纳西族地区最主要的文字。这种象形文字虽然兴于东巴教的祭祀活动，但广泛应用于民间，超出了宗教范围，因此这种象形文字用东巴文来概括是不切实际的。纳西族地区先后出现过的象形文字有多种，如东巴文、哥巴文、玛丽玛萨文和阮可文等，这些文字间有密切关系，很大一部分单字是通用的，但有其独立成型的特点，这些文字间具有并列关系，不能以偏概全。

① 邓章应：《"东巴文"的科学定名》，《中国科技术语》2010年第4期。

综上所述，笔者以为用“纳西象形文字”来称呼历史时期纳西族所创制文字更为妥帖。

二 纳西象形文发展的地理机理

纳西象形文字创制于何时，汉文献资料没有具体记载，东巴经书也没有明确记录，在出土文物中也很少有象形文字。徐中舒认为，四川古代巴文、麽些（古代对纳西族称呼）文和汉文，具有一定的共同基础，最初还可能是同出一源。但他们的分支，应当在殷商以前。① 和发源也认为：“文字的创始年代，至迟应在纳西族先民由畜牧业向农耕生活过渡的时期，即3世纪以前。”② 一种文字的产生需要一定历史条件和社会基础，是社会政治经济发展到一定阶段的产物。从纳西族社会历史发展看，7世纪初，纳西族社会中的原始巫教在苯教影响下形成东巴教，已有专门的祭司，他们采集整理流传于民间的图画文字，用以简单记事、占卜、通信等，逐渐形成相对固定的象形文字。因此，纳西族象形文字创制时间在唐初，不晚于11世纪的北宋时期。

纳西族先民是在什么样的条件或背景下创制了象形文字？李霖灿在《论麽些族象形文字的发源地》③ 中认为，在纳西象形文字中，南、北方位词构造很特别。“北”念作“$ho^{33}ku^{33}lo^{21}$”，有深水河谷之意，象形文写作“”，含有水之源头的意思。“南”念作“$i^{33}ts\text{ɯ}^{33}m\text{ɯ}^{21}$”，有水尾之意，象形文写作“”，含有水源下游之意。两字合在一起就成了“水”的象形文“”。既然水之北为源头，水之南为尾部，说明纳西象形文字产生的地理环境应该是南北走向的河流边，结合纳西族发展史，定位在无量河一带，而不是金沙江流域。接着从房屋的象形文字“”④、水的象形文字“”、山的象形文字“”来进一步论述纳西象形文字产生于无量河边。李霖灿的这一推论的确有道理，但就凭几个象形文字来推断一种文字产生地，未免论据单薄，论证也在假设中进行。

纳西族东巴经中关于迁徙路线和送魂路线的统一性是论证纳西象形文

---

① 徐中舒：《论巴蜀文化》，四川人民出版社1981年版，第47页。

② 和发源：《民族学研究》，北京民族出版社1986年版，第280页。

③ 李霖灿：《论麽些族象形文字的发源地》，《麽些研究论文集》第31页。

④ 关于“”一字，木仕华在《东巴文为邛笼考》认为，该字是邛笼（碉楼）文化在纳西族宗教文化和东巴相关字符中的体现，而不是截山之半或其他。

字产生地理环境的重要依据。纳西族先民自北往南，沿着无量河呈发散形状迁徙。纳西族先民在无量河中游的“鼠洛”一地分道：一支沿着东南山脉而下，成为今天居住在木里、盐源、宁蒗一带的纳西族；另外一支则朝南或西南顺流而下，散布于金沙江中游的呈“И”字状区域，在这一区域出现文字。两支的送魂路线到无量河的“鼠洛”会合在一起，这是一个很有价值和纪念意义的地名。东南而下的纳西族一支，没有文字，东巴祭祀仪式靠达巴的口诵，内容不多，与西部的东巴经内容大同小异，而且所吟诵的内容没有超出西部经书范围。关于这个结论我们还可以从东巴经《祭天·迎接人类迁徙下来的祖先》得到验证。纳西族发展到高乐趣之后就有了束、尤、梅、禾四个分支，束、尤结伴往金沙江以西迁徙，到了丽江一带居住；梅、禾结伴往东迁徙，居住在木里、盐源、宁蒗一带。“东巴古籍记述的这种传说基本上是可信的。”①

东部纳西族地区没有经书，达巴和民间传说中认为曾经是有的，只是在迁徙途中把写有经典的猪皮、牛皮烧来充饥，所以就没有经书。民国时期，李霖灿在通过实地考察基础上绘制了《麽些文字的地理分布与迁徙路线配合图》②，很有说服力。但事实上文字的地理分布与迁徙路线并非如此规整，是一种理想化的图表，实际要比图表复杂得多。

在西部方言区的维西塔城、其宗等拉普河流域有一支纳西族自称是“玛丽玛萨”，一般译成“木里摩梭”，即这一支系是从木里（盐源）的左所区迁来。他们的语言归属于东部方言区，而文字属于象形文字范畴。“玛丽玛萨文的来源是‘纳西斯究’东巴文，读纳西语的音，但又与东巴文不同，而是玛丽玛萨人学习借鉴了东巴文后，凭着自己的本事仿造了一些字的。”③ 散布在西部的纳西族支系“阮可人”，他们语言上属于东部方言区，他们也是从木里、盐源、永宁一带西迁而来，在木里的俄亚、中甸的洛吉、东坝、白地都有零星分布。④ 他们创制的“阮可文”多数与东巴文相同，但也有少量特殊的符号，目前尚未知文字来源。在东部方言区

① 和力民：《东部方言区的纳西族没有文字的说法不尽确切》，《和力民纳西学论集》，民族出版社 2010 年版，第 138 页。

② 李霖灿：《麽些研究论文集》，台北故宫博物院 1984 年版，第 38 页。

③ 2012 年 1 月 6 日，杨亦花在维西的海尼村采访和玉龙老人时所得，见《玛丽玛萨文“名物录”调查实录（一）》，《丽江师专学报》2012 年第 4 期。

④ 郭大烈、和志武：《纳西族史》，四川民族出版社 1999 年版，第 524 页。

内，也有信仰东巴教和使用纳西族象形文字的支系，显然这一支系是明代以来不断从丽江东迁的纳西族，如永宁的皮匠村是清代后期至民国时期，随着商贸的发展而形成的制作皮匠的纳西族村落，主要来自丽江的束河村。盐源县的沿海乡达住村则是明代木氏土司东拓移民而来，他们不仅信仰东巴教，使用东巴文，还保留了一定量的东巴经书。

这样看起来，纳西族的东西部方言区和纳西象形文字使用呈对应关系，但没有一条明显的天然分界线，由于明至民国时期纳西族各支系内部的迁移，呈现出交错杂居的分布，东部以信仰达巴教的口诵经为主，保留有少量占卜用的图画文字；西部以信仰东巴教为主，保存了大量的以东巴文书写的东巴经书，其中西部方言区内，出现了借用纳西族象形文字来创制的玛丽玛萨文和阮可文。

三　东巴文与哥巴文创制时间的讨论

哥巴文是纳西象形文中的表音文字，“哥巴”（gə^{31}ba^{31}）意思为“弟子”一说，也有“喊起来”之说。这种文字使用范围很有局限，仅在丽江和维西一带。由于哥巴文从图画文字发展到一字一音的阶段，按照世界各民族造字的规律来看，先有形字，再有音字，所以哥巴文应当产生在东巴文之后。哥巴文是何时出现的？有学者提出当在宋元时期，主要依据是《木氏宦谱》之“牟保阿琮”传：“生七岁不学而识文字，及长旁通百蛮各家诸书，以为神通之说。且制本方文字。”[①]“本方文字”是哥巴字还是东巴文，喻遂生认为是汉字。[②]在白沙的石岩上留有“麦琮墨迹”，明代木氏土司木公、木高也刻有诗文：“千古不磨岩上字，一时因写醉中篇”；“扫台梵墨分明见，七岁能文非等才。”这些成为判定东巴文或哥巴文产生时间的依据，笔者不敢苟同。方国瑜于1934年在丽江上桥头路旁发现了哥巴文摩崖，使用哥巴文、藏文和汉文合写的题刻，哥巴字如示：“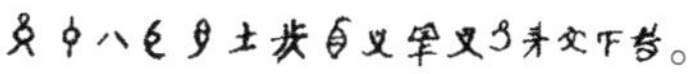。”大意是：万历四十七年四月十四日修桥来恭祝皇帝长寿。[③]毫无疑问，哥巴文在明代万历年间已经使用，产生时间当在此之前。哥巴文的出现仅局限于东巴文字流行的西部地区，而且是

① 张永康、彭晓主编：《木氏宦谱》（影印本），云南美术出版社2001年版，第9页

② 喻遂生：《纳西东巴文概论》（讲义），西南大学汉语言文献研究所印，第8页。

③ 方国瑜编纂，和志武参订：《纳西象形文字谱》，云南人民出版社2005年版，第47—48页。

在与外来文化有所接触的条件下产生的，这就是哥巴文产生的地理机理。

东巴文、哥巴文产生孰先孰后的问题，在民国时期就有热烈的讨论。洛克认为，音字（哥巴文）早于形字（东巴文）；宏宥在《麽些象形文字之初步研究》中提出“音字形字平行说”，李霖灿在《与洛克博士麽些族象形、音字之先后》一文从六个方面进行论证后提出，“形字先于音字”，即东巴字早于哥巴字，令人信服。郭大烈在《纳西族史》中提出，“纳西族东巴象形文约形成于7世纪的唐代以前，11世纪已有象形文字的经书；纳西标音哥巴文，约产生于13世纪初，17世纪初已有哥巴文的摩崖。”① 哥巴文创制多从东巴文中而来，一方面以删减东巴文中笔画多的部分或增加东巴文中笔画少的部分而生成，另一方面借助于汉字的字形义或字音而生成，这本身就说明了哥巴文是在汉字提示下创制的，丽江的坝区、南山、巨甸、鲁甸及维西等地，明代以来就有汉族移民，尤其是在丽江改土归流后，汉族移民充斥了金沙江沿线和山区，东巴在接触汉文化后为创制哥巴文多少有所启发，所借助的汉字不多。从藏语角度考察，哥巴文的一字音与藏文的一字一音更加类同，我们同样也会得出其是在藏文影响下产生的。对于此，笔者以为，文化互动的结果不是“征服”关系，而是文化相互渗透的过程，因此，笔者更倾向于汉、藏语言文字共同影响下生成。我们择取用哥巴文书写的《迎神经》片段来了解：

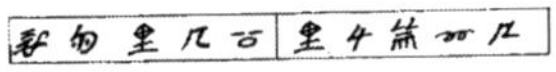

汉译：“砍深谷里的青竹，编成黄色的篾笆。”

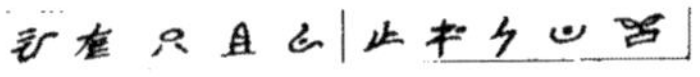

汉译：“拦在房墙边，黄泥敷篾墙。”

汉译：“冬风不袭了。”

可见，我们很难从哥巴字字形上看出本义来，几乎是表音文字。此外，哥巴字字体不固定，因地因人而异；标音不标调，同字标异义，与东巴文比较起来，解读更加困难。

总之，纳西族在历史时期所创制的文字很多，用纳西象形文字来统称

① 郭大烈、和志武：《纳西族史》，四川民族出版社1999年版，第519—520页。

是符合文字本意，东巴文是纳西族象形文字中一部分，不能以偏概全。纳西象形文字产生的时间不晚于11世纪，7世纪的唐初就已经形成，与纳西社会历史条件和社会基础相对应。纳西象形文字创制与传播与所处的封闭地理单元有密切关系，研究纳西族迁徙路线和送魂路线不失为揭开象形文字成因的一把钥匙。东巴文处于“图画和表意文字之间的象形文字符号”；哥巴文已经发展到“一字一个音节”的表音字阶段，是在与外来文化接触的条件下产生的，带有明显的汉文和藏文书写特点（见地图5　民国时期纳西族地区象形文字空间分布图）。

第三节　东巴经书的形成及其外来文化元素的融合

一　东巴经书内容及现存经书的概说

东巴经书是东巴文化的物化形式。国内外学者在研究东巴文化的过程中，非常重视收集东巴经书，将其作为研究纳西族历史文化、语言文字的重要资料。东巴古籍是东巴教的经书，也是东巴文化的纲领性文献，以祭祀内容为主。从仪式角度，可以分为五大类：第一，祈福类仪式，含祭天、祭祖、祭胜利神、祭星、祭畜神、祭村寨神、祭家神、求嗣、求寿等12种仪式；第二，禳鬼（消灾）类仪式，含祭风、退送是非灾祸、除秽捣毁鬼门等12种仪式；第三，丧葬类仪式；第四，占卜类仪式，含40余种占卜仪式；第五，其他类，含东巴舞谱、药书、杂言、课牌、字典等。经典内容广博，思想文化繁富，包括了文字学、语言学、宗教学、民族学、民俗学、社会学、伦理学、史学、哲学、美学、法学、神话学、绘画学、舞蹈学、音乐学、军事学以及天文学、地理学、动物学、农牧学、医药学、原始占卜学等多学科的成分，它是当之无愧的古代纳西族的“百科全书”。

东巴古籍以纳西象形文字书写，经书中含有少量的藏文和记录藏音的东巴字，还有记录白音的东巴字，体现纳西族在历史长河中与周边民族有着密不可分的关系。纳西象形文字常用字有1400个单字，用它撰写的东巴经典多达1000余种。这些东巴古籍是靠抄写来传承的，有的代代相传，有的则是东巴去世时要作为随葬品付之一炬。目前还没有发现成批量印制的东巴经书，即便是相同内容的经书，因抄写者能力、水平和对经书研读深浅不同，在内容上有所差异，不同地域间经书的差异更加明显。

新中国成立以来在“破四旧”和“文化大革命”运动中，纳西族地区的大部分东巴经书被烧毁。令人欣慰的是，东巴经书自清代后期就不断被西方学者所收集，收藏于各国图书馆和个人图书室内，至今尚存，特别是民国时期中外大量传教士、探险家、军人、商人、学者、画家等深入西南横断山脉腹地，对纳西族地区的东巴经书大肆收藏。其中，美国人洛克和中国人李霖灿具有代表性，他们最初来丽江的目的都不是研究东巴文化，洛克是为美国农业部考察生物资源的，李霖灿则是来丽江写生作画的。在东巴文化面前，他们很快就改变了初衷，献身于东巴文化保护和研究事业中。目前存世的东巴经书达3万余册，数量不菲；若排除相同部分，则所剩的册数不足1500种，很多东巴经书只有存目。东巴经书在国外藏于美国、法国、德国、英国等西方国家，国内主要藏于北京、南京、重庆、台湾、昆明、丽江、迪庆等地区，一方面这些经书逃过了20世纪五六十年代的政治运动，另一方面从学术研究和东巴文化传承角度看，分散于世界各个角落的东巴经书，极不利于学者研究和利用东巴文献（见表2—4）。

表2—4　　现存东巴古籍国内外收藏一览表

现存地点		收藏地（者）	数量（册）	备注
国内	北京	国家图书馆	3810	
		中央民族大学博物馆	222	
		中央民族大学古籍办公室	1522	
	南京	南京市图书馆	约1000	
	台湾	故宫博物院	1300	
	重庆	重庆市中国三峡博物馆	68	与原表有调整
	云南	原丽江县图书馆	4000	
		丽江县东巴文化博物馆	1000	
		迪庆州博物馆	400	与原表有调整
		香格里拉县三坝乡文化站	650	
		云南省社科院东巴文化研究院	658	
		云南省图书馆	516	
		云南省博物馆	278	

续表

现存地点		收藏地（者）	数量（册）	备注
国内	云南	云南省文联	约 1000	
		民间	约 3000	
	小计		约 19424	
国外	美国	哈佛大学燕京学院	587	与原表有调整
		国会图书馆	3342	与原表有调整
		赫伦梅勒收藏本（个人）	约 4000	
		洛克赠送的私人收藏本	约 25	
	英国	芮兰兹图书馆	约 150	
		林登民俗博物馆	15	
		印度事务局图书馆	约 51	
		大英博物馆	91	
		曼彻斯特博物馆	1	
	法国	吉梅特博物馆	约 10	与原表有调整
		巴黎东方语言学院	25	与原表有调整
		国家图书馆	6	与原表有调整
		法国远东学院	49	与原表有调整
	德国	马尔堡国立图书馆	1115	
		柏林国立图书馆	2000	
	荷兰	莱顿收藏本	约 10	
	西班牙	个人收藏本	1000	
	小计		约 12477	
总计			约 31901	

资料来源：郭大烈、白庚胜等主编：《丽江第二届国际东巴艺术节学术研讨会论文集》，云南民族出版社 2005 年版，第 596—597 页；和力民、杨亦花：《重庆中国三峡博物馆藏东巴经书目简编》，《长江文明》第三辑，光明日报出版社 2009 年 6 月；和继全：《美国哈佛大学燕京图书馆馆藏东巴经跋语初考》，《中央民族大学学报（哲学社会科学版）》2009 年第 5 期等。

二　东巴经书的地理分布及其特征

东巴经书的形成时间一直是学术界争论的焦点。现存的经书最早不过明代，以清代中后期和民国时期最多。虽然东巴经书是纳西族东巴所使用，主要用于祭祀活动的书籍，但并没有形成统一规范的读本，因此，从东巴念诵时发音到经文书写手法、风格，以及纳西象形文字使用的随意性，具有地域性的特征。

1. 东巴经书的地理分布

纳西族呈带状分布在金沙江中上游、水洛河、无量河、雅砻江等流域。这些区域的水系和山脉纵横交错，给纳西族先民交通往来带来极大不便，也造成了同一民族在不同支系间文化上的显著差异。中国学者陶云逵、方国瑜、李霖灿、和志武和日本学者西田龙雄等一致认为：“纳西族历史上自北向南迁移与文字的分布和传播是一致的。其分布和传播可表述如下：无文字地区（木里、永宁、盐源等地）→有象形文字（若喀地区、北地地区）→有象形文字和标音文字地区（丽江坝区及附近山区、玉龙县之鲁甸、塔城以及维西县）。”[①] 朱宝田、和力民等学者提出，按照有无文字区来划分是不准确的，即便在盐源、木里一带，也有少量的经书，主要是占卜类和鬼神画像类的经书（见图 2—1）。因此，从东巴经书写风格和用字特点看，我们可以把东巴经书分布区划作四个区。

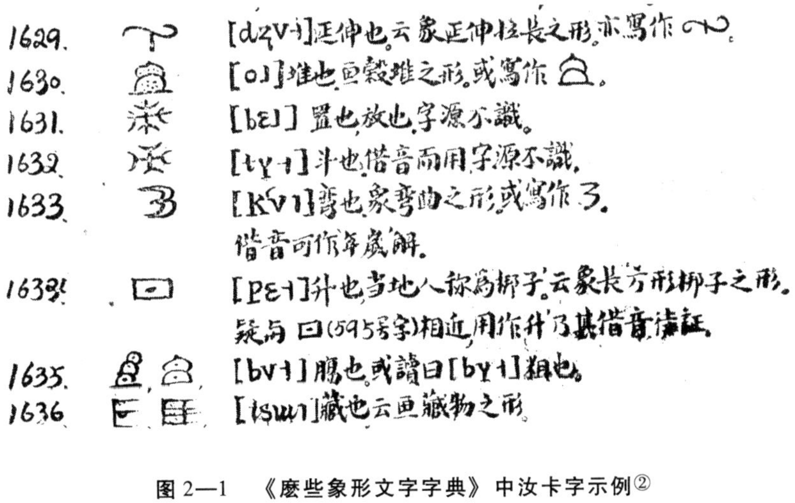
1629. [dzʋ˧] 延伸也，云象延伸拉長之形。亦寫作
1630. [o˩] 堆也，画穀堆之形。或寫作
1631. [bɛ˩] 置也，放也，字源不識。
1632. [tɣ˧] 斗也，借音而用，字源不識。
1633. [kʋ˩] 彎也，象彎曲之形，或寫作 3。
借音可作年歲解。
1634. [pɛ˧] 升也，当地人称為柳子，云象長方形柳子之形。
疑与 (595号字)相近，用作升乃其借音佐証。
1635. [bʋ˧] 腸也，或讀曰 [bɣ˧] 粗也。
1636. [tsɯ˩] 藏也，云画藏物之形。

图 2—1　《麽些象形文字字典》中汝卡字示例[②]

雅砻江以西、无量河、水洛河及注入金沙江一线为界的油米、洛

① 朱宝田：《纳西族象形文字的分布与传播问题新探》，《云南社会科学》1984 年第 3 期。

② 李霖灿、张琨、和才编著：《麽些象形文字字典》，文史哲出版社 1944 年版。

吉、树枝、海螺等村寨为代表，可以被视为第一区。这一区域居住着纳西族的支系阮可人，“阮可”在纳西语中是“江之地域”之意，名副其实。李霖灿等人在《麽些象形文字字典》中列举了见于阮可地区的50个字形，“在这里（指阮可地区）住有一部分麽些人，语言近永宁之麽些语，亦有象形文字，大部分与北地一带者相同，唯有一部分系此地域内所特有，北地、丽江、鲁甸一带多巴（东巴）皆不识之，观其位置，居麽些迁徙路线之上游，可能是象形文之原始地域，因搜集于此，以作印证。其字源清晰可辨者”。[①] 他们所书写的经书具有字形小，笔画简洁，显得比较古朴、粗犷，有时甚至像孩童的涂鸦之作[②]，经书数量也少。数百个特别的阮可文字符号，是其他区域内经书中所没有的（见图2—2）。

图2—2　《拉伯油米村杨扎实东巴的汝卡支系祭祖经》首页

自金沙江中游的虎跳峡至三江口两岸的纳西族地区，即香格里拉县的三坝乡、玉龙县的宝山乡、奉科乡、鸣音乡等，可视为第二区域，是阮可、纳喜交错杂居的区域。这一区域的东巴经书较为丰富，经书书写风格呈现出“圆形细腻，笔画均匀”的特点。这一区域的东巴经书没有特殊的字体可供识别（见图2—3）。

① 李霖灿、张琨、和才编著：《麽些象形文字字典》，文史哲出版社1944年版，第141页。

② 甘露：《纳西东巴经中假借字的地域研究———以白地、丽江、鲁甸为例》，《昆明学院学报》2009年第5期。

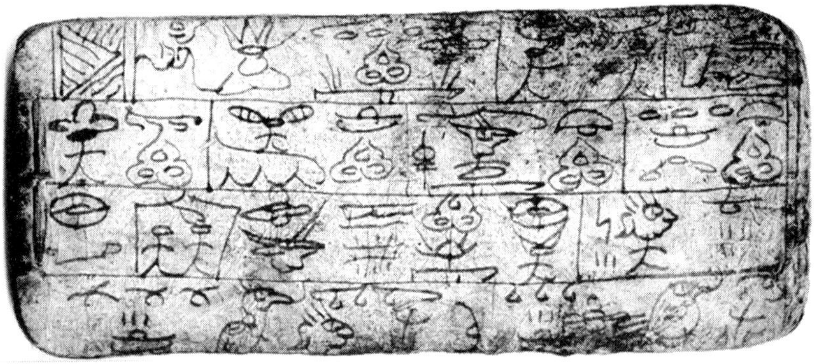

图 2—3　《白地古都村和志本东巴家的和氏家族祭祖经》首页

以丽江坝为中心的纳西族地区，可视为第三区。这一区域交通相对便利，汉文化影响较深，以致于在东巴经书的书写形式上都有明显的影响。经书以三行式为主，笔画简洁，行文清冽，疏密有间。从东巴文字功能上看，既有标形意的东巴字，也有表音的哥巴字。此区域的经书最多，散落到世界各地的经书多半来自该区域（见图 2—4）。

图 2—4　《哈佛燕京学社藏纳西族祭祖经 G—19》首页

玉龙县巨甸镇以西、以北的金沙江、澜沧江之间的纳西族地区，以玉龙县的鲁甸乡、塔城乡，维西县、德钦县为主，可视为第四区。这区域的经书中标音文字增多，标义文字仍占主体；“行列较密，字与字之间空隙减少”。从细部看，“鲁甸东巴文兼备着记意、记音和记意兼记音三种方式”，是纳西象形文发展的新阶段。这一区域还出现了玛丽玛萨文，是在吸纳一部分东巴文字的基础上形成的异体字，其功能不是用来书写经书，而是用作民间日常记事的文字（见图2—5）。

图2—5 《丽江鲁甸新主村和世俊东巴的祭祖经》首页

2. 东巴经书的分布特征

不同区域的东巴经书在字形、书写风格上有明显差异性，具有地域性特征。

从字形看，东巴经书中都有标音字、表义字和标音、表义混合字。第一、二区东巴经中只出现表义字，第三区东巴经中则出现了标音、表义及混合字，第四区东巴经中标音字增加，由东向西呈现出表义字向表义、标音字发展的趋势。王元鹿认为："东巴文从发生到发展，经历了一条漫长的流播路线。其肇始一端当是或当近若喀地区的若喀字的早期状态，而其结尾一端当是鲁甸一带的东巴文。"[1] 从假借字使用的数量来考察，也呈现出假借字与经书中字的疏密程度成正比关系，也就是说，第一、二区的经书中假借字很少，延至第三、四区，经书中的假借字多起来。这些可从四个区中选择相同内容的经书来比对，所用东巴文的数量、字词对应关系、假借字数量和所用被借字等方面[2]均呈现出地域性差异。

从书写风格看，第一区有典型的阮可字，字体明显很小；第二区的东巴字笔画均匀、细腻，不少经书中勾勒出动物的大部分躯体，这与纳西象形文字只画动物关键部位有明显区别。第三区的经书吸纳了汉文书写的风

① 王元鹿：《由若喀字与鲁甸字看纳西东巴文字流播中的发展——兼论这一研究对文字史与普通文字学研究的意义》，《华东师范大学学报》（哲学社会科学版）2001年第5期。

② 甘露：《纳西东巴经中假借字的地域研究——以白地、丽江、鲁甸为例》，《昆明学院学报》2009年第5期。

格，简洁而清冽，这一区的东巴经书中不少是彩绘。在第四区东巴经书中，标音文字增多，趋于一音一字，比表意字在数量上更多；书写格式以六行、四行为主，而前三区以三行为主。这样一来，第四区的经书就显得格外拥挤。另外，从经书中象形文字表示音节来考察，白地经书中一个字要表示六七个音节，有的一个象形文字就代表了22个音节；延至丽江经书，多数是一个字记两三个音节，很少超过十个音节的；鲁甸经书中最多的是一字记一个音节或两三个音节。这些也是地域分布的显著特征之一。

东巴文字在形成过程中，在地域、外来文化等因素的共同影响下，出现了几种变体字。如第一区就有阮可文，目前已发现100多个字，在东巴经书中穿插使用；第三、四区出现了标音的象形文字，还有哥巴字、玛丽玛萨文，甚至是汉字。这些文字的产生与所处地理环境与社会发展状况有 联系。

三　东巴经书中外来文化元素的融合

纳西族东巴经书并非全部是纳西象形文字所写成，目前所能看到的经书多数为清和民国时期撰写。从内容看，东巴经书中包含了四种外来文化元素，分别是：藏语、白语、汉语、傈僳语。从表现形式看，有的是用纳西象形文字书写，但在读音上保留了其他民族的语言；有的则是完全借用了其他民族的文字。

1. 藏语元素

历史上纳西族与藏族关系密切，纳藏文化之间的相互影响非常明显。就藏文化对东巴经书的影响而言，表现在两个方面：其一是直接借用藏文个别文字来书写经书，参杂在东巴文字中。出现频率最多的就是藏文中的六字真言："唵嘛呢叭咪吽"。如果从东巴经书类别看，丧葬习俗经典中就含有很多藏语音读内容，很多东巴也已不知其意了。李霖灿在研究东巴经书过程中也发现，"藏文的第一及第十二字母，简直就混在麽些经典中不可分离"。[①] 其二是用东巴象形文字记录藏语，可称为藏语音字。[②] 它可分为"表属相、记数字、东巴教专用词读音标注、藏语音读文献标音字、形声字声符等"，从读音来看，基本保留康方言香格里拉藏语土语读音特征，声调

① 李霖灿：《麽些研究论文集》，台北故宫博物院1984年版，第107页。

② 和继全：《东巴文藏语音字研究》，《西南民族大学学报》（人文社会科学版）2012年第5期。

已纳西语化。① 丧葬仪式的东巴经典中就有很多藏音的咒语。此外，消灾方面的经书中也是很多。东巴们只知道读音，不详其义（见表 2—5）。

表 2—5　　　　藏语音字纳藏读音对比表

序号	东巴文	字义	纳西语音	藏音	藏文	藏文转写	香格里拉藏语
1	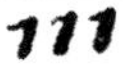	三	sɿ^{21}	so^{33}	གསུམ	gsum	so^{55}
2		四	lu^{33}	ʐər^{33}	བཞི	bçi	ʐə^{13}
3		五	ua^{33}	ŋa^{33}	ལྔ	lŋa	ŋa^{55}
4		七	ʂər^{33}	de^{33}	བདུན	bdun	de^{55}
5		十	tshe^{21}	tʂua^{33}	བཅུ	btçu	tʂo^{55}
6		马	ʐua^{33}	ta^{33}	རྟ	rta	ta^{55}
7		鸡	æ^{21}	ɕə^{55}	བྱ	bja	ɕə^{13}
8		牛	ɣɯ^{33}	pa^{21}	བ	ba	pa^{13}（母牛）
9		犏牛	ndzv^{21}	ŋa^{33}	མཛོ	mdzo	ndzuo^{13}
10		山羊	tshɿ^{55}	lər^{21}	ར	ra	ra^{13}
11		戌	khɯ^{33}	tshɿ^{33}	ཁྱི	khji	tshə^{55}
12		寅	la^{33}	ta^{55}	སྟག	stag	taʔ^{132}
13		午	ʐua^{33}	ta^{33}	རྟ	rta	ta^{55}
14		亥	bu^{21}	pha^{33}	ཕག	phag	phaʔ^{132}
15		未	yu^{21}、bu^{33}	lo^{55}	ལུག	lug	loʔ^{13}
16		卯	tho^{33}、le^{33}	yu^{21}	ཡོས	yos	yu^{55}
17		酉	æ^{21}	ɕə^{55}	བྱ	bja	ɕa^{13}
18		丑	ɣɯ^{55}	le^{55}	གླང	glaŋ	lɛ^{55}
19		巳	ʐɿ^{21}	du^{21}	སྦྲུལ	sbrol	ʑyʔ^{132}
20		子	fv^{33}	ɕua^{21}	བྱི	bji	ɕya^{132}
21		辰	lv^{21}	mbər^{55} lər^{21}	འབྲུག	ɦbrug	ndʑoʔ^{132}
22		申	zv^{21}	fv^{55}	སྤྲེའུ	spreɦu	ɕy^{55}

资料来源：和继全：《东巴文藏语音字研究》，《西南民族大学学报》（人文社会科学版）2012 年第 5 期。

① 和继全：《东巴文藏语音字研究》，《西南民族大学学报》（人文社会科学版）2012 年第 5 期。

2. 白语元素

我们从纳西族分布图上可以看出，南面是白族，北面是藏族，自唐代就延续下来的一种民族分布格局。丽江纳西族与白族接壤，并相互杂居，文化的相互影响是明显的。在祭拜“三多”神时所使用的东巴经书最为明显，虽然用象形文字书写经书，东巴们在诵读的时候则用古白语，有些句子俨然是现代白语。《存香经》约有 34 句，其中前 18 句为白语，第 19 句到 34 句为纳西语，其中第 33 句为汉语，即为“欢欢喜喜”之意。《三多颂》（纳西语称“负笃硕久”，fv^{51} tv^{33} $ʂu^{51}$ $tɕiə^{11}$）经书约有 42 句，开头到第 37 句为白语，第 38 句至 42 句为纳西语和汉语。[①] 在占卜经书中也有涉及，但并没有像以上两部经书多。为什么祭拜“三多”神就有明显的白语元素呢？这个问题将在后文“纳西族三多神信仰分布及其特征”中论及。

3. 汉语元素

汉文化对纳西族社会的影响是全方位的，尤其是丽江改土归流后历任流官以“移风易俗”为己任，汉俗在纳西族地区的传播和影响最为突出。近世经书中，参杂着不少汉字，如“犬、上、下”等。随着汉文化不断渗透，各种中原供奉的神灵进入纳西族地区，与时俱进的东巴们主动吸纳了一些汉俗信仰，如文昌帝君、城隍庙等。在“送魂”东巴经中就有城隍庙地名，“五方五帝经”则是对汉文经书的一种翻译。

4. 傈僳语元素

在纳西族与傈僳族杂居区域，往往出现傈僳族使用东巴经书的情况，他们在念诵的时候则改用傈僳族语言。李霖灿在鲁甸考察期间就发现了这种情况，在鲁甸的傈僳族中有两部用东巴字书写的“鲁鲁经”。据传，原有一户纳西族人要娶一位傈僳族女子，女方家提出要用傈僳族语言来举行仪式，于是就有了这两册经书。[②]

从以上外来文化元素看，东巴经书中的外来文化元素影响比重并非一致，其特征表现为：从纳西族分布区来看，靠近藏区的纳西族所使用的经书中就有明显的藏文，诵读中使用藏语；靠近白族地区的纳西族则吸纳了

① 白庚胜：《三多信仰考察》，《丽江师专学报》2010 年第 2 期。

② 李霖灿：《麽些研究论文集》，台北故宫博物院 1984 年版，第 107—108 页。

一部分白语的内容，与傈僳族杂居的纳西族虽然使用东巴经书，但在发音上却有明显的变化。而藏语、汉语对纳西族东巴经书的影响则是全方位的。

本章小结

域内文化因子的数量和大小是文化区划分的重要指标，语言是一个民族的符号，是历史文化地理研究的一个重点。从声韵母、声调、词汇来考察，纳西语分布呈现出以无量河（水洛河）、金沙江相连成线为界限，分为东、西两个方言区。导致纳西语方言差异的因素有：外来文化的影响、中央行政区划和自然地理的阻隔。纳西象形文字是“迄今唯一活着的”象形文字，对研究文字的形成有着重大的意义。纳西象形文字包括东巴文、哥巴文、玛丽玛萨文、阮可文等，除东巴文外都具有地域性特点。根据东巴经书书写风格、东巴字与哥巴字使用数量来看，纳西象形文书写的经书可分为四个分布区，具有明显的地域性特征。东巴经书中含有藏语、白语、汉语、傈僳语等内容，是多民族长期共生共存于这一区域的结果。

第三章　明至民国时期纳西族宗教信仰地理研究

宗教和信仰是两回事，在实际生活中却是相互掺杂的，甚至分不清是宗教还是信仰。历史上纳西族的宗教信仰异常丰富，就宗教而言，既有本民族特有的东巴教，也有藏传佛教、汉传佛教并存发展，还有道教、基督教、伊斯兰教的发展。清代以来，各种宗教在丽江共生共融，成为多种宗教共存共融之地。就信仰而言，不同区域的纳西族都有祭拜自然神的习俗，形成了地域性突出的自然神信仰文化。纳西族地区的宗教信仰具有地域性特征，区域间差异明显。

第一节　东巴教及纳西族民间信仰的地域差异研究

一　东巴教及其形成的地理因素分析

纳西族先民历经了上千年时间，自河湟一带迁徙至川西南地区，其间产生了对自然、鬼神、祖先的崇拜。在由“居无定所”的游牧时代转向农耕生活的过程中，纳西族先民开创了较为成熟的祭祀仪式，产生了主持这一活动的巫师，东巴教就是在这一背景下产生的。一般认为，东巴教形成于唐代以前。

学界普遍认为，东巴教的起源与苯教有关系，是在吸收苯教的基础上发展起来的。唐代，纳西族先民居于吐蕃、南诏、唐王朝之间，三者在金沙江流域的势力消长都与纳西族有关。正是因为唐代纳西族与吐蕃政治上的关系，才出现了苯教对纳西族地区的影响，从“吐蕃藏文画像”① 碑刻内容可以折射出散居在金沙江两岸的纳西族先民与吐蕃的关系。在“赤松德赞于8世纪灭苯教时，象雄雄达尔等苯教高僧用多头牲畜驮运苯教经书来到藏区东部的霍尔和东南部的姜域。”② “姜域”即指纳西族所控制的丽江。这也是纳西族东巴教形成的一个重要依据。

1. 东巴教形成的时空问题

东巴教是纳西族独有的宗教。东巴教祭司叫“东巴”，是东巴文化的主要传承者，是纳西族最高级的知识分子。他们多数集歌、舞、经、书、史、画、医为一身。东巴文化是东巴教徒世代传承下来的，是用象形文字或用图画文字记录下来的纳西族古代文化，内涵十分丰富。东巴文化可以分为无文字时期和有文字时期。早期东巴文化传承主要是靠口传心授，口诵是最主要的文化传播形式，由此来传承文化和主持各种民俗活动。这一历史时期最为漫长，远远超过有文字的历史。而东巴文字形成的时间，一般认为最迟于唐宋时期，至今已有一千多年的历史。东巴文化同世界上其他民族的古老文化一样，也是一种宗教文化，即东巴教文化。它又是一种民俗活动，是由东巴世代传承下来的纳西族文化。世俗化是东巴教、东巴文化最突出的特点，有别于其他宗教文化和纯民俗文化。

“东巴”这一称谓是民间对纳西族祭司的尊称。和志武认为，按照纳西语直译，应该是指“山乡诵经者”。③ 他还指出，东巴巫师、祭司，“东巴字为”，像人坐形，头戴神冠，口出气以示念经。古语对东巴的称呼是“本波”，而东巴是民间俗称。李国文认为，东巴是纳西语“达巴”的音译，还有写作“多宝”“多巴”“东跋”“刀巴”等。④ 郭大烈认为，

① 该碑于1992年在玉龙县石鼓镇格子办事处塘坊自然村发现，是一块南诏时期的墓碑，有纹饰、碑文、人物及动物图案，清晰可辨。碑身上部刻藏文5行，60字，下部刻人物及动物图像。碑末署撰主为“弄拉达”。其结构独特，是迄今为止少见的藏文画像。碑文大致内容为：“诏戎木陇拉达”为唐初洱海边六诏中一诏首领名称。当初，唐王朝只允许其属民编入流民，不予封他为永业官。故倾心投靠吐蕃王（赞普天子），于是礼拜结桑大臣，祖公策划桑芒弥部投靠吐蕃有功，被封为第二等高官（大金告身），陇拉达因此被授予将军（名衔），祖公年到90才过世……后代人丁兴旺……可见，唐代藏文化对纳西族地区的影响是明显的。具体内容可参看杨林军：《丽江历代碑刻辑录与研究》，云南民族出版社2011年版，第129—132页。

② 《西藏苯教源流》，转引自杨福泉著《纳西族文化史论》，云南大学出版社2006年版，第119页。

③ 参见白庚胜、和自兴主编《和志武纳西学论集》，民族出版社2008年版，第34页。

④ 李国文编著：《东巴文化辞典》，云南教育出版社1997年版，第1页。

“东巴”一词来源与吐蕃前期苯教所尊奉的教主丁巴什罗有关，“丁巴”即是东巴，在藏语中有祖师、弘法、大师等含义。此外，习煜华、杨逸天也认为“丁巴”和“东巴”不过是一音多译的结果。还有学者提出，“东巴”一词是藏语借词，藏语音读的“多巴”，不仅有祭司的含义，还有咒师的含义，不会把这两者视为一个意思加以利用。[①] 显然，这一种观点得不到更多学者的认可和支持。目前，“东巴”一词最普遍的共识与和志武、郭大烈两位的观点一致，即东巴是纳西族祭司的民间称呼，东巴教与古代苯教有密切联系。

东巴教形成于何地是研究东巴教传播和分布的前提。一般认为，东巴教形成于迪庆州中甸县三坝乡的白地，其依据有两点：其一是历代视白地为东巴教圣地。白地不仅有东巴教大师，有修炼的灵洞，还有天然的泉华台地——白水台。民谚曰：“不到白地，不算大东巴！”东巴教第二教主阿明余雷是水甲村人，其家族的前后世系如下：叶本叶老、叶老邦都、邦都邦精……阿明丁忍次（第九代即阿明）……（第二十代）阿若（健在）。[②] 可见，阿明余雷是真有其人。东巴们学习到一定阶段以后，在当年阿明修炼的灵洞前举行加威灵仪式，念诵东巴经《求阿明威灵经》。只有加持的东巴，才具有与神灵通达，镇驱鬼怪的本事。其二是白水台附近有明代木氏土司留下的摩崖诗：

五百年前一行僧，曾居佛地守弘能；
云波雪浪三千垄，玉埂银丘数万塍。
曲曲同流尘不染，层层琼涌水常凝；
长江永作心田主，羡此当人了上乘。

——嘉靖甲寅长江主人题释哩达多禅定处

郭大烈认为，“释哩达多”当指“丁巴什罗”。“五百年”前即嘉靖前五百年，是宋仁宗时代，说明在那个时代就有了东巴教。“一行僧”当指东巴教与苯教合流后的一个称呼，因为在白地历史上是没有修建过什么寺庙

① 拉巴次仁：《试析纳西族“东巴”一词》，郭大烈、白庚胜等主编《丽江第二届国际东巴艺术节学术研讨会论文集》，云南民族出版社 2005 年版，第 37—43 页。

② 郭大烈、和志武：《纳西族史》，四川民族出版社 1999 年版，第 227 页。

的，也没有其他宗教传入的记载。东巴教形成于白地，而发展却在丽江。

自明代木氏土司木公开始所编订的《木氏宦谱》文谱本，开头的前二十三世来自东巴经书《媒歌》和《创世纪》，由于有些纳西语无法用汉字记音，还出现了训读现象，如“草古天能古，草俸地能俸，草羡古甫古，古甫古吕古，古吕气吕古，气吕露吕古，露吕陆点古……”其中的“天、地、气、露、陆”都是汉字汉音，其他则是汉字表纳西音，汉字本身没有意思。[①] 此外，在《木氏宦谱》中，“牟保阿琮”考说中就有“不学而识文字”“旁通百蛮诸书”“且制本方文字”等，说明土司木公时对纳西族东巴文字还是很重视的，虽然元明两朝的土司对东巴文化并没有表现出积极推动，但也没有采取过封杀的举动，看来民间东巴的活动并没有受到限制。元代的李京在《云南志略》“末些蛮”称：“不事神佛，唯正月十五日登山祭天，极严洁。男女动百数，各执其手，团旋歌舞以为乐。”此外，明代陈文的景泰《云南图经志书》、清代管学宣等编修的乾隆《丽江府志略》都有类似的记载，说明木氏土司时期并没有对东巴祭祀活动进行压制，是东巴教得到充分发展的时期。

雍正元年（1723）丽江进行改土归流，木氏土司降为土通判；流官取代土司，土司的施政方略被“以夏变夷”的施政方略所取代。结果，在流官主导下，纳西族的传统文化被视为与儒学和礼教相悖逆的愚蛮文化。流官动用手中权力，强行禁止纳西先民执举火葬之仪式，倡行土葬葬仪。在这一过程中，为火葬仪式服务的东巴经典，远离了葬仪民俗这一载体，受到毁灭性的冲击。流官将凡是纳西先民所执举的传统民俗祭仪都视作与儒礼相违背的愚蛮习俗，一概列入革除之列。把先民创生和发展的东巴教，列入“煽惑土人”的邪教，当作流官施政过程中的障碍，进行严厉的指控和限制，给予无情的打击，使东巴教从城区、坝区、河谷地区流徙到流官统治比较薄弱的高寒贫困山区。吴大勋在《滇南见闻录·刀把》中记载：“丽人之夷风：人死殡于野，越几日火之，先用刀把念诵。刀把者，合师巫、仵作为一者也。”刀把即东巴。接着他还记载了禁止东巴教活动：“余下车后，再三劝谕，禁火葬，禁刀把，并给官山，听民葬埋。”这是限制东巴活动的较早记录。在光绪《丽江府志·风俗》记载：“改设

① 喻遂生：《〈木氏宦谱〉纳汉对音中的明代丽江汉语方音》，《纳西东巴文研究丛稿》（第二辑），巴蜀书社2008年版，第77页。

后，屡经禁谕，土人尚惑刀巴祸福之说。”由于高寒贫困山区经济落后，致使东巴教文化失去自主、自立地用本文化来主动吸纳、兼融域外多元文化的能力，东巴人孤零零地退居到偏僻的高寒山区，守着先祖创生的东巴教，艰难地承传着东巴教文化。在150年来流官“以夏变夷”的施政中，纳西东巴教受到过一次毁灭性的冲击，也是历时较长的一次冲击。[①]

清咸同年间，土通判木景在镇压滇西回民起义中保皇有功，朝廷论功行赏，丽江纳西族涌现出一批官衔较大的朝廷命官。新情况的出现，朝廷指派的流官在施政中不再像改土归流初期那样，我行我素地独断施政，逐渐将“以夏变夷”的施政方略转变为随俗施政的温和方略。土通判木景重振木氏土司先祖风范，为弘扬纳西族东巴教文化，于宣统元年赐木氏的家祭东巴和绣春以“精明教宗”的金匾，赐予著名东巴和永公以“医明法精”的金匾，嘉奖他们承传和弘扬东巴教的功绩，使东巴教及其文化在纳西族地区得到恢复和传承。

在纳西族东部地区称祭师为达巴。洛克在《献给中国西藏边疆的萨满》一文中认为，达巴的“达”也许源于藏语 zlan，发音为 do，意为轻声的咒语，“巴”为念咒语的人。达巴在仪式前还用白面涂在脸上，以吓唬鬼神。[②] 1931年秋，洛克到永宁调查达巴教活动。“他们在喇嘛寺外面的草地上为我举行了几个仪式，并解释了别的仪式。这些仪式过去很少举行，因为被喇嘛们反对。达巴主要为土司家庭举行法事。”1935年周汝诚到宁蒗调查：“达巴与东巴大致相同，传说自西天盘兹萨美受时，把东巴经记在牛皮上，在回来的路上，半路绝粮，乃煮食牛皮才回至永宁。人是回到了永宁，经书却没能带回来。所以达巴无经卷，专门口诵，其行法时，唱美妙之歌曲。达巴多半为人驱鬼，为人送丧。”关于达巴为什么没有经书，有很多种说法，这里仅介绍其中之一。达巴的主师是“英什达巴商来”（丁巴什罗）。据传，前所地方有一个名叫久布土格（在东巴经中是崇忍利恩家的东巴），他到“根主邦当”（三坝白地）去学达巴，学成归来途中，由于路上没有找到可以充饥的东西，就把写有经书的猪皮烧吃了，所以，达巴没有经书，全靠口诵。所以，前所的达巴是最好的，第二是温泉乡，第

① 木丽春：《东巴文化通史》，中国炎黄文化出版社2009年版，第37页。

② 和志武主编：《中国原始宗教资料丛编·纳西族卷》，上海人民出版社1993年版，第198页。

三是左所，第四才是永宁。[1] 达巴教主为“什罗米波”，他们还有镇压鬼怪的神：美波精入高劳（美波精汝）、止止高儿（修曲）、普劳高劳、母吕精布等。永宁人信奉喇嘛教，但也保持了达巴教，达巴没有经书，完全靠口诵。民国后期已经有衰败的迹象。[2]

2. 东巴教的地理分布及其特点

东巴教（含达巴）是原始宗教，不是现代意义上的宗教。东巴教没有固定的活动地点，也没有专职的神职人员。东巴平时与百姓没有两样，参与家庭生产和生活，因此，要考察东巴教的地理分布有一定困难。笔者认为，东巴教的地理分布，最重要标志是东巴本身。所以，从东巴的分布情况可以看出东巴教的分布情况。依据民国时期的人类学、民族学等调查报告以及1970年以前的社会调查，复原纳西族地区东巴教地理分布。（见地图6　民国时期东巴、达巴地理分布图）

李霖灿在《论麼些族象形文字的发源地》一文中提出，纳西族的象形文字发源地当在无量河一带。[3] 那么，东巴教的产生应该在纳西族先民迁徙的路上，而且早于迁到无量河、三江口一带。前面提及各地东巴来历时，不少地方都有从白地学习东巴仪式之说，既便是达巴也是如此。笔者以为，这是后人不断加工而成的故事，不能当作史料来看待。最多说明了白地是纳西族的东巴教圣地。东巴教应在雅砻江、大渡河等区域就有了雏形。此后在不断迁徙、分支过程中，形成了达巴和东巴两个派别，从祭祀仪式规程、祭祀内容到祭祀中涉及的神仙鬼怪等大同小异。向西南迁徙的纳西族先民在丽江、白地形成东巴教发展中心。加之白地相对独立的地理区位，东巴教得以完整保留，并成为东巴教的圣地。丽江是多元文化交汇之地，各种文化流布对东巴教造成不同程度的影响，所以，丽江的东巴都要去圣地“加威灵”，才能成为真正的东巴。各地东巴不断前往白地学习最经典的东巴经书，这里又成为东巴教再生的发源地。

至民国时期，东巴教获得了一定的发展空间，分布也很广泛。东巴分布于丽江、维西、中甸、俄亚等，拉伯以下、金沙江以东纳西族地区则以

---

① 和志武主编：《中国原始宗教资料丛编·纳西族卷》，上海人民出版社1993年版，第200页。

② 同上书，第196页。

③ 李霖灿：《论麼些族象形文字的发源地》，《麼些研究论文集》，台北故宫博物院1984年版，第32页。

达巴为主，泸沽湖畔的达住村则有东巴分布。如果以水洛河注入金沙江段为界，大致形成了以东地区以达巴为主，以西地区以东巴为主的地理分布。

东巴教活动没有固定的庙宇，所以研究其地理分布主要依靠考察东巴的分布情况。据不完全统计，清末至民国时期纳西族地区东巴、达巴地理分布情况如下（见表3—1）。

表3—1　　清末至民国时期纳西族东巴、达巴空间分布表

区域＼类别		东巴	达巴	备注
中甸	东坝	52		
	白地	51		
	金江	26		
丽江（包括古城区和玉龙县）	鲁甸	78		塔城有11人为“鲁鲁”东巴，又称傈僳东巴。在丽江以西的金沙江流域与纳西族杂居的傈僳族，有些信仰东巴教
	鸣音	62		
	大东	156		
	宝山	23		
	奉科	19		
	大具	2		
	塔城	25		
	金庄	9		
	太安	33		
	金山	8		
	红岩	3		
	大研	6		
	白沙	2		
	七河	1		
	拉市	1		
维西	永春	14		
	攀天阁	6		

续表

区域＼类别		东巴	达巴	备注
德钦	佛山	6		据 2002 年和继全调查所得
芒康	盐井	2		据 2012 年笔者采访所得
木里		28	32	
永胜		9		
宁蒗		10	7	
合计		632	39	

此表主要依据李国文《人神之媒——东巴祭司面面观》一书来统计，也包括戈阿干、和继全和笔者实地采访所得数据。虽然不够全面，但也能反映出清末至民国时期东巴数量和空间分布情况。

从表 3—1 我们可以得知，清末至民国近百年时间内，东巴总数达到 632 人，达巴 39 人。对于只有 10 万人口的纳西族而言，东巴和达巴数在总人数中所占的比例还是很高的。东巴分布广泛，几乎散布在纳西族居住区内，而达巴则局限于木里、盐源和宁蒗三县范围内，达巴数也只有东巴的 6.17%，达巴分布极其不均衡。在藏区出现两种情况，其一是东坝、白地的东巴比例很高，这些地区受地理因素的影响，东南面抵金沙江，西北则是高大的哈巴雪山与中甸高原台地相隔，可谓偏居一隅；其二是中甸的金江，维西的攀天阁、永春与藏民杂居，藏文化的“涵化”明显，所以，东巴数量远不及中甸的三坝乡。丽江的鲁甸、鸣音、大东、宝山、奉科、塔城、太安等乡村，远离丽江府的治所，汉藏文化对这些区域的影响很小，所以，这些地方的东巴人数最多。木里以达巴居多，东巴则主要分布在俄亚一带，这些东巴来源多与丽江有关。俄亚的很多东巴则从白地学习经书和仪式，这与俄亚相近的地缘有关系。宁蒗、永胜等地的东巴与丽江东巴有师承关系，达巴则与木里、盐源的地缘性关系更加突出。

二 纳西族“三多”神信仰的分布及其特征

“三多”神是纳西族的保护神，受到广大纳西族的崇拜，每年农历二月八日是主祭时间。1986 年，丽江纳西族自治县第八届人大常委会把每年农历二月八日定为纳西族传统节日。“三多”神并非是全民族共同所信仰，具有明显地域性特征。唐代以来，“三多”神的信仰经历了从祭祀玉龙山为主的自然崇拜到人物形象塑造的人文信仰，从纳西族保护神、胜利神形象发展成地域内的保护神和土主神过程。

1. 纳西族“三多”神信仰的由来

“三多”神信仰是纳西族有别于其他民族的民俗表征。三多是玉龙雪山的化身和神灵，是纳西族的保护神。“三多”神供奉于北岳庙内，北岳庙是祭祀纳西族保护神的场所，是玉龙雪山的山神庙。北岳庙位于玉龙雪山南麓的白沙乡玉龙村。大殿正中供奉“三多”神像，左右两边各有两尊藏族和白族妇女形象的塑像。

（1）“三多”神的由来

北岳庙始建于唐代大历十四年（779），是丽江建造最早的庙宇。“岳自大唐代宗大历十四年（779），异牟寻迁阳睑苴咩城，改元上元。明季始封玉龙为北岳也。”[①] 南诏异牟寻即位后的第二年，封玉龙山为北岳，始建有北岳庙。庙内立一尊白石，是纳西先民白石崇拜的体现。关于此白石在地方文献中多有记载，如乾隆《丽江府志略》载：

> 麦琮常游猎雪山中，见一獐色如雪，以为奇，逐之变为白石，重不可举，献猎人所携石祝之又举，其轻如纸，负至今庙处少憩，遂重不可移，因设像立祀之。元世祖忽必烈征大理，由丽江路敕封雪石北岳安邦景帝。时土府木氏与吐蕃战，神屡现白袍将，跨白马助阵。万历间，重拓殿宇，铸大鼎、大钟，以纪其事，至今每岁二月八日，土人祭赛祈祷，多验。[②]

光绪《丽江府志稿》又载：

> 北岳庙，一名玉龙祠，旧志：在府北三十里雪山麓。唐时建，相传昔有人于山中得异石，负而归，至此少憩，重不可举。乡人神之，为立异石祠。及南诏封为北岳，即以此石为岳神。元世祖征大理时经

① 杨林军编著：《丽江历代碑刻辑录与研究》，云南民族出版社2011年版，第18页。

② （清）管学宣等纂：乾隆《丽江府志略·艺文志》，《丽江纳西族自治县县志》编纂委员会1991年印，第336—337页。

此，敕封为大圣北岳定国安邦景帝。至今二、八月城乡祀之。[①]

1253年，忽必烈南征大理，赐封玉龙雪山为“雪石北岳安邦景帝”。早期纳西族白石崇拜的记载，由此可见。

明代以来，北岳庙内原来供奉的白石变成了人物塑像，体现了民族民间信仰的演变。明嘉靖年间，北岳庙遭火灾，嘉靖乙未年（1535），木氏土司木公重修北岳庙，并撰有《重修北岳庙记》碑：

重修北岳庙记

夫北岳即玉龙也，玉龙即雪山也。巍巍乎雪山乃一滇之所望也。然而岳山之灵者神也，神即岳山之气也。气爽则神灵，神灵则人杰也。况我木氏，世守丽江，此非岳之锺而神之毓者乎？于呼！岳山之崇，雪贯四时，而玉立万仞，此非一滇之所望者乎？岳自大唐代宗大历十四年，异牟寻迁阳睑苴咩城，改元上元。明季始封玉龙为北岳也。

景帝即岳神之为禋号也。然所以建庙于岳麓山下，其官长齐民，卑躬肃祀，求而无所不灵，祷而无所不验。是故，庙貌威严，殿庭高邃，林木深稠，见者无不敬畏而崇礼也。今嘉靖乙未年，公感神而殊服，乃命工重修祠宇，焕然一新，此公之一诚之所致也。恭惟乃圣乃神，福我之民，障我之疆，佑我木氏千百世之子孙，祀神而神饷，如今日之神之饷之人之祀也。

春吉旦　知府木公书[②]

由于北岳庙内的神石具有“求而无所不灵，祷而无所不验”的奇效，再加上明代木氏土司“与吐蕃战，神屡现白袍将，跨白马助阵”，所以白石崇拜转向人物形象崇拜。木公的《重修北岳庙记》中的“福我之民，障我之疆，佑我木氏千百世之子孙”是重修的目的，也是木氏土司的现实需要。因此，明代以来，“三多”神的信仰从自然崇拜转向人文崇拜。

① （清）陈宗海等纂：光绪《丽江府志稿·祠祀志》，丽江市古城区方志编纂委员会2005年印，第181页。

② 杨林军编著：《丽江历代碑刻辑录与研究》，云南民族出版社2011年版，第18—19页。

（2）“三多”神信仰对象的转变

什么时候把白石崇拜转向人文崇拜呢？土司木泰以来，历任土司不断向朝廷靠拢，仿效中原陆续修造了许多道观佛寺，丽江府进入了鬼神崇拜兼融道释儒多元宗教的文化兴盛时期。土司木公时修造了木氏勋祠。勋祠即木氏家庙，庙内供奉着历代木氏祖先的牌位，每日早晚举祀。嘉靖年间土司木公重修北岳庙，把北岳庙内供奉的白石具物撤走，取而代之的是木公效仿道观佛寺的神佛具象，塑成北岳神像，并把神像供奉在原北岳庙内。大殿内左侧塑有阿布嘎底，据说是从雪山上背白石回来的神；右侧塑有茨巴纳汤，据说是能抱起一头牛的大力士。“所以北岳神是土司木公时，模拟道观佛寺的神佛具像，设以北岳神像而塑神。时土司木公仿学道教撰修《白岳庙卜卦碑》刻成碑文，立于北岳庙，这时北岳庙的主祭执仪人，已由东巴祭司改换成道教的道师。立碑时为嘉靖十四年岁次，时为木公任土知府职，而北岳神有土主神和守护神的文化内涵了。”

木丽春[①]认为，北岳神像的人物化与明代木氏土司开疆拓土有直接关系。明代木氏土司向藏域扩土，主要靠“勇战而不畏死”的纳西士兵。首先，对外战争需要有一套合理理论来证明扩土战争的正义性，又要与广大士兵的利益密切相联系。在东巴经《崇搬图》中记载：崇忍利恩娶回天女后生育有三子，长子成了藏族的先祖，成了拥有天的民族；老三是白族，地是由白族开辟的，成了拥有地的民族；老二纳西族没有继承天地的权利，为了生存只好去开新天、辟新地。这成为木氏土司对藏区拓展的理由，也是木氏土司激励和鼓舞纳西士兵向藏域正义征战的理论依据。其次，木氏土司在向藏域扩土的征战中，大肆宣扬和鼓吹，每次开战，云际间会屡现一位白胡子，着白盔白甲、跨白马的神来助阵。只要有他的庇护，每战必胜。这位白须老人就是北岳庙的“三多”神。纳西士兵不断扩土开疆地，昌都以东、康定以西的大片藏域土地，都曾是木氏土司开疆拓土的区域。万历年间土司木增再次扩建北岳庙，“重拓庙宇，铸大鼎，大钟，以纪其事，至今每年二月八日，土人祭祀祈祷多验”。并请书法家董其昌写“玉龙宫”的题匾和“一片垂慈花马国，千秋永镇玉龙山”的

① 木丽春，男，纳西族，丽江拉市乡人，丽江地方文化学者，主要收集和研究纳西族传统文化资料，有论著多部。

对联，木增为正殿写了横匾“雪亮”。

清乾隆十三年（1748），丽江府功加土守备和国柱为北岳庙添置灯田，写有《灵应北岳庙置灯田记》碑文。和国柱率领士兵屡次远征中甸、德钦、藏东地区以及滇东北之东川、巧家等地，因受“三多”神保护，每次都能全胜凯旋。

> 壬子秋，制宪高檄率士兵弁，总随镇杨赴新平，夺栅搜山至漫干□拒，贼献俘颇，或冬又遣随哈游击驰应普思，进征九龙江，攻猛烈剿腊从，直捣贼巢，次年秋始凯旋。天以碌碌如国柱西南屡录，微勤实赖国威，且借所属士兵弁之力，雪夜枕戈，瘴江夺栅，危急之际，或言神现白马，或见阴助旗阵，数数灵应，指不胜屈，至腊纵逼贼巢，贼乘夜劫营。自言为长须圆目神，率猛兽绕营，不容进军，中汉土兵□多毙者。群知为北岳显圣，国柱始益信旧闻之不诬。因恩获天兵，救水旱既列祀典，而国柱身屡受庇，区区之私，又何能忘神德乎？①

和国柱和士兵们更加相信“三多”神助战的传说，为了报答“三多”神数次相救之恩，特购置数亩田地交给庙祝，永供北岳庙所用。

雍正元年（1723），丽江“改土归流”。纳西族青年男女在婚前可以自由恋爱，而谈婚论嫁须按“父母之命，媒妁之言”的封建礼教举行，他们为了爱情而纷纷殉情。随后，退守农村和山区的东巴教创生了超度情死男女葬仪的《鲁般弄饶》和《楚布尤布》两部东巴经典。殉情男女情死前必到北岳庙烧香，祈拜“三多”神，祈求男女情死后魂归玉龙第三国，祈求“三多”神收留和保护他们的灵魂。

道光丁酉科举人王锡桐在回乡省亲之际，丽江乡绅、耆老等人士乘北岳庙修缮之机，请他为北岳庙撰一副长联，王锡桐撰曰：

> 主此土，安此邦，是极八百里金沙，胥蒙圣佑；
> 降为神，封为帝，凭境亿万年雪域，永著灵钟。
> 横批：雪亮。

① 杨林军编著：《丽江历代碑刻辑录与研究》，云南民族出版社2011年版，第33页。

道光年间的“三多”神已成为“主此土，安此邦”的守护神，与山神、保护神合二为一。

（3）“三多”之称的由来

早期所崇拜的白石称为“北岳”，缘何在明代就改称“三多”呢？一般认为，藏族对丽江一带称为“三赕”，缘于明代木氏土司对藏区有影响而得名。明万历年间，木氏土司为巩固其在藏域既得的利益，把所扩得的区域合理化，重提“三赕”的藏语地名。据《元史》记载：

通安州，治在丽江之东，雪山之下。昔名三睒①，僕繲蛮所居，其后麽、些蛮叶古乍夺而有之，世隶大理。宪宗三年，其二十三世孙麦良内附。中统四年，以麦良为察罕章管民官。至元九年，其子麦兀袭父职。十四年，改三睒为通安州。②

明后期，藏区称木氏土司为“三赕汗”。于是把北岳神改名为“三赕神”，“三赕”也渐变音为“三多”。清举人杨品硕在《丽江北岳神考》一文中认为：

先是祖师（莲花生）建桑鸢寺，三兄弟领众魔拆之，旋建旋拆数次。祖师劝以改恶从善。长性不服，祖师怒，用法治，以铜盆复之。二即降服，三竟逃去。祖师随后追来，至丽江雪山及之……一说桑鸢寺本藏南三百里许，中有去穷护法神，性最大，番民言是丽江北岳神之大兄也。敦坪寺，在本藏，中有能穷护法神，番民言是丽江北岳神之二兄也。北岳神，丽江俗呼白石三多。白石，地名，华言白沙里也。三朵即神名。相传神行三，同俩兄自西域而南过缅国，转北到丽。兄俩旋逆金江归西域，神止于白沙里雪山。神属羊岁，故二、八

① “睒”动词或形容词，与“陕”同音；“赕”音同“啖”。两者字形相似，《元史》作“睒”，其实应为“赕”，“睒”误也。另外，《西藏拉丁字典》认为，《格萨尔王传》中“姜”国的首邑为三赕。

② （明）宋濂等：《元史·地理志》（第61卷），中华书局1976年版，第1465页。

月属羊日，祀者最多。①

木氏土司还把“三多”神从北岳神的土主神扩及藏域的守护神和胜利神，使“三多”神成为开天辟地的守护神和胜利神的具象，北岳庙改叫三多阁，殿内又加塑12尊金刚，祠坛内还加塑三多妻室，门口东侧的厢房内加塑12匹座骑和10尊马夫神像。改土归流后，丽江府已失去昌都以东，康定以西的藏域土地，“三多”神从战神转化成丽江土主神和山神。

2. 纳西族“三多”神信仰的地理分布

“三多”神并非所有纳西人都信奉的保护神。“三多”神是唐代进入丽江的纳西族先民的典型信仰。唐代，纳西族信仰玉龙雪山，在今天的白沙修建了北岳庙。明代，木氏土司出于对外战争的需要和汉文化的习染，将白石升格为人物形象，成为战神和保护神。丽江改土归流后，“三多”之名出现，“三多”神成了丽江府所辖纳西族的保护神。北岳庙也渐被改称为“三多阁”。

民国时期，北岳庙的庙祝“祷玉”原由姓和一家所担任，后来和、杨二姓开亲，由杨姓家族担任庙祝并延至今。三多庙基本布局：坐北朝南，北依玉龙大雪山，前临象山、狮子山。一进三院，大门正上方悬挂着“玉龙祠”匾额，两边厢房内塑满战神和战马。上台阶，过花厅到第二院。院子中央盖有一个亭子，内置一个铜质大香炉，进香和烧柏树枝要上一个木梯子方能见到炉内。大殿正前方挂“恩溥三多”四个大字题匾。“恩溥”为纳西语，是对长者的尊称，与汉语中的“老爷”类似。正中塑“三多”神坐像，两边塑有两位藏族和白族的女子，都为坐像。亭子和大殿上挂满历代官员和文人撰写的匾额。大殿背后还有一个小院，主屋中间塑有一个妇女形象，据说是“三多”神的母亲。正殿左侧，有一棵高达10米的柏树，据植物学家测定，为唐代种植，按唐大历十四年来算，已有1234年之久，这也是北岳庙起于唐代的见证（见图3—1）。

---

① 杨品硕：《丽江北岳神考》，《丽江文史资料全集》（五），云南民族出版社2012年版，第346页。

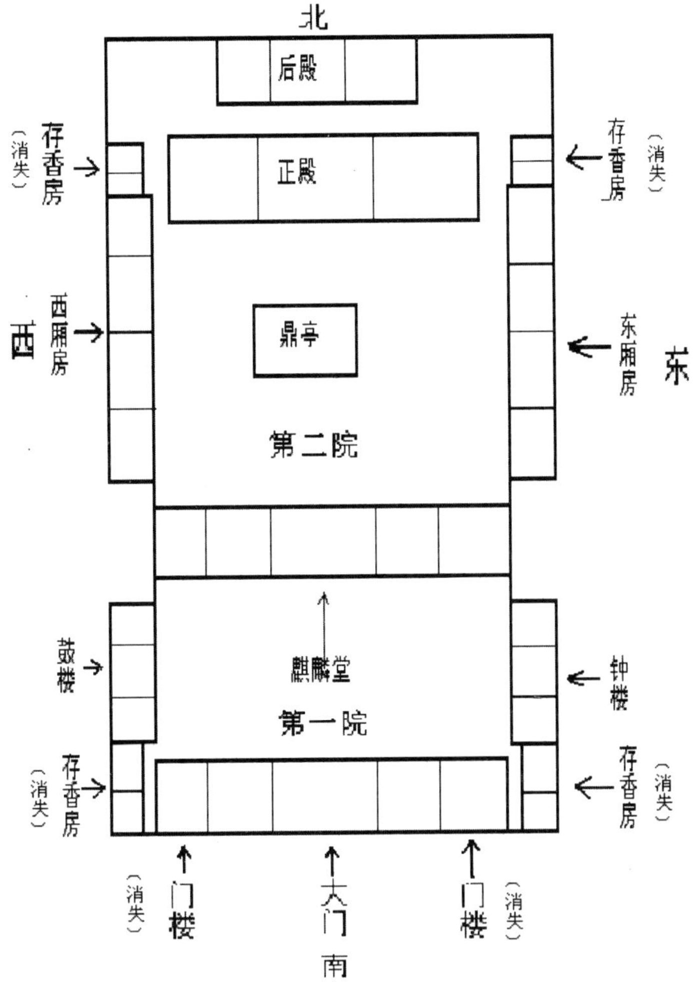

图 3—1　北岳庙示意图①

纳西族“三多”神的信仰，从地域分布看，以丽江白沙北岳庙主庙为中心呈四方发散式分布。（见地图 7　民国时期纳西族地区“三多”神信仰空间分布图）清代丽江府附近的村镇，如大具、鸣音、太安、大东、

① “北岳庙示意图”引自白庚胜《三多信仰考察》，《丽江师专学报》2010 年第 2 期第 8 页。特作说明。

七河、南山、石鼓、巨甸、鲁甸、下江、宝山、汝南、奉科等地[①]都建有三多阁，内塑三多保护神。每年农历二月八日定期在庙内举行祭祀仪式。今天这些乡镇仍保留有三多阁的遗址。清代以来，丽江纳西人外出经商或求学，先到三多阁祭拜“三多”神，祈求保佑，一路平安；考取功名，财源滚滚。据黄乃镇[②]介绍，民国时期，他爷爷带他父亲到木里运送货物，启程前一天就去三多阁祭拜。当时木里匪患严重，等他们到木里后，货物交给对方，当夜下榻一户熟人家。半夜他爷爷梦见一位花白胡子的老者叫他起床，说什么要赶路了。他爷爷从梦中惊醒，发现房子吱吱作响，拉着还在梦中的儿子冲出房间！原来是发生了地震，顷刻间房屋倒塌，虽然自己的财物皆埋于废墟中，但父子得以保全。老人认为是“三多”神显灵了，回来后还专门去三多阁祭拜“三多”神。类似的传闻在丽江还有不少。

“三多”神的信仰不仅囿于丽江一带。散居在永宁江边、皮匠村的“纳喜”多为明清时期从丽江迁来，“他们很信‘北岳安邦景帝’土主，于二月八日建未之日（属羊日）全村大小祭北岳土主，每择病痛灾厄，必呼‘阿普三多’（$\alpha^{33}phu^{33}sæ^{33}do^{33}$）的圣号，当地人呼北岳安邦景帝为阿普三多”。[③] 嘉庆年间丽江商人李悦等在西藏成名，在藏区形成了一股重要的商业力量。[④] 他们在拉萨修建了一座云南会馆，位于今天拉萨市吉日路1巷24号。值得一提的是，房屋依照丽江纳西人的建筑风格，在里面还供奉着一尊坐西朝东的“三多”神像（破四旧时才被毁坏）。[⑤] 每年二月八日，凡在拉萨的云南同乡都会聚于此，共同祭祀“三多”神。20世纪40年代由云南同乡会会长马义财主持筹办。[⑥] 民国时期，由周尚德出资在阿墩子（德钦升平镇）修建了一个“三多”神殿，每年二月八日

---

① 和志武、杨福泉主编：《中国原始宗教资料丛编·纳西族卷》，上海人民出版社1993年版，第118页。

② 黄乃镇，男，纳西族，木府博物院院长。2010年12月“丽江徐霞客年会”上的发言。

③ 周汝诚：《永宁见闻录》，云南省编辑组编《纳西族社会历史调查》（二），民族出版社2009年版，第160—161页。

④ 周智生：《近代纳西族、白族商人特殊塑神行为》，《云南师范大学学报》2004年第2期。

⑤ 戈阿干：《在拉萨祭三多的旧俗》，《丽江文史资料全集》（三），云南民族出版社2012年版，第695页。

⑥ 宣绍武：《茶马古道亲历记》，云南民族出版社2001年版，第73页。

举行祭祀“三多”神仪式。[①] 民国时期，丽江纳西族在昆明的商人、学人和其他旅居的，在同乡会组织下，常在圆通街丽江会馆举办祭祀“三多”神活动。[②]

与纳西族杂居的白族、藏族也有信仰“三多”神的习俗。乾隆三十五年（1770）鹤庆府改为州，隶属于丽江府。流官为加快丽江东坝开发，把鹤庆的白族调派到丽江开发，先后发展成“十八个村落”[③]。迁居到丽江东坝的白族修建了祭拜本主神的东山庙，为了与周围纳西族关系融洽，在信仰、语言、习俗等方面进行改革，把“三多”神与东山老爷说成是两个关系非常要好的朋友（纳西语称“拉给”）。至民国时期还在逢密修建了一座三多庙。

白族祭拜“三多”神的时间也是农历的二月八日，祭拜者要争着去烧头香。那天白族村民三更就赶路，天亮前就到了三多阁。祭祀“三多”神要带上荤素搭配的食物。上一年受到“三多”神的保佑，家庭和谐，六畜兴旺，所以每年都要来祭拜，希望得到神的保佑。还有的因为不是每年能去三多阁，就要祈福说：过去一年得到神的保佑，明年就不能来祭拜了，后年一定再来祭拜——即要说清楚来意和还愿时间，否则“三多”神是不会显灵的。许了愿就一定要来还愿，一定要说到做到，烧到头香最显灵。许愿和还愿内容因人而异，有的是为家人平安而来，有的是为六畜兴旺而来。新中国成立前有一年，洪建忠的父亲就遇到过下大雪，厚达一米多，他还是坚持前去三多阁还愿了。可见，“三多”神在丽江已经发展成土主神、地方保护神，不再只是纳西族独有的民族保护神。这是“三多”神信仰范围和内容上的拓展。

也有纳西族地区是不信仰“三多”神的。在今天四川省盐源县达住村纳西族中，保留了每年农历二月八日举行的“亨颂”活动，“亨”是牲畜神；“颂”即祭拜。这一天村里放牧的人邀约起来到山顶祭祀牲畜神，祈求牲畜神保佑牲口兴旺。俄亚大村的纳西族也没有祭祀“三多”神的

① 李旭：《藏客》，云南大学出版社2000年版，第51页。

② 和志武主编：《中国原始宗教资料丛编·纳西族卷》，上海人民出版社1993年版，第119页。

③ 最早到丽江的白族是居住在东北角靠东山脚下村落的，如赵家登（安乐村）、曾家登、杨家登、寸家登、张家登（新民下）、榨油登、田家登、陈家登等村落，带有“登”村名的是第一批到丽江东坝的白族村落。随后进来的就带有“院”或“家”，如新团八队称“洪家院”，十北队称“杨家院”，十南队称“赵家院”。这就构成了白族到丽江东坝时的“十八大村”。

活动，他们保留了纳西族传统白石崇拜的习俗。在俄亚三江口有一匹酷似驮一个大鼓的白马，称白马石（纳西族语“拉萨路米”）。据传，西藏白登木女神骑着这匹白马从拉萨赶往云南鸡足山祭拜，必须在天亮前赶到鸡足山。可是到三江口时天已放亮，白登木女神嫌它行动迟缓，便令它变成一座白马石，成为三江口的一个神物。每年农历二月初，中甸、丽江、宁蒗、俄亚、稻城等地的纳西族都赶来祭拜①，祈求五谷丰登，生意兴隆，儿孙满堂。这尊白石同“三多”神一样都具有地方保护神的特点。

在香格里拉县的三坝，农历二月八日为（he^{21} $ʂ\underset{\circ}{u}^{55}$）祭白水台之神。清代光绪《新修中甸志书稿本》记载：“仲春朔八，土人以俗祀为祭，赍币承牲，不禁百里而来；进酒献茶，不约千人而聚。此一奇也，亦胜景也。”② 在农历二月八日集会中，由各祭祀群的东巴在本群祭祀处诵经。祭祀时把画有人的五官和龙象的“卡”（“kha^{21}”，“王”之意）插上，诵毕，把“卡”插到龙潭边，舀一壶水并折几根树枝带回家。树枝就插在住房及畜厩上，以示避邪。③ 此习俗在澜沧江边的盐井、白松乡、维西等纳西族中还有保留。除了要祭祀“三多”神，还保留了传统的祭祀牲畜神的古风。

在四川盐源县、木里县的“纳日”中没有发现祭祀“三多”神的习俗。

可见，纳西族祭祀“三多”神的地理分布有着这样一个特点：明代以来以丽金沙江为中心的纳西族形成了祭拜“三多”神的习俗，从丽江迁居到盐井、俄亚以及永宁、盐源的纳西族支系，都信仰保护神和战神——“三多”。在丽江山区、中甸三坝等地则保留了传统祭祀牲畜神的仪式，中甸三坝还形成了独特的“二月八”节。

3. 纳西族“三多”神信仰的特征

（1）纳西族“三多”神信仰是以丽江府为中心的信仰

“三多”神的信仰限于以丽江为中心的纳西族、白族、藏族中。从

① 刘龙初：《四川木里藏族自治县俄亚乡纳西族调查报告》，四川省编辑部《四川省纳西族社会历史调查》，四川省社会科学院出版社 1987 年版，第 119—120 页。

② 吴自修修，张翼夔纂，和泰华、段志诚标点校注：《中甸县志资料汇编》（二），中甸县志编纂委员会 1990 年印（内部资料），第 31 页。

③ 和钟华整理：《中甸县三坝区白地乡纳西族阮可人生活习俗和民间文学情况调查》，云南省编辑组编《纳西族社会历史调查》（三），民族出版社 2009 年版，第 5 页。

"三多"神信仰的分布可知，清代后期至民国时期，"三多"神信仰随着纳西族商人流动，沿着茶马古道传播到拉萨一带。丽江府所直辖的乡镇都建有三多阁庙宇，是为祭拜地方土主神、保护神而创建的。明代以来，丽江纳西族都形成了祭祀"三多"神的习俗。每年元旦的凌晨，各家都得祭祀"三多"神，纳西语叫"吉争负斗顺"，念祷"阿普三赕勒窝禄"，释意为"三多"神保佑赐福。白衣、白裤、白套头、骑白马就是"三多"神的形象，他经常巡视丽江的东坝。金山民间老人会告诉小孩说，天黑就不要到处走动了，不然会遇到"三多"神的。洪建忠的老岳父也曾说过，遇到这样骑白马的"三多"神，要赶紧跪下叩头，不要张望"三多"神的面容。只要看到"三多"神来巡察，当年一定会风调雨顺，五谷丰登。

（2）"三多"神信仰主题随时代而流变

从内容上看，"三多"神信仰是明代以来纳西族地区不断强化三多人物形象的结果。唐代以来丽江的纳西族崇拜白石。到明代木公时期，开始塑造人物形象。这是木氏土司对藏区军事行动的需要，吐蕃也对木氏敬畏而称"三多汗"。明代纳西族从白石自然崇拜转向"三多"人文崇拜，是木氏土司在纳西族地区的一次思想"整风"。木氏土司认为，"三多"神是木氏家将，每逢二月八日祭祀"三多"神时，木氏土司坐在一边陪祀。举祭时供一只羊、一头猪、一只公鸡作供品。仪式由道教的道师主持，首先要给"三多"神和供品除秽，"三多"神像前面每村点燃三炷碗口粗大香，门外烧着天香，群呼"阿普三多窝禄佑"（"'三多'神保佑"之意）。

过去的纳西人认为，有人在外面做官，是受了"三多"神的保佑，所以每次回来先到北岳庙敬香磕头，挂以匾额。有的纳西人在外地做生意发了财，腰缠巨资，荣归故里，也被认为是受到了"三多"神的荫庇，也要去北岳庙"三多"神面前敬香磕头。清代后期随着商业的发展，纳西人对"三多"神更加迷信，并视为胜利神和财神。这样一来，"三多"神信仰的内涵得到了丰富。

清代以来，每年二月八日丽江纳西族都举行祭祀"三多"神的活动，各村倾巢而出，前往三多阁祭祀"三多"神。每年春节的第一天，各家都要在院落里祭祀"三多"神，称为"富都术"。使用专门的"三多"神像甲马纸（此纸在民国时期由大研镇火铺制作和出售，有木刻北岳、"三多"神甲马纸。祭祀时，把甲马纸贴在竹竿或香柱上），磕头祈愿，求子嗣、求牲畜兴旺等。

到了民国初年，传统的城乡祭祀“三多”神活动解体了。因为四乡和大研里在祭祀“三多”神时，经常为祭祀孰先孰后发生矛盾。四乡参祀的香客有的举团旋歌舞唱“阿麦达”，有的对歌表演“谷气”，这些土风民俗歌舞与汉俗不相融合，时有斗殴滋事发生。大研里在黑龙潭龙神祠的南侧建造了北岳殿，在北岳殿祭祀“三多”神，就没有赶到白沙的三多阁祭拜了。李绍源在洞经音乐经卷中，增创了《北岳宝诰》经文（民国十一年丽江洞经会信士木檀手抄，丽江市博物院藏），并创以曲牌在举祭时演奏。从此，大研里在祭祀“三多”神时，有了洞经音乐演奏仪礼。

清后期以来，由于祭祀“三多”神的主题不断随俗流变，在东巴和年轻人中的地位不断提高。东巴在主持较大规模的祭祀仪式后，都要举行一场“富都术”仪式，以一只公鸡和一块腊肉作为祭品，主祭“三多”神、城隍、山神等，因为每一场大型祭祀活动，东巴都要动用各种神灵，生怕对这些神灵招待不周而带来麻烦，便请求“三多”神来保护，以求心理慰藉。祭祀后，还要掷贝以卜测吉凶。年轻人为了反抗不合理的婚姻，双方密约到三多阁祭拜“三多”神，然后在玉龙山上殉情。在纳西族传统大调《游悲》（殉情之歌）中对此有详尽的描述。

（3）“三多”神信仰中的藏、白文化是民族融合的体现

明代以来，“三多”神的祭祀由道教人士、东巴等人来主持，后来固定由庙祝来主持。现存东巴经书中就有《存香经》《祭三多经》，是纳西族祭祀“三多”神的专篇祭文。据白庚胜研究，《存香经》34 句经文中前 18 句是白语，《祭三多经》42 句中前 37 句也是白语。[①] 最后几句才是纳西语。“三多”神塑像旁有两尊女性的塑像，左侧是藏族妇女，右侧是白族妇女，是“三多”神的两位妻子。这样说来，“三多”神是白族和藏族的女婿。但是为什么在东巴经典祭祀中有白语呢？难道是祭祀“三多”神的白族妻子，还是表达其他含意？有待进一步深入研究。“三多”神信仰是纳西族人民在长期的社会生活中，不断与周边民族融合和交流而形成的，是纳西族所处的社会阶段和自然环境所决定的。从自然崇拜到人物崇拜的转化过程是一个自然神和纳西族社会神的有机结合体形成过程，其最终定格于民族的保护神。“三多”神是一个土生土长的民族神祇，是一个

① 白庚胜：《三多信仰考察》，《丽江师专学报》2010 年第 2 期。

深深地扎根于纳西族土壤里的民族保护神。[①]

三　纳西族民间信仰及其分布特征

早期人类对变幻莫测的自然现象产生畏惧，从而产生了对自然的崇拜，赋予自然以一种神秘的力量，即万物有灵。由于每个民族所处的地理环境和所经历的社会阶段不同，形成了各具特色的自然崇拜现象。纳西族分布于滇、川、藏交角区域，山高沟深，自然环境千差万别，自然崇拜的地域性差异突出，再加上所处的社会发展阶段不一致，形成特定的自然崇拜文化。这些自然崇拜都从纯自然物的崇拜转向人物形象塑像的崇拜，从单纯的自然物崇拜发展为与民俗节庆相结合的宗教世俗化活动。

1. 以山神为代表的自然神信仰

在各种信仰崇拜中，纳西族的自然信仰最有特点。就祭祀山神而言，永宁一带的纳西族（摩梭人、纳日等支系）所祭祀的干木山观音洞会最为典型。干母山又名狮子山，相对应的是由山神的崇拜演变成人物化的“格姆”女神崇拜。

《清一统志》载：

> 永宁府治东面十五里，有干母山，高千仞，根盘百余里，一名狮头山。远望之，如狮子仰头而坐，故名。永宁境内之名胜也。

1936年周汝诚对永宁进行调查，他在《永宁见闻录》中记载：

> 二月十九日，为干木山（狮子山）观音洞会。观音当地称干母女神。洞在干木山之东面，岩洞中有一佛龛，上面塑着一个很慈祥的观音老母，手抱一个胖娃娃。香客很拥挤，到了洞中，要烧香点烛，虔诚地默祷，五体投地地膜拜。佛龛内有许多小白石头，来求嗣的妇女要带回一个小石头、供在祖堂上，朝夕而拜，等到妊娠后，把供石送还洞中佛龛内……七月二十五日，为干母山朝山大会。干母山会亦由喇嘛主持，在山巅设道场，诵《降魔经咒》。当天清晨，喇嘛鼓声、号声远播村寨，村民忙着备香火、约伴侣，出来朝山。到了山

---

① 周源：《纳西族神祇“三朵”考》，《云南师范大学学报》2002年第3期。

上，就唱起朝山曲来。大家在经堂边拈香拜祷，献上一些功德给喇嘛，以偿心愿。有时大雨忽至，大家慌着披上山羊皮，山顶无庙宇、树木可避雨，秃头的喇嘛满头满脸都湿淋淋的；等雨一过去，又重新擂鼓吹螺诵经。法事毕，男女青年回归路上，拉手谈笑，对坐谈心，采花相送，十分畅快。①

20世纪中期学者的调查报告也有类似的记载：

这一天，鸡一叫，各村青年就起床，带上酒和各种食品。天色发白，他们就三三两两出发，其中有不少人是阿肖关系。有的徒步而行，有的骑马而往，蜂拥而至狮子山脚下。祭祀一般以斯日或母系衣社为单位，由达巴或喇嘛主持，点燃一堆松毛，青年人向女神敬献供品，往篝火上洒酒，丢鲜花。祭祀完毕，多数人都绕干木山一周，或在泸沽湖岸游玩。因此，又称转海活动。为期一天或两天。在青年人朝山的同时，村落内的妇女以母系血缘为单位，由达巴主持，在村边点燃一堆篝火，摆设供品，并向干木山方向叩头。他们认为，干木山望到哪里，哪里的姑娘最漂亮、最能干。②

在永宁—盐源地区多崇拜女性神，如四川木里县乌脚山山腰有一个洞穴，里面有一尊酷似女性的钟乳石，据传为“巴丁喇木”女神的化身。这里位于木里、盐源、宁蒗三县的交界处，居住者以摩梭人为主，还有普米族、藏族等，“巴丁喇木”是他们共同信仰的女神。“巴丁喇木”是藏语、普米语和摩梭语的复合词，意为“西番女神”。③ 关于此女神，民间流传着很多版本的神话传说。其中一个版本认为，“巴丁喇木”是一位身材高大、容貌美丽、威武能干的女神，她性情顽野，游走无定，身居深山岩穴。她常跟永宁境内的“瓦汝布拉”男山神和盐源左所境内的“哈瓦”男山神、前所境内的“则支”男山神、“阿沙”男山神等结交“阿注”，

① 周汝诚：《永宁见闻录》，云南省编辑组编《纳西族社会历史调查》（二），民族出版社2009年版，第167—169页。

② 严汝娴、宋兆麟调查：《永宁纳西族的母系制》，云南人民出版社1983年版，第198—199页。

③ 杨学政整理：《宗教调查与研究》，云南省社会科学院宗教教研室1986年编，第192页。

过着无拘无束的走婚生活。[①] 这些神话赋予了现实婚姻生活的内容，反过来为现实婚姻生活争取到习惯和社会秩序层面的支持。摩梭妇女常言道："巴丁喇木女神结交阿注，我们也要结交阿注，这是我们摩梭的老规矩。"摩梭人认为，她是女始祖的化身，是妇女的最高神，主宰着女性的生育、美貌、疾病、婴儿发育等。在达巴口诵经和东巴经典中都有祭祀巴丁喇木女神和老姆女神的专门经典和仪式。摩梭人不定期前往祭拜，寻求现实中生育、疾病等不顺心的事情能得到安慰。洞内有泉眼，祭拜后喝上几口泉水，所有不顺心的事情都能得到解脱。

从以上材料可知，永宁到盐源一带以泸沽湖畔的狮子山作为自然神来祭拜，是纳西族地区典型的山神祭拜活动。

俄亚的纳西族则受藏文化的影响，以转山来祭拜自然神。每年三、四月间，具体日子由东巴来确定。每家至少去一人，准备酒、猪膘肉，画有牦牛、老虎的三张画。第一天先举行"日崇巴"祭诸神仪式，然后向北去绕俄亚的柏树山，到"拉竹坡"举行祭祀山神的仪式，把三张画挂在树枝上，用杜鹃枝来除秽，以求牲畜安全和兴旺，相互敬献哈达和美酒。当夜在东义河边的"里斯"村过夜，或在外面搭帐篷度过。第二天到一个叫"勒刚谷"的地方，男女分开洗澡，衣服也要洗干净，然后生火除秽，给鬼神敬献酒食，烧天香等，要留一小份酒和猪膘肉带回去。下午就往家赶，路上大家心情很好，一路唱着"喂莫达"。到家就要敬上带回来的酒食以求寿岁、求子女、求福泽、祈吉祥、祛病邪。[②]

在丽江为中心的区域，以祭拜玉龙雪山为主。明代以来，丽江纳西族已把玉龙雪山塑造成"三多"神，以祭拜"三多"神来取代祭拜山神。白地一带，每年二月八日在白水台祭祀白水台之神，功能与祭拜"三多"神、干母神一致。

纳西族对自然神的崇拜缘起于对自然的敬畏，在纳西族东巴教中反复提及一座人类起源的神山——居纳若罗山。有人曾对此山进行过调查，发现这是一座传说中的神山；有学者根据送魂路线考说提出，应该是贡嘎山（岭）。纳西族对大山崇拜的情怀是挥之不去的。在不同的纳西族地区，

---

① 杨学政整理：《宗教调查与研究》，云南省社会科学院宗教教研室1986年编，第192页。

② 王世英：《四川木里县俄亚纳西族乡大村调查》，云南省社会科学院东巴文化研究室编《滇川纳西族地区民俗和宗教调查》，云南省社会科学院东巴文化研究室1990年印，第6页。

信仰不同的神山，这是在多元因素影响下形成的。

2. 纳西族地区自然神信仰的地域性特征

纳西族地区的民间信仰内容多样，形式多样，地域差异明显。从内容上看，有人类起源的祖先崇拜，有虎、猴、蛙等动物崇拜，有天、地、木石、山水、星宿等自然崇拜，有物象的生殖崇拜，有“三多”神、干母神等保护神崇拜，有各种鬼魂崇拜等。这些信仰在一个区域内很难同时找到，但在同一时间内不同的纳西族区域内却可以找到；同样一个区域内在不同的时间里都有过这些信仰活动。简言之，纳西族地区的自然、人文信仰是错综复杂的，并非规整和统一（见表3—2）。

表3—2　民国时期纳西族地区自然信仰时空比对表

区域 / 内容	丽江	永宁到盐源	三坝	俄亚
信仰山神	玉龙雪山	狮子山	白水台	柏树山
人格化的神	“三多”神	干母女神	署神	
活动时间	二月第一个羊日	七月二十五日	二月八、九日	三、四月
功用	保护神、战神	保护神、生育神	保护神、生育神	保护神

其一，信仰对象以就近为原则，仪式上倾向于综合化。

纳西族对自然的崇拜以就近为原则，这个“就近”包含了两层意思：一层是自然神灵就近崇拜，如“三多”神的信仰，民国时期的“三多”神庙广布于纳西族地区，甚至在西藏的拉萨都有“三多”神庙，并不局限于白沙的北岳庙。第二层意思是自然信仰以就近山脉为代表，与符合民族起源的“居那若罗山”一样高大、神秘即可。一般认为，纳西族分作束、尤、梅、禾四个氏族，其中束、尤结伴迁移到了丽江等地居住；梅、禾则留在了盐源、永宁等区域，形成了两大分支体系。他们分别选取了玉龙雪山和狮子山作为自然神祭拜的对象，即便是明代后期从丽江迁移到俄亚、永宁、盐源等地的纳西族，也以附近的大山作为祭拜的对象。随着社会发展和对外来文化的不断吸收，“加之人们对周围自然环境观察能力的提高，一般山神崇拜向主要山神崇拜发展，相对集中的区域里的人们就共同祭奉主要的一座山为神”。[①] 祭拜以内容为主，而不在于具体是哪座山。所以说，纳西族对自然崇拜以“就近”为原则。

早期，纳西族对自然崇拜的形式多样，内容繁杂；转向人格化以后，纳西族的崇拜仪式走向综合化。如纳西族早期的“祭天”是以祭拜自然神灵为主的活动，“唯正月十五登山祭天”。清代以后，纳西族祭天内容既有祭拜自然，又有祭拜祖先，还有对帝王祭拜等内容，甚至涉及城隍等道教内容。

其二，信仰对象都实现了人格化。

“三多”神的形象经历了数千年的演变，由最初的神山崇拜到物化的白石崇拜。这一时期已经带有拟人的特征。明代中期完成了人物塑造，成为全能的战神，同时也衍生了很多神话。一说这个“三多”神是木氏土司的家将，又说是北方桑耶寺的保护神。明至民国时期纳西族地区都有“三多”神显灵的传说。这些传说不仅在纳西族中流传，在白族中也广为流传。

永宁地区的纳西族对山神的崇拜也经历了人格化的过程，这个过程产生出很多神话传说。永宁到盐源一带的母系制家庭有着漫长的历史，长期处于母系占主导的地位。所以，人格化过程中以女性为主，把狮子山神描绘成美丽、聪颖、勤劳的女子形象，是泸沽湖地区追求完美女性的心理再现，内容上不断增加人们所寻求的目标，如祈求丰收、人丁兴旺、家人安全等。

其三，信仰的内容带有很强的功用性。

无论是丽江“三多”神信仰还是永宁的干母（女）神信仰，都带有很强的功用性。唐代，丽江纳西族先民对玉龙雪山的崇拜转移到以一个白石为代表的崇拜，这是自然神转移到具体物象的时期，人们的祭拜带有对自然的敬畏和寻求心理慰藉的内容。随着元明时期对外扩展和汉俗影响，由白石崇拜转向人物形象崇拜，这一时期的祭拜对象演变为战神和保护神。清雍正以后，丽江改土归流，战神的地位消减，取而代之的是保护神、土主神等，几乎是有求必应，所以无论什么事情都可以到北岳庙祭拜“三多”神。

---

① 和力民：《滇川交界纳西族宗教调查》，云南省社会科学院东巴文化研究室编：《滇川纳西族地区民俗和宗教调查》，云南省社会科学院东巴文化研究室1990年印，第48页。

永宁地区祭祀山神的日期定在农历七月二十五日，与当地农业生产节令有关。一般在处暑和白露之间，主要的农作物趋于成熟，气候状况决定了粮食收成。因此，这时祭山就是祈求风调雨顺、获得好收成。从祭祀内容看，初期是以祭拜高大的狮子山为内容，寻求大山保护。其后祭拜对象转移到具体的物象上来，随即塑造了一个全能的女神，无论男女都可以祈祷。最终，干母（女）神的功能发展为生育神、保护神。

第二节　藏传佛教渗入纳西族地区的地理考察

佛教传入中国后，根据教义不同分为大乘佛教和小乘佛教，又根据传播路线的不同亦可分为汉传佛教（大乘系，又称北传）、南传佛教（小乘系）、藏传佛教（大乘系）三大教派，可谓是“一花三瓣”。一般来说，民间对藏传佛教称为喇嘛教，只说“佛教”则指的是汉传佛教。佛教自印度传入西藏后，经过与苯教接触、磨合，9 世纪左右形成藏传佛教。10 世纪以来在藏区获得长足发展，至元代，藏传佛教的萨迦派受到忽必烈封赐，八思巴被赐予“国师”。至明代，藏传佛教中的噶举派获得新宠，朝廷赐噶玛噶举派活佛为“万行具足十方最胜圆觉妙智慧善普应佑国演教如来大宝法王西天大善自在佛领天下释教”，简称“大宝法王”，执掌西藏政教大权。纳西族与藏传佛教中的噶玛噶举派关系非同寻常，对后世影响很大。

一　明末清初藏传佛教在纳西族地区的传播

1. 明代藏传佛教领袖与土司的关系

明代中后期是木氏土司与藏传佛教领袖关系不断完善的时期，其中与噶举派关系最为密切。噶举派是藏传佛教中一个派系，兴起于 11 世纪，相传教祖玛尔巴穿白色僧服而被称为“白教”。噶举派下又分成四个支派：噶玛噶举、蔡巴噶举、帕竹噶举和拔绒噶举。噶玛噶举派下的红帽系、黑帽系与纳西族关系最为密切。

明中期，木氏土司以“屏蕃”为名对金沙江以北的藏区频频用兵，同时对噶举派的活佛崇敬有加，木氏土司此举旨在借助藏族宗教领袖的影响力，来巩固自己在藏区的统治势力，取得藏区的民心。[①] 这是木氏土司对藏区两手并举之策。成化九年（1473）木嵚向黑帽系七世活佛曲扎嘉措敬献厚礼[②]，木泰时期曾邀请七世活佛到丽江来，终未能成行。木定时也曾邀请黑帽系活佛到丽江来。正德十一年（1516）八世活佛弥觉多杰婉拒明武宗之邀，而暗访丽江。在《历辈噶玛巴法王传记总路·如意宝树史》中作了详细记载：

> 是时法王应姜萨当结布（土司木定）之请前往……翌日晨，姜结布乘坐轿子，其叔父及弟弟各骑座大象一头，侍仆牵引大象，众人骑马执举佛伞、幡、幢等供品簇拥而来，行至法王住地纷纷下马磕头，并由腊卡察美任翻译向法王询安、献礼。大象亦跪下磕头呜呜长啸……次日，复请法王入宫殿款洽如意。姜结布并答应“自此十三年内不发兵于西藏，每年选送五百童子入藏为僧，且度地建一百寺庙云云”。以后法王又住了七天。在此之前，姜结布不信奉佛教，然而从此以后，姜结布对佛教尤其对噶玛教坚信不移。[③]

虽然木定并没有停止对藏区的用兵，也没有送去“五百童子入藏为僧”，更没有建“一百寺庙”的史料佐证，但在信仰藏传佛教方面对后来的土司产生了影响。九世“大宝法王”活佛旺秋多吉和十世却英多吉曾居住丽江多年。徐霞客在《法王缘起》一文中记载：“庚戌年，二法王曾至丽江”。[④]“庚戌年”即万历三十八年（1610），二宝法王（旺秋）曾到丽江并朝拜鸡足山。[⑤] 明万历四十六年（1618），十世“全藏法王”却英多吉在与格鲁巴（黄教）的争斗中败北后逃到丽江避难，受到土司木增的热情接待，敬为上宾，隐于寺中，在丽江居住三十一年之久，与木氏土司结下深厚的友谊。直至康熙十二年（1673）吴三桂叛清时才回到拉

---

① 杨福泉：《明代丽江版〈大藏经〉述略》，《丽江日报》2005 年 12 月 17 日第 2 版。

② 郭大烈、和志武：《纳西族史》，四川民族出版社 1999 年版，第 326 页。

③ 同上书，第 327—328 页。

④ （明）徐弘祖撰，朱惠荣校注：《徐霞客游记校注》（下），云南人民出版社 1985 年版，第 1191 页。

⑤ 白朗：《丽江藏传佛教噶玛噶举派的历史考察》，《丽江第二届国际东巴艺术节学术研究会论文集》，云南民族出版社 2005 年版，第 367 页。

萨。[①] 其弟子杰策活佛转世于丽江府所辖的中甸。[②] 至木增时，信佛程度弥足，木增取佛教法名为“噶玛米庞才旺索南饶登”，意思是噶玛教派无敌福寿永固者。

木氏土司除与噶举派关系密切外，还与格鲁派（黄教）保持良好的关系。万历八年（1580），木氏土司木东和木旺父子邀请三世达赖喇嘛索南嘉措到巴塘、理塘传教，并修建理塘寺，费用多由木氏土司提供。[③] 此举对于木里、盐源、永宁的信众信仰黄教有着直接的影响，木里派甲呷习洛则巴等代表向三世达赖喇嘛索南嘉措请求改信黄教，此举得到三世达赖喇嘛同意，并派去其师弟昌多却吉松吉降初和严丁次称绒布活佛到木里传教，培养黄教喇嘛。1584 年木里建成了瓦尔寨大寺，1604 年建成康坞大寺，广招信徒，遍传黄教。[④] 木氏土司的这些举动在康区影响很大，被称为“姜洒塘结布”（姜指纳西族；洒塘与“三赕”近音，指丽江）。

在土司与藏传佛教领袖和高僧的交往中，客观上，藏传佛教影响和渗透到了木氏土司的意识中，甚至在木氏家族中出现了几位活佛和高僧。因此，明代后期木氏土司对藏区的军事拓展与藏传佛教渗透到丽江，是一个双向并进的动态过程。

2. 明代中后期藏传佛教文化在纳西族地区的影响

明代，丽江虽然没有修建一座藏传佛教的寺庙，但藏传佛教的文化早已渗透到纳西族的精神文化中，其具体表现在刻印《甘珠尔》和丽江壁画中。

土司木增时期是纳西族对藏区拓展最远的时期，也是文化上交流最多的时期。万历三十六年（1608），木增向噶举派的红帽系活佛提出开印大藏经，并迎请西藏权威抄本大藏经《甘珠尔》到丽江作为刊印底本。万历三十八年（1610），活佛却吉旺秋应邀到丽江。万历四十二（1614）年开始编纂、校阅、刻印《甘珠尔》，其间有五世活佛司徒曲吉坚参全程把关，历经九年完成了这套 108 卷的佛经大典，史称丽江版《甘珠尔》。这

① 郭大烈、和志武：《纳西族史》，四川民族出版社 1999 年版，第 328—331 页。

② 房建昌：《〈新修中甸县志稿本〉考证两则》，《中甸县志通讯》1991 年第 2 期。

③ 《西藏佛教史略》及《三世达赖传》；转引自余海波、余嘉华著《木氏土司与丽江》，云南民族出版社 2002 年版，第 164 页。

④ 阿旺钦饶著，鲁绒格丁等译：《木里政教史》（汉译本），四川民族出版社 1993 年版，第 3 页。

套刻本有万历四十二年（1614）却吉旺秋撰的藏文题跋，有天启三年木增撰的《三藏圣教菩提愿颂》《三藏圣教序》等，还有整卷的藏文索引。这部《甘珠尔》的藏文题记中说："应章三赕土王噶玛米庞才旺索南绕登之邀，迎请《甘珠尔》佛经雕版供养，广利众生，噶玛活佛曲吉旺秋莲台座下，佛光普照，成就因缘，时在阳木虎年也。"① 这套大藏经《甘珠尔》现藏于拉萨大昭寺文成公主塑像旁的专室内，每卷用绸缎包成一包，每两包装成一箱，木箱是典型的纳西族手工作品，木箱外用金线缠绕，用银质的锁扣，成为大昭寺的镇寺之宝。其中一部就藏于今天小中甸的木天王府（年各羊恼寨），康熙六年（1667）蒙古固始汗孙侵占中甸，搬走了《甘珠尔》大藏经，藏于理塘大寺内。此后，这套经典被称为"理塘版"或"丽江—理塘版"《甘珠尔》。木氏土司主持刊印的藏文《甘珠尔》，在"滇藏文化史上竖起了丰碑"，是纳藏关系史上重大的文化事件。

丽江壁画主要分布在白沙的护法堂、大定阁、琉璃殿、大宝积宫，束河的大觉宫，大研镇的皈依堂、光碧楼，中海的寒潭寺，漾西的万德宫，白沙的福国寺等殿宇内。目前，壁画仅存有白沙的大定阁、琉璃殿、大宝积宫，束河的大觉宫两处。白沙大宝积宫建于藏历阴火羊年②（1522），共有12幅壁画是现存规模最大、保存最完整的壁画，也是最能体现藏传佛教内容的部分。壁画以《大藏经·宝积部》为题材，南壁绘有"孔雀明王法会图"，北壁绘有"观音海门品图"，西壁绘有"大宝法王""莲花生"等喇嘛教佛像。无论是喇嘛教还是汉传佛教，每一幅主像下面都有金粉书写的藏文题名，见证了吐蕃画家的参与绘制。大定阁，建于明万历年间，共有18幅壁画，内容以反映藏传、汉传佛教为主，道教题材很少。正殿东壁上绘有喇嘛教的欢喜佛，画面世俗浓郁，南北壁上绘有水月观音像，还有普贤、文殊菩萨等等。反映藏族绘画的笔法和技术在地域上明显不同。此外，《丽江府志稿》记载：

> 马肖仙，江南人，工图画，山水臻神品，花卉人物靡不精妙，识者称为马仙画，西域闻其名，延去数载，后复归丽。死之日，人见其

---

① 余海波、余嘉华：《木氏土司与丽江》，云南民族出版社2002年版，第169页。

② 此前很多学者根据"大宝积宫"四字落款处来断定建造时间为藏历母水羊年（1583年）。2011年春节期间经详查壁画藏文题跋，应为1522年，特此说明。

指头有字云。[①]

马肖仙应为天启、崇祯年间由丽江土司从浙江宁波请来作画，分别在鸡足山、丽江白沙作画数年。后大宝法王在丽江认识此人，遂请去西藏作画数年，后来回到丽江才去世，至今白沙老人还能指点其墓葬的方向。现丽江市文化馆内存有21幅马肖仙作的佛像画，其中藏式装裱有17幅。据传这些画是他为大宝法王所作，原存西藏，后从德格传回丽江，藏于指云寺，新中国成立后收归丽江市文化馆收藏。[②] 马肖仙在传播汉、藏文化交流中起到了突出作用。3. 明末清初蒙古和硕特部南下及藏传佛教的发展

明朝末年，蒙古和硕特部的南下，改变了元明时期滇西北地区的政教格局，尤其是藏传佛教噶玛和格鲁教派势力的盈缩，奠定了今日藏传佛教分布的格局。

明崇祯十二年，蒙古四部之一的和硕特部自青海南下，打败了居于甘孜和德格之间的白利土司，接着打败丽江木氏土司，到康熙初年则完全占据了今四川甘孜南部、木里、盐源、中甸等金沙江以北的地区。事前，白利土司控制康区北部，北到青海玉树，东到道孚，西到类乌齐、昌都的大片领地。木氏土司也发展成控制康区南部的最大势力。康区被分割成南北对峙的局面，和硕特南下改变了康区南北分治的格局。这次和硕特部的南下，打着保护黄教的旗帜，实则是为了巩固青海已取得的利益。[③] 从1639年至1674年间，和硕特部不断消除康区内不同教派之间的抗争，并把势力延伸到金沙江边。

以木里为例，1580年之前是噶举派的势力范围，之后三世达赖喇嘛派僧徒传播格鲁教，但木里仍然在木氏土司支持的噶举派的控制下。1605年，当格鲁派大喇嘛降央绒布回到木里时，看到黄教寺庙被破坏，喇嘛被撵走，并听说若再有百姓派子弟去黄教寺庙当喇嘛，不仅要当众砍下头和手，还要让其父母背尸游众，于是降央绒布带着60余名僧徒潜

---

① （清）陈宗海等纂：光绪《丽江府志稿·人物志》，丽江市古城区方志编纂委员会2005年印制，第340页。

② 陈兆复：《读丽江壁画笔记》，和志华主编《丽江文史资料全集》（三），云南民族出版社2012年版，第619—620页。

③ 赵心愚：《和硕特部南征康区及其川滇边藏区的影响》，杨尚孔、白郎主编《四川纳西族与纳文化研究》，中国文联出版社2006年版，第167页。

走盐源。这时期教派斗争已经公开化，木氏土司支持下的噶举派仍拥有控制权。延至1647年，降央绒布大喇嘛认为“兴黄灭白”的时机成熟，便在木里游说：“我们都是皮肉、骨头一样的优秀民族，就要信奉一个教派。信仰黄教，生有诸佛保佑，百事如意，人畜兴旺；死后也不同凡人，可以升天成佛，你们向异族的纳西人木天王交贡纳赋，还不如交给我降央绒布，也可表明你们对佛爷的虔诚。”① 此时，木氏土司对木里等地已经失控，黄教兴起，对木里以南的盐源、永宁、北胜（永胜）等区域进行了拓展。

清顺治十八年（1661），达赖喇嘛派遣邓几墨勒根“赍方物及西番蒙古译文斯通入贺，求于北胜州互市茶马”。吴三桂主事云南，认为此事与西宁互市等同，只要是“划明疆界，以守彼此，不通设防多系步卒不用番马，互市不开，故会典不载”。② 可见，格鲁派势力已抵达永北府，控制了今天永宁到盐源一带。由此，奠定了这一区域崇拜格鲁派的基础。

康熙六年（1667），和硕特部攻克中甸，搬走木氏土司刊印的大藏经《甘珠尔》，遭到木氏土司强烈反对，直到康熙十三年（1674），和硕特部第二次兵临中甸，得以完全控制局面，“这是和硕特部完成其统一藏区事业计划的最后一步”③。

从以上论述可知，明代中后期，丽江木氏土司对东、西、北三方面的用兵，拓展了其势力范围，在藏区拉拢各教派的上层人士以获得支持，其中，既有噶举派，又有格鲁派。但和硕特部南下，不仅把木氏土司的势力赶回金沙江以南地区，而且对他所支持的噶举派进行消灭，或是改宗为格鲁派。据格勒调查，甘孜及巴塘等县现在仍存有一些当年被和硕特部摧毁的噶玛噶举派的寺庙遗址。④ 清初，纳西族地区形成了金沙江流域以噶举派信仰为主，永宁、盐源、木里一带则以格鲁派信仰为

---

① 阿旺钦饶著，鲁绒格丁等译：《木里政教史》（汉译本），四川民族出版社1993年版，第4页。

② （清）刘健：《庭闻录·收滇入缅》（第3卷），沈云龙主编《近代中国史料丛刊三编》（第36辑），文海出版社印行，第15—16页。

③ 邓锐龄：《结打木、杨打木二城考》，《中国藏学》1988年第2期。

④ 赵心愚：《和硕特部南征康区及其川滇边藏区的影响》，杨尚孔、白郎主编《四川纳西族与纳文化研究》，中国文联出版社2006年版，第171页。又见杨嘉铭主编《甘孜藏族自治州民族志》，当代中国出版社1994年版。

主的地域格局。

二　改土归流后藏传佛教的传播与分布

对丽江纳西族而言，雍正元年的改土归流是一次重大的政治事件，是对纳西族社会的一次重大改革。藏传佛教在纳西族地区的传播有了明显进展，金沙江与澜沧江流域的纳西族地区都有了寺院的分布，泸沽湖区域的寺院也不断扩大。藏传佛教对纳西族社会产生了深刻影响。

1. 改土归流后藏传佛教在纳西族地区的传播

关于藏传佛教传入纳西族地区，段玉明认为："喇嘛教传入云南是在11世纪之后，首先是从西康传入云南德钦、中甸、维西、丽江、宁蒗等地。至明中叶，三世达赖喇嘛索南嘉措应丽江木氏之邀到达康区的巴塘、里塘弘法，受此刺激，云南地区的喇嘛教势力急剧膨胀，遍布于西北各地。"① 这是一个总体上的结论，但在纳西族地区不能一概而论。

明代，纳西族上层对藏传佛教各派保持一个中立的态度，既与噶举派常年往来，也与格鲁派保持亲密关系。明代后期，支持格鲁派的蒙古和硕特部南下，威胁到木氏土司在康藏地区的控制区域。由于噶举派在西藏争夺控制权的斗争中失利，被称为"全藏法王"的却英多吉活佛到丽江避难。却英多吉活佛受到木氏土司木增、木懿父子最高规格的接待，驻锡丽江达31年之久。这期间，木氏土司的控制范围日渐缩小。为改变这一局面，木氏土司加强与噶举派的团结，共同对付蒙古军队和格鲁派。这一时期也是木氏土司信奉噶举派的升华时期。木增法名"噶玛·米庞才旺索南饶登"，意为"噶玛派无敌福寿永固者"，他还曾取名"四郎罗登"（又作"斯那罗丹"），意为不动金刚。其子木懿取法名为"噶玛·泽满拉旺"，意为"长寿帝释天"等。木氏土司对活佛的崇拜之情显而易见：

> 土阳鼠年（1648）新年得到了纳西王泽满拉旺父子和夫人等的新年献礼，以及当地群众的似大海般的献礼。还得到了木天王和其他

① 段玉明：《西南寺庙文化》，云南教育出版社1992年版，第9页。

> 小王的不计其数的贡献和礼品……火猴年（1656）应丽江王（木懿）的邀请，在林都王宫会晤，向木王和隶民作了无比的六法等法轮灌顶……为丽江王噶玛·彭措传授了上师瑜伽的修行仪轨……于水牛年（1673）返藏。①

道光《云南志钞》也记载："顺治十七年，西番大宝法王因构争被逐，移居丽江府之中甸，遣喇嘛通路求朝贡。"与此同时，木氏土司与格鲁派之间的矛盾愈来愈尖锐，甚至在木里兵戎相见。

改土归流后，丽江府辖地虽有多次调整，客观上失去了对纳西族地区原有文化的保护，大兴修建藏传佛教的寺庙。在滇西北十三大噶举派寺庙中，有9座寺庙是在改土归流以后修建的，分布在金沙江、澜沧江、怒江流域。这些寺庙是在活佛指点下修建的。活佛南下的路线多为藏传佛教南传之主道。"藏传佛教，特别是噶玛噶举派正是以西藏为中心，以地缘扩散的形式，从西藏的噶玛丹萨寺、楚布寺，经四川德格等地，沿着交通网络，传播到丽江，促进了以藏传佛教为纽带的丽江与藏区的交往。"② 诚然，这是针对滇西北纳西族地区的藏传佛教传播而言的。这条通道正是沿着茶马古道而来，藏传佛教南传路线与茶马古道基本重合。

永宁到盐源一带的纳西族地区，虽然多受土司、土官的控制，但在日渐强大的木里宗教势力面前，纷纷改宗转信格鲁派。其传播路线以木里三大格鲁派寺庙为点呈放射状传播。这一时期扎美寺也被迫改宗格鲁派。

2. 改土归流后藏传佛教在纳西族地区的分布

藏传佛教在纳西族地区的传播起于元代，明代中后期纳西族上层与活佛高僧频繁往来推动了藏传佛教的传播。随着木氏土司势力在康南地区的衰微，噶举派、格鲁派在滇西北并驾发展；在永宁到盐源一带则以格鲁派为主体发展起来，少量的噶举派和萨迦派寺院得以保留（见表3—3）。

---

① 《历代噶举派活佛高僧传》（藏文版），转引自郑卫东著《文明交往视野下纳西族文化的发展》，云南民族出版社2011年版，第180—181页。

② 郑卫东：《文明交往视野下纳西族文化的发展》，云南民族出版社2011年版，第175页。

表 3—3　　清代纳西族地区藏传佛教时空分布比较表

寺名＼比较项	地点	建寺时间	所属教派	地位	其他
福国寺（奥米南林）	丽江市白沙乡芝山	清康熙十八年（1679）改为喇嘛寺	噶玛噶举派（白教）	丽江最早的喇嘛寺。十三大寺之一	明万历二十九年建，为最早的汉传佛教寺院
玉峰寺（特拉西卓飞林）	丽江市玉龙山南麓	清康熙三十九年（1700）	噶玛噶举派（白教）	十三大寺之一	寺庙因一棵“万朵山茶树”而闻名
指云寺（吉东峰卓林）	丽江市拉市乡秣度山麓	雍正八年（1730）	噶玛噶举派（白教）	十三大寺之一	十三大寺活佛的驻锡地
文峰寺（桑纳迦卓林）	丽江市黄山镇文笔山山腰	乾隆四年（1739）	噶玛噶举派（白教）	十三大寺之一	有十三大寺喇嘛修行的静座堂，称为“南洲第一灵洞”
普济寺（舍培兰辛林）	丽江市東河镇普济山山腰	乾隆三十六年（1771）	噶玛噶举派（白教）	十三大寺之一	大殿覆以铜瓦而出名
兴化寺（梯此达吉林）	玉龙县巨甸镇	康熙年间（约1701）	噶玛噶举派（白教）	十三大寺之一	
灵照寺（扎什戎克林）	玉龙县鲁甸乡	乾隆九年（1744）	噶玛噶举派（白教）	十三大寺之一	兴化寺分寺
寿国寺（扎西达杰林）	维西县康普乡	雍正七年（1729）	噶玛噶举派（白教）	十三大寺之一	
达摩寺（丹培林）	维西县塔城乡	康熙元年（1662）	噶玛噶举派（白教）	十三大寺之一	
普化寺（德钦饶登林）	怒江州贡山县丙中洛乡	道光年间（约1821—1850）	噶玛噶举派（白教）	十三大寺之一	
兰经寺（扎西绕丹林）	维西县永春乡	雍正十二年（1734）	噶玛噶举派（白教）	十三大寺之一	
菩提寺（桑昂强秋林）	怒江州兰坪县	道光年间	噶玛噶举派（白教）	十三大寺之一	

续表

比较项 寺名	地点	建寺时间	所属教派	地位	其他
达来寺（协珠达杰林）	玉龙县塔城乡	康熙四十七年（1708）	噶玛噶举派（白教）	十三大寺之一	
木里大寺（噶丹喜珠曲勒朗巴吉瓦林）	木里县桃坝乡	顺治十三年（1656）	格鲁派（黄教）		
扎米衮	宁蒗县	不详	格鲁派（黄教）		木里大寺属寺
前所衮	盐源县前所乡	不详	格鲁派（黄教）		木里大寺属寺
店扎二赤	木里县桃坝乡	不详	格鲁派（黄教）		木里大寺属寺
俄西二赤	木里县固增乡	雍正九年（1731）	格鲁派（黄教）		木里大寺属寺
肃鲁二赤	木里县水洛乡	不详	格鲁派（黄教）		木里大寺属寺
呷洛衮	木里县水洛乡	不详	格鲁派（黄教）		木里大寺属寺
仁江衮	木里县坞脚乡	康熙五十三年（1714）	格鲁派（黄教）		木里大寺属寺
康坞大寺（克翁德瓦金索南达吉林）	木里县康坞山顶	万历三十二年（1604）	格鲁派（黄教）		下设七个分寺
瓦尔寨大寺（拉顶噶丹达吉林）	木里县沙湾乡	万历十二年（1584）	格鲁派（黄教）		
扎美寺	宁蒗县永宁乡	嘉靖三十五年（1556）	格鲁派（黄教）		明代为噶举派寺庙，清代改为格鲁派
永宁者波萨迦寺	宁蒗县永宁乡	至正十三年（1353）	萨迦派（花教）		
蒗蕖萨迦寺	宁蒗县新营盘乡	清代	萨迦派（花教）		
挖开萨迦寺	宁蒗县	不详	萨迦派（花教）		
羊八井寺	德钦县云岭乡	万历二年（1574）建	格鲁派（黄教）		明代为噶举派，1677年改宗为格鲁派

续表

比较项 寺名	地点	建寺时间	所属教派	地位	其他
甲夏寺（衮钦寺，又名丽江寺）	香格里拉县大中甸乡	明代中期	噶玛噶举派（白教）		
东竹林寺	德钦县松书乡	明代嘉靖年间	噶玛噶举派（白教）		清代改宗为格鲁派
德钦寺	德钦县	明代嘉靖年间	噶玛噶举派（白教）		清代改宗为格鲁派
红坡寺	德钦县	明代嘉靖年间	噶玛噶举派（白教）		清代改宗为格鲁派
刚达寺	芒康县盐井乡	不详	格鲁派（黄教）		

本表资料来源：《纳西族史》及实地考察所得。

"改土归流"后，丽江文化呈现出多元化的发展，藏传佛教在丽江广泛地传播，广修寺庙。从上表可知，清代后期纳西族地区藏传佛教寺庙约有 33 座，其中，噶举派寺庙 17 座，占 52%，分布在滇西北的丽江、中甸、维西、怒江、德钦等地；格鲁派寺庙有 13 座，占 39%，主要分布在川滇交界区的永宁到盐源一带，其中有 2 座分布在德钦县北部。受到格鲁派南下的影响，被迫改宗的噶举派寺庙有 5 座。萨迦派是较早传入纳西族地区的藏传佛教，到民国时期仅保留在宁蒗的蒗蕖一带，有 3 座寺庙，仅占 9%。清至民国时期，藏传佛教在纳西族地区的传播表现为三种情况：

第一是藏传佛教跨越金沙江向南传至丽江坝。藏传佛教中噶玛派跨越金沙江，在丽江坝内出现了五大喇嘛寺：福国寺、文峰寺、玉峰寺、指云寺和普济寺，这是藏传佛教南传的最远点，也是明代和清初所没有的。明代，丽江修建了洒当峨米林、姜日母波、衮顿达尔吉、腊希、茶普平措旦培林等寺庙，由噶举派司徒活佛丹贝尼切在丽江一带主持佛事时修建。[①]现在这些寺庙不知在何处，或许是在金沙江以北的木氏土司控制的领地内，而金沙江以南的今天丽江市古城区、玉龙县也没有发现这些寺庙的遗址，传世史料中也没有记载。

① 冯智：《明至清初云南藏区的政教关系及其特点》，《中国藏学》1993 年第 4 期。

第二是形成滇西北的噶举派与滇川间的格鲁派分布特点。藏传佛教在纳西族地区快速发展，在滇西北先后修建了近30个寺庙，与格鲁派的斗争中处于优势。而在永宁到盐源一带，则受到木里格鲁派势力的左右，修建或改宗为格鲁派。元明以来修建的苯教、萨迦派寺庙能保存下来的很少。滇西北地区以噶举派为主，但也有改宗的情况。据藏文史料《如意宝瓶》记载："德钦的红坡寺、东竹林寺、德钦寺，先后建于'纳西王孙诺洛丹'时，原为噶举派寺庙，清初改为黄教格鲁派寺庙。"[①]（见地图8清末纳西族地区藏传佛教地理分布图）

第三是民国时期滇西北的噶玛派受汉传佛教、汉文化影响，出现衰落的局面，在永宁到盐源地区格鲁派却不存在这样的情况。早在元代就有藏传佛教传入永宁，修建了扎美寺。明代嘉靖年间，该寺仍是噶举派寺庙，清代则改宗为格鲁派寺庙。永宁和拉伯摩梭信奉喇嘛教中的黄教，也有一部分信奉花教。蒗蕖的纳西族（摩梭人）则大部分信奉花教。"永宁摩梭人中喇嘛最多时达1000多人，黄教喇嘛700多人，白（花）教喇嘛300多人。"[②] 在滇西北的纳西族地区，信奉藏传佛教人数少，入寺当喇嘛者多为生活所迫，而在川滇的永宁到盐源一带则仍以信奉喇嘛教为荣。民国时期，丽江纳西人到寺院当喇嘛有这样几种情况："家境贫穷而父母早亡的；生病而许愿或经算命被认为是'八字不好'的；为躲避抓壮丁和逃兵役入寺的。因此，丽江的喇嘛多为穷人，富人很少愿意把子弟送去当喇嘛。有些有钱人如遇'八字不好'，常花钱买一个穷人作为'替身'而入寺为喇嘛。"[③] 由于喇嘛在纳西族社会中地位不高，因此，即便是被认定为活佛也会拒绝入寺。民国时期，在丽江纳西族村落中找到了转世活佛，却遇到活佛父母拒绝让子入寺的情况。遇到这类情况，寺院的喇嘛也没有办法，只有让他在家修炼，重要的节庆和活动才请他去寺院装点门面。活佛转世后再找到转世灵童才有可能入寺，故寺中常有活佛空缺的情况。

三　藏传佛教对纳西族社会生活的影响

藏传佛教对纳西族社会的影响总体上大于汉传佛教和道教，但不同区

① 余海波、余嘉华：《木氏土司与丽江》，云南民族出版社2002年版，第169页。

② 宁蒗彝族自治县编纂委员会编：《宁蒗彝族自治县志》，云南民族出版社1993年版，第207页。

③ 杨福泉：《纳西族与藏族关系研究》，民族出版社2005年版，第242页。

域内则各有不同。就滇西北而言，《滇游记》载：

……丽江过三四日程，皆喇嘛居止，从此达中印度。僧俗俱戴红帽，乌斯藏戴黄帽。僧称大宝法王，红帽者称二宝法王，皆茹蔬。有幻术能变化。大宝法王临死，现七十二相，故土人皆惊怖以为活佛也。

越靠北则藏化越浓，越靠南则汉、道教越浓。在川滇交角的永宁到盐源一带，则藏化很深。关于这一问题，方国瑜作过开创性的论述，其后杨福泉的《纳西族文化史论》《纳西族与藏族历史关系研究》，赵心愚的《纳西族历史文化研究》，和少英的《纳西族文化史》等都从不同角度进行研究。为避免重复对这一问题的论述，笔者选取清至民国时期指云寺的情况来管窥藏传佛教对纳西族地区的影响。指云寺是滇西北十三大噶玛噶举派寺庙之一，为仲宝活佛的起居之所，是十三大寺之首。寺庙位于云南省丽江市玉龙县拉市乡西南角的秣度山麓，在清雍正八年建造，历经清至民国200余年的沧桑岁月，20世纪50年代走向没落。噶玛噶举派在滇西北地区的影响，指云寺最具典型性和代表性。

1. 指云寺开山建寺

在清末、民国时期的文献中，《指云寺开山喇嘛遗言碑》的内容被多处提及，却不见全文。今在《北京图书馆藏中国历代石刻拓本汇编》[①] 偶得其拓片影印本，始知拓片藏于国家图书馆。原碑不知所踪，或言已毁于“文化大革命”中。碑刻于清乾隆二十一年（1756）四月，额阳文横题“千秋永继”四个大字。碑文俱辑录如下：

千秋永继

开山喇嘛僧立叙遗言碑记

僧自归山出俗，先寄钵于解脱林。至雍正庚戌岁，西土四宝法师前往鸡山进香，过丽指点剌是里落水硐岩间有摩迦陀祖师记迹，应于

① 北京图书馆金石组编：《北京图书馆藏中国历代石刻拓本汇编》（第71卷），中州古籍出版社1989年版，第79页。

此畅建刹宇，护国佑民。当即捐发□七百余金。僧不揣愚昧，已承其任，□兴建丛林。工程浩大，一木难胜大厦。僧不辞跋涉，募化十方，几遇宰官、居士，一切善信随喜布施资助。始鸠工庀材，数年成其规模。谚云："人有善愿，天必从之"，信不诬也。时蒙本府管题名曰："指云寺"，于招集大众，又苦无常住，以供日食香火。僧复不辞艰辛募化，陆续置买田庄。今僧年逾七十，朝不保暮。诚恐归终之后，有冥顽不肖之辈败坏山门，种种不法亦未可定。故兹谨撮数条立碑为记。

一、寺中先以佛事为重，早晚功课俱云集大殿，务要大小雁行齐整、威仪。万有事故，必须告假，倘擅出外，以及在堂嬉戏酌情示戒。

一、钱粮原系国课所关，最重所有各处钱粮，于开征之后早为上纳，勿得拖欠丝毫颗粒。

一、本寺内修造殿宇，以及买置常住香火庄田，俱系自身募化，并无祖亲族丝毫银两，撮土寸木。倘有俗眷以及在寺披剃亲族，借故把持，妄招已业，许大众哀□，府主治以冒诈之罪。

一、寺内立学教大喇嘛，原为一寺规模必选精住持戒。品学兼修者，而大众亦要敬礼皈崇，勿得轻视。如此，寺中规矩自然严肃，亦可鼓励后人。

一、寺中收管租石以及出入钱粮，必选正直无私之人，举其辦理而善能调度者，亦不得畏劳退宿，勿令贪斋偏私之辈于中染指。

一、寺中有不遵约束、不守清规以及面是背非、酗酒滋事者，大众公议即宜黜退。如此可警将来，亦免外事干连。

一、寺内有年老残废衣食无措者，于常住内调治供给，生养死葬，大众分外要加矜恤，不得欺凌。

一、寺内后来僧众如有积蓄私方，必效僧归入常住。切勿遗与徒僧以及俗眷。

一、大殿两耳以及各禅堂房俱要随时酌量修补，切莫任倾颓。

以上各条大众各宜守持如此，灯灯相续，成就无量，善果仰答。

法王之善念方可令合郡之香火永垂于万世，不负僧开山之至意也。其所置供寺常住香火田庄契券、租石数目，并应□□处，钱粮另造载明□□相传夫敢以是，为记。

时

大清乾隆二十一年岁次丙子仲吕月 吉日立

该碑为指云寺开山老人立叙（文献中均为“立相”，碑文则记为“立叙”，疑为汉字表音，均指一人）70岁时刊刻，所涉及内容都是本人亲身经历，具有很高的学术价值。碑文中提到立叙“僧自归山出俗，先寄钵于解脱林”，这一点在《普济寺大喇嘛纪略》[①] 木刻碑拓片中也得到印证：

> 普济村和氏，前明木氏候（侯）守丽时为其乡望族，世奉番僧甚虔。乾隆初，族有罗僧与其亲侄典僧，记薙于福国寺，番经三藏靡不精通，安禅习静超然。元妙时，乌斯藏四宝法师飞锡住寺，寺僧咸举罗僧为方丈，僧辞不就，自建寺於剌是山，成大丛林，即今指云寺也。

该文中谈及的罗僧即立叙，这进一步证实了立叙最初出家于福国寺，而后受四宝法王指点才主持修建指云寺。雍正庚戌年（1730），四宝法王到丽江一事，在其他史料中提及，四宝法王即司徒仁波切。可见，指云寺初建于雍正八年。时任丽江府知府管学宣题写“指云寺”，受到继任者元展成知府的捐资支持。经过二十余年苦心经营，乾隆二十一年立叙感到“早不保暮”，便立碑留遗言，以永久存其宏愿。先后列出九条，涉及清规戒律、缴纳钱粮、常住田产、精选住持、选聘经理、供养老残、严惩不肖、及时修缮等一应俱全，一片苦心溢于言表。为了避免钱粮、田庄佃租等方面引发矛盾，另立碑以详载其数目。

藏传佛教寺庙指云寺的创建，是继福国寺、玉峰寺之后在丽江坝区新建的庙宇，它有三个方面的突出特征：其一是改土归流后丽江坝区出现藏传佛教的寺庙。改土归流前，木氏土司虽然与藏传佛教关系密切，但始终没有在丽江坝区修建寺庙；改土归流后，土司失去把控一方的实权，藏传佛教跨过金沙江传播到丽江坝区。其二是明代以来丽江佛教信徒不断增

---

① 为木刻碑，“高二尺四寸，广三尺六寸”，30行，每行15字，正书阴刻。刻碑时间为道光十七年（1837），原木碑毁于“文化大革命”时期。民国时期，美国学者洛克常年居住丽江，得到该碑的拓片。后带回美国，最终保存于美国华盛顿大学图书馆。碑文由李樾撰写，先后有15位进士署名，是为少见之作。拓片照片由赵秀云女士提供。

多，南下传教的活佛增多，为创建寺庙提供了条件。其三是流官对新创建寺庙表示支持。如管学宣题写“指云寺”，元展成捐资支持等。由于宗教信仰群体是不可忽略的民间力量，历代流官都格外重视，往往是治理一方的依靠力量。

2. 指云寺田产收入

丽江寺庙收入来源主要靠当地官员捐赠、喇嘛私产捐助和民间购买土地等，各寺庙均有自己的土地，称为常住田，地租是寺庙最主要的收入。寺内喇嘛还可以有私人土地的地租收入和念经报酬、俗家供养的临时性费用。在丽江五大喇嘛寺中指云寺规模居于第二位，仅次于福国寺。嘉庆元年（1796）四月一日在指云寺立有“指云寺常住田碑”，清光绪十三年（1887）九月重立。碑文如下：

指云寺常住田庄碑记①

寺田何以名常住？示不坏也。其不坏奈何无上福田不增（缺4字）终寺田兴之为表里，其不坏因宜□□任其散佚而亦不坏乎？非也，住而持之自有道矣。

指云寺自开山大师办置海罗、瓦科等处田庄粮抵已立嗣，我具足法师经开山以开教□□业以维新，与长老乐典经管□□于我。开山所置不敷庄价并改造殿宇，□法藏制备□□香尔各出四□□□金外□制庄田数处，又各捐以已资寺僧的几处。代等十人亦先后私产捐入，递加增益以视夫开办之初规模远矣。原坐落不一处，大小多寡不（6字）同寂法师独仔其肩恕有贵志，散佚孜负前美思□而勒诸石以垂永久，嘱序于后。后维是举有数善焉。光前业诏来□不没人善其显焉。者也住而持之将所谓不增不减无始无终之□于以永□常住不坏道斯矣。爰弁叙言于端，祥勘庄田于后，成（4字）夫继续增美□常住。盖抵于充裕，是又修福田者仰右事。

□部截取知县乙亥科举人李廷俊撰

计开

四宝法王赐银贰百两买置格子田一庄，谷租拾石；三仙姑麦地一

① 北京图书馆金石组编：《北京图书馆藏中国历代石刻拓本汇编》（第86卷），中州古籍出版社1989年版，第60页。

形；□后和氏毛捐坐地田一形。

开山大师办置海罗一大庄，瓦科一大庄，巨甸一大庄，蒲天罗田一庄，格子一庄，戟瓦麦地一庄，上下剌是麦地一庄。

具足法师及长老乐典续置青龙河陈家田一庄，□彼田一庄，巨甸田一庄，格子田一庄，三仙姑田一庄，吴烈里麦地一庄，寨后田七块，中海田三块，沙左田三块，木取底田二块，剌沙田二块，以上四至租石□日俱载原契，诣来法轮二藏，制置铜锁四口；

具足自捐辙周田一庄，谷租十石作祝四宝书脉齐费，沙左庄内谷租拾石田（27字）又捐传教祖师画十五轴，大菩萨九轴；得道祖师九轴，法经一百余把，自著三戒法经详解释□书五把又租谷三石每月加瓦战会内使用。

德典捐阿喜田一庄，谷租拾石；普救河田一块，麦租一石六斗。

长老乐典捐北浪沧田一庄，谷租十七石八斗，麦租五石；阿麦田一庄谷租十石；中海田三块，麦租三石。

老师公的德同和尚宝捐周武田一庄，谷租十石；夷马下剌是田一形，麦租一石。

老的瓦捐长度田一庄，租谷四十六石；普济河田一形，麦租六石。

处怕捐戟唱田一形，麦租四石。

灵耻捐烈干瓦田一形，麦租一石五斗。

得苴捐田一块，麦租一石□□□。

处井捐下剌是田一庄，麦租五石；烈干瓦田一形，麦租二石；上剌是田一形，戟瓦田一形，租俱□□。

厚度捐中海田一块，麦租一石。

巴知捐剌沙田一块麦租一石四斗。

处代捐三仙姑田一庄，谷租二十二石。

木斯主田一庄，谷租十二石，内有治命二石；木取底地一形，麦租五石□□□。

照敦捐田一块，麦租一石四斗。

于井捐田一块，麦租五石。

沙家捐田一块麦租一石田□□□□。

木忠捐田二块，麦租二石四斗。

悬忠捐田一块麦租一石八斗。

嘉庆元年四月 吉日穀旦

光绪十三年菊月□日重立

在《指云寺开山喇嘛遗言碑》中提到寺庙固定田产的“契券、租石数目，并应□□处，钱粮另造载明”。从以上碑刻内容看，乾隆、嘉庆、光绪年间常住田不断增加，田租收入在指云寺经济收入中占最大的比重。据乾隆三十五年《丽江府各寺观田地顷亩清册》① 的统计数据来看，丽江府寺观共有2054.9亩，其中福国寺占有1141亩，指云寺占有672亩。乾隆三十五年与嘉庆元年相隔26年，可以作为参考数据。根据碑文中的记载统计所有购置和捐赠常住田，发现共有57块（包括形、庄、大庄和田、地等），其中28块田地没有注明收租数量，29块田地每年共收到谷租122石，麦租49.3石。这28块田地多为建寺初期由四宝法王、开山大师、具足法师和长老乐典置办的。这些田地的面积远远超过后期私人捐赠的小块田地，按平均每块田地收租10石计算，这一部分就有280石，加上前面谷租和麦租171石，总数达到451石。这是一年来指云寺常住田的总收入。参照民国时期丽江田亩产量来计算，每亩约产谷1石，也只有451亩。相比较乾隆三十五年的672亩的数量就少多了，造成减少常住田的原因是时局动荡，尤其是兵燹。

僧人的数量决定了寺庙的规模，因此，用计算常住田亩产数来推导出供养僧人数是可行的。据乾隆三十五年《丽江府各寺观田地顷亩清册》中关于福国寺僧人粮食配给情况看，每僧年供1.98石，按此推算，嘉庆初年的指云寺每僧年供1.98石，共有672亩，亩产1石，按照三七分来计算，佃户得三成，寺庙年收入470石，从绝对数来算，可以供养240余僧人。但从实际情况看，寺庙还要向政府交纳较多的地租，每年有固定诵经会的开支，还有“听候府衙往来官事”等支出。参照当时福国寺1141亩供养172人的比例计算，嘉庆时期的指云寺能供养的僧人在100人左右。乾隆、嘉庆年间可以说是丽江藏传寺庙发展的一个高峰，众僧云集。到了光绪十三年的指云寺年收入只有316石，若按每僧供给1.98石计算，

① 云南民族调查组手册抄录：《丽江府各寺观田地顷亩清册》，云南省社会科学院历史研究所存。

扣除寺庙常规支出，供养人数在60人左右。由于寺僧多而常住田田租时常不能收上来，因此，就经常发生寺僧与佃户之间的摩擦。关于这些问题将在后文谈及。

从碑文所开列的常住田分布来看，主要在金沙江一线的石鼓、巨甸、阿喜等地，此外，丽江府东面的金山坝也有一部分。为了能更清楚地发现常住田分布情况，将其所处位置大致分为：丽江东坝、丽江西坝，拉市坝，金沙江巨甸、金沙江石鼓、金沙江龙蟠等几处（见表3—4）。

表3—4　　指云寺常住田一览表

捐助者	地点	所处位置	捐助数量	收租数量
四宝法王	石鼓	金沙江石鼓	一庄	谷拾石
	三仙姑	金沙江石鼓	麦地一形	不详
	和氏毛捐坐地	不详	田一形	不详
开山大师	海罗	不详	一大庄	不详
	瓦科	不详	一大庄	不详
	巨甸	金沙江巨甸	一大庄	不详
	浦天罗	不详	一庄	不详
	格子	金沙江石鼓	一庄	不详
	戟瓦	丽江西坝	麦地一庄	不详
	上下剌是	拉市坝	麦地一庄	不详
具足法师长老乐典	青龙河陈家	丽江西坝	田一庄	不详
	口彼	不详	田一庄	不详
	巨甸	金沙江巨甸	田一庄	不详
	格子	金沙江石鼓	田一庄	不详
	三仙姑	金沙江石鼓	田一庄	不详
	吴烈里	丽江东坝	麦田一庄	不详
	寨后	丽江西坝	田一庄	不详
	中海	丽江西坝	田三块	不详
	沙左	不详	田三块	不详
	木耳底	不详	田二块	不详
	剌沙	丽江西坝	田二块	不详
具足	撒周	不详	田一庄	谷租拾石

续表

捐助者	地点	所处位置	捐助数量	收租数量
德典	阿喜	金沙江龙蟠	田一庄	谷租十石
	普救河	不详	田一庄	麦租一石六斗
长老乐典	北浪沧	金沙江龙蟠	田一庄	谷租十七石八斗、麦租五石
	阿喜	金沙江龙蟠	田一庄	谷租十石
	中海	丽江西坝	田三块	麦租三石
老师公的德同和尚	周武	不详	田一庄	谷租十石
	夷马下剌是	拉市坝	田一形	麦租一石
老的瓦	长度	不详	田一庄	谷租四十六石
	普济河	丽江西坝	田一形	麦租六石
处怕	戟唱	不详	田一形	麦租四石
灵耻	烈干瓦	丽江东坝	田一形	麦租一石五斗
保苴	不详	不详	田一块	麦租一石
处井	下剌是	拉市坝	田一庄	麦租五石
	烈干瓦	丽江东坝	田一形	麦租二石
	上剌是	拉市坝	田一形	租一石
	戟瓦	丽江西坝	田一形	租一石
厚度	中海	丽江西坝	田一块	麦租一石
巴知	剌河	不详	田一块	麦租一石四斗
处代	三仙姑	金沙江石鼓	田一庄	谷租二十二石
木斯	主田	不详	田一庄	谷租十二石
	木取底	不详	地一形	麦租五石
照敦	不详	不详	田一块	麦租一石四斗
于井	不详	不详	田一块	麦租五石
涉家	不详	不详	田一块	麦租一石
木忠	不详	不详	田二块	麦租二石四斗
悬忠	不详	不详	田一块	麦租一石八斗

从目前所能识别的常住田位置看，巨甸、石鼓至龙蟠一线的金沙江边占了三分之一强，丽江坝子内也占有三分之一强。主要分布在西部一线，其余则集中在指云寺所在的拉市坝内。据乾隆《丽江府志·水利》记载，

改土归流后丽江各地可以开垦者“阿那湾为第一，剌是坝为第二，吴烈里为第三，如桥头、茨柯、河西、阿喜、树角、拖丁、南山等处，皆可开垦”。可见，指云寺的常住田基本是新开发地区的土地。由于土地来源多样化，或由捐银购买所得，或寺院僧人捐助，或俗家捐赠。

寺庙占有田地很多，喇嘛又不亲力种植，只能租给佃户，寺庙在经济上就是一个剥削者。寺庙的常住田广布各地，纳西族对佛教又是“信而不笃”，由于土地占用和收租等因素不时与寺庙发生矛盾。可见，清代以来藏传佛教对纳西族地区渗透已到最根本的土地问题上来。

3. 指云寺常住田纷争

西南地处偏远，鸦片战争后民变此起彼伏，先是太平天国运动，后有咸同年间的回民起义。拥有众多田产的指云寺也成为农民运动的对象，表现在常住田被村民侵占和卡扣田租，进而引发了村民与僧人间长时间的田产纠纷案件。

（1）指云寺常住田纷争石刻文献之一——丽江府指云寺告示碑

国家图书馆珍藏的《丽江府指云寺告示碑》为现存最早的田产诉讼案件碑，清光绪元年（1875）十一月二十日刻。碑文辑录如下：

丽江府指云寺告示碑①

署理云南丽江府事武定直隶州正堂加三级记录六次　郭为

给示遵守永除弊端事。照得指云寺乃丽郡之名刹，为五大寺之领袖。自建创以来僧众如林，置有石鼓里常住田壹庄，为僧众日食口粮。其数甚巨，招佃力田不惟有。盖于寺僧兼且□裨于佃户当承平之，时寺僧惟知时熟收租不容拖欠，□合佃民亦惟力田纳租，不敢私顶私卖□至良也。

迨至回乱以后，人心不古，□□田私顶别户，租石暗行减缩者，甚有顶获之户又将以高□；有硬不纳租者，世□□刁不服，跟究迟之数年，其田已均数手其租，几至无着，久之则租失而田亦失矣。如本年该寺□□□登粮等叠控该里文生□□谋田霸租一案。经本府当堂验据讯明照欠租□佃□例（缺5字）所佃之田如数退交该寺，另行招

① 北京图书馆金石组编：《北京图书馆藏中国历代石刻拓本汇编》（第84卷），中州古籍出版社1989年版，第96页。

佃耕种，业已具结交割在案，诚恐后有无知佃民仍（缺3字）用特给示勒石晓谕，为此亦仰石鼓里军民人等知悉。以后如佃该寺田亩者当知饮水思源，务须各秉天良立具，领约矢勤耕种成熟之时，照额纳租，勿□□卖之私，勿存欠租之念。自然（缺4字）熟年□俯仰有资即禅林犹可重振矣。倘敢私顶私卖及欠租等事，许该寺僧报官究治至□，僧等□□□守乃业勤修戒律，彼年完粮，勿得私行变卖，自甘恭□此。本府为常住起见，恐贻后□为给示，勒石永垂百世不朽云。各宜禀遵毋违，特示！

右仰通知

大清光绪元年岁次乙亥拾月拾玖日示

冬月贰拾日指云寺喇嘛众僧等仝立

勒石石鼓里晓谕

碑文所谈及的常住田位于石鼓，据《指云寺常住田庄碑记》记载，指云寺在石鼓的田庄是由四宝法王捐资银两来置办的，且指云寺在石鼓也只有这块田地。该常住田谷租为十石，喇嘛寺田产就集中在石鼓三甲（今石鼓街、望城坡、上下海落和竹园）。据《丽江府志》载，明清之际，石鼓设有汛营，当时木氏土司认为，石鼓也是土司属地，就把坐落在竹园村的零星土地卖给立相、明俱两位僧人。田产数次购买后成了“三十六双”之多，后来累计归纳为一本《田形双底册》。古代称偶数多用“双”，那么“三十六双一亩五分”，实际就是七十三亩五分，这就是寺僧所购买过的实际田亩数。

杜文秀起义后，“人心不古”，常住田被“私顶别户，租石暗行减缩”，获得私顶田产的农户又以高价出让，数易其手，田租不仅很难收到，还有抵死不交租者。如果不及时追究田产下落，时间一长就“租失而田亦失矣”。这是当时寺庙田产普遍面临的一个问题。光绪元年，指云寺告发石鼓村里文生某某侵田霸租一案，丽江府勘查事件原委后，责令文生如数退还寺庙田产，“另行招佃耕种”。考虑到此种事件具有普遍性和以免后患，“特给示勒石晓谕”，让石鼓官民人等知晓遵守，不得再度发生。租种寺庙田地的要“勤耕种成熟之时，照额纳租”，而僧人等“业勤修戒律”，要求他们安分守己。

（2）指云寺常住田纷争石刻文献之二——石鼓判照碑

此碑现存于石鼓红军纪念馆内，碑面完好，碑文除了左右落款尚能识别外，其余的多为漫漶。以下为所能识别的碑文：

石鼓判照碑

钦赐花翎特授丽江府正堂督带五属团练加五级记录十二次李为判照

案据丽江县石鼓里村民报指云寺喇嘛青瓦……亲旨查勘，得悉喇嘛地年纳租八石……以抵银息。后来将银还清，声明永让租一石，年纳租七石。无异。至光绪二十五年租谷未清，寺僧捐田……妇女至田间泼……喇嘛已受殴辱，尚未俱控，袁姓父子至县衙控。长沙洲定芳先后种柳护坝，难系天地之息也。芳人力亦局不少田租，此已历数贷以木府……均以四六成照分，寺僧得四处，芳得六处，再酬其劳……

右判照给指云寺喇嘛青瓦等准此府行

永远遵守

光绪二十八年九月二十日立

联系上述碑刻内容，此碑文反映出一些新的内容。石鼓村民佃种的指云寺田地地租，从乾隆至光绪元年都为十石。此后就减为八石，为何减租两石不得而知。但接下来的碑文就明确告之再减一石的原因，“后来将银还清，声明永让租一石，年纳租七石。无异”。也就是说，光绪元年到光绪二十五年间，指云寺的田租减了三石。光绪二十五年僧人与村民再度发生纠纷，袁姓父子先告发指云寺喇嘛青瓦等人，据查双方都有过失之举。所争议之田亩处在金沙江边，夏秋之季水涝所害，长沙洲定芳先后种柳护坝，最终达成“均以四六成照分，寺僧得四处，芳得六处，再酬其劳”。此时，指云寺僧人就要消耗很多时间来处理收取佃租之事。

（3）指云寺常住田纷争石刻文献之三—丽江县指云寺告示碑①

该碑立于民国八年（1919）十月二十五日。碑文前一部分记述了指云寺在石鼓一带的常住田经常被佃户拖欠租粮，有的甚至把田地变相侵占，以至于寺庙僧人生活难以为继。而村民也提出寺庙租金和粮食太多，

① 北京图书馆金石组编：《北京图书馆藏中国历代石刻拓本汇编》（第92卷），中州古籍出版社1989年版，第135页。

要求根据实际收成来确定。丽江县知事亲自勘查后作出判定。后部分为判定内容，对双方都提出应该遵守的条款。该碑原立于指云寺，有“勒石于指云寺示谕”字样。

(4) 指云寺常住田纷争石刻文献之四——丽江县政府铁虹桥告示碑①

碑立于民国二十六年（1937）八月二十一日。碑面正中下有“丽江县政府民事等判决书”。从可以识别的字句看，记述指云寺在石鼓的常住田引发事端，村民霸占公产田，告发到丽江县政府，政府据诉书派专人前往核查，得到的结论是“并非故意”，为平息本次矛盾而立碑，以儆效尤。

(5) 指云寺常住田纷争石刻文献之五——石鼓双烈士墓碑

碑位于玉龙县石鼓凤凰山上，1949 年 10 月立。墓志碑阴刻有“农妇杨张氏冬兰、查王氏兰香墓志铭”。末署“石鼓余丁、森罗、竹园三村人民公立”。墓志铭系范义田撰，尹启汤书，记述 1940 年石鼓农民进行抗租斗争，当局派团丁镇压，开枪打死张冬兰、王兰香及石鼓农民不屈不挠斗争的过程。碑文如下：

农妇杨张氏冬兰、查王氏兰香墓志铭

这地下的两位女同伴——杨张氏、查王氏，是十年前农民斗争的牺牲者，她们在地主武装的枪弹下惨死了。

民国二十九年，我们农民向封建地主指云寺和尚的抗争，已经历时三年，临到最后失败的悲愤阶段。这时候，和尚与土豪裂开血嘴，露出狰狞的牙齿了。于是就由丽江城的土豪习自诚两次派团兵来镇压，要在枪尖下面收重租。阴历二月初七的午时，就动手捆绑农民代表，关在他们驻扎处观音庙里，农妇们群情激愤，集合百多人去请愿。但可怜的愚蠢的团兵们，他们原是受农民供养的子弟，竟可耻的被和尚土豪收买，向农妇们开枪乱打。而这两位女伴，因为英勇抢先，就同时被打死。

在封建反动政权之下，农民抗争的结果如何呢？结果就是，和尚在买田契约三十六双一亩五分的面积之外，估霸去了十倍的农田，估

① 北京图书馆金石组编：《北京图书馆藏中国历代石刻拓本汇编》（第 98 卷），中州古籍出版社 1989 年版，第 131 页。

霸的历史变成取得地主身份的根据。结果就是，农民的性命不如鸡，杀了人之后还把农民代表捆去关了十六个月，杀死了人之后还要向农民索取杀人手工钱，由农民拿出谷子三十石酬劳团兵。

我们就让这两位的棺材，露宿在观音庙门口，标记着深沉的血恨。整整的十年，雨淋日晒，给土豪绅士们看去很不雅观。今年，感谢中国共产党的领导，农民翻身了，我们这才来公葬这两位同伴。

记得这件惨案发生之后，土豪还想多杀几个人，阴谋送给农民一顶红帽子，假借农民口气到处张贴标语，里面有这样一句

“这两位牺牲者，是农民暴动的急先锋！”

谢谢当年捏造标语的先生，这未免太过奖了，但这里就借来做墓志铭罢。

1949年阳8月28日①

范义田

该事件由指云寺于石鼓的土地问题引起，最后发展到人命案，寺庙与当时丽江的国民政府狼狈为奸，而当地村民看清了剥削者阳奉阴违的嘴脸并进行了英勇的抗争，最终取得了经济和政治权力的胜利。

可以说，指云寺与石鼓村民之间的矛盾在光绪以来日渐激化，最终酿成惨案，斗争的结果，使盘剥百姓的统治集团走向了溃败。一方面是寺庙僧人把持甚至扩大僧田（这引发了地方农民反感和反抗），他们联合地方官员进行压制，甚至利用武装进行镇压，以维护他们的既得利益和盘剥的地位；另一方面是农民无法接受残酷的剥削，他们原来期望于地方官员的调解，但后来经过残酷的斗争，甚至用生命代价才换回幸福的生活。

4. 指云寺活佛爱国事记

在今天玉龙县拉市乡指云寺内有一块石碑，记述了十五世东宝活佛木大喇嘛苦习佛学及广布佛法的经过。东宝活佛晚年在丽江指云寺创建佛教蚕桑学校，领导喇嘛开展了大量的实业活动。民国四年正是全国上下大兴实业救国运动的时期，当时丽江僧俗也投入救国运动中。在东宝活佛的领导下，丽江的佛教界掀起了农桑运动，此碑即为见证。此碑文是研究民国时期丽江藏传佛教发展的重要史料。碑文如下：

---

① 余嘉华主编：《范义田文集》（上），云南民族出版社2006年版，第649—650页。

纪念碑特奖五等文虎章 节制丽永中维
藏边红黄喇嘛 宣慰大法师东宝

粤稽西天有佛，其道曰仁，具悲悯观一天人，视说平等。法鼓大同春，精其道者类能以功德庄严法力布施。洒一腔热血，铸黄金世界，出五道众生于大狱。善哉！善哉！

月亭宣慰大法师，我闻如是，如是。

师，郡世守子。能读儒书，幼皈于佛。即以昌教为任，壮游西藏、青海，摄四宝教权，声名籍甚。旋归，因边绩进号堪布。

民国肇造，川藏构祸，烽火弥天，日残万众。师宏大愿，授职宣慰。婆心化导，千里倾诚，而又设僧侣学以宏教育；创佛学社以资研究，开蚕林以利用，造织厂以厚生。因时利导，救弊扶危。十三大寺僧徒千百，赀财千百，昔也岌岌，今庆平康。彼勋章宠锡，匾额频颁。固也，非倖也。呜呼！国利耶？民幸耶？佛之福人耶？抑吾师之誓愿固如是耶？夫出家原为一大事，非自了一己也。佛言度尽众生祇完自家。本分大哉！佛言，师庶几乎？今当分会告成，大众合掌虔诚颂功，纪石以著于后。

中华佛教总会滇西丽维佛教分部全体同立

民国四年四月朔日

碑文所提及的乃是第十五世东宝活佛（1860—1925），又称堪布活佛、木大喇嘛，其为纳西族，大研镇忠义街人，土通判木曙东之长子。7岁时被西藏大宝法王认定为十四世东宝活佛的转世灵童，被迎接到指云寺坐床，请西藏高僧教藏文佛经，木通判家也请汉文教师教读汉文。活佛苦读十年，精通汉藏文及佛经，并练就密宗功夫。光绪八年（1882），到西藏堆隆粗布寺大宝法王处受戒。光绪十一年（1885），德格八蚌寺四宝法王圆寂，大宝法王派活佛去代理四宝法王的职务。其上任后身体力行，严整寺规，威信大增，寺僧和藏民称赞其为“左巴要母林”（“纳西活佛真行”）。光绪十六年（1890），活佛回到丽江，管理滇西噶玛噶举派十三大寺，主持文峰寺静坐堂。民国初年，任中华佛教总会云南支会副会长，丽、永、中、维佛教四分部会长。他创办喇嘛寺小学，组织喇嘛学藏文和汉文。民国元年（1912），云南都督府组织西征军进藏平叛，委聘东宝活佛为随军宣慰使。擦瓦龙、夹笼、毕土、党衣、觉满、闷空等地的藏民经东宝活佛劝化，停止叛乱，归顺中央。省都督府授以“热忱爱国”匾额及“宣慰大法师”称号，中央奖他五等勋章。1925 年，东宝活佛在盘尘蒲团上念经时圆寂。[①]

藏传佛教对纳西族地区的影响是多方面的，在民国时期就出现了多位有影响力的活佛，他们不仅传播佛教经典，广收信徒，还结合纳西族的心理特点来推动地方的社会发展，对丽江纳西族地区社会和谐、各种宗教和合共生等都有积极的影响。

第三节 汉传佛教、道教、基督教等外来宗教的传播与分布

纳西族地区多元宗教的共存共融，是由纳西族的民族性所决定的，还与其所处的地理区位、交通状况等因素有关。当时，道教与汉传佛教相继进入纳西族地区，汉传佛教对纳西族地区的影响是不平衡的，基督教则是在民国时期传入的，并没有在纳西族地区形成气候。

一 汉传佛教在纳西族地区的传播与分布

佛教兴起于南亚次大陆的印度，汉代由亚细亚传入中国。明代以来，纳西族地区的汉传佛教经历了由尊崇到普世的过程。汉传佛教在纳西族地区的传播路线和形式呈现出多样性，明代分布很有局限，清至民国时期受藏传佛教的影响而有所挤压，但在数量和影响力上超过了明代。

1. 明代纳西族地区汉传佛教的尊崇地位

明代，丽江成为纳西族主要的居住地。宋代的大理国是崇尚佛教的国度，丽江受其管束，大理佛教文化对丽江的影响主要在九河、七河、老君山等区域。丽江的汉传佛教“大概是通过南诏和大理从南往北传来的”。[②]由于佛教界盛传，释迦牟尼的大弟子迦叶守衣入定鸡足山。明代，鸡足山佛教空前发展。嘉靖、万历年间，由于中土僧人的朝拜，鸡足山成为汉传

① 李汝明总纂：《丽江纳西族自治县志》，云南人民出版社 2001 年版，第 928 页；彭建华、李近春主编：《纳西族人物简志》，内蒙古大学出版社 1998 年版，第 74 页。

② 李近春：《丽江纳西族的文化习俗和宗教信仰》，云南省编辑组编《纳西族社会历史调查》（二），民族出版社 1986 年版，第 60 页。

佛教的圣地之一，是云南明朝时汉传佛教的中心。[①] 明代，鸡足山汇集了康藏地区的喇嘛教、滇南的小乘佛教和内地的禅宗，“三派宗匠会于此”。明代中后期，木氏土司对鸡足山悉心供养，汉传佛教已经传入丽江纳西族地区，其传播路线多为自鸡足山往北。

明代丽江最多的庙宇是汉传佛教的寺庙，主要有：皈依堂，在土司府内，建于成化辛卯年（1471）；白沙的大定阁、大宝积宫、琉璃殿、金刚殿、观音堂、护法殿、玉峰寺（又名玉龙寺）、雪嵩庵等建筑，修建时间从洪武年间至明末；云集庵，在白沙，建于万历年间；万德宫，在城南二十里，建于嘉靖三十五年（1556）；觉显复第寺，府城南二十里邱塘关东侧，万历二十年建；寒潭寺，城西五里中海边，明时建；福国寺，在白沙解脱林，明熹宗赐名“福国”；法云阁，在白沙解脱林，为《藏经》之所；万松庵，府城南十里；西园庵，府城北之白沙里；庆云寺，束河里。此外，木氏土司还在鹤庆、鸡足山等地捐资修建了不少的汉传佛教庙宇。

从汉传佛教在丽江的分布情况看，主要集中在木氏土司府周围、木氏土司老宅白沙和漾西（是通往鹤庆、大理等地的交通要道），这显然与土司活动区域密切相关。宗教活动围绕土司需求而展开，俨然被纳西族上层把控。从时间来看，大定阁修建于土司木初时期，不晚于永乐十七年（1419），是丽江汉传佛教最早的庙宇。大部分庙宇则在土司木公、木高、木旺、木增等在位时期建造。这一时间段与云南大兴汉传佛教、鸡足山成为佛教圣地是一致的，具有地缘性传播的特点。

这里我们择举福国寺的情况来了解汉传佛教的盛况。福国寺位于玉龙县白沙乡的芝山山腰的台地上，俗名解脱林，又名安乐寺，始建于明万历三十七年（1609），是汉传佛教的禅林。在木增时期修建，是参禅悟道、修身养性之所，也是木氏土司的别墅。明熹宗朱由校赐名“福国寺”，并赐给藏经一部[②]，藏于法云阁，是该寺的镇寺之宝。福国寺是当时云南唯一受过“皇封”的大型佛寺。天启七年（1627）木增邀请鹤庆知府张学

① 郑卫东：《文明交往下的纳西族文化发展》，云南民族出版社2011年版，第159页。

② 在《皇明恩纶录》中收录有天启四年七月六日的一道圣旨，“曰：……云南丽江军民府土知府加升布政使司右参政木增，近该尔奏称，尔母罗氏，捐资崇建悉檀、福国二寺，奏请藏经，崇奉佛刹，以光佛教，以祝国厘，该部议复，特允所请，赐尔藏经……”“……印造全藏六百七十八函，施舍在京及天下名山寺院，永垂不朽……”参见木光编著《木府风云录》，云南民族出版社2006年版，第60页。

懋为福国寺撰文，作有《丽江府芝山福国禅林纪胜记》[1] 碑文，载曰：

> 延袤数里，松桧万章，盘桓夹庢，是为解脱林。林中梵刹，危楼飞观，绘椽薄栌，金碧辉映者，为福国寺。寺旧名“安乐”，因隐公为太淑人遣使诣阙，以请龙藏，天子嘉其孝也，御赐金额。寺右庑南折而上，约半里，曰丹霞坞。坞负龙珠，岭山面当阳，朝霞荟蔚。构屋数楹，木不雕镂，土无绨绵，杉楯荆扉，盖隐公习静处也。

明崇祯十二年，徐霞客亲临福国寺，在《徐霞客游记》中记载最为详尽：

> 解脱林倚白沙坞西界之山。其山乃雪山之南，十和后山之北，连拥与东界翠屏、象眠诸山，夹白沙为黄峰后坞者也。寺当山半，东向，以翠屏为案，乃丽江之首刹，即玉龙寺之在雪山者，不及也。寺门庑阶级皆极整，而中殿不宏，佛像亦不高巨，然崇饰庄严，壁宇清洁，皆他处所无。正殿之后，层台高拱，上建法云阁，八角层甍，极其宏丽，内置万历时所赐藏经焉。阁前有两庑，余寓南庑中。两庑之外，南有圆殿，以茅为顶，而中实砖盘。佛像乃白石刻成者，甚古而精致。中止一像，而无旁列，甚得清净之意。其前即斋堂香积也。北亦有圆阁一座，而上启层窗，阁前有楼三楹，雕窗文槅，俱饰以金碧，乃木公燕憩之处，扃而不开。其前即设宴之所也。其净室在寺右上坡，门亦东向，有堂三重，皆不甚宏敞，四面环垣仅及肩，然乔松连幄，颇饶烟霞之气。[2]

木氏土司与汉传佛教僧人交往甚密，与当时名僧担当、读彻、释禅、道源、道慈、高黐、高奣映[3]等常游山林，通过这些高僧又与江南一带的

---

① 杨林军编著：《丽江历代碑刻辑录与研究》，云南民族出版社 2011 年版，第 26 页。

② （明）徐弘祖撰，朱惠荣校注：《徐霞客游记校注》（下），云南人民出版社 1985 年版，第 935 页。

③ 担当，俗名唐泰，字大来，昆明晋宁人；读彻，号苍雪，云南呈贡人，曾主持苏州中锋禅院；释禅，俗名张初俊，昆明人；道源，鹤庆人；道慈，鹤庆人；高黐、高奣映父子，楚雄人，与木氏姻亲。

大德高僧和鸿儒频繁往来，如董其昌、陈继儒等。可以说，明代木氏土司对明王朝政治上忠心耿耿，文化上效仿内地宗教信仰，从而使汉传佛教在丽江纳西族地区处于尊崇的地位。

2. 清至民国时期纳西族地区汉传佛教的继续发展

明成化年后，木氏土司积极向藏区用兵，北抵昌都，东北控制巴、理塘等藏区。土司一方面通过与藏传佛教各教派高层密切往来，捐资修建寺庙；另一方面则开疆拓土。其时，虽然有藏传佛教高僧频繁往来于丽江及其辖区，但在纳西族地区几乎没有藏传佛教寺院、喇嘛。随着崇祯年间和硕特部南下，土司势力衰微，加上雍正元年的改土归流，对藏区失去了完全控制。清代以来，汉传佛教并没有得到前朝时那样的尊崇，而出现了庙宇改行藏传佛教的情况，总体上呈现出往西、西北、南发展的态势。吴大勋在《滇南见闻录》记载："所在营建寺庙，极其华丽，有藏经楼，贮藏经全部，经文皆楷书。"

清代，丽江纳西族地区的汉传佛教寺庙总体来讲数量上大增。新增的寺庙有：弘法寺，在剌沙里安乐村，同治时重修；大佛寺，府城西兴仁村，嘉庆辛卯年建；喜祗园，府城东门外，乾隆乙亥年建；净莲寺，府城西；玉龙锁脉寺，府城南五里；普贤寺，府城西，道光年建；靴顶寺，府城南四里白马里，光绪十七年建；白马龙潭寺，城西，乾隆十九年建；报恩寺，府城西十五里木保，道光元年建；元光寺，府城西束河里；金山寺，府城南十五里龟山上，道光三年建；石莲寺，府城西束河；彩云庵，府城南；宝华寺，府城南七里剌缥里；灵泉寺，府城南十里剌缥里，乾隆年间建；奎林寺，府城西三十里剌是里，乾隆年间建；慈恩寺，府城西三十里剌是里，嘉庆年间建；龙泉寺，府城西束河；三教寺，府城西南九河里；钟秀寺，喇鸡鸣山，光绪年间建；培风寺，府城南二里，光绪二十年建；昭庆寺，府城南二里，光绪五年建；法喜寺（又名观音寺），府城东二十里震青山半，乾隆年间建；弥陀阁，府城南二里，光绪年间建；回龙寺，府城南十里东元莲湾村，同治年间建。[①] 民国时期，纳西族地区的汉传佛教由过去的尊崇地位朝世俗化过程发展。这一时期新增庙宇主要以村庙为主，大型寺庙有正觉寺，位于县城西十五里木保文笔山麓，1936 年修建。

① 参见乾隆《丽江府志略》、光绪《丽江府志稿》《新纂云南通志》等。

从地理分布看，汉传佛教庙宇大部分在府城内和府城周围，但分布已经很广，远到府城百里之外。这些庙宇修建在村镇里，改变了明代以来局限于府城、白沙等木氏土司官署和家宅附近的情况。汉传佛教寺庙分布还有个特点，就是以丽江府为中心向南、向西北发展，而向东、向北方向很少有发展，金沙江河谷鲜有修建，这与藏传佛教的发展有一定关系。从时间上看，清代中期的汉传佛教寺庙以府城附近为主，清代后期呈向边缘地发展的趋势。汉传佛教寺庙在丽江纳西族地区的广泛分布，表明汉传佛教深入民间，为广大百姓所接受并成为百姓信仰的一部分。当然，宗教在很大程度上是为封建统治者服务的，是控制民间的重要力量。由于很多流官信奉汉传佛教，客观上起到推波助澜的传播作用。

这时还出现了汉传佛教寺庙改行藏传佛教的情况。如文峰寺，明代称为灵寿寺，为汉传佛教寺庙，清代雍正十一年（1733）改为藏传佛教庙宇；福国寺，明代为丽江“首刹”，清康熙己未年（1679）改为喇嘛寺，藏名为“奥米南珠林”，为丽江藏传佛教寺庙之始。这次改行的原因是什么？丽江文峰寺纳西僧人孙诺老人（2000年去世）曾讲过一个故事：

> 木天王是个对佛教十分虔诚信仰的人，自从纳西王室剿灭了来犯的“伯”人后，木天王整天想着战争中死去的人，认为造孽很深，便在芝山建了一个汉传佛教寺院。但建庙后连连失火，很是不顺。后来他便派人去西藏请教大宝法王（噶玛巴），问其中的原因，大宝法王告诉他，汉传佛教压不住解脱林这一方高原地脉，应建藏传佛教寺（院）。木天王遵照他的建议，将汉传佛教寺（院）搬迁到佛教胜地鸡足山。木天王专门从北京及藏地请来高明的工匠，在解脱林里重建了一座噶玛噶举派的藏传佛教寺庙，这个寺在藏语中称为奥米南林（Og-min-rnam gling）。噶玛巴专程莅临此地，在一块石头上踩了一个脚印，将这石嵌进墙基内。从此木天王家事和谐，丽江风调雨顺。这一传说与噶玛噶举黑帽系十世活佛却英多吉在清康熙十八年（1679）建解脱林喇嘛寺的史事相符，根据丽江指云寺的碑记所示，解脱林是丽江第一个藏传佛教寺庙。①

① 杨福泉：《纳西族与藏族历史关系研究》，民族出版社2005年版，第220页。

笔者赞同此说。

这一时期，汉传佛教僧人有来自外地或是云游四方的，也有本土出家的僧人。雍正初年，同月和尚至丽江，招收本地子弟为徒。[①] 纳西族也有出家为僧并渐成为主体，“丽江各地寺院的和尚几乎都来自本地区，不仅以纳西族居多，而且逐渐增多，有的甚至到鸡足山等省内外的汉传佛教寺院出家当和尚”。[②] 接着，涌现出一批名僧。如妙明和尚（1793—1862），“祖亮，字妙明，阿喜人，驻锡黄山净莲寺。通禅典兼习儒书，曾主戒坛提倡宗风，法嗣崇信之。工诗，著有《黄山吟草》四卷，《云游集》一卷”。[③] 30 岁的他云游峨眉、武当、巫峡、云梦等地，广交名士，时人称为“释门而儒行者”。[④] 再如，正修和尚（1869—1948），俗姓张，法号真空，自号正修，丽江白华人。12 岁到金山寺出家，24 岁接受“具足戒”，云游四方，获得清虚法师的衣钵，“成为第一位在丽江传戒的纳西族高僧”；毕生营建金山寺、法喜寺、正觉寺，“培养造就了一代纳西族著名僧人，并使他们在云南佛教界乃至在中国佛教史上占有一席之地”。[⑤] 谛闻也曾云游四方，曾在宁波七塔寺报恩佛学院任主堂，讲经多年；此后任嵩云山住持，1939 年出版了《谛闻尘影集》一书。此外，普泽、圆空、光量等和尚也颇有名望。丽江还有居士、嬷嬷，人数不多，仅局限于城区和附近的村寨，为兼职佛教人士。

二　道教在纳西族地区的传播与分布

有学者认为，道教在纳西族地区的传播可能在东汉末年[⑥]，而笔者认为应当在唐代。唐时南诏王异牟寻封五岳四渎，其中北岳就是玉龙雪山，就有道教思想的内容。当忽必烈南征时，曾封玉龙雪山为“大圣北岳定国安邦景帝”。在丽江，北岳庙不仅保留了神山地位，而且在明清时期成为民族的保护神、战神，超越了道教的初衷。再则，唐以前有关纳西族先

---

① 郑卫东：《文明交往视角下纳西族文化的发展》，云南民族出版社 2011 年版，第318 页。

② 杨福泉：《纳西族文化史论》，云南大学出版社 2006 年版，第 220 页。

③ （清）陈宗海等纂：光绪《丽江府志稿·人物志》，丽江市古城区方志编纂委员会 2005 年印制，第 346 页。

④ 赵银棠辑注：《纳西族诗选》，云南民族出版社 1985 年版，第 138 页。

⑤ 夫巴：《纳西族高僧正修和尚》，和志华主编《丽江文史资料全集》（四），云南民族出版社 2012 年版，第 587 页。

⑥ 郑卫东：《文明交往视角下纳西族文化的发展》，云南民族出版社 2011 年版，第 129 页。

民的史料记载很少，加之纳西族先民处于迁徙阶段，所以道教在唐以前传入之说难以为信。可以说，真正意义上道教传入纳西族地区应当在明代。

1. 明代道教在纳西族地区的传播及分布

这个时期道教在纳西族地区的传播，以丽江最为显著。从传播路线看，以官道为主，从昆明到楚雄，再到大理，然后北上，经过邓川、洱源、鹤庆进入丽江。或是经过邓川、洱源、剑川，从白汉场翻越铁甲山进入丽江。《明一统志》卷八十七记载："丽江军民府东至澜沧卫浪蕖州界一百八十里，西至西番浪沧江二百里，南至鹤庆军民府界七十里，北至永宁府革甸长官司界三百二十里。"丽江府往东有金沙江阻隔，与澜沧卫隔江相望；北面是吐蕃，西面有澜沧江所阻，所以，丽江对外的交通只能从南面经大理到达昆明、京师。在程本立的《云南西行记》记载了当时进入丽江驿道，从昆明到楚雄，再到大理府。然后北上，"大理城北行四十里，有神摩洞；又十里出龙首关，又十里曰邓川州驿；又北行二十里曰蒲陀崆，又五十里曰观音山，又一驿府曰鹤庆。古名鹤川，又名漾工川，蒙氏谋统郡、段氏谋统府、元鹤州也。北行平原五十里，度一山，路险峻，又五十乃丽江府"。[①] 由大理、经鹤庆到丽江为明代主要官道，明末大旅行家徐霞客正是从这条官道进入丽江的。

道教的传入主要有三种情况，一是土司引进道士。如丽江张姓和潘姓是明代流寓丽江的道教人士。张之蛟一系之张姓，原籍浙江嘉兴府人，"由木氏土司从江浙延请到丽江居住……至之蛟，已定居丽江 18 代，谱中载有历代祖先姓名及道号"。[②] 白沙张氏，先祖为张履祥，为鼻祖张留柱第七代孙。自幼丧父，在母亲教育下，刻苦读书，其著作有四十三卷。其来云南，先住鹤庆，后被丽江木氏土司木增请到丽江切磋学问，住丽江岩脚院。至此，张氏到丽江已十五、六代。[③] 潘姓，原籍南京太平府当涂县，先到鹤庆，再移居丽江。"一世祖昭信校尉潘公旺陶氏务道教，至今二十代。第十一代潘朝海，为迁居丽江始祖，务道教，法事高强，外号赤贞子，因木土司重用，迁居丽江"。[④] 二是有道士云游到丽江。据乾隆、

① （明）程立本：《巽隐集·云南西行记》（第 3 卷），文渊阁四库全书本。

② 丽江纳西族自治县县志编纂委员会编：《丽江纳西族自治县志（1999—2000 年）》，云南人民出版社 2001 年版，第 874 页。

③ 唐有为：《丽江姓氏考》，高等教育出版社 2007 年版，第 53 页。

④ 同上书，第 54 页

光绪《丽江府志》记载："蓟羽士，不传其名，明正德间至丽，爱玉龙山，遂栖焉。日写《黄庭经》数章，浑忘世事。"又载："周月泉，明嘉靖间，携一鹤入芝山，称来自终南，丰肌美髯，黄冠羽衣，料事多其中。"[①] 三是木氏利用朝贡的机会与江南名流交往，仿效汉俗修建道教庙宇。明嘉靖九年（1531）冬至节，嘉靖皇帝在天坛举行祭天仪式，演奏道教的洞经音乐。土司闻悉派人学习并邀请道士到丽江。[②] 这是道教传入丽江的一种说法。

道教在丽江的传播区域很有局限，但在形式上呈现出多样性。在丽江修建的道教建筑有：北岳庙、九顶龙王庙（在東河，存遗址）、真武祠（白沙岩脚院）、城隍庙（府治内）、文昌祠、社稷坛、厉坛、玉皇阁、三清殿、大觉宫、迎仙楼、太极庵、玄天阁（白沙）、大玉初神庙、寿星楼、太元宫（鹤庆界内）等等。这些道教建筑的分布有个特点：围绕木氏土司府和木氏土司老宅。说明木氏土司幻想着从道教上获得神助；这些建筑都为木氏土司及其邀请来的中原人士所享用，当地百姓很少能参与其间；有些道观分布在木氏土司的休闲区内，是木氏土司专享的场所，是丰富木氏精神世界的需要。

据《木氏崇庙碑》[③] 木泰事迹中记载"精研易理，达阴阳，通术数"，说明木泰时就开始接触道教，此后木公、木增都好道教之术，明代木府内修建的道教建筑多出自这两位土司时期。木公、木增还留有不少的诗作、文章，木公有诗《炼师周月泉来访醉饮速归以诗相送之》《庚子稿》《雪山庚子稿·学仙诗》，木增有《次题吕仙轴韵》《迎仙楼登眺有感》等，木增的《云薖淡墨》中就有《释庄义》篇，明末清初出版家毛晋对此文作过序。木增对道教情有独钟，其字号都与道教有关，如"滇西华马水月道人""丽水解脱道人""雪山道人"等。

2. 清代道教在纳西族地区的传播及分布

清代是道教在丽江得以全面发展的时期。在丽江，明代木氏土司把控

---

① （清）陈宗海等纂：光绪《丽江府志稿》，丽江市古城区方志编纂委员会2005年印，第343—344页。

② 杨曾烈：《丽江洞经音乐调查》，和志华主编《丽江文史资料全集》（三），云南民族出版社2012年版，第53页。

③ 李昆生主编：《中国西南地区历代石刻汇编·云南卷》（第14卷），天津古籍出版社1998年版，第40页。关于碑题"木氏崇庙碑"，实为"木氏宗庙碑"，"崇"乃是避讳"宗"而为之。

着道教的发展，随着“改土归流”，中央派流官直接管理丽江的政务。从总体上看，清朝时全国道教处于颓势，但在云南却得到发展，丽江也是如此。

光绪年间，丽江宗教形成“佛寺颇多，道观次之”的态势。据光绪《丽江府志稿》记载，有典祀类：先农坛（府城东）、关帝庙（府城南）、文昌宫（城西门内）、玉泉龙王庙（府城北）、土地祠（府署东）、魁星阁（共五座。一在府署东，一在城北七十里的阿喜，一在石鼓，一在通甸，一在九河里）。俗祀类：箫公祠（府城南义和乡）、龙王庙（共两座。一在府城北七十里的阿喜，一在城北一百二十里的格子村）、三圣庙（府城北七十里的阿喜,）、天姥祠（共三座。一在石鼓，一在桥头，一在通甸）、隍庙（共三座。一在府治，一在桥头，一在兰州）、娘娘庙（城门外五里）。寺观类：兜率园（城南十里东元村）、三宝庵（城东十五里）、玄天阁（共三座。 在城北门，一在城西北白沙，一在大具）、财神殿（府城南门）、三圣宫（共两座。一在城东五里，一在城西束河）、老君殿（城西九十里石鼓）。道教建筑数量远多于明代，而且分布广泛，几乎遍及里一级。大部分道教庙宇是针对百姓修建的，百姓祭拜这些神像，是统治者利用民间控制力来管理民众的重要形式。因此，庙宇的修建一直得到流官捐资。

清代后期，道教对丽江社会的影响，可从《重建玄天阁碑记》来认识：

重建玄天阁碑记

颙颙者，其正色耶；凝凝者，其阴象耶。孰主张是？孰纲维是？彼有宰之者矣。司北方者，非玄冥乎？所谓真武玄天上帝非乎？真故体物靡遗，武故健行不息义兼乎？闭塞而理裕。夫坚贞先王所以固封疆完要塞，讲武事、习射御属之乎。玄冥之司营伍重地，庙貌而奉祀之制也。亦礼也。

丽郡自归流后设有府标一汛，当是时即已创建真武阁于郡城北门，奉玄天上帝于中而天驷祝融祔焉。高抗云霄，俯窥井邑，所以控蛮夷而严锁钥者，意深且远。岂惟是壮观瞻肃耳目云。尔哉运厄阳九，兵燹十八载，一切名胜赤土焦墟，承平十余年，次第规画，渐复前观，而真武草创未遑，圣天子当阳武勋营制，巍焕一新。朝议移设鹤丽镇右营，于兹土较前畸重矣。而规制缺如转不逮。昔首事等心窃恧焉。乃于光绪十五年二月庀材鸠工，重建正殿三楹，东西厢房、门楼各五楹。于二十八年八月落成，仍奉玄天上帝于中而祔天驷祝融于左右。昔之荒烟蔓草，无力构造者；今则恢拓旧规而永观厥成焉。然是举也，虽仗同志之人齐心，踊跃量力捐输，实则全赖前任黄阃府金林，积太守，寿席明府葆真，倡首捐廉，将四方街头、玄天阁内地基，照旧兴建铺面一间，以资添助，始则为兴工土木之用，后可为永远香火之资。其有得于功德不少焉。继忠忝任鹤丽镇右营都司亦与其事。见夫前任文武诸君捐廉，倡始与同人捐助，不忍湮没不彰。爰勒斯石以垂不朽，并将功德及常住田亩铺面，另碑开列，以图久远。弗替云尔，是为记。

邑廪生赵文煜撰拜书

大清光绪二十八年九月上浣 吉旦

协镇衔补用游府鹤丽镇右营都阃府　钱继忠　立①

碑文主要记述了清代光绪二十年重建玄天阁的经过。中国道教分四方，分别有四神：东方青龙、西方白虎、南方朱雀、北方玄武。它们都是以中国古代天文星象取名的，尤以北方之神为尊，称“玄武帝”。碑文中所称的真武即北方之神玄武，又因北方七宿之形如龟蛇，称龟蛇二将。宋时避讳改玄为真，称真武帝。在丽江地名上多有道教思想体现，如丽江古城之东的山脉称震青山，震青即为青龙之义；丽江坝子内北有金虹山、象山，东有龟山，南有蛇山，西有马鞍山，这些都与动物有关，体现出道家观念。碑文中介绍了玄天阁大殿内塑像布局：中塑真武像，左塑祝融，右边是天驷。祝融本名重黎，中国上古神话人物，号赤帝，后人尊为火神。有人说祝融是古时三皇五帝之一。据《山海经》记载，祝融的居所是南方的尽头，是他传下火种，教人类使用火的方法。另一说祝融为颛顼帝孙重黎，高辛氏火正之官，黄帝赐他姓“祝融氏”。在日常用语中，“祝融”是火的代名词。“天驷”指的是天上二十八星宿之东方苍龙七宿中的第四位星，名“房”，即“天驷 ”，亦称“马祖神”。

① 杨林军编著：《丽江历代碑刻辑录与研究》，云南民族出版社2011年版，第37—39页。

3. 民国时期纳西族地区道教与其他民俗的合流

清代，丽江的道教建筑得到保存，出现了道教组织——洞经会。洞经会主要供奉：紫微玉皇大帝天尊、天皇上帝、北极上帝、后土黄皇录地祇、元圣天尊、文昌大帝等。以文昌宫为活动地点，洞经会有音乐队，有不少洞经调。如《八卦调》《万年花》《旦舞》《浪淘沙》《水龙吟》《到春（夏、秋、冬）来》等等。每年二、八月各举行一次文昌大会，还有五月十三日的单刀会和六月二十四日的关公诞辰。据说，洞经音乐会在清代还有皇粮供应。① 这些音乐与元代形成的《白石细哩》（又作《别时谢礼》）融合，是纳西古乐的组成部分，是清代后期至民国时期宗教合流的缩影。这种合流，表现在三个方面：

第一，佛、道合流。培风寺成了财神殿，“财神殿，在府城南门外观音阁东，旧名培风寺”。报恩寺变成了文昌宫，“报恩寺，在府城西南五十里许木保里珊碧村。今改为文昌宫”。庆云寺改为关帝庙，“光绪年间，里民改为关帝庙”等，是佛教寺庙改为道观。丽江北门坡的地藏庙与城隍庙共用一个建筑群，前院为城隍庙，后院为地藏庙。白沙的琉璃殿，明代为汉传佛教寺院，清代后期至民国，前院住和尚，后院住喇嘛，仅隔一堵墙。丽江府治东面的震青山，山顶为道教的玉皇庙，山腰为汉传佛教的法喜寺（又名一碗水），山麓为白族本主的东山老爷庙。每年农历二月八日和三月十五日是震青山庙会，多元宗教合流后的民俗共融现象突出。还有的是一寺供奉道、佛、儒神像，如三圣宫，供奉佛、道两教神像，有观音、文殊、普贤、轩辕黄帝、孙膑、白眉和尚等。② 我们还可以从《新建培风寺碑记》看到当时宗教归流一面。

（吴大勋于）癸巳，恭膺简命，来守丽江……家君在署时，与学博杨君、董君相过从。二君皆道士也，相与轸念夫民隐，而作兴其士气，思所以导斯人于欢忻鼓舞之途者，非假于神道以诱掖之，不几令自诿于力之无能与才之不逮也哉。城内旧有奎阁……且其方为巽，巽为高，有所高者以临之，以壮其势，于文治为宜……甲午秋，度地量

① 郭大烈、和志武：《纳西族史》，四川民族出版社 1999 年版，第 394 页。

② 郑卫东著：《文明交往视角下纳西族文化的发展》，云南民族出版社 2011 年版，第 339 页。

> 材，构一阁，中奉奎光。阁三层，高出城关数尺，杰然与城内相辉映。阁之前为祠，祠奉正乙元坛，掌财帛之数，为民司命。祠前而阁后，先养而后教也。阁高而祠平，高者取其层累而高，平者取其财用均平也。登楼远眺，雪山高插，望之如玉屏焉。祠之前为门庑，东西为两厢。门之外为酬神之所。周以缭垣，施以丹臒，屹然丽城一巨观也。于是士民之奔走拜祷于其下者，咸油然以思，肃然以敬，且晓然于生财之有道，而奋然于功名之可以进取也……至于阶戺之间，黝垩之事，尚有未竟者，余因而踵成之，以阜民财、以启文明，皆所以培风也。是宜名"培风"，为原其建造之意，志诸不朽。

可见，寺庙原为奎阁，从道教风水看这里处在巽位，所以改为道教场所；正殿供奉奎光，具有儒、释、道三者内容，塑有道教的"正乙"，门外还有"酬神之所"。清代后期宗教合流的趋势已非常明显。

第二，道教活动的世俗化。民国时期道教活动在丽江已经很活跃。在今古城区祥云办事处、玉龙县黄山镇的白华村、玉龙县大具乡的培当村等村民都以"吉勒"来命名。"吉勒"（阿钹）指乐队法器。如黄山镇白华村委会就有一个村子叫"吉勒灿"，"灿"意思为村寨，是指一个从事道教活动的村寨。道士以张姓为主，据传是明代木氏土司从内地请来的道士的后裔。村民平时务农，遇到丧事、年斋、不顺年度时，经常请道士去念经超度，比喇嘛、东巴法事简便，省钱。丽江信士李绍源增创的《北岳宝诰》一文，成为丽江洞经会弹奏的重要内容（见图3—2）。全文内容如下：

> 志心皈命礼
>
> 玉峰得道，雪岭成神。镇溯方之上境，居石龙之宝座。昭武威于木室，荫德惠于丽阳。八月初十以诞降，九月九日以飞昇。神明不测，灵应难言，气冲霄汉，力搏龙虎。现白袍而助阵，秉火剑以斩妖。韦陀化身，皈依佛法。北偏安位，泽荫九泉，生初具先天之气，没后镇雪岭之神。功显而晦，名昭仍隐。一丽永赖乎扶持，万姓咸沾夫惠泽。有感即应，无愿不通。安邦御患，保境除灾。神行风起雨至，灵降电闪雷鸣。心同冰雪，明德惟馨。性似风火，妖孽斩除。至灵至应，至刚至勇；佛赐金号，果难菩萨；三圣保奏，金阙锡衔。

敕封丽阳镇守山河，伏邪降精，大圣雪石北岳安邦景帝。

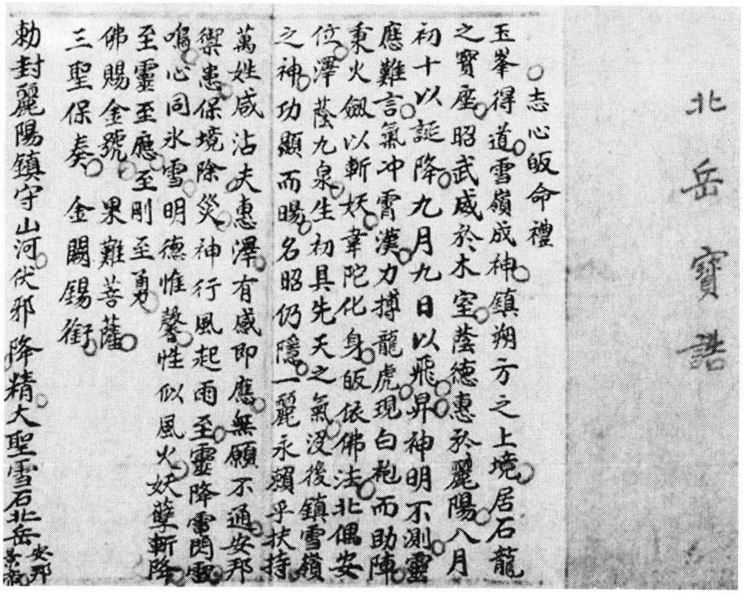
北岳寶誥
志心皈命禮
玉峯得道雪嶺成神鎮朔方之上境居石龍
之寶座昭武威於木室耋德惠於麗陽八月
初十以誕降九月九日以飛昇神明不測靈
應難言氣冲霄漢力搏龍虎現白袍而助陣
秉火劍以斬妖韋陀化身皈依佛法北隅安
位澤蔭九泉生初具先天之氣沒後鎮雪嶺
之神功顯而賜名昭仍隱一麗永賴乎扶持
萬姓咸沾夫惠澤有感即應無願不通安邦
禦患保境除災神行風起雨至靈降雷閃電
鳴心同冰雪明德惟馨性似風火妖孽斬除
至靈至應至剛至勇
佛賜金號果難菩薩
三聖保奏金闕錫銜
勑封麗陽鎮守山河伏邪降精大聖雪石北岳安邦

图 3—2　《北岳宝诰》文本

“北岳”是唐代南诏异牟寻对玉龙山所封的号，明代发展成的人物形象“三多”，是战神和保护神，到了清代成为丽江地方土主神和保护神，因为“所求无不灵验”，成为纳西族、白族、藏族的精神寄托。北岳庙“三多”神在民间的地位很高，其间也出现了道教的内容。道教、佛教与地方保护神的融合，反映了这一时期道教与其他宗教一样，都走向民俗化的趋势。

第三，洞经音乐深入基层。明清时期传入丽江的道教经典为皇经（全称为《洞玄灵宝高上玉皇本行集经》，简称“皇经”），而洞经（全称为《玉清无极总真文昌大洞仙经》，简称“洞经”）的传入则在皇经之后。丽江弹演洞经的组织称“洞经会”，俗称“谈经班”。嘉庆年间大研洞经会造有“会谱”一册，内容包括谈经会的发展历史、各届会长、善长、会员等，后毁于兵燹。现存于丽江市档案馆的大研洞经会会员名册一本，名曰《永保平安》，制作于民国二十七年，内有进士和庚吉撰的《永保平安序》及会员 119 人的姓名、字号。到 1949 年前，在经济、文化较发达的丽江坝、拉市坝及金沙江沿线地区，几乎每个乡镇、街道、村寨都组建了洞经会或洞经乐队。如大研镇的洞经会、皇经会、松花乐会、白马村乐会、益友乐会、文明村乐会、新营盘乐会等；白沙乡就有白沙乐会、龙泉乐会、开文乐会、新善乐会、木都乐会等；拉市坝有吉祥乐会、丰乐乐会、满祥乐会、南尧乐会等；石鼓镇有石鼓乐会、海螺塘乐会、大同乐会、竹园村乐会等，其他如阿喜、格子、大具、巨甸、鲁甸、杵峰等地还有不少乐会。[①] 从中我们知道，道教文化在纳西族地区已经深入基层。

三　基督教在纳西族地区的传播与分布

1858 年，清政府与英、法签订了不平等的《天津条约》，允许传教士在包括康区在内的边远地方从事传教活动。随后有法国人以胜利者的姿态，闯入川、滇、藏交界处，即四川的巴塘、云南的维西、德钦、察瓦博木噶、西藏的芒康、盐井、扎那、门孔等地，雄心勃勃地向纳西族、藏族、傈僳族、白族等少数民族传教。十余年，传教士也仅在傈僳族中取得突破性的进展。纳西族对于基督教态度是“兼收并蓄，信而不笃”。在纳西族地区传播以天主教为主，也有基督教，丽江、盐井、维西、盐源等地曾设置教堂。

1. 基督教在丽江的传播与分布

基督教五旬节会曾在丽江开设过五个福音堂，分别位于古城五一街、新义街、石鼓、巨甸、大具，其中心是五一街王家庄（今文华巷）的福音堂。受英国教会的委派，荷兰籍传教士郭嘉于 1912 年前来丽江建立五旬节会，作为在滇西北部的大本营，此后相继有英国籍传教士安永静、杰西、高丽、史哈顿，德国籍传教士郭祖寿、德永乐、俞助华等来到丽江传授五旬节会的教义。他们发展了大研镇人宣明德（宣科的父亲）为教徒。此外，古城还有法国天主教神父开设的一座小型教堂。基督教和天主教的传教事业在丽江显然遭受了重挫，信徒寥寥数人，即使在三月龙王庙会、七月骡马交流会、东山庙会等活动中以搭帐篷的方式来教化四野山民，信

---

① 杨增烈：《丽江洞经音乐调查》，和志华主编《丽江文史资料全集》（三），云南民族出版社 2012 年版，第 56 页。

众仍然没有增加，还经常招来民众的调侃和口哨。[①] 到了1941年，基督教和天主教的活动重心已转移至傈僳族聚居的澜沧江河谷地带。

丽江大研镇的福音堂是一处典型的纳西民居宅院，根据高耸的十字架和有着拱顶的欧化窗户，可以从外观上和周围的建筑区别开来。福音堂是丽江唯一使用电灯照明的地方，附近的河沟里装有一台微型水力发电机；钟楼上挂着一口半米高的意大利铁钟，每星期拉响一次，钟声旷远悠扬。传教士们养了两匹凉山马，以方便到偏远的山区传教，还养有六七头奶牛，以保证能经常喝到新鲜的牛奶。

长期在滇西北传教的奥佛拉德神父曾对洛克说："给一个纳西族人传福音比给一个藏族喇嘛传福音更艰难！"实际上，拥有泛灵信仰的纳西人对传教士并无恶意，但19世纪中叶以来遍及全国的强烈的民族主义情绪，使得他们对洋人的传教动机保持着谨慎和排斥；所有加入基督教的纳西人都被讥笑为"洋奴"。福音堂每逢星期天要做礼拜，虔诚地祈祷，念读圣经，并高声唱颂赞美诗，前来参加的人往往能获得耶稣画像和一两片饼干，每次都有许多儿童前去凑热闹。福音堂旁边住着赫赫有名的商号"仁和昌"的总经理黄嗣尧一家，他的哥哥黄学典在孩提时代便被认定为藏地活佛的转世灵童，由于家里反对，他没有出家去继承活佛的衣钵，所以一直在自家的楼上设立经堂念佛颂经。有一段时间，福音堂唱颂赞美诗时声音过大，惹恼了这位"活佛"，他打开窗户，使足力气高声念颂喇嘛经，形成了传教士和"活佛"对峙的局面。

纳西人最熟悉的传教士是安永静牧师，他热爱丽江，分别给自己的两个孩子取名为"安丽生""安丽花"，1949年被迫离开丽江。几十年间，传教士在丽江古城累计发展了五十名教徒（其中不少是四川的移民）。1932年前后，能讲一口流利纳西语的荷兰传教士苏淑添研创了一种拉丁化的纳西拼音，但没有传播开来。在丽江，传教士最早引入了苹果，他们离开时种植了上百棵，如今丽江已成为闻名遐迩的苹果之乡。[②]

福音堂东面内墙上嵌有两块石碑，左面为英文，共8行；右面为汉

① 2011年12月，在采访洪建忠老人时提及。他说，小时候记得，每有民间大型活动，如三月龙王庙会、七月骡马交流会、东山庙会等，教堂的"洋日"（洋人）都会搭帐篷来传教。他们发一些东西给百姓，然后讲经布道，百姓用纳西语、白语说"阿嚯嚯——登！"（引起对方注意或打扰对方的口哨），调侃这些洋人。

② 白郎：《月亮是丽江的夜莺》，重庆出版社2007年版，第128—130页。

文，共7行。

（汉文碑）安贝氏爱卿即贝美恩也。她为基督和福音的缘故舍掉生命在云南。兹特感其厚爱与灵能，建此讲堂以作纪念。

拙夫安永静　志

主历一千九百三十年十月八号　刊

（英文碑）In Loving Memory. This church was given In appreciation of Jessie Ameros □ Bigger Who gave her life for Christianity And the□ in Yunnan ①

汉文碑主要记述了（安贝氏）贝美恩为传播和发展基督教而献出了生命，为了纪念她而立了此碑。

顾彼得在丽江期间，看到天主教举步维艰：

多年来罗马天主教和其他教派枉费心机地设法立足于这个地区，一个英国教派传教团曾在短期内设法在城里保留一个不稳定的立足点，有一对英国夫妇在管理，他们有一所舒适的房子和一个小教堂。……生意清淡，只是在来自四川的汉族移民中有几个皈依者。然而他们常到扬子江上游的大山里旅行，在原始的白傈僳部族中取得一些成功，从而得到补偿。②

据《滇西基督教史》记载，基督教会在大研古城、石鼓、仁和、仁义、黎明、黎光、巨甸、大具等地发展成1000多教徒，其中仁和、仁义、黎明、黎光等地几乎全村参加了基督教。但据《丽江纳西族自治县志》记载，这些地方基督教得到很快发展，但信教群众不是纳西族，而是傈僳族，至新中国成立，大研镇信教群众只有50人。基督教在丽江的传播是失败的，但在客观上对纳西族东巴文化的宣传、整理、收集、保护发挥了积极作用（见表2—4　现存东巴古籍国内外收藏一览表），在引入葡萄种

① 杨林军编著：《丽江历代碑刻辑录与研究》，云南民族出版社2011年版，第45页。

② ［俄］顾彼得著、李茂春译：《被遗忘的王国：丽江1941—1949（中文）》，云南人民出版社2007年版，第133页。

植、苹果种植、用拉丁字母创造纳西拼音方案等方面的功劳是不可否认的。

2. 盐井天主教的发展

盐井天主教堂修建于1856年，由法国传教士丁耶创建。1854年，丁耶传教士从缅甸进入盐井。盐井地区分为下上盐井，其中，上盐井人烟稀少，丁神父向噶厦政府提出一个看似玩笑的请求，说要购买一块牛皮样大小的地方和一股牛角般粗细的水源。政府满口答应。结果这位神父把牛皮剪成细皮条，把整个上盐井围住，成为了他的私有土地。到盐井解放前夕，先后有17位分别来自法国、德国、瑞士等国的神父在这里传教，是天主教成功落脚藏区的典型。天主教与附近的刚达寺水火不容，矛盾和冲突贯穿始终。其中1949年前发生了刚达寺喇嘛杀害杜仲贤神父的事件，影响很大。信徒以上盐井村的藏族为主，下盐井的纳西族很少参与其中。

清末民国初年的盐井教堂情况，我们从盐井的两部志书中即可见一斑。宣统《盐井乡土志》记载：

> 唯法国教堂常驻司铎一人，又由炉城、巴塘及滇边白汉洛、次宗、小维西等处……独不解蛮民从前仇教之心，甚于内地，今则盐井附近不过七十余户，而奉教者已居其二。盖由蛮地瘠苦，自外人来，称贷且易。故彼得以借债为名，坐地收租，即以教民为佃户。此二十年前未开化时事也。近年土著教民中，况又有内地汉奸娶蛮女为妻室，生有子女，熟悉汉番情事，每遇交涉，辄从中构衅，是又在所必惩也。①

官府在盐井面临的两个问题中，处理天主教相关问题最为棘手。教徒往来于巴塘、理塘、次宗等地，政府“须派人，照章护送，并将出入日期分别移报备案，尚属常例”。宣统年间有教徒十余户，主要是上盐井村人，多为藏族。民国《盐井县志》也记载：

> 城北三里许，盐卡楼有法国教堂，在未设治以前，其教民藉势凌

① 段鹏瑞编：宣统《盐井乡土志·交涉》，《中国地方志集成·西藏府县志辑》，江苏古籍出版社1995年版，第418页。

人，百姓抱怨，尤为喇嘛。盖因佛教与天主教相反，而无法制止。至光绪三十四年，腊翁寺喇嘛作乱，扬言战胜汉人，先诛教堂。教民大惧，即求救汉官保护。时统领为赵渊，即令驻防军队保护，并发告示晓谕百姓云：无论汉番有损坏者，格杀勿论。由此司铎丁成莫竟将此文翻译印，与教民赠送一张，佩带于身，以为安慰。至宣统二年，此告示悬挂教堂。懒兵打油诗曰：大道不同两相殊，神仙一样画葫芦；慢说慈航渡鹫岭，不为天主共桃符。①

可见，天主教在盐井纳西族地区虽有传播，但主要信教群众以藏族为主，纳西人偶有参与。

3. 茨中等澜沧江畔的教堂

19 世纪后半叶，天主教深入澜沧江流域，先后在维西和德钦修建茨中、小维西等 9 个教堂。茨中教堂位于梅里雪山下的澜沧江畔，南距迪庆州德钦县城 80 公里。“茨中”为藏语，意为“六个村子”，由附近六个村子头人的住地而得名。1921 年茨中教堂建成，附近的藏族、纳西族、回族都有天主教的教徒，一直到新中国成立初期。1880 年法国传教士在维西县白济汛乡修建小维西教堂，1910 年在今天德钦县燕门乡巴东村建成巴东教堂。这些教堂位于澜沧江畔多民族杂居地区，交通极为不便，政府控制力量也很单薄，教徒中只有极少的纳西人。

川西南的纳西族地区也有基督教和天主教的传播，但几乎没有纳西族教徒。

四　外来宗教在纳西族地区的世俗化

外来宗教进入纳西族地区后，佛、道教深入民间，成为纳西族地区仅次于东巴教的宗教，甚至在民国时期，大研古城和丽江坝区以佛、道教占主导地位。而基督教、天主教在纳西族地区没有取得进展。但不能否认近百年来基督教在客观上带来的物种，更不能忘记传教士“贱买”去的东巴经书得以保存并传扬于世。

外来宗教对于纳西族社会的影响，主要体现在宗教的世俗化。在震青

---

① （民国）刘赞廷编：《民国盐井县志·遗迹》，《中国地方志集成·西藏府县志辑》，江苏古籍出版社 1995 年版，第 390 页。

山的法喜寺有一副对联：

是圣是凡，三教原归一理；
即心即佛，灵山岂在西方。

这副对联正是宗教世俗化的体现。前面所谈及的震青山，山顶是道教的玉皇阁，半山腰是汉传佛教的法喜寺，山麓是土主神的东山本主庙。清中期以来，每年农历三月十五日都要举行盛大的庙会，大会期间，丽江汉传佛教的金山寺、喜祇园、龙泉寺等都会派僧人前来，在玉皇阁朝拜玉皇，在法喜寺作法事，参与东山庙会的活动。洞经会也前来演奏洞经和皇经，汉传佛教信徒嬷嬷们则主持妇女求子的道教文化活动。民国时期丽江举行的“弥勒会”，是藏传佛教、汉传佛教、道教联合举办，是最具特色的法会，每年农历十五左右举行，连办五天，同时在各自的寺庙都举行着法会。丽江纳西族地区的宗教融合可见一斑，这也是纳西族群众精神生活的独特要求。在人生各种礼仪中，纳西族对宗教的需求是有选择的，而不是笃信于单一的宗教。婴儿的取名可以请东巴，亦可以请喇嘛、和尚、道士等祈福；结婚前要去看男女双方的“生辰八字”，或请东巴算卦来看属相关系，请道士或东巴主持婚礼等；疾病或事业不顺时则请东巴、僧人或桑尼（巫师）举行法事，以驱赶鬼魂；人死后则请喇嘛、东巴共同举行丧葬仪式，头七、四七、年斋都会请道士、喇嘛来举行祈福仪式。显然，这些宗教在纳西族地区不可能“洁身自保”，只有走世俗化才是生存和发展之道。百姓对宗教的参与度很高，纳西族“信而不笃”的宗教理念就决定了外来宗教不可能取得绝对的精神地位，交融和世俗化是存在的条件，也就是在这样的条件下，纳西族地区的宗教各得其所，使各种宗教得以和谐发展。

本章小结

东巴教是纳西族所特有的宗教，对祭司称呼不同可分作东巴教、达巴教，他们分布区与东、西部方言区一致。“三多”神信仰以“拿喜”一支为主，丽江、永宁、白地形成明显的不同土主神信仰的区域，这些自然神经历了从自然物到人物形象塑造的过程。藏传佛教对纳西族地区的影响很大，先后创建30余座寺院。滇西北地区以噶玛噶举派为主，形成十三大寺院；东部地区则以格鲁派为主，蒗蕖保留了3座萨迦派寺院。明代，汉传佛教一度在丽江处于独尊地位，清代以来汉传佛教、道教在纳西族地区不断发展，其影响力不逊于藏传佛教。民国时期虽然基督教也传入丽江，但没有获得纳西人的信仰。外来宗教在纳西族地区都走上了世俗化的道路，与民俗合流，是多种宗教在纳西族地区能够共融共存的原因。

第四章　明至民国时期纳西族风俗文化地理研究

一个民族的风俗涉及方方面面，甚至把民族的所有活动都可以归为风俗范畴。民俗，即为民间风俗，“在特定的民族、时代和地域中不断形成、扩布和演变，为民众的日常生活服务。民俗一旦形成，就成为规范人们的行为、语言和心理的一种基本力量”。① 民俗可归为四个方面：物质民俗、社会民俗、精神民俗、语言民俗。本章主要讨论纳西族风俗中的岁时节庆、丧葬习俗和婚姻家庭三个主要内容。

第一节　纳西族岁时节庆习俗及地域差异

一　纳西族祭天习俗探析

祭天是最具纳西族特点的习俗，是有别于其他民族的重要标志。② 历史上纳西族被称为“麽些”，“麽”即为天，“些”即为人，意为天之子民，是祭天的民族。在纳西族民间留传有“纳西暮步笃”，即“纳西族以祭天为大”。祭天是纳西族先民对人地关系认识的行为表现。祭天是自然崇拜的产物，与东巴教有着源流关系。东巴经中的规程文献对祭天仪式的礼法制度有着明确的记载。本节主要讨论祭天习俗的时空变迁。

1. 纳西族祭天习俗的源流述略

纳西族先民的祭天习俗起于何时，目前学术界各执一词。但是可以肯定的一点是，祭天是纳西族先民对自然崇拜的体现。这种对天的崇敬自古开始，历经数千年发展，时至今日，祭天仍然是纳西族最圣洁的祭祀活

① 钟敬文主编：《民俗学概论》，上海文艺出版社1998年版，第4—5页。

② 郭大烈、和志武：《纳西族史》，四川民族出版社1999年版，第35页。

动。纳西族认为，"天"即自然万物之祖，是把控人类的神秘力量。"天"被渲染成无所不能，无所不知的神灵之源。"天"又是可以被认知的，如东巴经《创世纪》中记载，人类是由气形成的，气是"天"的组成部分；万物产生后都有神灵性，而这种神灵性也是"天"的组成部分。纳西族祭天仪式涉及上百种经书，都有与生产、生活息息相关的"万物有灵"的观念。纳西族所祭祀的"天"，与事物间发展变化形成相辅相成的关系，既不能一味地向自然索取，也不必要敬畏自然而望而却步。对自然的索取要有度，需要通过补偿来平衡人与自然万物之间的关系，最终达成人地和谐，顺应自然。纳西族先民对"天"的三个层次的认识，构成了祭天的内容和表现形式。

纳西族先民的祭天习俗，在东巴经书中记载最多，也是所有祭祀中最为圣洁而隆重的仪式。元代，汉文献中已出现对纳西族祭天的零星记载。李京在《云南志略》中记载："末些蛮在大理北……不事神佛，惟正月十五日，登山祭天，极严洁，男女动百数，各执其手，团旋歌舞以为乐。"①这则材料表明，元代丽江一带的纳西族先民还没有明显的人文宗教色彩，而以自然崇拜为主。正月十五日男女都上山至高地举行祭天仪式，非常严肃地与自然沟通，祈福人、牲畜、农事顺利和兴旺。祭祀完毕还举行歌舞娱乐活动，是一年中最隆重的节庆。

明代随着木氏土司在滇西北崛起，向东、西、北三个方向进行拓土扩疆的军事活动，纳西族先民的分布也随之扩大。纳西族每迁居一处，都聚集而居，所以传统民族文化得到了较好的保留。如在景泰《云南图经志书》记载：

> 麽些蛮，不事神佛，惟每岁正月五日，具猪羊酒饭，极其严洁，登山祭天，以祈丰禳灾。祭毕，男女百数，执手团旋，歌舞为乐。②

与元代相比，这时期的祭天仪式有所变化，即祭祀日子发生变化，《云南志略》记载是"正月十五日"，而明代文献记载是"正月五日"。

① （元）李京撰、王叔武辑校：《云南志略·诸夷风俗》，云南民族出版社1986年版，第93页。

② （明）陈文修、李春龙、刘景毛校注：景泰《云南图经志书校注》（第5卷），云南民族出版社2002年版，第312页。

如此严洁的祭天为何提前了十天呢？笔者以为，李京的《云南志略》记载有误。第一，根据东巴经书记载所知，纳西族祭天都在正月初十以前。第二，纳西族各支系祭天时间相对固定，没有哪一支是“正月十五日”祭天的。一般认为，纳西族有四个分支，分别是树、尤、梅、禾，由此分成四个祭天群。尽管各支系人口数量和祭祀的侧重点不同，但各祭天群祭天时间是固定的。古俗是不能随意改变的。如“普笃”祭天群是纳西族中人数最多的，正月初四、五祭天，延至初九结束；“古徐”祭天群祭祀时间在初十、十一，延至初十三；“古哉”祭天群祭祀时间在初五至初九；“古珊”祭天群祭祀时间则提前至腊月二十四日至二十八日等。当然，纳西族还在三月、七月、十一月都有祭天的习俗。可见纳西族正月祭天时间不超过初十三，而“十五”当为笔误。在纳西族的自然崇拜仪式中，对山石的崇拜活动在正月十五日举行。① 靠近四川的纳西族，“曰磨（麽）些……不祀神佛，唯正月五日登山祭天”。② 明崇祯年间徐霞客远游丽江，记载了纳西族隆重的祭天习俗：“其俗新正重祭天之礼。自元旦至元宵后二十日，数举方止。每一处祭后，大把事设燕燕木公。每轮一番，其家好事者，费千余金，以有金壶八宝之献也。”③

清代，纳西族延续了祭天习俗，汉文献记载更加详细。因受到改土归流的冲击，在丽江城区祭天仪式渐为俭约。流官杨馝把“移风易俗为己任”，进行大力改革；王厚庆也是“以移风易俗为先务”。光绪《丽江府志稿》记载：“祭礼：元旦家皆斋戒，祀百神或谒庙焚香。次日以后，村间、族党择洁地为坛，植松、柏、栗各一，陈豕，供净米，请刀巴祝䊅，名曰：祭祖。（按：旧俗六、七月祭祖亦如此礼，今行者十之二三耳）”④ 通过流官不断推行移风易俗的措施，城区及附近农村纳西族先“谒庙焚香”，再举行祭天仪式。乾隆《丽江府志略》记载：“正月，祭天，请东巴祭山川土谷神。”丽江地区的纳西族祭天主要集中在正月，其他时间的

① 詹承绪等：《永宁纳西族的阿注婚姻和母系家庭》，上海人民出版社1980年版，第275页。

② （明）谢肇淛：《滇略》（第9卷），梁公卿主编《中国西南文献丛书》（第三辑）之《西南史地文献》（第11卷），兰州大学出版社2003年版，第176页。

③ （明）徐弘祖撰、朱惠荣校注：《徐霞客游记校注》（下），云南人民出版社1985年版，第938页。

④ （清）陈宗海等纂：光绪《丽江府志稿》（第1卷），丽江市古城区方志编纂委员会2005年印，第44页。

祭天则少至“十之二三”。清代以来丽江府的纳西族祭天受到流官的阻挠，就地选择一块固定的场所作为祭天场，而不再登上高处举行祭祀活动；受汉俗的影响，祭天内容在清代开始变为“祭祖”，把对自然的祭祀逐渐转向对祖先的祭祀，出现了从自然崇拜向人文崇拜的转变。

在民国时期，纳西族地区仍保留了祭天习俗。据民国《中甸县志稿》记载：“名为丽江木氏土司地……东旺各处亦仍保有摩些语言及祭天等类风俗。”[①] 虽然这一区域的纳西族藏化非常严重，但在西康省的巴安县白松、中甸的东旺、格咱、尼西、西藏的盐井都保留了祭天习俗。除了绝对信仰喇嘛教以外，“仍不敢漠视东跋教，每逢年节，必延东跋教念经祭天”。可见，祭天仪式是纳西族最具特点的祭拜仪式。

> 麽些族所在村落，必于附近高阜筑一天坛，定于每岁旧历正月初四、五、九日集众醵金，延请东跋（东巴），杀牲祭天一次。嗣秋收前，又择日祭天一次。其祭天之东跋，必须先期选定……[②]

1949 年，俄国人顾彼得在还去吾汉（纳西族）家参加祭天活动：

> 按照习惯，他和一些朋友及东巴在祭场里斋戒过夜，现在已为举行仪式穿戴完毕。我们前往祭场，每个纳西族村子都为这类献祭设有祭场。那是一块空旷地，四周古树环绕，祭场用大小石头砌成的厚墙围着……祭天仪式就这么简单，然而它是纳西族重大的仪式之一。只有家里的男性长者有权举行这样的仪式。纳西族中不同的家族在不同的时间举行这个仪式。吾汉属于有名的“古许”祭天族，而其他一些村里人属于“古展”祭天族。

民国时期，纳西族地区或受到汉俗影响，或藏俗同化，部分纳西族不断融入其他民族中去，人口总数不断减少。虽然被藏化或汉化的纳西族大都保留了祭天这一古老的习俗，但还是削弱了它的影响力，主要表现为外

① （民国）段绶滋纂修，和泰华、段志诚标点校注：《中甸县志资料汇编》（三），中甸县志编纂委员会 1991 年印（内部资料），第 155 页。

② 同上。

来节庆大量增加。元代，纳西族以祭天为最圣洁、最隆重的节日，史书上还没有其他节庆活动的记载。到了民国时期，纳西族地区更多地融入了汉文化的习俗。光绪《丽江府志稿》记载了在元旦那天，纳西族在家里举行斋戒仪式，祀百神，或谒拜文武庙、汉藏佛教寺庙焚香，第二、三天才准备祭天仪式，到了初十五日就参加“喇嘛念长寿经，祝皇帝万寿”等活动，还要过元宵节等。

2. 东巴经中关于祭天习俗起源的记载

纳西族非常重视探讨事物的来源，说“不知道事物的来源和出处，就不要议论它”。纳西族把祭天视为生产生活中最重要的仪式，最古老的东巴经书《崇搬图》（《创世纪》，又称《人类迁徙纪》）是纳西族祭天由来的最好注释。经文描述了远古开天辟地之时，九个男神开了天，七个女神辟了地。从人类出生到崇忍利恩一代，六个兄弟和五个姐妹互相通婚，由于他们犁地犁到天神聚会的地方，抓了神猪，打了男女神，触怒了天神，因此洪水滔天，最后只剩下好心的崇忍利恩一个人。他非常孤独，渴求寻找伴侣，经菩萨指点，找到了来人间洗澡的天神之女衬红褒白命。天女也喜欢崇忍利恩，就把他带到天宫藏起来。天神子劳阿普发觉后想赶走崇忍利恩，由于衬红褒白命说情，就留下他帮助做事。崇忍利恩对天神说，地上只有他一个人，请求天神把衬红褒白命嫁给他。天神就以常人做不到的事为难他，叫崇忍利恩一天之内砍伐九十九片林地的树木，一天之内烧完砍下来的树木，一天之内撒好九十九片林地的粮种又要颗粒不少地收回来，叫他去挤老虎奶水等。这一切都在衬红褒白命的帮助下出色地完成了。于是，崇忍利恩与衬红褒白命成婚，从天上下来住在一个叫吕俄底的地方。他们希望生儿育女，传宗接代，但久不生育，他俩就派精明能干的蝙蝠和天狗上天恳求天父天母赐男儿女儿。得到天父指点后，用黄栗树做祭天地之神木，用柏树做祭上帝之神木，敬献最甜的天酒、最净的天米并用牛、羊、猪等做牺牲，烧香祭天。后来衬红褒白命有了喜，生了三个儿子。但是三兄弟长大了都不会说话，崇忍利恩夫妇又派蝙蝠和天狗上天再求天父天母指点，天神指出了神木没有插好、神石没有安放、白香没有燃起、不会敬献醇酒、不懂祭天之礼等。崇忍利恩夫妇按照天神所赐的方法，在田野中大行祭天仪式。结果，一天中三兄弟都能说话了，而且分别用藏语、纳西语、白语同时说话，三兄弟就变成了三个民族。从此之后，纳西人为了纪念天神的保佑赐福和自己的始祖崇忍利恩和衬红褒白命，举行祭天祭地祭上帝之礼。[1] 虽然经书以近似神话般的故事讲述纳西族先祖的历史，但至少表明了纳西族先民对自然环境的重视。把世间万物拟人化，赋予了“人格”特性，表达了人与自然的关系。这种人与自然平等的理念，对现实的人地关系有着借鉴的意义。

3. 清至民国时期纳西族祭天习俗的复原

纳西族祭天与汉族的祭天不同，也与其他少数民族的祭天有别。元明时期，纳西族祭天习俗基本形成，是以祭拜自然神灵为主的仪式。纳西族的祭天仪式不仅是一种全民参与的最圣洁的祭祀仪式，还是纳西族最重要的一个节庆，以“团旋而歌舞”来祝福。民国时期，洛克、李霖灿、顾彼得等对纳西族祭天场景和过程都有较为完整的文献记录。

祭天是以纳西族不同支系为单位举行的集体祭祀活动，可以是一个家庭，也可以是一个家族或村落，但必须属于同一个祭天族群。清代丽江改土归流，流官推行的汉俗与纳西族传统的祭天习俗发生了冲突。文化冲突的走向有两种趋势：一是完全被外来文化同化，几乎摒弃传统习俗；另一种是在两种文化的博弈中，以传统文化为基点的改造，吸纳外来文化元素，形成多元一体的民族习俗。纳西族祭天则走了吸纳、改进外来文化之路。清代后期纳西族祭天对象是天、地、君（皇帝），君的内容其实就是中原汉文化祭天习俗的内容之一。祭天分作春节时的大祭和七月的小祭，每次祭祀又分作初祭、复祭两道。复祭就是对初祭的一次补充，以免在祭祀时得罪天、地、君而求得原谅。所祭献的食物分作生、熟两类，祭品未煮熟前要先在祭坛上供奉，叫生祭；煮熟后还要在祭坛上供奉，称之为熟祭。每个祭天族群都在正月十五前就祭祀完毕。丽江木氏土司因为贵族的地位和身份，则从初十六开始祭天。

每个祭天族群都有固定的祭天场，一般离村子不远，占地一二百平方米的平地，四周用灌木丛围起，祭天场周围长满树木，平时允许进去嬉戏和放牧。清代由于丽江大研古城扩建，附近没有可作为祭天场的空地，只能在自己院落里搭一个松棚来祭祀。从腊月二十四开始准备祭天，需要一米多长的黄栗树、柏树各一根，留有树叶和枝丫，除夕要准备好祭祀用的物件。大年初二开始，族里年轻人约着到祭天场打扫，竖一个门，四周用

---

① 此部分参考文献：《东巴古籍》（第100卷）之《创世纪》；《纳西族社会历史调查》等文献中有关“祭天”内容。

灌木丛围好，以免一些小动物进入祭天场。初三主要准备祭祀的生、熟食品和制作大小不等的香。初四男女都背着物品进入祭天场，男子搭起祭天坛，祭坛坐北朝南。祭坛上先竖两棵黄栗树，中间竖一棵柏树，分别代表天地君，旁边还有两棵小黄栗树，据传是保护天地的将官。三棵树前分别安放着三个尖尖的石头，称为神石。在柏树的后面（有的在前面）还要插入一根白杨树桩，约有一米高，剖成四丫，夹放一个鸡蛋。据说一切从天而降的天灾会进入鸡蛋而后就不会伤及人间。整个祭天坛都铺上松毛和蒿枝，然后在三棵树前点上大小不等的香，在前面摆放三大碗，分别盛有米酒、酒曲水、祭米。当夜，年轻的男子就在那里过夜，守护着这个圣洁的祭坛，而上了年纪的男子则安排好后回家。点香时都要说一些吉利的祈福话。即便遇到下雨、下雪，祭天场也不能用其他东西来覆盖。

初五，男子从猪圈里抓来“祭天猪”，将四肢清洗干净后捆绑起来，然后在东巴指引下由年轻人拉到祭天场。东巴诵经，主要是把天地君等神灵叫醒，或把没有到位的神灵再邀请一次，诵经之后就地屠宰。然后用树枝蘸血点在黄栗树、柏树、神石、鸡蛋等上面。将猪头正对祭坛摆放，猪身上放些蒿枝、野花等，举行生祭仪式。东巴念诵《创世纪》，主要回顾纳西族祖先的来源、迁徙、发展等内容，其他人员肃立默听，不时还要附和几声。生祭结束后，生猪被抬到较宽敞的地方，开始解剖，分别从各个部位割下一点肉，煮熟后盛在三个大碗内放在祭坛上，再献上熟米、肉汤等，称为熟祭。东巴念诵“献饭经”，不断地用蒿枝和杜鹃枝蘸水洒向四方。这时候所有人轮流到祭坛前跪拜许愿和祝福，东巴用蒿枝蘸水点一下跪拜人的头部，代表神的旨意赐福。这时，还有一个很特别的仪式，就是用射箭来杀鬼。把原先准备好的一张有鬼像的画贴在树干上，然后东巴用弓箭射杀，其他人也可以射上几箭。接下来开始聚餐，大家一起喝酒吃肉，还举行“团旋歌舞”，直到日落西山才结束。回家前，要送走神灵。男子先拔柏树，然后拔黄栗树，口念“送神经”。供品可以带回家，神石就地掩埋，以备下次再用。到了初八，全部人还要到祭天坛复祭一次，这时不杀猪，不点大香，仅杀一只鸡来献祭，仪式可以简略，在祭天坛用餐后回家。整个祭天仪式才算结束（见图 4—1）。

图 4—1　民国时期纳西族祭天坛布置图

4. 纳西族祭天习俗的地域差异

祭天是极为严洁的大事，有些地区是禁止妇女参加的，如丽江的黄山、宁蒗的永宁，体现了“男尊女卑”的封建思想。丽江府周边区域的祭祀仪式与元明时期相比有了明显的变化。纳西族禁止吃狗肉，因为纳西族先祖崇忍利恩娶回天女的时候，天神没有赐给的粮食种子是从狗尾巴里夹带回来的；古代纳西族是以畜牧业为主的民族，狗是最早驯化的动物，成为人类最忠实的伙伴；纳西族善于狩猎，狗是最好的助手，所以对狗有特殊的感情。民国时期，丽江县玉河雪嵩村有个在外当兵的年轻人，患有严重的风湿病，听说吃狗肉可以治好，就在村子附近山洞里吃狗肉。这事很快传到村子最有威望的老人耳朵里，老人到他家直接说，吃狗肉犯了纳西族古规，不准他参加祭天仪式，同时他的行为在村民中引起非议。[1] 纳西族如果被禁止参加祭天，那是最为严厉的惩罚，所有的村民都会远离他。

民国时期丽江白沙一带举行祭天仪式，除非得到族长特许外，是不许外族人观看和参加的。常居白沙的洛克享有这等殊遇。为了表示对祭品尊

① 李近春收集整理：《丽江纳西族的文化习俗和宗教信仰》，云南省编辑组编《纳西族社会历史调查》（二），民族出版社 2009 年版，第 47 页。

重，还有一套与平时不同的用语，如猪（平时纳西族语说“波”，祭天时说“努郭”，即是“翘嘴巴”之意）、狗（平时纳西族语说“肯”，祭天时说“买夸”，即“卷尾巴”之意）等，这是对祭品和动物的尊重，以避免惹怒了神灵。

早期纳西族祭天是以祭拜自然神灵为目的，清代以来不断受到汉俗冲击，被迫改俗，增加了祭祖的内容，与汉俗中的祭祖大致相同。这是纳西族祭天习俗存在和发展的需要，也是祭天形式和内容的发展。

清代以来中甸纳西族不断被藏化，人口不断减少，唯有偏安一隅的三坝纳西族得以发展。据新中国成立初期民族地区调查材料显示，三坝纳西族过春节最为隆重。初三迎接天神，初四杀鸡祭天，是全村寨共同的活动。祭祀时需要烧香、磕头和念经。初五拂晓时要杀一头祭天猪，举行大祭天仪式，祭祀完毕后举行射箭活动。初六各家自己祭天。到初八、九还要去复祭一次。而在维西，正月初二至初五是土司家祭天的日子。祭天坛多设在山脚附近有古老松柏树的地方，周围修上围墙和房子，土司家男女老幼都来在此居住数日。祭天仪式完毕，参加者都可以享用猪肉等祭品。民国时期还出现了土司可以祭天，百姓不允许祭天的规定，百姓只能在初十三举行祭地仪式，全村人都上山，请喇嘛念经，用猪肉祭地，完毕后全村人分肉，然后就在附近野餐过年。①

总之，明至民国时期不同纳西族地区祭天无论从内容还是形式上，都有了明显的变化。

5. 纳西族祭天习俗流变探析

纳西族祭天习俗起源很早，至今仍在延续，体现了纳西族丰富的精神世界。根据祭拜内容，可将纳西族祭天习俗的形成过程分作三个阶段：

第一阶段是萌芽时期。正如东巴经《创世纪》所述，早期人类把“天”视为神秘的力量。这种观念是由于人类对天体、天象和动植物认识上的局限所造成的。自然崇拜归属于原始崇拜范畴，受生产力水平和人们思维能力的限制。先民把自然物和自然现象认识为一种超自然的、无所不能的神秘力量，由此形成了鬼、灵魂的观念。纳西族先民在对自然的认识

① 云南民族调查组丽江分组调查整理：《中甸、维西县纳西族的婚丧习俗》，《民族问题五种丛书》云南省编辑委员会编《纳西族社会历史调查》，云南人民出版社 1983 年版，第 58—59 页。

过程中，对具体的自然物和自然现象进行崇拜，形成了神灵意识，不仅对“天”这个综合体敬畏和崇拜，而且对族群首领也产生了同样的敬畏和神往。《新唐书·南蛮传》记载：“勿邓南七十里有两林部落……两林地虽狭，而诸部推为长，号都大鬼主。”这个“鬼主”就是指部落首领。由于唐代以前纳西族先民的生活以畜牧业为主，居无定所，不断从川西南往金沙江北岸迁移，因而这种祭祀活动很难固定下来。因此，这一阶段纳西族先民的祭天活动较为简单，仅仅祭拜神灵和鬼魂。

第二阶段是形成时期。纳西族先民定居下来，从事农业生产，时间在唐至明朝时期。在这样的背景下，东巴经书《创世纪》内容基本确定下来，崇忍利恩在求婚和重回人间的时候，都谈及农业生产。每一种植物都具有神奇的力量，因此，每年要在一定时间内对它们进行补偿性祭拜，以求得农业发展和畜牧业兴旺。这时期的祭拜内容不仅有自然崇拜，还增加了人文意识方面的内容。如祭天中所竖的三棵树，其中一棵表示“帝”，带有人文宗教色彩。祭天仪式上还增加了一个内容，即重现历史上纳西族遭受其他民族侵扰的事件。如在大祭天要杀猪的时候，有人就大喊“果洛司沛摩！”即披着毡子的果洛人（来了）！人们随即把手头东西一丢就四处逃窜，过了一会儿才聚拢来，继续杀猪。据传，青海方向来的果洛人曾打断过纳西族先民的祭天仪式①，以此作为历史教训而重演。主祭快要结束的时候，东巴要举行射杀鬼神的仪式，在祭坛对面树干上挂一张有鬼像的图画，或竖一些画有鬼像的木牌。东巴高声念道：“我们祭天的这个族群，在东方属木的汉人，还没有跟我们作对的时候就制服它们！在南方属火的民家人，还没有跟我们作对的时候就制服它们！在西方属铁的古宗人，还没有跟我们作对的时候就制服它们！北方属水的果洛人，还没有跟我们作对的时候就制服它们！在中央属土的盘人、那人、巴人、武人……还没有跟我们作对的时候就制服它们！”刚说完大家就齐声大叫：“看（射）！”东巴用弓箭连续射五箭，其他人也可以参与。这样算是制服了五方。可见，在夹缝中求得生存的纳西族先民，在祭天中既要祭拜天，还增加了民族团结方面的教育，体现出人文宗教色彩。

第三阶段是发展时期。清代以来，纳西族传统文化习俗受到汉文化排挤，祭天、东巴教活动受到流官排斥，推行汉地的习俗。在这样的条件

① 李近春：《纳西族祭天初探》，《民族学研究》1982年第3期。

下，纳西族东巴祭司、家族长对传统的祭天进行一定改造，把祭祀大帝改为祭祀君王，或是祭祀皇帝。大约元代以后，丽江一带的纳西族祭天所竖于中间的柏树，称作“卡”（kha^{55}），可能是“可汗”一音之转变。[①] 所要祭祀的神灵不断增加，既有自然神，也有先祖，还有统治者。过去祭天都是东巴主持，清至民国时期东巴地位下降，祭天仪式多由本家族东巴或族长来主持。清至民国时期，丽江时常发生殉情事件，需要由东巴主持超度；一般人死后也要请东巴来超度亡灵。这一阶段还有一个非常明显的特点，就是祭天与祭祖分开来，所祭之祖为自己家族的先祖，而不是整个纳西族的祖先。历史上，纳西族祭天是以祭天和祭祖合二为一，祭天内容中就有了祭祖的含义。清代以来在不断学习汉俗的过程中，纳西族也开始祭祀本家族的祖先，因而出现了祭天与祭祖分开的情况。当然，祭天中祭祀全民族祖先的习俗并没有被弱化。

二 纳西族传统岁时节庆的变迁

在纳西族岁时节庆中，贯穿始终的是祭天习俗，是纳西族最隆重的习俗。此外，冬日宴请、二月八、火把节等都是较为古老的习俗。

1. 明以前纳西族的岁时节庆

唐代，一部分纳西族地区为南诏政权辖地，其风俗也受南诏影响，

> 每年十一月一日盛会客，造酒醴，杀牛羊，亲族邻里，更相宴乐，三月（日）内作了相庆，惟务追欢……其余节日，粗与汉同，唯不知有寒食清明耳。[②]

唐代靠近南诏的纳西族地区也有过冬宴请的习俗。元代，“末些……有力者，尊敬官长，每岁冬月，宰杀牛羊，竞相邀课，请无虚日，一客不至，则以为深耻。”可见，元代纳西族就传承了冬日宴请的习俗，而且纳西族先民注重内部团结和人缘关系，“一客不至，则以为深耻”，客人不到则感到自己无脸见人了。

二月八日的“见跌节”（$tɕiæ^{214}tər^{55}$）是纳西族传统节日，是游牧时

---

① 杨福泉：《纳西族祭天仪式的功能和特点》，《云南社会科学》2009 年第 4 期。

② （唐）樊绰撰，木芹校注：《云南志校注》，云南人民出版社 1995 年版，第 116 页。

期留下来的一个重要节日。那天，放牧者聚在一起打“牙祭”，祭拜山神和牲畜神，祈求庇佑；给各种伤害牲畜的鬼魂食物，祈求鬼魂不要再来威胁。至今在山区还过着“见跌节”，而城区、坝区和河谷地区则改为祭祀“三多”神的节日。

2. 明至民国时期纳西族岁时节庆变迁

明代以来，一方面纳西族地区不断有外来移民进入，带来汉俗影响着传统习俗；另一方面则是纳西族主动向外学习和交流其他民族文化习俗。清代以来更为突出，体现在流官用政治手段推行汉俗，大兴移风易俗之举。加上纳西族地区社会生产结构的变化，不同的纳西族地区形成了风俗各异的岁时节庆。

（1）春节

明代，祭天是纳西族最隆重的节庆，贯穿于元旦之后的二十日。在没有汉文化影响的纳西族地区，每年十一月的头五天是纳西族的开年时间，类似汉族的春节。清代乾隆初，丽江以“用香案叩祝，用桃符门，丞往来拜贺，自元旦至初九日……请刀巴祭山川土谷神，名曰祭天，此一岁首重者。自改流后，更名曰：祭祖”。[①] 还有上元赏灯习俗，装扮成旄牛“以为戏”，妇女则在到路边插香，据说是可以祛除疾病。到了光绪年间，丽江府的习俗有了明显的变化，“元旦家将斋戒，祀百神或谒庙焚香”。清代藏传佛教、道教、汉传佛教和民间信仰在丽江极为兴盛，民众信仰多元化。元旦还要到寺庙烧香祭拜，求一年平安；初十五各个喇嘛寺都要举行念诵长寿经的仪式，不少信众还要去参加。

（2）二月八

纳西族信仰中保留了大量自然崇拜的内容，早在唐代就有祭拜玉龙雪山的习俗。建于唐大历十四年（779）的北岳庙，又名玉龙祠，为丽江境内最早的庙宇。据传唐代牧民在雪山中发现一块异石，背到白沙就重不可举，村民以为神而祭拜。明代嘉靖乙未年（1535）土司木公重修北岳庙，撰有《重修北岳庙碑记》，庙内安放着一个白色的神石。到了清代，庙宇中祭祀纳西族战神“三多”神及两位藏族和白族的妻子。乾隆《丽江府志略》记载：“赛北岳庙”，光绪时“结社会，祀土主于雪山麓”。民国时期

---

① （清）管学宣等纂：乾隆《丽江府志略·礼俗略》（第8卷），丽江纳西族自治县县志编纂委员会1991年印，第209页。

则发展成祭祀“三多”神的节日。而在丽江的河谷、永宁等纳西族地区，则称之为“见跌节”（tɕiæ^{214}tər^{55}），是一个游牧者的祭祀节日。据调查，盐源县达住村的纳西族，二月八日过“亨颂”，即祭牲畜神。那天早上，放牧者带上煮好的猪肉和粑粑，赶着牲口到山上固定点上，烧松毛、烧粑粑等，以祭畜神和山神，祝福牲口兴旺。晚上用带回来的粑粑和猪肉来祭神和祖先。① 中甸三坝纳西族则不信奉“三多”神，二月八日那天在白水台烧天香、撒面粉、野餐，还要举行“呀哈哩”歌舞娱乐。虽然这一天都是民族节日，但不同区域的纳西族过不同名称、不同形式和不同内容的节日，这与纳西族分布的地域性和外来文化影响的深浅有关系。“见跌节”（tɕiæ^{214}tər^{55}）是纳西族最传统的祭畜神的节日，与早期的游牧有直接联系。唐代以来，纳西族迁移至金沙江中游，形成了盐源到永宁、丽江、中甸三个中心区，丽江以祭拜玉龙雪山为主，兴建北岳庙；到了清代，北岳庙以祭祀“三多”神为中心，玉龙雪山已被塑造成具体的人物形象。

（3）清明节

清代改土归流前，纳西族都沿袭了火葬的习俗，没有清明节之说。清雍正元年，流官杨馝使束河村民和悰顺从其母开始改火葬为土葬，“其母之死，择地阡葬，首笔变火化之俗。”至民国时期，丽江坝区已改土葬，过清明节；而在山区则仍然沿袭火葬习俗，不过清明节。

（4）火把节

星回节是纳西族地区流行的节庆。关于星回节的具体时间，史料记载不甚统一，总的来说有两种观点：第一种观点认为是十二月，为岁首。据《礼记月令》“季冬之月，星回于天，数将几终岁且更始。”《云南志略·夷人风俗》载：“每岁以腊月二十四日祭祖，如中州上冢之礼。六月二十四日，通夕以高竿缚火炬照天，小儿各持松明相烧为戏，谓之驱禳。”认为星回节当在十二月，而火把节则在六月二十四日，这是两个非常明确的节日。袁嘉谷在《滇绎》卷二中也认为是岁首。第二种观点认为是六月二十四日，是火把节，又称星回节。鹤庆军民府“境内麽些蛮……吉凶庆吊之俗，俱变其旧矣”。② 鹤庆于明代正统八年（1443）改土归流，流

① 李近春调查整理：《四川盐源县沿海公社达住村纳西族社会历史调查报告》，《四川省纳西族社会历史调查》，四川省社会科学院出版社 1987 年版，第 28 页。

② （明）陈文修、李春龙、刘景毛校注：景泰《云南图经志书校注》（第 4 卷），云南民族出版社 2002 年版，第 303 页。

官到任必然会大倡移风易俗之举，府署周边的纳西族则“俱变其旧”。纳西语称“胜额”（$se^{21}ɯ^{55}$）。乾隆《丽江府志略》也记载：“二十五日星回节，燃火炬三夜，宴会最盛。”① 民间有要火把的习俗，每人举一把火把，在田间地头走动，还有跳火把的活动。清代纳西族诗人李玉湛认为，“迤西鹤、丽等处则以五、六、七三日，盖其时以夜行（指诸葛亮南征是乘夜间以火把传递号令一事），随到资送，远近不齐，故节期亦异，鹤丽等处闻风而为之，故三日皆节。而日期愈左，或云秉畀炎火之遗也，或云示流火也，故又称星回节。”② 据杨慎《海口修濬碑记》记载，嘉靖二十八年十二月二十四日：“为土人星回节，乃暂修百工。”方国瑜认为，二星日燃火炬，称星回节，唯后来腊月废火炬。

星回节之“星回”与天象有关，而与武侯南征没有多少关系，西南地区多有与武侯相关的典故，多不足信。其实，每年 6 月 22 日左右是北回归时间，即夏至节气；12 月 22 日左右是南回归时间，即冬至日。古代先民很早就发现了天体运行规律，于是就有了“星回”的节庆。从唐代以来的文献记载来看，纳西族先民都参与两次星回节的庆典。只是后来夏至的星回节与火把节合二为一，包含了这方面内容；冬至日则保留了下来，并与纳西族传统的新年节庆相结合。至于西南地区的火把节、川主会时间都在 6 月下旬，是否有渊源关系，有待继续考证。

（5）中元节、朝山会

中元节，纳西语称“波祭”（$po^{55}ʥ^{21}$），是一个典型的汉俗节日。“波”即为祖先，有“波主”（接祖）、“波祭”（焚烧）、“波布”（送祖）等程序。乾隆《丽江府志略》记“焚冥衣诸镪荐祖，乂树叶雍田”。民国时期沿袭。光绪九年（1883），在原属于宝山州（今属玉龙县）的吾木村义学馆内有《永远碑记》，碑载“至每七月内遇中元节，各户要迎接祖宗，称家有无敬心，烧包之，节以尽孝道，此则予之深望者也”。③ 可见，丽江府的边远地区，中元节仍没有流行起来，靠立碑和民间耆老宣传来推动。

朝山会又称为转山节，以永宁泸沽湖地区最为隆重。每年农历七月十

① （清）管学宣等纂：乾隆《丽江府志略·礼俗略》（第 8 卷），丽江纳西族自治县县志编纂委员会 1991 年印，第 210 页。

② 周汝诚编、郭大烈整理：《纳西族史料编年》，云南民族出版社 2011 年版，第 264 页。

③ 杨林军编著：《丽江历代碑刻辑录与研究》，云南美术出版社 2011 年版，第 179 页。

五日，纳西族各支系都来朝拜狮子山（干木女神），聚集在狮子山下的女神庙前祭拜。届时青年男女有对歌跳舞，结交“阿注”（异性伙伴），就地野餐等活动。

（6）中秋节

纳西族传统节庆中没有中秋节，是改土归流后才流行起来。乾隆《丽江府志略》记载：“八月十五中秋，以瓜、饼、豆角祭月。”光绪《丽江府志稿》也记载：“节届中秋，供木檞而拜月。”在纳西族祭祀中，很少有对月亮祭拜的记载。

（7）冬日宴请

明代以前，纳西族有冬日宴请的习俗。至明代丽江府则以元旦宴请为主，《徐霞客游记》记载：“自元旦至元宵后二十日，数举方止。每一处祭后，大把事设燕燕木公。每轮一番，其家好事者，费千余金，以有金壶八宝之献也。”[①] 清代改土归流前，丽江木氏土司：“每岁正月初二日，大研里下六里拜年，初八日，白沙上六里拜年，二十日山外百姓拜年。”[②] 在民间，则还有“杀年猪”宴请的习俗。到十一月左右，寒冬又是农闲时节，各家各户开始杀年猪，纳西语称“次博括”，即是杀年猪之意。年猪并没有制成琵琶猪，而是切成条状，抹上食盐即可挂上，一个月后自然烘干变成了腊肉。清代以来在丽江、永宁等地都有冬至节，与历史上的冬日宴请习俗一致（见表4—1）。

表4—1　　历史时期纳西族岁时节庆表

朝代 / 节庆 / 月份（农历）	明代以前	明代	清代	民国
一月	大祭天	大祭天；护法堂庙会	春节；大祭天；祭祖上坟；元宵节；护法堂庙会	春节；大祭天；祭祖上坟；元宵节；护法堂庙会

① （明）徐弘祖撰，朱惠荣校注：《徐霞客游记校注》（下），云南人民出版社1985年版，第938页。

② （清）曹树翘编：《滇南杂志》（第9卷），《中华文书丛书》之110，华文书局股份有限公司1969年印，第340页。

续表

朝代 节庆 月份（农历）	明代以前	明代	清代	民国
二月	“见跌”节	“见跌”节	“见跌”节；北岳庙会	“见跌”节；北岳庙会
三月			龙神庙会（真武会）；东山庙会；朝山节；清明节	龙王庙会（三月会）；朝山节；东山庙会；清明节
五月			端午节	端午节
六月	火把节（星回节）	火把节（星回节）	火把节（星回节）；祭祖	火把节（星回节）；祭祖
七月	小祭天；朝山会	小祭天；朝山会	小祭天；中元节；朝山会（永宁一带）	小祭天；中元节；朝山会（永宁一带）；七月骡马会
八月			中秋节、同乐会	中秋节、同乐会
九月			道士朝真会	道士朝真会
十月				
十一月	冬日宴会（小）	冬日宴会（小）	杀年猪节；祭祖	杀年猪节；祭祖
十二月	星回节；	星回节；	冬至节；祭灶日	冬至节；祭灶日

三　纳西族岁时节庆的时空分布及其差异特征

纵观明以来纳西族岁时节庆的时空分布和差异特征，有以下几方面。

第一，纳西族地区岁时节庆与所处的社会生产水平保持一致。

纳西学研究表明①，纳西族起源于河湟一带的古羌人后裔，以游牧为主，从西北往西南迁徙，游牧生活是纳西族先民主要的生存方式。明代以来纳西族进入了以农业生产为主体的社会形态，畜牧业处于从属地位。经

① 章太炎、任乃强、方国瑜、汪宁生、李绍明等学者都持这一观点。

过清代快速发展，至民国时期纳西族地区已经完全进入了农业社会。在这样的社会形态变迁中，岁时节庆也随之发生变化。祭祀山神和畜牧神是游牧时期纳西族地区比较重要的节庆，就以“三多”神信仰而言，唐大历十四年以来，丽江的纳西族进入农耕和畜牧并举的生产阶段，每年二月八日主要在北岳庙举行祭祀活动。这是为了适应南诏统治和强化纳西族民间信仰的需要，将祭祀场所转向固定性的北岳庙。这与农业社会的发展水平密切相关。祭祀北岳仪式中保留了祭拜畜牧神的内容。如大殿右边的阿布高氏大神就是牧羊人形象，有畜牧的农家都要祭拜这位大神。

清代中期，丽江纳西族地区经济有了很大发展，地方保护神的信仰意识不断加强，北岳庙供奉的白石改为“三多”神崇拜。据传，百姓认为，只要看到一位跨白马、穿白甲、戴白盔、执白矛的神灵在云雾间穿梭，这一年的农业收成就很好。清代纳西族士兵外出打仗，经常有骑白马的大将军护佑，因此，每每对外活动都要祭拜“三多”神，以求保护。通过对“三多”神信仰的考察发现，凡是明代从丽江迁徙到各地的纳西人都有信仰“三多”神的习俗，如永宁的纳西人、盐源的纳西人、俄亚的纳西人等，而其他支系则不信仰“三多”神。[①] 可见，从唐代至民国时期，丽江北岳庙信仰内容和形式都发生了明显的变化，由最初的畜牧神信仰转移到保护神信仰。这一变化与所处的社会生产力水平一致，与农耕文化的发展相协调。民国时期，每年二月八日丽江纳西族都在北岳庙举行祭祀“三多”神的仪式，而在中甸的三坝、维西、永宁等地则举行祭祀畜牧神的“见跌”节。从“纳西族岁时节庆时空分布表”可以看出，明代纳西族地区一年有 7 个节日，到了清代则发展到 20 多个节日，所增加的节日多数与社会生产有直接关系，还与流官的“移风易俗”措施有关。

第二，纳西族岁时节庆在各区域间差异愈加明显。

明代以来，纳西族地区的社会生活有了显著变化，区域性差异更加突出。这一方面是因为受到自然地理单元的分割，形成小区域的亚文化，另一方面是由于元明时期纳西族分布区内的行政区划分割。纳西族不仅分属于不同的州府，甚至分属于不同的省区；有的区域长期受到土司统治，有些区域又是受流官直接统治，客观上造成了纳西族区域的分

① 2010 年笔者参与国家级课题“中国民族节日志”之“三多节”调查中得到的结论。

割，甚至引起民族内部冲突，民族间的交流和沟通反而减少了。在这样的背景下，纳西族地区的岁时节庆出现了明显的分异。我们以民国为时间段对纳西族各地区的清明节做一个考察。四川省盐源、木里两县的纳日人称清明节为“布谷拉喀”，即布谷鸟叫的日子，表示可以播种了。据说这一天龙王下凡，一大早大家都争着去河边喝水，说能遇到龙王的，一年都会有好运；如果在宅院外围四周撒上一些草木灰，可以避免蛇、蛙等进入院子。[①] 丽江的纳西族与汉俗相同，这一天家家门口插柳枝和桃花枝，同家族或近亲的纳西人带上茶、酒、各种蔬菜和火锅等，一起上坟扫墓，墓头插上柳枝和桃花枝。还修整墓地、种树、培新土等，一年中墓地能动土的就是这一天。[②] 而永宁、丽江山区的纳西族仍沿袭火葬，所以他们是没有清明节的。汉俗的清明节是祭祖扫墓的节日，是土葬民族为祭祀祖先而举行的节日，丽江、盐源等地先后开展过推行汉俗的土葬运动，取缔火葬、水葬、天葬等传统的习俗。而在山区和半山区却仍然维持火葬的习俗，而且与火葬习俗相配套的东巴祭祀仪式也得以保留。可见，纳西族地区岁时节庆在地理单元和移风易俗等因素的作用下形成了多元文化的节庆大观。

第三，“移风易俗”政策下纳西族岁时节庆的调适。

如表4—1所示，明代以来纳西族地区岁时节庆与汉俗趋同，节日明显增多。受地理单元分割而形成不同地域的民族习俗，是一个较为漫长的过程，一旦形成就具有稳定性。清代，纳西族地区岁时节庆剧增和分异，主因是改土归流后流官推行的“移风易俗”运动导致的。以中心城市（治所）向四周辐射，愈远其辐射力越弱，与辐射距离成正比例关系。但在西南，江河与山脉纵横交错，若严格按照这一结论来套用也是不现实的，有些山峰间直线距离不足10公里，但需要走上一天时间才到达。纳西族接受汉俗，并非照搬照抄式的传播，往往与地方民族习俗相调适，或者是以汉俗为主吸纳地方传统文化，或是调整汉俗中与地方习俗相冲突的部分；还有虽取汉俗的名称，内容却保留了传统的习俗。

---

① 严汝娴、宋兆麟、刘尧汉调查整理：《四川省盐源木里两县纳日人社会调查》，《四川省纳西族社会历史调查》，四川省社会科学院出版社1987年版，第193页。

② 李近春收集整理：《丽江纳西族的文化习俗和宗教信仰》，《民族问题五种丛书》云南省编辑委员会编《纳西族社会历史调查》，云南人民出版社1983年版，第49页。

第二节　纳西族丧葬文化的分布及其变迁

丧葬习俗是文明社会的记忆符号之一。在适应环境的过程中，各民族对人类自身死亡的解释不同，因而出现了丰富多彩的丧葬文化。在漫长的历史长河中，纳西族经历了游牧、半牧半耕、农耕定居三个阶段。唐代，农耕定居成为主要的生活方式，直到今天，在纳西族的生产、生活中还保留有大量的游牧时期的生活习俗，丧葬之俗可见一斑。

一　纳西族丧葬习俗的时空分布及差异特征

在人类向文明社会迈进的过程中，火起着重要的作用。火不仅改善了人们的饮食条件，增强了人类的体质，还成为人类自我防卫、适应自然的重要工具；火还引起了意识领域的改变。每一个民族的传统文化中都有关于火的记载。“纳西族来自远古时期居住在我国西北河湟地区的羌人，向南迁徙至岷江上游，又向西南至雅砻江流域，又西迁至金沙江上游东西地带。”远古的氐羌部族，“其虏也，不忧其系累，而忧其死不焚也”。[①] 在长期的迁徙过程中，纳西族因为分布广泛，地理条件不同，与周边民族的亲疏关系，地区间习俗差异愈加突出。

1. 改土归流前纳西族地区的丧葬习俗及其分布特征

改土归流前，纳西族地区以火葬为主，除了受到大理白族文化和汉文化影响而出现葬骨修坟外，承袭传统的火化习俗。明代就有“化而不葬”和火葬两种类型。

（1）“化而不葬”类型

远古的纳西族先民过着游牧生活，居无定所，人死后，尸体付之一炬，没有埋葬，重在超度亡灵。在东巴经书《寻找父母死后葬法》中记载：在诺伴普时代，人类尚无葬俗。诺伴普娶克都木思为妻，生有四个儿子，分别是俄、崩、普、纳。母亲死后，他们不知怎样处理尸体，只好将尸体分成四份，一人得一份。老大俄（汉族祖先）取走一份，将其埋在土中；老二崩（普米族祖先）取走一份，挂在松树树枝上，相沿成习，直至今日还有天葬的习俗。老三普（藏族）也取走一份，将其投入河中，

① （战国）吕不韦：《诸子集成—吕氏春秋 · 义赏篇》，中华书局 1981 年版，第 140 页。

让河里的鱼类吞食（藏族不吃鱼的说法之一）；老四纳（纳西族祖先）取走最后一份，用火加以焚烧。但是，纳最初并不知道怎样火葬为好，他只好用青麻秆做燃料。结果，皮没有烧焦，血没有烧干，于是纳把母尸丢弃到水中。水流将母尸漂到了董神和塞神那里，董神与塞神将火葬的方法教给了纳：男人死了用九筒柴来烧，妇女死了用七筒柴来烧，青年人死了用五筒柴来烧，小孩死了用三筒柴来烧。照此办法，尸体方可见白骨，焚尸方可留黑炭。从此，纳就学会了火葬方法。[①] 这是东巴经书中所记载的火葬的来历，也是东巴经书中所谈及的各民族的丧葬习俗，汉族实行土葬，藏族实行水葬，纳西族实行火葬，普米族实行天葬。

李京在《云南志略》中记载："末些蛮……人死，则竹箦舁至山下，无棺椁，贵贱皆焚一所，不收其骨，非命死者则别焚之，其余颇与乌蛮同。"[②] 正德《云南志》记载："麽夕蛮：焚骨不葬。死者无棺椁，以竹箦舁至山下，贵贱一所焚之，不收其骨，候冬择日，走马至焚所，用铲毡覆地，呼死者之名，隔毡抓之，或骨或炭，但得一块，取归以祭，祭毕送至山涧弃之。非命死者，别焚之；其土官死则置于床，陈衣服玩好鹰犬于前。"[③] 刘文征的《滇志》也载："焚骨不葬。"[④]"丽江诸于土酋……死则以生平所好鞍马宝玩，置于一处，厝棺其中尽焚之，遣人驰马于灰烬中，拾其骨得一即置椟藏岩石内而封马，或马疾不得骨，即他物亦可。"[⑤] 盐源、永宁等地的纳西族丧葬习俗也如此，"其在丽江近四川者，曰麽些……人死，以用竹箦舁至山下，无贵贱皆焚之"。[⑥] 可见，元明时期，纳西族地区的葬俗是以化而不葬，贵贱无别，地区间差异不明显。

（2）火葬类型

至清初，纳西族仍以火化为主，出现了火葬的雏形。乾隆《丽江府

① 郭大烈：《纳西族研究论文集》，民族出版社1992年版，第250页。

② （元）李京撰、王叔武辑校：《云南志略·诸夷风俗》，云南民族出版社1986年版，第94页。

③ （明）周季倖纂修：正德《云南志》（卷11），方国瑜主编《云南史料丛刊》（第6卷），云南大学出版社2000年版，第207页。

④ （明）刘文征撰，古永继点校，王云、尤中审订《天启滇志》（卷3），云南教育出版社1991年版，第111页

⑤ （明）谢肇淛：《滇略》（卷9），梁公卿主编《中国西南文献丛书》（第三辑）之《西南史地文献》（第十一卷），兰州大学出版社2003年版，第180页。

⑥ 同上书，第176页。

志略》对当时纳西族的火化描述更加详细："土人亲死，既入棺，夜用土巫名刀巴（东巴）者杀牛、羊致祭，亲戚男女毕集，以醉为哀。次日，送郊外火化，不拾骸骨。至每年十一月初旬，凡死人之家，始诣焚所，拾灰烬余物，裹以松枝瘗之，复请刀巴念夷语彻夜，再祭以牛、羊，名曰'葬骨'。"[①]由火化发展到"葬骨"，是纳西族文化发展的表现，也是周边民族文化传播和影响的结果。

1933年方国瑜对束河墓葬进行过翔实的考察，在《明十和院墓葬考》中记载，那些坟墓都有碑文，有的是夫妻合墓，曾挖到两个较大的陶罐，旁边还分布着六个小的陶罐，内装有骨灰，还有块状的白骨。可见明代在社会经济较好的纳西族地区开始出现了火葬。尸体被火化后，拣出部分骨灰装入陶罐，然后埋入土中，上面立碑，以区别于其他墓地。

过去很多学者认为，纳西族推行火葬，没有立碑，立碑始于汉俗的土葬。笔者经过多年的田野考察后发现，事实并非如此。在丽江，有两种情况是火葬而且立碑的。

第一种是木氏土司、把事等人死后立碑。明代木氏土司及上层统治者效仿汉俗，建造了勋祠和家庙。《丽江木氏勋祠碑记》[②] 由明代永昌府张司徒（志淳）[③] 受木公之邀而撰写的，撰写时间当在嘉靖七年（1528）前后。木公在嘉靖七年还撰有《建木氏勋祠自记》。木氏修建了家庙，内立历代土司的墓碑，即为功勋碑。《木氏崇庙碑》[④] 立于明嘉靖七年（1528），碑文主要记述了木氏自蒙古南征以来的光辉历程，先后提到麦宗、木得、木初、木森、木泰等人事迹。最早的墓碑见于嘉靖三十三年（1554）立的《木公恕墓碑》，碑文记述了木公的文治武功，春夏秋冬四时喜好生活，列举了他的六部诗集。明隆庆三年（1569）立的《木高碑》，碑文详细地记录了木高一生从军的经历，因军功显赫而受到当时皇帝的数次嘉奖，墓志铭由其子木东撰写。明万历四十年（1612）立的

---

① （清）管学宣等纂：乾隆《丽江府志略·礼俗略》（卷八），丽江纳西族自治县县志编纂委员会1991年印，第207页。

② 木光编著：《木府风云录》，云南民族出版社2007年版，第135页。

③ 张志淳，成化甲辰年（1484）进士，历任南户部右侍郎。正德四年（1509）张志淳被勒致仕，居家27年，著有《南园漫录》《永昌二芳记》等，《四库全书》均有收录。

④ 李昆生主编：《中国西南地区历代石刻汇编·云南卷》（第14卷），天津古籍出版社1998年版，第40页。关于碑题"木氏崇庙碑"，实为"木氏宗庙碑"，"崇"乃是避讳"宗"而为之。

《丽江知府木松鹤碑铭》，主要记述木氏土司木青去世后，其子木增请张邦纪撰写的碑文。改土归流前虽然有明代土司墓碑，却不知墓地在何处，民间流传土司也是火葬，与文献记载相符。这些墓碑并没有立于荒野，而是立在木府家庙内，直到“文化大革命”期间才被毁掉。立于崇祯十三年的《李国昌墓志铭》：“南川君生而慈善，崇佛好施，朝觐五台、武当二大名山。孝友于家，忠信于主，勤劳王事。蒙郡主嘉美其功，赐予官职，优薨，嘉其德，赐以绸缎书旌，可谓：生有荣名，死有余辉。当长笑于九泉而无憾矣！盖善始善终云，是为铭之。”① 碑心阴刻有“明显考副把事兼理鸢甸加□长官李公讳国昌之墓”，为少见的明代丽江把事墓碑。李国昌生于1588年，即万历十六年，终于1640年，享年52岁。《阿八原三代同体碑》② 是一通丽江界内现存的三代同体墓碑。刻有高祖父母、曾祖父母和把事夫妇的名字，没有注明生卒年月。

第二种情况是外来移民，多数受到土司邀请和认同后进入丽江，死后火化而立碑。如《和俗口墓碑》是典型的明代形制的墓碑，和俗口生活在万历至崇祯年间。墓碑上沿刻有五方种子字符，是受到大理密宗影响的标识。《阿羌加墓碑》③ 刻于万历四十五年（1617）十月二十三日，额刻梵文五方种子字。《杨鼠及妻阿羌羊墓碑》刻于崇祯二年（1629）四月二十八日。丽江束河至白沙一带广布有明代墓葬群，据方国瑜在《明十和院墓葬考》一文记载有“万人冢”，当地人称为“木家坟”。丽江古城之东的喜祇园（今汝吉小学），留有很多明代墓碑，有藏文、梵文、汉文等，饰以如意、莲花等各种图案。1938年建筑学家刘敦桢到丽江考察时记载：“登‘喜祇园’，俱系新构，唯园东北墓地中，有明万历、崇祯时墓地多处，墓碑浮雕喇嘛塔，或为佛像，甚奇特。”在九河龙应完小背后田地内，有一块明代墓碑，文字无法识别，与方国瑜先生所见墓碑相似。

在今天玉龙县政府西面半山腰也发现了大量明末清初时期的墓群。据

① 杨林军编著：《丽江历代碑刻辑录与研究》，云南民族出版社2011年版，第52页。

② 余海波、余嘉华：《木氏土司与丽江》，云南民族出版社2002年版，第118页。从高祖生卒年限来看，生于嘉靖二十五年，卒于崇祯十一年，高寿达92岁，又结合正祖生于嘉靖三十六年之说，有很多疑点，待考。

③ 北京图书馆金石组编：《北京图书馆藏中国历代石刻拓本汇编》（第60卷），中州古籍出版社1989年版，第14页。

笔者考察[①]，该墓地是白华村张姓的墓地。有明代形制的墓碑，也有清代形制的墓碑，墓碑上沿都刻有五方种子字符。康熙至雍正年间的墓碑多数还是明代形制，乾隆时期的墓碑则完全按照清代墓碑形制。清初墓碑中，值得关注的有“比丘源德之灵坟墓”，有墓志铭刻于墓碑上部，曰：“溯吾亲叔，生长丽阳，赋性慈善，幼习禅门，精通经典，持诵殷勤，出类拔萃，智识称先，超尘脱壳，羽化西游，千秋礼祀，万载佳城。”碑体雕刻有精美的图画，在丽江不多见。他生于顺治丁亥年（1647），卒于康熙丙戌年（1706），年幼时皈依佛门，圆寂后由其侄子修建墓地。墓群集中分布，数十个坟墓错落有致地排列，墓与墓之间几乎没有间隔，每个墓也只有1米见长，所有墓上均种有一棵栗树，显然是坟墓修成后人为种下的，有树葬之遗风。张姓，原籍南京，张觉义时迁居丽江，从事道教，做法事，现有21代，约为明成化年间始在丽江居住。

这一时期，在盐源、永宁、丽江府的边远地区，纳西族普遍采用棺材入殓，邀请东巴举行超度仪式，超度亡灵回归祖居地，骨灰不葬。而对外来文化接触较频繁的丽江府治所在地，出现了火化后葬骨，立墓碑的习俗。笔者以为，墓葬是汉文化、大理国文化和藏传佛教共同影响下出现的。它既没有放弃纳西族传统的火化方式，也吸纳了外来的埋葬方式。火化场以共用为主，火化后捡骨存入陶罐内，举行土葬仪式。府境内土葬的墓碑与明代内地墓碑形制基本相同，显然是汉俗文化影响的结果。

2. 改土归流后纳西族丧葬习俗的变迁及其特征

清雍正元年至民国时期，丽江府纳西族被迫接受土葬，而其他地区的纳西族则延续火葬习俗，吸纳了周边民族的文化元素，呈现出多元丧葬习俗的地域特征。

（1）丽江坝区、江边河谷、交通要道区域形成土葬之俗

清雍正元年（1723）丽江府改土归流，流官推行汉俗，将丽江古城附近村社强行易俗，改火葬为土葬。杨馝在《建丽江府治记》记载：“禁止焚弃骸骨，教以祭葬。”根据乾隆《丽江府志略》记述，土葬始于束河和悰顺之母：“改设后，屡经禁谕，土人尚惑刀巴祸福之说。自束河和悰顺母死，殡殓如礼，择地阡葬，题主刻铭，人不见其祸，此风渐革矣。”

---

① 2009年12月、2011年9月分别前往张永康家族墓地考察。张永康，系玉龙县职业学校党支部书记。

民间有传说：東河社长和氏母亲死后，顺从汉俗初行土葬，其母便葬于象山之脑，是岁干旱，巧逢黑龙潭水干涸，大研镇乡绅叱责曰：“尸葬龙头，龙怒他迁，才有龙潭枯竭之祸患。”镇民聚之，诘责和氏，当时流官众怒难犯，下不了台，佯押和氏，戴枷押送昆明，众人抄没和氏家产。第二年开春时，阴雨连绵，和氏估料丽郡也有雨了，龙潭水会复出。这样，喜悦而唱“谷气”调，都督视问因何歌之？答曰：丽郡龙潭复出水了。都督派人查之，果然如此，释以和氏回丽。

嘉庆二十五年（1820年）丽江知府王厚庆也是大力倡导者之一。咸丰二年（1852）丽江知府辛本槼下令移风易俗并勒石，“用夏变夷碑”记载：

> 查丽江一邑，原无天、水俗葬，然用火焚尸，愚夫亦所不免，若不严行禁止，伊无胡底？所以一切天、水、火葬，一并视禁在案，兹据各里乡约等禀，恳勒石严禁火葬……嗣后如遇父母亡故，务须择地安埋，即有兄弟子孙男女奴役身死，亦须用棺殓瘗，毋得用火焚尸，亦毋得听信狂言，致效天水葬，倘敢狃于成见，许该乡保人等立时禀府究治，以凭尽法惩处，决不宽贷，各应凛遵，勿违。[①]

《新纂云南通志》也记载：“……丽俗尚火葬，厚庆教以棺殓礼，其风顿息。”有一诗曰：“火葬魂皆惊，刀巴咒入魔；此风犹未革，遑门政如何！”光绪《丽江府志稿》载：“丧礼疾革必迁正寝，含饭沐浴，不离男妇手。小殓后，每逢七日，或请缁流道士诵经典，亲属各具酒食，相奠馈，至葬乃止。”[②] 可见，推行汉制，改变纳西族原有的火葬已深入民间。当时流官是新潮派，他们以汉俗文化改良纳西族的风俗，大肆宣传纳西族传统的火葬习俗是落后的，禁止纳西族崇信火葬，倡导土葬。只有非正常死亡的，因考虑疾病传染等才允许火葬。在这样的情况下，纳西人的火葬之俗改良为土葬，又行以头七、二七、三七、四七、百日、一年斋、二年斋、三年斋为内容的汉俗守孝文化。“四七”为出嫁女回娘家作葬仪的俗

---

① 《民族问题五种丛书》云南省编辑委员会编：《纳西族社会历史调查》，云南民族出版社1983年版，第216页。

② （清）陈宗海等纂：光绪《丽江府志稿》（卷1），丽江市古城区方志编纂委员会2005年印，第44页。

礼，寓有女儿报父母养育恩情之意。现在丽江古城流行的葬仪即是这样。由于清代以来丽江坝区纳西族推行汉俗的土葬之法，立碑撰铭，留传至今的墓碑以清代的居多，如《木氏历代宗谱碑》，内容丰富，从木氏祖辈传说一直排到1842年木氏分支情况，正好沿续了《木氏宦谱》内容。宗谱碑本身就是纳西族接受汉俗的一个见证。

可见，纳西族地区的土葬习俗与内地汉俗不同，也与传统葬俗不同，是纳西族传统丧葬文化与汉俗丧葬文化相融合的一种葬俗文化。

（2）滇西北靠近藏区或藏区内的纳西族形成多元化的葬俗

千百年来形成的火葬习俗在纳西族地区根基很深，清代一直处于流官强行移俗与纳西族保存传统火葬习俗的斗争中。丽江以西的纳西族地区，虽然受流官直接统治，但丧葬的"移风易俗"并没有很大的改变。乾隆三十四年，余庆远随其兄到维西任职，将所见所闻记为《维西见闻纪》，对纳西族丧葬作了如下记录：

> 人死无丧服，棺以竹席为底，尽悬死者衣余柩侧，而陈设所有琵琶猪，头日家丧，则屠羊豕，所属麽些吊，皆饭之。死无论贵贱，三日后，舁至山，厝薪灌酥，焚而弃其骨，取炭一寸瘗之，每六月五日，则祭于瘗炭所，迎神于家，炙小豕祭焉，三年后不复祭。

乾隆三十八年（1773）吴大勋任丽江知府，在《滇南闻见录》中详细记载所见所闻：

> 丽江之夷风，人死，殡于野，越几日火之，先用刀巴念诵。刀巴者，合师巫仵作为一者也。念诵毕，刀巴举火煨烬之中，捡一焦木藏于石隙，谓是鬼所凭依，每年奉之以祭享，其余骨殖则皆弃之如遗。……余下车后，再三出示劝谕，禁火葬，禁刀巴，并给官山，听民葬埋，人性皆同，故不可化诲者，惜乎余在丽不久也。①

嘉庆年间，曹树翘辑的《滇南杂志》第九卷记载：

---

① （清）吴大勋：《滇南闻见录》（上卷），方国瑜主编《云南史料丛刊》（第12卷），云南大学出版社2001年版，第20页。

丽州……死后尽以生时所好鞍马、玩物器用，起屋于焚燎之处，以棺置于中，举火尽烧之成灰，然后遣一人驰健马过灰烬中，于马上拾其骨，以首获者为神，乃珍以藏于一匣之内，塞于山岩石缝中。……如是则地理风水阴阳吉凶选年月皆无用，而自唐至今，千有余年，奕世有土有官，益蕃且盛，此理良不可晓。

《滇南新语》记载：

惟丽郡、中甸、维西……其亲死，必延喇嘛问之名，刀把或擦妈向尸诵经咒，刀把谓死者无罪，则悬尸山树之极巅以风，曰天葬。谓有罪，则笼尸沉诸江，曰水葬。或割尸饲禽兽，而火其骨，截胫骨作筒吹之，曰火葬……自设流后，有丽守管学宣能化导，革残骸之俗。伟哉！[①]

兰坪的麽夕也是“死后火化”。《中甸县志稿》载：“凡遇人畜病疫死亡，即延东跋（东巴）于大树或岩石下念经，或祭风，或送鬼招魂。每次必用一豕或一羊一鸡。”在“丧葬”条又载：“摩些族亦用火葬，然只能称为火化，不能称为火葬。因在火化之前，既无一定仪式，火化之后，亦无一定瘗藏办法也。”[②] 维西、中甸一带与藏区接壤，生活习俗多受藏文化的影响，在保持纳西族传统火葬习俗的基础上，吸纳了藏族的丧葬习俗，如天葬、水葬等。在葬礼上，不仅有东巴（刀巴）举行送魂仪式，还要请喇嘛举行超度仪式。这是纳藏文化交融的表现。

（3）川西南至永宁一带形成纳西族火葬与藏式火葬相结合

在永宁、盐源等地，虽然受土司、土官统治，但在丧葬习俗上有所变化。《永北直隶厅志》载：“（北胜）麽夕一种……死后火化，收骨埋

① （清）张泓：《滇南新语》，王云五主编《丛书集成初编·大理行记及其他五种》，商务印书馆1936年发行，第10页。

② 段绶滋纂修，和泰华、段志诚标点校注：《中甸县志资料汇编》（三），中甸县志编纂委员会1991年印（内部资料），第153页。

葬。”① 而蒗蕖州的麽夕“死后刳木为棺，焚化弃骸不行掩埋”。永宁的麽夕“死后刳木为棺，焚化掩埋，不立冢坟，凡遇年节，以松枝置屋上祭祀，备祝先世所为之事迹，以示后辈知所源流”。这是清代纳西族火葬的基本情况。

延至民国时期，永宁丧葬习俗更具特点，《永宁见闻录》载：

永宁吕喜、西番葬礼很特别。人死洗净后，孝眷用麻绳把四肢捆成一团，又用一件布裹其外面，抬入火塘后面第三进房内，点一盏酥油灯……求喇嘛卜其葬日，或即日烧尸，或留三四日，或需停十天一月，烧尸地方谓之火化灶……何日何时宜殓，都要听从大喇嘛所卜得之课。从死之日起，当请喇嘛念经于院中，设一经坛，陈设极其庄严，喇嘛日夜吟诵《陀罗尼经》，以资冥助……在烧尸前二日，其邻友亲戚将尸殓入斗形的高箱内，其大小适可容其此者，即其棺也。棺之四面饰以图案画，若花朵，若云霞，色多用蓝白二色，亦有绘为五彩者……出灵之日，达巴巫师于灵前行洗马礼。达巴乃对马而立，口中念念有词，诵《洗马（$gu^{22}ʦie^{55}$）经》将迎死者之魂。出殡之日，将其斗形之柩，用亲友四人抬至所卜之地。先垒松木为灶，灶高三四尺，喇嘛闻坐诵经，敲其锣，摇其鼓，击其铙、钹，吹其唢呐，将法事做毕。掌坛喇嘛持斧劈其棺，将尸体提出，置于松木丛中。上浇以酥油。大喇嘛亲执火种，引火于灶内，须顷，风鼓火纵，烈焰熊熊，等喇嘛念经毕，而其火亦熄，尸体已化为骨灰矣……骨灰拣入罐中，封以麻布，扎其口……孝眷将其灰罐负回家中，又择日藏“兀金古”（$ŋv^{33}ʨi^{33}kho^{33}$）。”② 此种习俗，当为永宁—盐源一带纳西族丧葬习俗之典型。从葬俗看，已经融入了藏族丧葬的很多元素，人死亡后请喇嘛来卜葬日，其间喇嘛在院子设经堂念经；火葬过程由喇嘛来主持等。而纳西族祭祀达巴或东巴也要举行祭风仪式，其中的洗马仪式，迎接祭奠者的“海班”（$hai^{33}pə^{33}$）仪式，埋骨灰的“兀金古”仪式等都是纳西族的古风。这样就形成了纳西族传统葬俗与藏族葬俗相结

① （清）叶如桐修，刘必苏、朱庭珍纂：光绪《永北直隶厅志》（卷7），方国瑜主编《云南史料丛刊》第（第13卷），云南大学出版社2000年版，第728页。

② 周汝诚：《永宁见闻录》，云南省编辑组编《纳西族社会历史调查》（二），民族出版社2009年版，第164—165页。

合的多元化特征。

(4) 清代以来纳西族地区的丧葬习俗的特征

从地域来看，清代以来纳西族地区丧葬习俗呈现出多元化的特点。在丽江以土葬、火葬并举，在城镇、坝区、河谷区、军事要道形成土葬习俗，与内地汉族相同。在丽江广大山区以及中甸三坝、维西、宁蒗永宁、盐源等地由于汉政权的影响较弱，仍实行火葬之俗。同一种葬俗在不同地域形成不同的形式和内容，丽江以北、靠近藏区的纳西族和永宁—盐源纳西族都沿袭火葬，从形式到内容多吸收了藏族丧葬习俗，如捆尸之法，在永宁、盐源、维西等地把死者捆绑成蹲坐式屈肢状，而俄亚、达住等地则呈盘腿坐式屈肢状。

从时间上看，在改土归流之前，丽江纳西族地区盛行火葬；改土归流后，封建统治者极端鄙视少数民族的文化习俗，推行“以夏变夷”的同化政策，纳西族的火葬习俗，因违反儒家文化中的伦理道德而遭到强行禁止，经过长时间的高压政策，迫使纳西族放弃了自己的传统习俗，转而接受统治者视为符合“人伦”的土葬习俗。由于丽江纳西族长期被灌输这种基于统治者价值观的伦理思想，文化习俗变迁的时期又长，已相当牢固地接受了种种封建时代的思想观念和习俗，传统的火葬反而被视为愚昧、野蛮的习俗。其他地区的纳西族虽然受汉俗影响很小，但同时受到藏俗的影响，因此，形成了多元化的丧葬习俗。

二　纳西族丧葬习俗中的送魂路线探讨

纳西族对自然和祖先尤为崇敬，祭天是纳西族最“严洁”的仪式，也是纳西族有别于其他民族的特点之一。传统的纳西族丧葬仪式并不复杂，对尸体以火化，多为“弃骨不葬”，然而纳西族对灵魂归祖却格外地看重，每有人死亡，东巴都要主持隆重的“开路”（也称“指路”）送魂仪式，沿着民族迁徙的路线把灵魂一站接一站地送到遥远的祖居地。李霖灿把“开路”解释为“为死者开列的路程单”。[①] 所记载的经书被称为“指路经”。纳西族的送魂路线与先民的迁徙路线是一致的，方向只是相

---

① 李霖灿：《麽些研究论文集》，台北故宫博物院1984年版，第99页。

反，因此，研究纳西族迁徙路线时应把送魂路线列为其中重要的论据来研究。上文谈及纳西族丧葬习俗自明代以来出现了多元化的特点，但在火葬、土葬并行的纳西族地区，送魂仪式是一个重要的环节，不因实行土葬而放弃送魂仪式。各地纳西族的送魂路线总体上是一致的，都要送到祖居地“居纳若罗山”。但不同区域的纳西族送魂路线是有所区别的。研究这条送魂路线对于探讨纳西族丧葬习俗的源流有着重要的价值。

20世纪20年代，大东巴和文裕对送魂路线作了实地勘踏，从巨甸、丽江、永宁、木里，一直追溯到无量河中游，直到语言难以交流时才返回丽江。他认为，这“是一条实实在在的路线”。[①] 此后，李霖灿在东巴和才帮助下，于1943年2—9月间实地勘踏了这条路线，因遇匪患，在木里大寺西侧返回丽江。李霖灿所绘制的“麽些迁徙路线图”，是依据丽江鲁甸大东巴和世俊所写的祭祖经典而绘成。此后，很少有人对此条路线做过如此痴迷的田野考察。

这条送魂路线的地名是确实存在，能从考察中得到验证。同时这条路线被赋予神秘感，成为了一条灵异之路，据说路上有九道栏杆，所以要用鸡、猪等动物来生祭，目的是顺利通过这些鬼门关。这些鬼门关具体设在什么地方，则是无法与实际地名对应起来。出殡前，东巴拿出《神路图》，从灵柩尾部铺开，一直延伸到大门外。然后在屋内念诵东巴开路经，为死者指引去祖居地的路线，据俄亚东巴莫扎茨里口述，一共有82个站。[②] 和发源对俄亚的送魂路线也做过调查，送魂路线如下：

俄亚埃拿湾→箭可火化场→卜路妥金满（东义河下游）→卜路妥金替（东义河中游）→卜路妥金古（东义河上游）→拉古朱崩冻→木里史金满（无量河下游）→木里史金替（无量河中游）→木里史金古（无量河上游）→弓久赖干湾→扭波所波湾→堆底兴梨湾→金空重每湾→逼冷岸展湾→素湾拌补湾→阿倮尼主垛→阿倮古抱垛→苏补固卡瓦→阿口鲁每丁→里双展班丹→海史衬根底→鲁米岸许湾→恩笮雄固湾→尤义富曾湾→东倮般高湾→奈补孙然湾→兰通海然

① 郭大烈、和志武：《纳西族史》，四川民族出版社1999年版，第51页。

② 四川省编辑部：《四川省纳西族社会历史调查》，四川省社会科学院1987年印，第113—114页。

湾→本母徐主居→素贝鲁冷湾（树氏族发祥地）→里双尤告拉（尤氏族发祥地）→禾主鲁拿湾（禾氏族发祥地）→梅生套潘湾（梅氏族发祥地）→亨依窝金满（亨依窝金河下游）→亨依窝金替（亨依窝金河中游）→亨依窝金古（亨依窝金河上游）→曾尼忍娆满→曾尼忍潘主→曾尼冻土古→徐行嘎噜崩→敏鲁阿嘎崩→勒金独朱崩→古每古照崩→拉每拉照崩→里双构丁崩→蒙利瓜丁崩→朱肯孙妥丁→居贲胜能瓦→卜贲沙里丁→堆底热兹崩→蒙双耿朱崩→曾尼忍娆满→曾尼忍潘主→曾尼冻土古→蒙利里增素→居纳若罗山麓→居那若罗山腰→居纳若罗山顶。①

那么，纳西族送魂路线是否存在地域性差异特点呢？我们再来看看丽江大东巴和芳讲述、周汝诚翻译的“送魂路线”：

白沙太平村（今太平村）→沙庶坎（今文华村）→智盘罗→盘妥课→纳妥课→姦姦堡→兀金尼岩可（山洞）→蒙干盘→格干盘→吉盘里（白水河）→吉纳里（黑水河）→古苏阁→盘又打鼓墩（今大具）→柔古空→楚古空→瓦岩堡→肯课底→楞妥底→训寒高鲁堡→楚敬哨→柔敬哨→白笑可→柔忍墩→欣故本→古托底→臻那堡→臻社阁→暮寒树可余→尼罗至普瓦→虑英妥寒堡→吕吉满（永宁的开基河下游）→吕吉古（开基河上游）→且尼欣古堡……苏罗补和课（进入木里界内）→湾英训罗可……恒义俄吉满（俄亚河下游）→恒义俄吉古（俄亚河上游）……此后 27 站到达纳西族四个支系居住地，再送至居那若罗山上。汪宁生通过滇西北地区实地调查后提出：丽江城区附近、鲁甸、南山等地区从住地送到白沙后的送魂路线相同，从而反映出古代纳西族自北而南的迁徙路线。②

今天玉龙县巨甸坝，唐时称“九赕”（纳西话叫“固堆”$kv^{33}dy^{21}$），是花马国故地，为纳西族祖居地之一。这一带纳西族送魂路线与丽江坝纳

① 和发源：《俄亚纳西族的丧葬习俗》，云南省社会科学院东巴文化研究室编《滇川纳西族地区民俗和宗教调查》，云南省社会科学院东巴文化研究室 1990 年印，第 143—144 页。

② 段志诚：《试析纳西族族源及迁徙路线》，杨尚孔、白郎主编《四川纳西族与纳文化研究》，中国文联出版社 2006 年版，第 93—94 页。

西族送魂的方向不同，在丁良母村口渡金沙江①，沿江而上，经过格咱至尼西，继续北上至得荣县、巴塘县，直到居纳若罗山。

香格里拉县三坝乡纳西族送魂路线主要有两条：一条是以"纳恒"一支为主，以白地为起点，朝西北方向送，白地→小中甸→大中甸→格咱→尼西→得荣→巴塘②……很多东巴对这一条路线提出异议，认为没有相应经书来支撑。东巴和树昆认为，与"汝可"的送魂路线大同小异，方向是一致的。另一条是以"汝可"一支为主，以白地为起点，白地→东坝→洛吉→俄亚→沿着水洛河北上③，直到居纳若罗山。"汝可"一支的送魂路线如下：

> 吴树湾→古都→别底→可都施→黄其龙→阮记梢→高那波→沈波多→日树湾→四极海→和坡顶→补错送拍挂→洛吉村→洛吉中村→日双老布底→抱双口拍底→堆坞拉正底→阿右哎奔坡→斯以威的的→若维海伯那→若每拍空叶→日别叶博古→米以特"阿注"→和以尼聂汝→干跺未口波→吕托卡博→给列吕巴坡→奔给筰口波→奔可筰口麻→垭呀垭卡洛→和阿鲁纳坞→知许柏许空→了门了认也→托布托寸赢→艾以四以告→课了阿别底→拉从古空依→皮苦路间阿→阿拉美汝斗→麫日纳日注→三布诺靠阿→舍斯成给底→此补安那坞→米救就布底→日留给→日留坞→给及又兹堆→从那吕布布→舍给都坞→阿兹从兹给→阿兹从兹坞→拍拉莫卡波→拍拉故孜博→拍拉么故底。

通过对俄亚、丽江、白地、盐源等地纳西族送魂路线的考察，我们不难发现，丧葬仪式中的送魂仪式是纳西族共有的习俗。其送魂路线从死者生活地出发，沿着祖先迁徙的路线往北走，丽江一带的纳西族送魂路线汇集于白沙，然后送至居那若罗山上。盐源达住村的纳西族送魂路线最长，亡灵先要送到丽江，再折北到居纳若罗山上。由于纳西族早期的送魂路线靠口传，时间久远，对地名发音差异很大，记载在东巴经书中也不尽相

① 和士华：《纳西族的迁徙与融合》，云南人民出版社 2007 年版，第 68 页。

② 杨正文：《最后的原始崇拜——白地东巴文化》，云南人民出版社 1999 年版，第 1—2 页。

③ 2013 年 2 月 19 日在调查白地文化过程中，采访和树昆东巴所得。从他所掌握的经书看，白地"纳恒"一支也基本朝这一方向送魂，而非朝着西北方向送魂。

同。巨甸纳西族的送魂路线，则走与主道殊途同归的一条送魂路线。在巨甸渡金沙江，在江另一侧逆流西北而上，至尼西直北至得荣抵巴塘，与沿着无量河而上的路线会合，再送至居纳若罗上。对这条路线的真实性，除了和文裕和李霖灿外，再无人去实地考察。延至民国时期，无量河木里段以上部分，已经只留有地名，再无人能将他们与现在地名一一对应。另外，维西永春地区的纳西族先民原居住在昆明的碧鸡关，吴三桂据滇时迁至维西，经过七八代发展，已完全纳西化。而他们的送魂路线由永春经保和镇、八鸟村、石鼓、大理到昆明。[①] 居那若罗山为纳西族神山，被认为是纳西族祖先的发源地。有人认为是贡嘎岭[②]，也有人认为是冈底斯山，还有学者认为是今天内蒙古凉城的老虎山，更多学者倾向于居那若罗山是现实中不存在的神山。（见地图 10　民国时期纳西族送魂路线图）

如果我们跳出纳西族地区，从西南地区的视角来研究送魂仪式和路线时，可以看到：送魂仪式的地域性突出，西南许多少数民族普遍存在着送魂仪式。

西南地区少数民族有送魂的习俗，比较突出的有彝族、哈尼族、拉祜族、普米族、傈僳族等。[③] 西南地区分布最广的彝族，人死后由毕摩为死者诵经开路，一直将死者送到祖先居住地。哈尼族也是由祭司为死者诵读长篇祭词，把死者的灵魂送到祖先居住地，和祖先团聚。据说送到祖居地后，与祖先一道生产、生活和娱乐，生前一切生产、生活用具置于坟旁作为随葬品。[④] 聚集在云南澜沧县、孟连县等滇西南地区的拉祜族，人死后，由巫师祷告，反复念诵死者回到祖居地路线上的地名。广布于滇西南、滇西北、四川西南的傈僳族，也举行送魂仪式，称为“玛专玛”（“指路”之意）。人死后，巫师拿来弓箭连射三箭，边射边说：“上面的路你不要走，下面的路你不要走，你一定要走中间的路，中间的路才是你祖先住地的路。”[⑤] 这与纳西族送魂仪式中的说法是一致的。巫师还要念诵《指路经》，把灵魂送到祖居地去。分布在云南西双版纳州的基诺族，

---

① 刘龙初：《纳西族火葬习俗试析》，《民族研究》1988 年第 5 期。

② 李霖灿：《麼些研究论文集》，“国立故宫博物院”1984 年版，第 94—95 页。

③ 陈东：《西南民族中的“送魂”习俗研究》，四川大学 2005 年硕士论文。

④ 毛佑全、李斯博：《哈尼族》，民族出版社 1989 年版，第 110 页。

⑤ 吕大吉、何耀华总主编：《中国各民族原始宗教资料集成·傈僳族卷》，中国社会科学出版社 2000 年版，第 801 页。

认为祖先灵魂居住在一个鬼寨里，是所有正常死亡者的归属地。长老和祭司念诵经文，送死者灵魂到祖居地为主要内容。与纳西族杂居的普米族，人死后由“韩规”（普米族的巫师）诵念送魂经，并使用类似纳西族《神路图》的画卷，由于他们的信仰深受藏传佛教的影响，因此，所能见到的经书、画卷中藏文符号很多。此外，景颇族、白族、阿昌族、怒族、独龙族、佤族、布朗族、苗族都有送魂的习俗。

第三节　纳西族婚姻家庭的地域差异及其特征

一　历史时期纳西族婚姻家庭讨论

婚姻形态是在人类文化形态中居于重要地位的风俗文化，是一定社会生产力水平下形成相对固定的婚姻形态；同一社会生产力下由于所处地域和民族理念的不同而形成丰富多彩的婚俗文化。婚姻家庭是整个社会结构的基石，并且构成了最基本的社会单元。婚姻习俗反映了人的社会价值观和所处社会的伦理道德观，是人与人、人与自然理念关系的反映。婚姻习俗不是一成不变的，在社会形态和外力影响下有着明显的变迁。因此，讨论婚姻形态时不得不考虑其特定的空间背景和时间断限：空间背景主要体现为鲜明的地域性，即“十里不同风，百里不同俗”；时间断面就是不同朝代和社会形态影响下的时代性。研究婚俗文化的地理，一方面要讨论婚姻形态的空间分布；另一方面则要关注婚姻形态的区域传播。[①] 一种婚俗形成和发展会受到所处的地理环境、历史阶段、生产力水平、民族思想观念等多元素不同程度的影响。

明代以来纳西族婚俗异彩纷呈，不同婚姻形态阶段在同一历史时期共同呈现，是研究人类婚姻形态的“活化石”[②]。一方面是一夫一妻制成为纳西族婚姻的主流，与汉俗合流，与内地的差异日益缩小。另一方面则完整地保留了人类历史上曾经出现过的一夫多妻、一妻多夫、多夫多妻的婚姻形态，还有被称作普路亚那婚姻的“走婚制”。与之对应的家庭形态一方面是父权制家庭成为主流，同时母权制家庭也得到了保留。纳西族的婚

① 卢云：《汉晋文化地理》，陕西人民出版社1991年版，第251页。

② 严汝娴：《家庭产生和发展的活化石：泸沽湖地区纳西族家庭形态研究》，《中国社会科学》1982年第3期。

俗特色鲜明，研究价值突出，不同区域的婚姻形态迥异，成为纳西族文化的一个重要表征。从历史发展阶段上看，中国绝大部分地区独有“一夫多妻”制和“走婚制”的经历。在秦汉时期早已被“一夫一妻”制所取代了，而在今天的纳西族地区仍保留有走婚习俗，这种带有“穿越式”的婚姻形态如果没有正确的宣传，很容易导致现代人对严肃的纳西族婚姻家庭的娱乐化和误解，与低俗的乱交行为等同起来。

1. 东巴经中关于纳西族婚姻形态发展的记载

汉文献资料中对清代以前纳西族婚姻情况记载甚少，我们很难通过文献梳理出一个发展脉络来。我们可以从现存的纳西族东巴经书中看到纳西族婚俗发展的大致脉络。在东巴经《崇搬图》《创世纪》中看到，早期人类稀少，同胞的五个兄弟和六个姐妹成婚，导致一场致命的洪灾，只剩下好心的崇忍利恩一人。在《俄依都奴杀猛妖》《迎东格优麻神》《董埃署埃》等经书记载有同胞兄妹之间的婚姻。这表达了人类“第一个社会组织形式”——血缘婚时期。凡是同辈人之间都以兄妹相称，可以结婚，只是排除了不同辈分之间婚姻关系。由于近亲结婚对下一代的影响和内部伦理道德的形成，天神给人类一个刻骨铭心的教训——“洪荒时代”。接着崇忍利恩找到天神之女衬红褒白命，经过重重考验，最终娶得了天女。这说明了纳西族先民过渡到族外婚。我们继续考察天女衬红褒白命的经历，便会发现这是一个群婚时代。“天女衬红褒白命先许身于米汝可洛可兴家，后来与崇忍利恩结为夫妻，其间还与余补拉什同居过一段时间。倍普俄之女俄依都奴命，先后曾与米汝倍增、肯兹保受、里美肯术、俄高勒等神、龙王、人类同居。”① 这里涉及的一夫多妻、一妻多夫制同时出现，但并未出现仇杀等情况，说明纳西族先民曾经历过多妻制的生活，而女子也过着多夫制的生活，处于群婚婚姻形态，即“普那路亚”婚姻形态。就连东巴始祖丁巴什罗也与 99 个女子同居，最后娶了楚命麻左固司麻为妻。

在对偶婚时期，东巴经《执实杖经》《苦乐之歌》记载：“晚上出了长庚星，夫妻同床共枕眠；鸡鸣出了启明星，夫妻分手各东西。”可见，每夜长庚星出来，男子就去不同家族的女方家，待启明星升起就要分开了，这就是“暮合晨离”对偶婚。这一种婚俗在纳西族地区保留时间长，

① 和发源：《东巴经书中的纳西族古代婚姻家庭》，《云南社会科学》，1986 年第 5 期。

至今还有痕迹。在泸沽湖一带的摩梭人、纳日、纳喜等支系中有此习俗，汉语称为“走婚”“走访”“阿夏婚”，纳西语称之为“阿注婚”，“注”（ʥu^{55}）即为伙伴之意。东巴经中称夫妻为“注崩”，纳西语称朋友为“注若注命”或“注恒”。和发源、杨福泉等学者在探讨母系制在纳西语中的体现时，认为表示女性的“美”和男性的“若”，“美”有雌性、母体、大等含义；“若”有雄性、小等含义。两词加在名词后就有“大、小”之含义。如，“吉美”（大房子或母房）、“吉若”（小房子）；“居美”（大山）、“居若”（小山）等，体现了母系制在纳西族社会中的遗存。在群婚和对偶婚中，以母系制家庭为主，这在世界同类婚姻形态中是一致的。

社会生产力的提高和外来生产模式的引入，农耕定居生活改变了女性的地位，男性的社会地位上升，逐渐过渡到了一夫一妻制的婚姻形态，这一过渡并非一朝一夕，而是经历了较为痛苦的适应和调适时期。随着妇女在家庭中地位的下降，父权制家庭形成。东巴经《鲁班鲁绕》就讲述了牧羊女开美久命金与朱补羽勒排相识、相爱，但谈婚论嫁时遭到双方父母的阻挠，最后这一对爱情至上的恋人以死抗争。死后，开美久命金在天堂受到爱神的欢迎，过上了幸福美满的生活。这一史诗更多地反映了一夫一妻制下男女自由恋爱后，婚姻却要受到“父母之命，媒妁之言”的阻扰，纳西族青年以死相争，这是清代以来纳西族地区出现“殉情”相呼应。由于《鲁班鲁绕》描述了自由、完美而幸福的天堂，年轻人面对现实的禁锢，常有殉情悲剧发生。民国时期甚至禁止年轻人参加超度殉情死者的“祭风”仪式。

2. 汉文献中的纳西族婚姻习俗

明代以前，汉文献对纳西族的婚姻鲜有提及。李京在《云南志略·诸夷风俗》记载：“末些蛮在大理北……淫乱无禁忌。”丽江府的纳西族先民处于“淫乱无禁忌”时期，表明尚未受到汉俗的影响，虽然过渡到一夫一妻制，但夫妻都可以与他人往来。“少不如意，鸣钲鼓仇杀，两家妇人中间和解之，乃罢。”我们从这则史料中可知，妇女在家庭中的地位很高，男人间再严重的矛盾只要妇女出来都可以调解。元代另外一则材料表明，纳西族地区还有以嫂为妻的习俗。“治元元年（1313）十月八日，蒗蕖州知州剌俄杀其兄剌秋……俄集众依摩些俗杀马牛各一，焚剌秋尸。明日，逼其嫂梳蛮塔为妻。”州官前往调停问罪，剌俄说：“我兄弟自相仇杀，争夺山寨，不关（管）尔番汉官事，梳蛮塔系我嫂，我杀兄剌定、剌秋，故以嫂为妻，我不出官，尔欲何说。”① 剌俄认为，这是家庭内部事务，与外人没有干系，而且杀兄后，以嫂为妻是习俗，不必大惊小怪。

明代纳西族地区在土司、土官统治下，传统习俗没有受到大影响。“（永宁风俗）气习大抵与丽江各处所居者同。”② （盐源、盐边一带麽些）“婚姻亦以牛羊为礼”。这些材料表明，纳西族先民已经进入了结婚建立家庭的时期。笔者推测当时已经进入对偶婚的阶段，因为群婚时代用牛羊为聘礼，不切合实际。土司上层进入了一夫一妻制阶段，娶小妾为次室是常有的事。就木氏土司而言，由于木嵚、木樾妾室多，儿子多达十余人，导致夺嫡事件的发生③，但是土司的“一夫多妻”与上文的婚姻形态是不一样的。明代纳西族地区婚姻形态处于对偶婚向一夫一妻制过渡阶段。

清代则是一个巨变的时期，是对纳西族地区婚姻形态的一次“撕裂”式变革，加快了纳西族地区婚姻形态的分区，形成了泸沽湖区域、丽江、俄亚三大婚俗区。就丽江府而言，改土归流后历任流官以“移风易俗”为己任，流官杨馝“建文庙，定婚丧之制，期年岁熟，俗为一变”。他规定，“求婚请人至女方致辞，宴酒即为允诺，以尺帛银饰为定。二姓男女互相往来，名曰认门。娶之前一日，遣人牵羊一，负箩米、瓶酒往，不亲迎。今渐从汉俗”。④ 由于彩礼要求不断提高，王厚庆任丽江知府时推进了改革：“以移俗易风为先务……且婚嫁多失期，女有字人年三十而父母犹不许出阁，多番藉索财礼。又状奁尚奢华，一女嫁而家业荡然。厚庆力革此俗。凡民间纳彩亲迎时，派一二仆从代理其事，均丰俭得宜，夷俗为之一变。”⑤ 延至民国时期，“（丽江）凡婚丧嫁娶，必请土巫刀巴祝厘。设流后，日新月异，盖二百年于兹矣。婚礼先通媒妁，娶之日，妇乘肩舆

① （元）《经世大典·招捕总录》，周汝诚编纂、郭大烈整理《纳西族史料编年》，云南民族出版社 2011 年版，第 51 页。

② （明）陈文修、李春龙、刘景毛校注：景泰《云南图经志书校注》（第 4 卷），云南民族出版社 2002 年版，第 245 页。

③ 杨林军：《〈木氏宦谱〉诸版本源流新考》，《云南社会科学》2012 年第 5 期。

④ （清）管学宣等纂：乾隆《丽江府志略·礼俗略》（第 8 卷），丽江纳西族自治县县志编纂委员会 1991 年印，第 207 页。

⑤ （民国）周钟岳、赵式铭总纂，李斌等点校，李春龙审订《新纂云南通志》（第 8 卷），云南人民出版社 2007 年版，第 126 页。

至，婿揖而入，惟富豪巨族多亲迎者”。① 经过清代和民国时期的婚俗变革，丽江基本实现了以汉俗为主的婚俗，但也为此付出了巨大的代价。清代后期盛行的殉情之风无不与这次婚俗变革有直接联系。丽江府维西县也是“娶以牛羊为聘，头目家并用马，均至十数”。② 完全进入一夫一妻制的婚姻社会。赵银棠在《旧社会的丽江纳西族妇女》一文中写道：“结发结发，结痛心肝；七钱簪子卡住了自由，三层纱帕包扎了命运。地里的水冷又冷，要烧的柴湿又湿，小叔子的嘴馋又馋，老婆婆的脸沉又沉。”道出了女子在封建礼制家庭中的地位。民国时期，丽江纳西族地区出现的汉式婚俗以苏、杭地区习俗为模式，包括订婚、叩门、择吉日、搭彩棚、洗头、迎亲、喜宴、分大小、回门、逛街等内容。③

在金沙江以东的永北府、永宁一带：

> （北胜）麽些……婚配必通媒妁。
> （蒗蕖州）麽些……婚姻听从父母，止用牛羊猪酒聘娶。
> （兰坪）麽些……婚姻必通媒妁。
> （永宁）麽些……（婚姻听从父母之命，以牛羊酒食聘娶。）④

虽然仍以土官统治为主，但受到移民文化和汉俗的影响，都以“婚配必通媒妁”为规矩。

民国时期，“永宁吕喜民族为母系传统社会，男大不婚，女大不嫁。他们的家庭组织，只有母亲，没有父亲。家庭经济权操于妇女手中，只有女子才有遗产继承权。永宁婚姻形式叫作‘欧休’（ə^{55} ʑiə^{33}），男女‘欧休’可以一起过性生活，亲戚邻友都认为是正当合理的。男的在夜晚去女家，次早返回，并不得擅领其女“阿注”为自己的妻室，所生儿女不属于男方，无亲属关系，也不必担负养儿育女的职责。‘欧休’关系是纯洁天真的，纯粹自由的。他们自定情之后，相互之间只有精神上的联系，

① （清）陈宗海等纂：光绪《丽江府志稿·风俗》，丽江市古城区方志编纂委员会2005年印，第43—44页。

② （清）余庆远：《维西见闻纪》，方国瑜主编《云南史料丛刊》（第12卷），云南大学出版社2001年版，第62页。

③ 白庚胜：《纳西族风俗志》，中央民族大学出版社2001年版，第32页。

④ （清）叶如桐修，刘必苏、朱庭珍纂：光绪《永北直隶厅志》（第7卷），方国瑜主编《云南史料丛刊》（第13卷），云南大学出版社2000年版，第728页。

并无物质上的享受，因而无形之中避免了许多纠纷，家庭十分和乐幸福，没有夫妇争吵之事件，无父子争斗之情形，无妯娌失和之仇怨，无婆媳不睦之隐忧。而母女之爱相当永久。‘欧休’关系有合则留、不合则去之自由，去之就之，毫无问题。出家的喇嘛亦可建立‘欧休’关系。是宗教法所不禁的”。[①]

盐源一带的纳西族婚俗，是以走婚为主。“全所（五所四司三马头）属民，无正式嫁娶，知有母不知有父，沿习既久，恬不为怪。其快愉般乐，锅庄跳舞，男女杂沓，远地商旅，多有沉缅（湎）留连，荡尽资斧，沦落老病，死亡于其间者。”[②] 路过该地的商人也纷纷加入“走婚”行列中，有人因常年缠绵于摩梭女子中，几乎散尽钱财，无家可归。

民国时期，中甸以一夫一妻制为主要的婚俗，也有一些与其他区域不同的情况：“摩些最喜血族结婚，除同胞之兄妹姊弟稍为回避外，同胞弟兄之子女，即为结婚之第一条件；次及姑舅姨表之子女，再次及同曾祖之兄妹姊弟，再次始及同族，亦必由亲及疏，最后始及异姓。”[③] 这段材料说明了纳西族婚俗中“姑舅”婚和“姨表”婚，虽然是一夫一妻制的婚姻形态，但又与古代的血缘婚、近亲婚相类似，体现了纳西族婚姻发展中多种婚俗并存的特点。

二　走婚制和母系家庭的分布及地域特征

1. 走婚习俗

走婚习俗是人类历史上出现的一种较为普遍的婚俗。中原地区早在秦汉时期就退出了历史舞台，而在少数民族中多有保留，尤其是民国时期在泸沽湖周边的纳西族社会中依然很流行，引起学界关注。

学界对于“男不娶、女不嫁”的婚姻习俗，有不同称呼，如“走婚”“走访婚”“阿夏婚”等，纳西语称之为“阿注”或“安达”。如果归类的话，走婚应该属于对偶婚的一种形态，是建立在母系社会基础上的。东

---

① 周汝诚：《永宁见闻录》，云南省编辑组编《纳西族社会历史调查》（二），民族出版社 2009 年版，第 164 页。

② 周汝诚等编纂、郭大烈整理：《纳西族史料编年》，云南民族出版社 2011 年版，第 226 页。

③ 段绶滋纂修，和泰华、段志诚标点校注：《中甸县志资料汇编》（三），中甸县志编纂委员会 1991 年印（内部资料），第 150 页。

巴经《执实杖经》《苦乐之歌》记载：“晚上出了长庚星，夫妻同床共枕眠；鸡鸣出了启明星，夫妻分手各东西。”可见，每夜长庚星出来，男子就去不同家族的女方家，待启明星升起就要分开了，这就是“暮合晨离”的对偶婚。男女双方归属于不同的母系家庭，傍晚男方到女方家住，次日凌晨返回，即“暮合晨离”。男不娶，女不嫁，平日在自家劳动，终身生活在母亲家庭里。所生子女归女方，靠女方抚养，男子只是在女方家庭困难和生育时期主动帮忙。男女交往自由，男、女到13岁要举行成人礼，男子参加穿裤子礼，女子参加穿裙子礼，仪式隆重，由东巴主持，长辈都来参加。成人礼的举行标志着男女都进入成人阶段，承担起家庭和社会责任。同时也允许自由追求恋爱，一般在17岁左右结交“阿注”。青年时期，男女都可以有数个不固定的“阿注”，中年以后相对固定在一两个“阿注”上。

走婚的基础是相互间的爱情，不受物质和地位诱惑，离散自由，择偶标准是年轻、貌美、能干，结交时间长就产生了深厚的感情，就成了固定的“阿注”。过年过节都有相互赠送礼物的习俗。虽然男女间自由恋爱，并不是说没有规范和秩序。严禁母系家族成员内部的结交，只与不同家族“斯日”通婚往来。女性在走婚中处于主动地位，在家有自己的房间以便接待“阿注”。由于双方在自愿基础上结交，男女间没有物质利益的影响，加上男女之间结交的不固定性，所以，很少有独占和嫉妒心理导致伤害他人或自残情况。①

2. 走婚制习俗的分布

明代以来纳西族婚俗朝着两个方向发展，一个方向是与汉俗合流，清代丽江府推行的“移风易俗”举措，使丽江地区走向一夫一妻制；另一个方向是保留本民族传统的婚俗，即走婚制。一般认为，走婚制是对偶婚的一种表现形式。走婚制和母系家庭主要集中在泸沽湖地区，包括云南省宁蒗县的永宁乡、拉伯乡、四川省盐源县左所区沿海乡、前所乡和木里县的乌脚乡、俄亚乡等。

最早记述纳西族地区走婚制的可从《马可波罗游记》中得知。“此州（建都州）有一种风俗而涉及其妻女者，兹为君等述之。设有一外人或任何人奸其妻女、其姊妹，或其家之其他妇女者，居民不以为耻，反视与外

① 郭大烈、和志武：《纳西族史》，四川民族出版社1999年版，第176页。

人奸宿后之妇女为可鬼。以为如是其神道偶像将必降福，所以居民情愿听其妇女与外人交……有时亘三四日，与其妻女姊妹或其他所爱之妇女交；客未去时，悬其帽或其他可见之标识于门，俾家主人知客在室未去。家主人见此标识，即不敢入门。此种风俗全州流行。”[①] 这则材料虽然是当时人记当时事，但不是笔者的亲历，而是道听途说，因而都用“设”来说明，可见所写不足全信。但可以肯定的是，此种风俗就是走婚制，分布于元代建都州。元代建都[②]即建昌，为今天的木里、盐源一带。元代李京在《云南志略·诸夷风俗》也记载：“淫乱无禁忌。”这是对当时走婚习俗的一种偏见，与汉俗格格不入，史家记为“淫乱无禁忌”。“少不如意，鸣钲鼓仇杀，两家妇人中间和解之，乃罢。”这则史料说明妇女在当时社会中的地位，其背景是母系制家庭。明、清、至民国时期，今天木里、盐源、宁蒗的永宁等区域内的纳西族都有走婚的习俗。

清代以来，走婚制开始走向一夫一妻制，直到民国后期，一夫一妻制家庭所占比例不高。据1956年统计，在永宁中心坝区被调查的335户中，父系家庭21户，占6.25%；母系家庭170户，占50.76%；母系、父系并存家庭144户，占43%。[③] 这组数据反映出与母系家庭相对应的走婚制依然是主流。永宁纳西族婚俗奇特，据1956年前一组数据可得知当时永宁纳西族的婚姻情况。以巴奇、阿布瓦、黑吉古、尤米瓦、忠克、忠实六个村子88户的调查来看，存在着三种婚姻形式：阿注婚、“阿注”同居婚、一夫一妻婚（见表4—2）。

表4—2　　新中国成立前永宁六个村落婚姻状况表[④]

项目／村名	成年人数	婚姻状况			
		阿注	“阿注”同居	一夫一妻	其他
巴奇	62	39	5	14	4

① A. J. H. Charignon注，冯承钧译：《马可波罗游记》，中华书局1954年版，第452—453页。

② 元代未曾有建都州之设立，但在《元史·世祖本纪》卷五、六、八十三都有提及。结合前后文内容看当为建昌无疑。

③ 郭大烈、和志武：《纳西族史》，四川民族出版社1999年版，第179页。

④ 根据《宁蒗彝族自治县纳西族社会及其母系制调查》之《永宁纳西族母系婚姻调查表》基础上制成，该表数据皆为1956年以前，故采用。

续表

项目 村名	成年人数	婚姻状况			
		阿注	"阿注"同居	一夫一妻	其他
阿布瓦	28	21	1	4	2
黑吉古	58	47	3	3	5
尤米瓦	38	28	6	4	
忠克	129	86	23	10	10
忠实	49	29	12	3	5
合计	364（100%）	253（69.5%）	50（13.7%）	35（9.6%）	26（7.1%）

以上数据说明了新中国成立前民国时期永宁的婚恋情况。绝大部分成年男女都结交"阿注"，过着暮合晨离的生活；不到14%的"阿注"过上了同居生活，而进入到一夫一妻制的不足10%。

明代移居俄亚的纳西族婚俗也以走婚为主。在俄亚称之为"安达"婚，习俗与永宁、盐源一带有所不同。俄亚纳西族地区已经处于一夫一妻制阶段，但还保留有走婚习俗。女子与父母居住，没有自己的房屋，而男子则在土掌房顶部有自己的住所，方便女子前来。而且，俄亚的走婚制只是青年时期进行，最终都实现结婚，进入多妻或多夫的家庭中，"是父权制下走婚的变态形式"①。

3. 走婚制变迁及其特征

走婚制是对偶婚的一种形式。成年男女之间自由野合，婚后也可有"婚外情"，这些与现代婚姻格格不入的观念是导致世人对此产生猎奇心理的原因。走婚制并非一成不变，也有形成、发展、衰落阶段。纳西族从群婚发展到对偶婚不是同步进行的，不同支系在不同地域和不同周边文化的影响下朝不同方向发展。如丽江的"拿喜"一支，很早就进入了一夫一妻制，虽然元代李京笔下还有"淫乱无禁止"的记载。但到了明代，已经接受了汉俗，用儒家仪礼来规范行为。永宁、盐源一带，则以本民族传统习俗为主，从群婚缓慢地走向对偶婚。俄亚的"安达"婚并非随意地交往，而是有着严格的秩序，主要体现在血缘和地域关系。建立"安达"关系，禁止在父系和母系的三代血亲之内结交"安达"关系，也禁

① 郭大烈、和志武：《纳西族史》，四川民族出版社1999年版，第177页。

止结婚。姑舅表亲之间不能建立“安达”关系，但可以结婚。姑舅兄弟姐妹间也不能建立“安达”关系。本村男子与本村女子结交“安达”，偶有与外村个别结交“安达”。结伙到外村结交“安达”，会引起两村小伙子的纠纷。俄亚禁止姨表亲之间通婚，认为姨表兄弟姐妹是一母所生血缘相同。姑舅亲却极为流行。这在丽江也是较为流行的，“阿舅增门敢”，即舅舅优先选择姑妈家儿子成为自家的女婿。

4. 走婚制存在原因及其走向

学界普遍认为，走婚制是人类处于对偶婚时期的一种类型，早在秦汉时就被一夫一妻制取代。民国时期，泸沽湖地区的纳西族内部还比较流行走婚制，存在的原因有多种。关于泸沽湖地区走婚制起于何时，说法不一。其中赵蔚杨在《永宁纳西族母系制和阿注婚起源问题商榷》一文中提出：“永宁社会生产力的状况并不构成延续母系制和阿注婚的特殊条件”；“永宁不是原始母系制的世外桃园”；“喇嘛教对永宁母系制和阿注婚的特殊影响”。其结论是：“永宁地区的对偶婚不是当代民族固有的，而是藏传佛教传入后才兴起的。”① 王承权在《也论永宁纳西母系制和阿注婚的起源——兼答赵蔚杨先生》针锋相对地驳斥了赵的观点，提出“阿注婚和母系家庭源于古代的母系氏族制，在母系氏族公社解体后，它以变异形式残存于阶级社会里”。② 此后，大多数学者认同于王承权之说。

走婚制为什么能够保留在泸沽湖地区的纳西族社会中呢？这不是一个因素所能决定的。从客观上看，纳西族地区婚姻习俗呈现出多元的特点，而在泸沽湖地区（包括了木里、盐源等纳西族地区）、四川木里县的俄亚等地保留了走婚习俗，这是清代以后纳西族婚俗走向的两种模式之一。笔者认为，明代以来这些地区走婚制得以保留的客观因素是封闭的自然地理单元、土司、土官制的延续。从主观上看，走婚制是维护和谐大家庭的需要，可缓冲包办婚姻之不足，也是多偶制婚姻的必要补充。

其一，封闭的自然地理单元是走婚制存在的客观条件。

永宁由永宁坝、泸沽湖沿线和金沙江峡谷台地三种地貌构成，境内有巍峨的狮子山、连绵的大岳山、牦牛山等，海拔都在3800米以上。动植

① 赵蔚杨：《永宁纳西族母系制和阿注婚起源问题商榷》，《云南社会科学》1987年第2期。

② 王承权：《也论永宁纳西母系制和阿注婚的起源——兼答赵蔚杨先生》，《云南社会科学》1989年第4期。

物资源分布广泛。金沙江与无量河交汇于拖甸乡的三江口，江水下切，山谷幽深，形成了通往丽江的天然屏障。永宁坝海拔 2670 米，村落星罗棋布，开基河流经坝子中央；南面是长约 50 公里的泸沽湖沿岸。永宁的高海拔限制了物质生产，经济发展缓慢，生存条件依然较为艰辛。永宁坝东与木里前所、左所相接，南面与蒗蕖同为一体，北面是康藏高原东南端，西面与丽江、中甸隔江相望。

俄亚地处高山河谷间，川滇两省的木里、稻城、香格里拉、丽江、宁蒗五县交接之地，被称为“鸡鸣两省五县之地”。北部是海拔 4000 米以上的宁朗大山，东面是由北往南的冲天河，西面是峡峭山脉，南面是深谷奔流的金沙江，木里河、龙达河沿岸是主要分布区。俄亚居于金沙江、冲天河和东义河要冲，是东进盐源、南取永宁的战略要地。交通极其不便，直到 20 世纪末，俄亚到木里县城骑马也需要 8 天以上；如果乘车更远，从木里出发，经盐源县到宁蒗县，再经过永胜、丽江到香格里拉县的三坝，再从三坝的洛吉连走代骑也需要一整天才能赶到俄亚大村。俄亚到丽江宝山、宁蒗永宁都要四天以上的时间。足见俄亚是包裹在群山大河之间。

这种特殊的自然地理条件，是保存民族传统文化的基础，自然地理限制了其对外交往的机会。

其二，土司、土官制的延续是走婚制存在的社会基础。

永宁“昔名楼头赕，地接吐蕃，又名答蓝。唐时属南诏，蒙氏后为麽些蛮所据，宋时属大理段氏，元宪宗时内附。至元间置答蓝管民官，寻改置永宁州，属北胜府。本朝洪武中属鹤庆府，二十九年改属澜沧卫，永乐四年升为府，亲领编户四里，领长官司。刺次和长官司，自本府东北二百里；革甸长官司在府西北一百二十里；香罗长官司在府北一百五十里；瓦鲁之长官司在府北三百八十里”。[①] 清代沿袭土司制度，1698 年划归永北府，1770 年永北府改为直隶厅，永宁仍然隶属。民国时期，永宁和蒗蕖两个土司合并，设置行政委员，1936 年成立宁蒗设治局，后改称宁蒗县。1253 年忽必烈南征和字内附，1274 年设置“答蓝管民官”，自此以后，永宁都在土司、土官统治之下，直至新中国成立才发生变化，长达 650 年之久。

据相关史料，明代嘉靖至万历年间，丽江木氏土司不断向北拓展控制

① 李贤、彭时等纂修：《大明一统志·永宁府》（第 87 卷），万寿堂刊本。

区，至明代中期俄亚一地开始有纳西族居住。起初只有四户人家，分别是瓦赫嘎加、东巴多塔、牧羊人渣合茨里、赶马人旺模，随后就从丽江、中甸、稻场、鹤庆等地陆续迁入40余户。迁来的以纳西族为主，有藏族、白族、汉族。瓦赫嘎加是木氏土司的管家，因而在俄亚成了头人，称之为木官，其后人被称之为“木瓜”，作为家族名称。木氏土司派官兵进驻俄亚，还有一种说法，就是木氏土司为了开发金矿而派去驻兵和移民。据宋兆麟在《共夫制与共妻制》介绍，在俄亚的山顶留有不少烽火台和驻军堡垒。在俄亚西南数里的拖支村、克支村西南面的山顶上，留有一块近200平方米的台地，有驻兵宿营、烽火台、炊事区。西、南、北三面皆为悬崖峭壁，东南方向唯有一条通道，四望尽收眼底，是一个军事要冲。显然，最早到俄亚的纳西族居民多为驻守或移民戍边。明代，俄亚都在丽江木氏土司管辖范围内。1674年西藏派兵侵占中甸的甲加，木里的桑登绒布、勒喜降村组成僧俗兵赶赴中甸，并于西藏军队进入前攻下甲加。次年藏蒙军队总管同意将俄亚等五村赏赐给木里，达赖喇嘛颁发文书。[①] 至此，俄亚摆脱了丽江土司的控制，受到木里安抚司的控制。木里土司因很难直接控制俄亚，于是采取羁縻措施，授予纳西族头人木官以“古擦”荣誉，享受这一等级的特权。俄亚的木官是世袭，父传子，兄传弟。俄亚的“木瓜”制直到1950年才被废止。可见，俄亚自明中期以来的土司、土官制对俄亚民族文化提供了保护。

其三，维持和谐的大家庭是走婚制存在的实际需求。

走婚制相对应的家庭是母系制，随后出现父系制家庭。20世纪50年代以来，詹承绪、王承权、刘龙初等人深入永宁、盐源、木里、俄亚等地，进行翔实考察，采访中得知，物质条件有限的社会环境里，俄亚早已形成了一夫一妻制或多妻多夫制。所有的婚姻都要父母包办，其中盛行“姑舅表”婚，可以减少婚宴开销，还可以亲上加亲，儿媳妇不会虐待老人，等等。但是，夫妻双方却很难接受这份由亲情变为的爱情，感情脆弱，夫妻生活一般都不和谐，导致了“婚外情”，这种越轨行为在当地得到社会理解和默许。共妻或共夫的家庭中，丈夫或妻子很难做到面面俱到，受冷落的一方通过找“安达”来安慰，这又是走婚制得以存在的原

① 阿旺钦饶著，鲁绒格丁等译：《木里政教史》（汉译本），四川民族出版社1993年版，第30页。

因之一。同时，通过这种“安达”婚使不自由的婚姻得到补偿，使家庭关系得到维系。永宁、盐源一带纳西族的走婚，则处于比俄亚更早一级的状态。家庭所有成员都是血亲，所以无形之中避免了许多纠纷，家庭十分和乐幸福，无夫妇争吵之事件，无父子争斗之情形，无妯娌失和之仇怨，无婆媳不睦之隐忧，而母女之爱相当永久。兄弟姐妹之间的矛盾都会很快消除，所有人都为这一家庭服务，没有私心杂念。如果男子都娶妻了，就面临着一个严峻的问题，要分家分财产。本来很有限的财产分家后就更加单薄。生产力水平低下的永宁、盐源、俄亚等地区，一夫一妻家庭人手最为棘手，农耕、畜牧、手工等需要不同体力人员。“人少怕穷，人多怕分。”家庭规模保持在 12 人左右。直到今天，在纳西族口语中还保留有以人口数来判定贫富，如富人家成为“西合”（$ɕi^{33}hɯ^{21}$），“西”即人，“合”即多或富足；贫困之家称“西析”（$ɕi^{33}ɕi^{55}$），“西”即人，“析”即少或寒碜。在俄亚，唯有靠集体力量才能生活好，个人的力量在当时条件下是极为微弱的，只有靠集体的力量才能维持家庭正常运作。因此，他们都认为多娶妻会导致家庭财力下降，无力应付村寨内人情往来。

其四，走婚制是包办婚姻的一种缓冲手段。

宋兆麟到俄亚采访了俄亚大村的窝彩老人（时年 76 岁）。窝彩老人认为，在俄亚，父母为了家庭兴旺发达，首要是保持有较多的人口和劳动力。只有这样才能有足够的人手从事农业、打猎、挖金等。才能保证家庭经济收入以应付各种社会活动支出。“如果每个男子娶一个妻子，兄弟之间还好说，几个妯娌就不是一条心了，必然会发生矛盾。因此，我们宁愿几兄弟合伙娶一个妻子，也不各娶各的。至于夫妻间的私生活，父母是不管的。如果一个妻子满足不了几个丈夫，这些男子可以外出找安达，父母和妻子也是不管的。但是，他们不能将安达接回家里生活，否则家里人会反对，木瓜和斯日成员都反对。这样，我们这里就有两种婚姻：婚娶和安达，缺哪一种都不行”。[①] 可见，俄亚的“安达”婚是父母包办婚姻背景下的一种调适形态，是自由恋爱到包办婚姻之间的缓冲。20 世纪 30 年代，庄学本进入盐源、永宁一带对当地的风俗进行调查，“婚姻自由，但一般女子多不嫁，不赘，而性交极乱。家庭以母系为本位，财产之继承亦

① 宋兆麟：《共夫制与共妻制》，上海三联书店 1991 年版，第 38 页。

为女子，故有‘女儿国’之称”。[1] 20世纪初杨锐到永宁调查，指出“女子有继承权，没有固定的丈夫……也没有婚礼，生下的小孩，只知其母不知其父。一个女子可以拥有几个男人”。[2] 虽然他们在物质方面是贫乏的，但在精神生活上却是富足的，因而没有出现外出流浪的情况，也没有出现如民国时期丽江一样的殉情。

其五，走婚制是协调多偶制婚姻的重要补充形式。

民国时期，俄亚已确立了一夫一妻制的婚姻形态，但多偶制仍然是主要的婚姻形态。多夫或多妻制导致夫妻生活的不和谐，丈夫偏爱某个妻子或妻子偏爱某个丈夫是现实存在的，但被冷落者不可能继续娶妻或招夫，这样会造成家庭不和。男女比例失衡，所以，俄亚的“安达”婚便是这种婚姻的补充，也是一种重要的调节形式。在俄亚，既便是已经结婚的女子，也有一段时间是“不落夫”居，即回到母家居住，这期间男女都可以找“安达”，女子即便生有子女，也不受社会谴责。等待落夫家时候带到男方家，视为男方家成员加以抚养。这与现代社会对私生子采取鄙视的态度是不同的，俄亚的生产力水平决定了人力资源的重要性。永宁一带的“阿注”婚则走向一夫一妻制，没有经历多夫制或多妻制。由于婚姻是由父母包办，男女双方结交融洽的“阿注”不一定结婚，所以“阿注”婚可以视为一夫一妻制的协调形式，是重要的补充（见表4—3）。

表4—3　　清至民国时期纳西族地区婚姻家庭的空间对照表

地区 / 婚恋及家庭形式	俄亚	永宁	盐源	丽江
婚前结交伴侣	“安达”	“阿注”	“阿注”	自由恋爱
多夫制或多妻制	甚少	无	无	无
婚后结交伴侣	“安达”	“阿注”	“阿注”	禁忌；殉情
多夫一妻	以兄弟共妻为主	无	无	无

① 庄学本：《么些》，《良友》1930年第158期。

② 杨堃：《原始社会发展史》（下册），1986年油印本，第345页。

续表

地区 婚恋及家庭 形式	俄亚	永宁	盐源	丽江
多妻一夫	以姐妹共夫为主	无	无	一夫多妻妾
其他	一夫一妻制，甚少	一夫一妻，制甚少	一夫一妻制，甚少	一夫一妻制，主体
家庭模式	父系、母系、双系家庭	母系家庭、双系、父系家庭	母系家庭、父系家庭	父系家庭

这种婚俗并非纳西族所独有，具有广泛性和地域性的特征。“母系文化在这条走廊（藏彝走廊）里是最基本、最普遍、最具有覆盖性的历史文化特征。然而最不易为人所洞察。近世，走廊南端泸沽湖一带的摩梭或纳日人的母系文化，开始为人所知……母系文化的源头却近在走廊的北端，远则更在西部。”① 今天的大渡河、雅砻江流域，在唐代就生活着东女国。“东女国，西羌之别种……俗以女为王。东与茂州、党项接，东南与雅州接，界隔罗女蛮及白狼夷。其境东西九日行，南北二十日行，有大小八十余城，其王所居名康延川，中有弱水南流，用牛皮为船以渡。”② 今天生活在这一区域的嘉绒藏族、白马氐都有以母祖为族称的。母系文化除了摩梭或纳日人外，属于藏族的扎巴人和纳木依人也有很突出的表现。扎巴人聚居于甘孜道孚县与雅江县交界的鲜水河谷地一带。“扎巴人一直保存着相当完整的母系制遗存，与摩梭或纳日人的母系制遗存颇为相似。”③ 纳木依人多居住在雅砻江大拐弯地带，历史上是磨（麽）些民族一支，保留有母系文化遗风。李星星从文化传播视角提出，“泸沽湖地区的母系文化是由北方流动而来的，或原属女国文化的组成部分，或在唐代本身就属东女国最南端的部分。” 纳日人，史称“麽些”，与永宁纳西族同属一个支系，分布在木里的屋脚、帛凹、西秋、白碉、项脚、卡瓦等地。他们摆脱了阿注婚和母系制，走向了兄弟共妻和姐妹共夫，并行有

① 李星星：《藏彝走廊的历史文化特征》，《中华文化论坛》2003 年第 1 期。
② 刘昫等：《旧唐书·南蛮西南蛮列传》卷 147，中华书局 1975 年版，第 5277 页。
③ 李星星：《藏彝走廊的历史文化特征》，《中华文化论坛》2003 年第 1 期。

“安达”婚。西番人（普米族）历史上多与纳西族杂居。俄亚的西番人主要居住在纳窝村，婚俗与纳西族同，有“安达”和多夫多妻特点。清代后期彝族才迁移到俄亚，实行族内婚和家支外婚制，流行姑舅表婚，一夫一妻制的父系家庭。

三 多偶制的分布及其特点

一夫一妻制是当前中国法定的婚姻制度。历史上纳西族婚姻习俗多元化，明至民国时期多元化婚姻最为突出，主要表现为永宁、盐源一带的阿注婚和母系家庭，俄亚的“安达”、多偶制与父系家庭以及其他纳西族地区的一夫一妻制。俄亚除了与永宁一带的阿注婚相类似的“安达”婚外，还保留了多偶婚。

1. 多偶制习俗

多偶婚是对一夫多妻（多个姐妹共娶一个男子）、多夫一妻（多个兄弟娶一个妻子）、多夫多妻等不同类型婚姻的统称。摩尔根在《古代社会》一书中表述为“普那路亚”，又称之为伙婚。宋兆麟在《共夫制与共妻制》一书中则认为：“伙婚制实际上是一种搭伙结婚的形式，丈夫们与妻子们彼此发生关系。其特点有二：一是群婚性，二是嫁娶性。”① 伙婚只能限指多夫多妻制中，是母系氏族解体的产物，是母系制向父系制过渡的婚姻形态。伙婚制在俄亚寥寥无几。因此，我们把俄亚多类型的婚俗统称为多偶制是合理的。多偶制婚姻大致可以分作这样几类：一夫多妻制，其中多姐妹娶一个丈夫为主，简称姐妹共夫；一妻多夫制，以多个兄弟共娶一个妻子，简称兄弟共妻制；一个男子娶一个妻子甚少，多数是过继另外一个男子，组成兄弟共娶一个妻子，带有伙婚的特点；多个兄弟相互娶来两个或两个以上的妻子，是典型的伙婚制。这四类婚俗中，伙婚制是最不稳定的，也是最容易闹分家的。对于自然条件艰苦，物质资源有限的俄亚来讲，分家可以说是灭顶之灾。所以，伙婚行为多数会被制止。

一妻多夫制，即兄弟共妻是俄亚最为普遍的婚俗。几个兄弟共娶一个妻子，夫妻间的生活主要靠妻子来安排，几个兄弟围绕一个妻子，保证家庭和睦和团结。所生的子女由家庭共同抚养，多个兄弟的私生活通过在外寻找“安达”来调节。一夫多妻制即姐妹共夫。如果一个家庭中没有兄

① 宋兆麟：《共夫制与共妻制·前言》，上海三联书店 1990 年版，第 5 页。

弟，几个姐妹就要找一个共同的丈夫。丈夫对妻子的态度不一，姐妹也是通过在外寻找“安达”来调节。所生育的子女（包括私生子）都在姐妹共夫家抚养。我们不难看出，这些婚姻形态有个共同特点，就是减少结婚次数和制止分家。这是由俄亚特殊的地理环境所决定的（见图4—2）。“几个兄弟共娶一个妻子的家庭，劳动力强，家庭和睦，生活水平较高。少数妇女外貌差，身体有病，可在家里不嫁不育，过安达生活。另外有些家庭姐妹多，也可以姐妹共娶一夫，这样妇女也不显过剩。”①

图4—2　俄亚两代兄弟共妻家庭合影②

2. 多偶制的分布及其特征

这种多偶制婚俗分布区域非常有限，仅局限于俄亚乡范围，临近的永宁、拉伯、丽江的奉科都未曾流行过。如果我们扩大到俄亚整个地区来考察，就会发现一个新问题。俄亚除纳西族外，还居住着藏族、西番人（普米族）。藏族主要居住在俄亚大村的东北面，与东义藏区相接，人口不多。藏族婚俗以兄弟共妻、姐妹共夫为主，也有一夫一妻制和“安达”

① 宋兆麟著：《共夫制与共妻制》，上海三联书店1990年版，第41页。

② 图片来源：《锦秀凉山》2011年第3期第52页。在此对记者冷文浩表示谢意！

婚的习俗。但是，藏族对已婚男女寻找“安达”的行为尤为反对，丈夫有惩罚和杀死奸夫的权利，私生子也受歧视。这一点与纳西族“安达”婚不同。位于冲天河西岸的纳窝村以普米族为主，流行一种称之为“注麻下”（找朋友之意）婚俗，类似于“安达”婚。非婚生子视为杂种，不能在家生育，要在山洞接生，还要邀请东巴举行祭祀仪式。新中国成立前纳窝村共有 12 户 165 人，37 起婚姻中，姐妹共夫 3 起，兄弟共妻 13 起，一夫一妻 15 起，一夫多妻 6 起。[①] 由于多偶制存在不少内部矛盾，普米族也靠“安达”婚来调节男女之间的生活（见表 4—4）。

表 4—4　　民国时期俄亚多元婚姻家庭情况表

项目 婚姻形态	特点	家庭模式	社会影响	说明
一夫多妻	姐妹共夫	母系家庭	较稳定	
多夫一妻	兄弟共妻、伙婚制	父系家庭	最稳定	一男子与另一男子结拜，再娶妻
多夫多妻	兄弟共妻和姐妹共夫兼备，伙婚制	母系、父系家庭并存	最不稳定	往往导致分家
一夫一妻	男娶女或招婿	父系家庭、母系家庭	不稳定，家庭压力最大	很少

因此，与其说多偶婚是俄亚地区特有的婚俗，具有很强的地域性特征，还不如说多偶婚是纳西族和普米族都有的“安达”婚习俗。

3. 多偶制存在原因及其走向

多偶婚是母系制向父系制过渡时期出现的婚姻形态。俄亚地区在进入阶级社会，即封建领主制社会后仍能长期保持，决定因素是多方面的，主要有：

第一，封闭的地理单元和生产力水平低下是多偶制保存的主要原因。

前面已经谈到俄亚特殊的自然地理情况，海拔高，在大山大河间，可供开垦的台地极为有限。虽居住在龙达河边，但用水条件依然艰苦。明清时期没有受到外来先进生产方式和技术工具的影响，生产效率低下。明代

① 宋兆麟：《共夫制与共妻制》，上海三联书店 1990 年版，第 207 页。

以来传入西南地区的高产旱地作物也少有传入俄亚，在这样的背景下，俄亚的土地供养能力是有限的。安珠义肖（75岁）说：

一个家庭的经济来源，主要有三个方面：农业生产占70%，牲畜生产占20%，纺织、酿酒等占10%。这些财产是全家人劳动所得，产品也归全家享用。个人出门的劳动收入也交给男家长，本人不能挪用，否则会影响家庭团结。如果个人出门要钱用，可以向家长索要。①

俄亚土地少而贫瘠，人口多，几个兄弟各娶一个妻子，必然因妯娌关系不和而分家，分家就要分地，分家财，人情送礼就增加了一倍。这是搭伙结婚的原因之一。过去家庭生产活动多，如种地、放牲口、去木里大寺当喇嘛、为木瓜家服劳役，还要有人管家务，这是一夫一妻小家庭所支撑不了的。只有几个兄弟在一起娶一个妻子，既保持了较多的劳动力，家庭又围绕一个妻子，团结一心。安扎娘若说："人少怕穷，人多怕分。"家庭规模保持在12人左右是最佳人数。如果靠某一行业能够养活自己或全家，那当然会出现这类行当，但在俄亚，唯有靠集体力量才能生活好，个人的力量在当时条件下是极为微弱的，只有靠集体力量才能维持家庭正常运作。

第二，藏区习俗的影响和本民族传统的兼容性是保存的原因之一。

俄亚的北面是稻城、乡城，西面是中甸，都属于藏区。明代木氏土司拓展到俄亚之前，这里还是地广人稀的茂密林区。木氏土司退出俄亚后，一度被西藏政权所控制，直到1675年划归木里土司管辖。虽然未曾有藏族直接统治的记录，但可想而知，俄亚不可能一直保留本民族传统文化特点。俄亚周边的藏区，都有多偶婚的习俗。《巴塘县志》记载：藏族"婚姻历以多夫之制，兄弟五六人共娶一妻，名曰共妻"。②《理塘县志稿》也记载："又有多夫之制，二三男子共娶一妻。"《西康建省记·说康人弟兄同妻》载："（石渠）人口太少，究厥由来，半由好为喇嘛，半由弟兄娶

① 宋兆麟著：《共夫制与共妻制》，上海三联书店1990年版，第47页。

② 四川省巴塘县志编纂委员会编纂：《巴塘县志》，四川民族出版社1993年版，第78页。

一妻之故……百姓之弟兄共妻者甚多，有老年者，有中年者，有少年者。”①《康定概况》载：“一妇数夫，是习惯例。”“中甸有麽些古宗、臭古宗两种。臭古宗膻秽不可近。麽些古宗散处，麽些地方故名。兄弟二三人共娶一妻，指各戴玦有，一人入房则系玦于门，以示意不得同时混入。妇有孕不辨谁之子也。惟推计日月以为断。近与汉人交通，耳濡目染，此风亦稍减矣。”② 可见，俄亚周边的藏族都有兄弟共妻的习俗，长期以来，对俄亚纳西族的婚姻习俗也产生了一定的影响。更为关键的是，相同地理单元内，多民族的生活习俗和应对自然的方式是趋同的。木里俄亚纳西族的婚礼中，新人拜堂后都有献哈达的仪式；盐源达住村纳西族婚礼中也有献哈达之礼。从这样一个角度看，俄亚纳西族的多偶制受藏族习俗的影响是明显的。

此外，行政区划的归属和土司制的存在是纳西族婚俗保存的又一原因。这些问题上文已经谈到，这里不再重复。

这种多偶制是在特定自然环境与历史条件下产生和保存下来的，如果没有外力（包括政治措施、外族入侵、瘟疫等）影响，这种婚俗将继续保存下去。但在社会生产力和生产技能提高的同时，也会走向一夫一妻制的社会潮流中。

四　一夫一妻制的分布及特征

在中国，早在秦汉时期一夫一妻制已成为婚姻的主流，其他婚姻模式都被视为“愚昧”和“淫乱”。在少数民族地区，婚姻习俗呈现出多元并存的现象，直到20世纪末还有母系制下的走婚习俗、“安达”婚等。纳西族地区婚姻习俗的多元化，在明至民国时期为世人展示了同时间内不同的婚俗形态。

明代以来，纳西族婚俗总体走向分异。以丽江为中心的纳西族地区，上层土司、土官效法汉俗，推行一夫一妻制，有的还纳了妾。这与上文所讨论的多偶制不是一个概念上的问题。下层百姓中也进入一夫一妻制行列中，但由于生育或夫妻生活不协调会有再娶妻的情况，由于经济生活条件

① 傅松林：《西康建省记·说康人弟兄同妻》，《西南史地文献》兰州大学出版社2003年版，第509页。

② （民国）董贯之编绘：《古滇土人图志》，骆小所主编《中国西南文献·西南民俗文献》（第七卷），兰州大学出版社2003年版，第170页。

限制，这不是普遍的现象。在汉文书籍中记载的“淫乱无禁忌”，是对“阿注”或“安达”婚姻的一种误解，明代这种习俗在丽江下层百姓中还有所保留。从丽江迁移到俄亚、盐井的纳西族多保留了一夫一妻制特点。永宁至盐源一带的纳西族，依然沿袭着传统的阿注婚。虽然在永宁坝、永北等地出现了用牛羊为聘礼的婚俗，只局限于上层社会，应该不是普遍的现象。清代，丽江木氏土司被改流后，朝廷派流官直接对纳西族地区进行统治，对传统的文化习俗进行全面取缔，严格执行儒家礼制，在杨馝、王厚庆等流官大力倡导和督促下，一夫一妻制成为纳西族地区婚俗，要求婚姻要有媒人，去女方家求婚要请媒人，喝定亲酒和送礼物，然后男女双方才相互往来，大婚前一天要送去羊、米、酒等[①]，婚后要举行回门礼。在丽江坝区，婚姻习俗多受流官把控，对不同传统的婚俗则告示禁止，如光绪年间的“复古碑”便是一个典型，抄录如下：

钦加三品衔特用道署理丽江府事前先即补府正堂陈　为

示禁勒石，永遵事。照得：夫妇为人伦之始，婚姻贵于及时，丰啬称力量而行，服饰尤宜从俭。

本府到任之初，访查所及，闻丽属及笄女子有年逾二十八九而不嫁者，推原其故，皆由有女之家需索重聘，动辄七八十，少亦二三十金始行允诺。往往迁延岁月，良缘听其错过，甚至标梅失时，至有不可问之事，害理忍心莫此为甚；更可恨者，夫死未满百日，任意抢其寡妇夺为已妻，致使生死含恨，言之殊堪发指。均经出示，严禁在案。

兹据吴烈、大研、东元里文生：田舜耕、高凌宵、段复昌、洪其伟；武生：赵正宣、洪德光；寿民：李增、杨兴；耆民：洪八斤、赵全德、寸心礼、赵三甲、田耕映、洪佩显、杨廷珍、张合望、奚根、杨四昌、高八文、杨玉受、章永法、章杨红等公禀前情，前项恶习惟该里为尤最，虽蒙示禁，恐复后仍蹈故辙。请再出示以便勒石永遵，等情□此查除弊，必期尽绝，尤宜期久后之守，自应俯如所　，除词批示外，合行给示勒石，为此给示吴烈、大研、东元诸邑人等一体知

① （清）管学宣等纂：乾隆《丽江府志略·礼俗略》，丽江纳西族自治县县志编纂委员会1991年印，第207页。

悉。自示之后，有女之家毋许仍前索聘，贻误青闺，两家好合，聘仪不许过十千文，衣服不许过四件，所有与送首饰之处悉宜复其古规，倘有格外需索措勒惩期者，准男家呈明情节定，即勒限究办。至若寡妇去留听其自主，如再胆敢抢夺，定必照律从严惩办，决不宽贷，毋违特示！遵计开古礼于后：

一、聘定送酒礼布两件、银镯乙双，每支重乙两；

一、亲迎礼上等礼不（过）十二千文、布袄六件；中等十千文、布袄四件；下等六千文、布袄两件；

一、女子年二十不许家留；

一、寡妇去留听其自主，不许抢夺；

一、二八会禁止赌博。

以上数条违者一概禀官，决不宽贷。

光绪二十年四月初四日示

二十日立 段复昌书[①]

由于丽江府附近坝区、山区受严格的婚俗所规定，婚前可以自由恋爱但结婚必须听从“父母之命，媒妁之言”，使年轻男女很难接受现实，于是采取极其残忍的手段进行“殉情”。而在永宁到盐源一带，都在土司、土官控制下，汉俗未曾在此推行。阿注婚、“安达”婚是长期以来形成的适应本地地域环境的婚俗，没有外力作用是很难改变的。俄亚、盐井等地在藏族文化影响下，民间信仰、岁时节庆有所改变，但婚姻习俗依然保存完好。

明代以来，丽江推行了一夫一妻制，强化“妇道”的儒家思想，我们从明代以来丽江府的烈女数量变化来考察婚姻背后的社会问题。据《新纂云南通志》[②] 记载，明代丽江府有 29 位烈女。其中丽江府 5 人，鹤庆府 13 人，剑川县 11 人。如和地立妻仲氏是寻常百姓家，丈夫和地力死后仲氏守寡，其间受到土司和族人强令改嫁，以死相抗，后因缴纳百金而坚守四十七之久。其余 4 人都是土司、土通判的妻室。清代丽江府有 571

① 杨林军编著：《丽江历代碑刻辑录与研究》，云南民族出版社 2011 年版，第 204—205 页。

② （民国）周钟岳、赵式铭总纂，李斌等点校，李春龙审订：《新纂云南通志》（十），云南人民出版社 2007 年版，第 381 页。

人，其中丽江有 47 人，鹤庆府 391 人，剑川县 79 人，维西 39 人，华坪 7 人，中甸 5 人、兰坪 3 人。就丽江而言，清代至乾隆八年之前，有 2 人，都为百姓之家。其中，杨成初之妻赵氏娴熟医术。至民国初年增至 47 人。光绪《盐源县志》统计有烈女 29 人。可见烈女之观念自改土归流以来深入民心，发展很快。烈女与学校教育、封建婚俗礼制的传播是一致的（见表 4—5）。

表 4—5　明清时期丽江府主要属府县烈女数比较表　（单位：人）

时间 府署	明代	清代	备注
丽江	5（17%）	47（8%）	清代丽江府有丽江、鹤庆、剑川、维西、兰坪、中甸、华坪等，如果后四者并入丽江来计算，就有 101 人（18%）。
鹤庆	13（45%）	391（68%）	
剑川	11（38%）	79（14%）	
丽江府	29	571	

数据来源：《新纂云南通志·烈女传》、乾隆《丽江府志略》、光绪《丽江府志稿》等地方文献。

民国时期，丽江府的纳西族已完全按照汉俗实行了一夫一妻制。婚前可以自由恋爱，结婚对象则由父母来确定。结果很多青年人接受不了与情投意合的恋人分开的现实，纷纷私下结伴殉情。殉情而死的人数超过了清代后期，丽江一度被称为“殉情之都”。

> 滚岩之俗，多出丽江府属的夷民，原因未婚男女野合，有素情隆胶漆，伉俪无缘，分袂难已，即私盟合葬。各新冠服，登悬岩之巅，尽日唱酬，饱餮酒已，则雍容就死，携手结襟，同滚岩下，至粉骨碎身，肝脑涂地，固所愿也。近闻该夷知识渐闻，此风亦归少数，是又可喜事也。①

男女双方情愿去殉情也不愿逆来顺受，这是封建礼教下一夫一妻制度所造成，是一种惨烈的牺牲。除了殉情，丽江还出现了抢婚、私奔等畸形

① （民国）董贯之编绘：《古滇土人图志》，骆小所主编《中国西南文献·西南民俗文献》第七卷，兰州大学出版社 2003 年版，第 155 页。

的婚俗。永宁到盐源一带的婚俗并没有受汉俗的影响，依然是走婚制占主导地位。由于民国时期商贸的发展，盐源、永宁一带出现了走婚与经济利益相结合的趋势。“远地商旅，多有沉缅（湎）留连，荡尽资斧，沦落老病，死亡于其间者。”① 有些女子与过路的商人走婚，以获取一定的报酬。这里值得一提的是，在俄亚禁止姨表亲之间通婚，认为姨表兄弟姐妹是一母所生血缘相同。而姑舅亲却极为流行。这在丽江也较为流行，“阿舅增门敢”，即舅舅优先选择姑妈家儿女成为自家的女婿或儿媳妇。中甸则更为宽泛，除同胞之兄妹稍相回避外，同胞弟兄之子女，是结婚的第一对象；其次是姑舅姨表之子女，再次及同曾祖的兄妹姐弟，再次始及同族，由亲及疏，最后始及异姓。在永宁到盐源一带，凡是属于同一个母系家族的男女都要避讳往来。

总之，整个纳西族的婚姻家庭形态可分为三种类型：第一种是以丽江为主体的一夫一妻制和父系家庭；第二种是以泸沽湖为中心的走婚制和母系家庭；第三种是俄亚的“安达”婚、多偶制和父系、母系、双系家庭并存。（见地图 9　纳西族地区婚俗文化区分布图）

本章小结

明至民国时期纳西族风俗渐被汉俗等外来习俗所浸染，形成多元化的地域性风俗，在纳西族祭天、岁时节庆方面都有体现。历任流官以“移风易俗”为己任，在纳西族地区推行土葬习俗，在坝区、河谷和交通要道形成以土葬为主，山区、半山区则保留了传统的火葬习俗，地域分布与汉文化辐射强弱成正比例关系。在丧葬仪式中，死者的灵魂都要送回到祖居地。这包含了纳西族先民对地理空间的记忆，是研究纳西族迁徙路线的重要依据。这一时期，纳西族婚姻家庭制最具特点，泸沽湖畔的走婚母系制、俄亚的多偶双系制、丽江的一夫一妻父系制，成为研究人类婚姻家庭制的“活化石”。这些婚俗是在地理环境、行政制度、域内经济等多种因素共同作用下形成的。

① 周汝诚等编纂、郭大烈整理：《纳西族史料编年》，云南民族出版社 2011 年版，第 226 页。

第五章　明至民国时期纳西族地区物质生活地理研究

民俗源于人类社会群体生活的需要。在西南地区，各民族的服饰成为识别民族的表征，服饰的材料、图案和款式无不与所在地域紧密相关。《隋书·经籍志》曰："五方之地，风气所生，刚柔轻重，饮食衣服，各有其性，不可变迁。"多元化的纳西族服饰是在历史上不断与其他民族融合的基础上形成的。人类对自然环境的依赖性在饮食文化中最能说明，不同区域的纳西族便有着不同口味的饮食，也就有不同偏好的味道。纳西族民居建筑也是异常丰富，从木楞房到间架结构的楼房，从以火塘为中心的重屋到四合院落，这些民居建筑的发展与所处地域有着密切关系。这些都是本章重点研究的内容。

第一节　纳西族服饰文化的分布与变迁

一　历史时期纳西族服饰款式与流变

法国作家法朗士曾说过："如果我能够在死后一百年里出版的书中有所选择的话，你知道我会选择什么样的书吗？在这未来的书库里，我要买的绝不是小说，也不是历史书……老实讲，我要买份时装报，我要看看在我死后的一个世纪里，女士们是怎样穿戴打扮的，这些服饰所提供给我的关于未来人类的信息超越了所有哲学家、小说家、布道家和学者所能给予我的。"可见，服饰是人类发展的一个"指针"。"衣裳是文化的表征，衣裳是思想的形象。"服饰是一个民族的表征之一，一个民族的文化往往在服饰上得以充分体现。服饰包括了衣服与装饰两个部分。纳西族的服饰从纵向看各具特色，从横向看地域差异突出。

1. 明以前纳西族服饰的款式和流变

明代以前，有关纳西族服饰的文献记载很少，我们只能从现存史料和东巴经书中略知一二。

《史记·西南夷列传》记载：

> 西南夷君长以什数，夜郎最大；其西靡莫之属以什数，滇最大；自滇以北君长以什数，邛都最大；此皆椎结、耕田，有邑聚。其外，西自同师以东，北至楪榆，名为巂、昆明，皆编发，随畜迁徙，毋常处，毋君长，地方可数千里。自巂以东北，君长以什数，徙、筰都最大……

这当中提到的邛、巂、昆明、筰等都与后来的纳西族有关系，其中的筰就是纳西族先民。邛都夷的服饰"皆椎结"，是指男女都"椎结"，何为"椎结"呢？"椎"，意为槌子。这里可以理解为如槌子般的发型，盘结成槌子状，也可以理解为很普通地把头发结成条状。邛都夷已经进入农耕定居生活，服饰上有了一定的改善，但不能知晓具体的情况。而"巂、昆明"则处于游牧阶段，他们的发型为"编发"，应该是把头发梳理成几小撮或扎成结。此外，我们从他们所处生活阶段来推断，畜牲的皮、毛应当是他们最重要的服饰来源。即便他们生活的区域比现在的温度高出1.5摄氏度左右[①]，在北纬30度以上的川西南仍然寒冷，无论是定居还是随畜迁徙的游牧民族，皮、毛是他们衣物材料的首选。在《后汉书》就有更多的关于服饰的记载："筰都夷者，武帝所开，以为筰都县。其人皆被发左衽，言语多好譬类，居处略与汶山夷同。"[②] 虽是南朝人所记载，内容却是西汉时期的，可视为对《史记》的补充。这里说的"披发"与前面所言的"编发""椎结"又是什么关系？披发主要强调的是"披"，编发强调的是"编"，椎结强调"束"，因此，发型可归为束发和披发两类。这里第一次提及"左衽"[③]，说明了两个问题：第一是这时期已经有了较为规整的衣服，左侧结扣，位置可为腋下、腰节，甚至更低些，外表呈左

---

① 蓝勇编著：《中国历史地理》，高等教育出版社2010年版，第33页。

② （南朝）范晔：《后汉书·南蛮西南夷列传》（第86卷），中华书局1965年版，第2844页。

③ 衽：本义为衣襟和衣的两旁与下裳交接的地方。

边包住右边；第二是纳西族先民所流行的服装样式，与汉族的右衽不同，没有受到汉文化的影响。古代北方民族就崇尚“左衽”，可否为纳西族“来自河湟一带”之说添新证？还需详加考说。至于他们所穿衣服的原料是麻、皮还是毛？没有提及就不作妄加猜测。《后汉书》还记载：“（夜郎、滇国、邛都等）其人皆椎结左衽，邑聚而居，能耕田……（筰、昆明等）无君长，辫发，随畜迁徙无常。”[①] 显然，披发为一种发型；椎结、编发、辫发为另外一种发型，这与他们的生活模式（定居农耕或游牧）有着密切的关系。

到唐代，有关史书对纳西族分布及活动的记载多了起来。

（剑南道）巂州越巂郡，中都督府。……大和五年（831）为蛮寇所破，六年徙治台登。土贡：蜀马、丝布、花布……[②]

可见，这时的织布已经很发达，能织出丝布、花布。在衣服制作和设计上都有了长足的发展。“磨蛮土多牛羊，一家即有羊群……男女皆披羊皮，俗好饮酒歌舞。”[③] “本土不用钱，凡交易缯帛、毡罽[④]……以缯帛幂数计之，云某物色直若干幂。”[⑤] 这时期的纳西族，继续保持游牧和农耕并举的生活模式。从“披羊皮”来看，当时已经具备加工羊皮的手艺，这也是第一次明确提到羊皮作为纳西族先民普遍的服饰。在《新唐书·南蛮传》也有类似记载：

麽些蛮与施顺二蛮皆乌蛮种，居铁桥、大婆、小婆、三探览、昆池等川。土多牛羊，俗不颒泽，男女衣皮，俗好饮酒歌舞。

衣皮即穿皮制衣服。元代对纳西族先民已有更进一步记载，元人王沂

---

① （南朝）范晔：《后汉书·南蛮西南夷列传》（第116卷），中华书局1965年版，第2844页。

② （宋）欧阳修、宋祁：《新唐书·地理志》（第42卷），中华书局1975年版，第1083页。

③ （唐）樊绰撰，向达原注，木芹补注：《云南志·蛮夷风俗》（第8卷），云南人民出版社1995年版，第118页。

④ 罽：ji，一种用毛线织成的物品。

⑤ （唐）樊绰撰，向达原注，木芹补注：《云南志·名类》（第4卷），云南人民出版社1995年版，第57页。

有《麽些诏》诗曰："泸南地多瘴，麽些风俗美……土俗类楚优，衣被纷错绮。"① "末些蛮在大理北，与吐蕃接界，临金沙江……善战喜猎，挟短刀，以砗磲为饰，少不如意，鸣钲鼓相仇杀……妇人披毡、皂衣、跣足，风鬟高髻。女子剪发齐眉，以毛绳为裙，裸霜不以为耻，既嫁易之……"② 这些都是记述金沙江中游纳西族服饰情况的，男子都配短刀，一方面作为防身和生产的工具，另一方面起到装饰的作用。"砗磲"是分布于印度洋和西太平洋的一种大型海产双壳类贝壳，为西域七宝之一。来自印度洋的砗磲成为纳西族先民的装饰品，当然是从先秦就开通的南方丝绸之路和唐代以来的茶马古道上转运而来。元代丽江周边的纳西族是否信仰佛教，还是仅仅处于猎奇而把外来之物视为珍品，不好定论。女子则披上"皂衣"，"皂衣"指古代黑色衣服，为官员朝服，后为平民所穿。这"皂衣"的原料从上下文判断，应为毛质衣服，而且进一步说明了纳西族已具备较好的织布技术。"风鬟高髻"描述了纳西族妇女把头发缠紧在头顶盘起，剪发齐眉，留出刘海儿。已比汉唐时期的"椎结、辫发"有了更明确记载。景泰《云南图经志书》记载："大环高髻。"她们"以毛绳为裙"，即用羊毛搓成毛绳，然后再用小绳子把毛绳串成围裙状。从毛到毛绳需要很多工序，说明此时纳西族的文明程度不断提高。

2. 明代纳西族服饰的款式及流变

明代以来，汉文献资料中记载纳西族服饰装束的资料不断丰富。

（1）文献中的明代纳西族服饰

现存文献资料中，有不少纳西族服饰方面的记载，而且体现了不同地域间服饰的差异性，文献记载如下：

> 摩些乌蛮别种……男椎发戴帽，长领布衣，女高髻或戴黑漆尖帽，短衣长裙……③
>
> （丽江军民府）……境内摩些蛮独多……男子头绾二髻，傍剃其

---

① （清）陈宗海等纂：光绪《丽江府志稿·艺文志》（第8卷），丽江市古城区方志编纂委员会2005年印，第436页。

② （元）李京撰、王叔武辑校：《云南志略·诸夷风俗》，云南民族出版社1986年版，第93页。

③ （明）杨慎：《南诏野史·南诏各种蛮夷》（下卷），《中国方志丛书》第150号（影印本），台北成文出版社1968年版，第164页。

发，名为三搭头。妇女结高髻于顶前，衣服止用麻布……其习气与居澜沧者大抵相同。①

习俗少变，近府治而居者，皆汉、僰人，今乐育教化，渐被华风，而言语服食，吉凶庆吊之俗，俱变其旧矣。②

（丽江府）辫发不梳（境内有古宗蛮，即西番之别种也，气习暴悍，语言鴂舌，男妇头发辫成百缕，披垂前后，经年不梳，梳则宰牲，祭祀会众，不事盥濯，食生肉，披毛毡，胸前结以小绳，其短裳用牦牛毛或黑白羊毛会捻线为之，妇人用青白磁珠、砗磲相间悬于项，风化大抵与西蕃同。《巨津州志》）……带刀为饰（土人男女无论少长，出入常带大小二刀，以锋利为尚，大者长三尺许，头有环者谓之环刀，无环者谓之大刀，以革为系，挂自右肩绕于左肋；小者长尺余，谓之解手，亦以革为系，绕身一围，悬刀于系当右肋之际。凡刀皆有室，富贵者刀错以金银饰以砗磲等物。喜则抚刀相移，怒则拔刀相向，虽死无憾。凡相仇杀，两家妇女和解乃罢）。③

（永宁风俗）居于境内者多麽些蛮，常披毡衫，富者加至二三领，虽盛暑亦然。头载牦牛尾，帽重而厚，俗呼为喜鹊巢，皆非矢镝所能穿，盖以备战斗也。所居多在半山之中，屋用木板覆之，气习大抵与丽江各处所居者同。④

（蒗蕖州风俗）善战喜猎（境内居民惟麽些为盛，崩头披毡，男子性强悍，善战喜猎，狭短刃，饰以砗磲……妇人跣足，大环高髻，女子剪发齐眉，以毛绳为裙，既嫁则易之。）⑤

（北胜州风俗）气习朴野（郡志：七种杂处，气习朴野。七种盖弥河、白蛮、罗罗、麽些、冬门、寻丁、俄昌诸蛮也），勤于耕织

---

① （明）陈文修、李春龙、刘景毛校注：景泰《云南图经志书校注》（第5卷），云南民族出版社2002年版，第313页。

② 同上书，第303页。

③ （明）周季俸纂修：正德《云南志》第11卷，方国瑜主编：《云南史料丛刊》（第6卷），云南大学出版社2000年版，第208页。

④ （明）陈文修、李春龙、刘景毛校注：景泰《云南图经志书校注》（第5卷），云南民族出版社2002年版，第245页。

⑤ 同上书，第249页。

（云南志：境内白蛮与麽些蛮少异，而妇人尤勤于耕织）。[①]

丽江属州，男女熔松脂束发，每一岁为一缕，行则锵然有声。地产犏牛，不能耕，惟断其尾，茜染之，以饰盔介。[②]

其在丽江近四川者，曰磨些，与吐蕃接界，多羊马……挟短刀以砗磲为饰……[③]

（麽些塘）《云南志》云，麽些人身上色黑，男子发缕成索，白布巾缠头，身著短衣足穿皮鞋，身垢不洗，常带凶器，内著黑大编毡，外披衣甲，……妇女纽发细编，短衣赤脚，内披短毡，尚以羊皮青稞养麦，乳饼酥油煎茶充饥…[④]

丽江之夷，总称“麽些”……男子梳发二缕以绳缠之，耳戴绿珠，妇人布冠，好畜牛羊……[⑤]

通过对明代纳西族服饰的考察发现，这一时期的头饰、衣裳、装饰三方面都有显著特点：

第一，头饰类。

头饰分作男女头饰。男子头饰有两种情况，第一种头饰是沿袭唐元以来的习俗——不戴帽子，辫发。多见两种发型：如丽江靠北地方就有“头绾二髻，旁剃其发，名为三搭头”“男子梳发二缕以绳缠之”，这种发型与唐元时期相比较有了很大变化，“旁剃”而留“二髻”；另外一种发型则是编成“白缕”，如丽江较偏远地区就有“头发辫成百缕，披垂前后”“熔松脂束发”“崩头披毡”等，此种发型与汉唐以来的男子发型最接近，“经年不梳，梳则宰牲祭祀”“每一岁为一缕，行则锵然有声”。看来梳头涉及很多纳西族民间信仰的问题，值得深入探讨。第二种头饰是戴

① （明）周季倖纂修：正德《云南志》第12卷，方国瑜主编：《云南史料丛刊》（第6卷），云南大学出版社2000年版，第212页。

② 毛奇龄：《云南蛮司志》，《中国西南文献丛书》，《西南民俗文献》（第5卷），兰州大学出版社2003年版，第250页。

③ （明）谢肇淛：《滇略》第9卷，《中国西南文献丛书》，《西南史地文献》（第11卷），兰州大学出版社2003年版，第176页。

④ （明）顾炎武撰，昆山市顾炎武研究会校点：《天下郡国利病书》（第68卷），上海科学技术文献出版社2003年版，第2885页。

⑤ （明）刘文征撰，古永继点校，王云、尤中审订：天启《滇志》（第30卷），云南教育出版社1991年版，第999页。

帽子习俗，如丽江府治附近的男子“椎发戴帽”，永宁州治附近的男子“头载牦牛尾，帽重而厚，俗呼为喜鹊巢，皆非矢镝所能穿，盖以备战斗也”。这种帽子实际上是用毛制成的毡帽，较厚，沾上水后则“非矢镝所能穿”。在盐源等地区出现了“白布巾缠头”，这与所处的地理环境、气候和四川汉族习俗的影响有关。

女子的头饰也有很大的变化，女子在婚前、婚后的头饰都不一样。丽江一带的未婚女子“高髻或戴黑漆尖帽”，或“结高髻于顶前”，或“头发辫成百缕，披垂前后，经年不梳，梳则宰牲祭祀”，或“熔松脂束发，每一岁为一缕，行则锵然有声”；已婚妇女还“用青白磁珠与砗磲相间悬于项”或“妇人布冠”。一个很突出的特点是女子出现戴帽子的情况，戴“黑漆尖帽”者分布在丽江府治附近的坝子，靠近北部与吐蕃接壤的山区，则“结高髻于顶前”，或者辫成“百缕”。女子还用青白磁珠或砗磲来装饰，以表爱美之心迹。永宁一带的女子沿袭元代习俗，“大环高髻，女子剪发齐眉”，盐源一带女子则“纽发细编”。

第二，衣裳类。

丽江男子所穿戴有“长领布衣”，而百姓则“衣服只用麻布”，可见麻已经成为最主要的衣裳原料，取代了皮、毛的主体地位。靠近北部，与吐蕃接壤或杂居者，常年寒冷，“披毛毡，胸前结以小绳，其短裳用牦牛毛或黑白羊毛会燃线为之”，显然就是用羊毛制成的毡子，分长衣和短裳，都是用羊毛制成。永宁一带的男子衣裳则“常披毡衫，富者加至二三领，虽盛暑亦然”。盐源一带的男子与丽江和永宁有所区别，“身著短衣足穿皮鞋……内著黑大编毡，外披衣甲”。

丽江女子所穿衣裳出现了新情况，衣与裙分开来，“短衣长裙”，而衣服“只用麻布”，麻可以自己生产和制作，而布则需要购买。永宁一带的女子，“以毛绳为裙”，嫁人后则“易之”，改成何种裙子，已不得而知了。盐源一带的妇女“短衣赤脚，内披短毡”，短衣材料当为麻布，内披的短毡则为羊毛所织成。

第三，装饰类。

除头饰和衣裳外，带刀为饰是一大特点，丽江靠北山地的男女都有带刀习俗，“土人男女无论少长，出入常带大小二刀，以锋利为尚，大者长三尺许，头有环者谓之环刀，无环者谓之大刀，以革为系，挂自右肩绕于左肋；小者长尺余，谓之解手，亦以革为系，绕身一围，悬刀于系当右肋之际。”无论在永宁还是在盐源，纳西族男子都有“狭短刃”“挟短刀”，或曰“常带凶器”等。这些佩刀的作用表现在三个方面，一是“喜则抚刀相移”，二是“怒则拔刀相向”，三是应对恶劣的自然环境。刀对于主人来讲是很重要的工具，所以还要“凡刀皆有室，富贵者刀错以金银饰以砗磲等物”“饰以砗磲”等。

（2）《麽些图卷》中的纳西族服饰

《麽些图卷》是现存最早的纳西族生活画卷，明代作品，不知何故，清代乃至民国时期的文献中都未提及。1963 年，中国历史博物馆工作人员在北京琉璃厂收购到一幅明代的绢画，画名叫《麽些图卷》。该画高 35 厘米、宽 314 厘米[①]，左下方竖排有“古滇何景文写”字样。共有五枚印章：竖排文字下有两枚“何景文印”印章，右偏下方有“为知己用”和“大明味书楼王氏藏”两枚印章。画卷的右下方还有“陆氏纫葊家藏”的一方印章。这些信息告知，此画为何景文所绘，而此人在古籍文献中鲜有提及，名不见经传。不知《浙江通志》中提及的何景文是否为绘制此图之人。从绘画内容上分析，应是明代的作品，无法知晓具体创作时间。自明代开始，纳西族木氏土司热衷于学习汉文化，与不少著名的文人学士交往甚密，当时的著名学者张志淳、董其昌、徐弘祖等都有交往。我们只能推断，《麽些图卷》的作者何景文可能就是当时进入丽江的汉族知识分子之一，从他所绘的《麽些图卷》中显而易见，他对纳西族社会比较熟悉。有的学者提出，此人与明代画家马肖仙有一定关系，进一步提出可能是丽江壁画的创作者之一[②]，这些假设，没有依据可言。“《图卷》是明代云南丽江纳西族社会生活的生动画卷，反映了纳西族地区的社会经济，对其衣食住行、节日和婚俗作了形象的描述，是一件不可多得的艺术珍品，具有重要的历史和学术价值，对研究西南民族史、民族学和绘画史有着重要意义。”[③]

《麽些图卷》由 10 幅独立画面组成，主要是：狩猎、汲水、砍樵、游戏、泼水、平整土地、耕牛、牛帮驮运等，还有几种落款。每一幅都有人物服饰，男女老少各有不同。（见图 5—1、5—2、5—3、5—4、5—5、5—6、5—7、5—8、5—9）

---

① 宋兆麟：《一幅珍贵的纳西族风俗画》，《民族研究》1989 年第 6 期。

② 冷石，丽江书画家，2012 年 7 月笔者采访他时，提出了此观点。

③ 宋兆麟：《一幅珍贵的纳西族风俗画》，《民族研究》1989 年第 6 期。

图 5—1　明代《麽些图卷》"狩猎"图

图 5—2　明代《麽些图卷》"汲水"图

图 5—3 明代《麽些图卷》“砍樵”图

图 5—4　明代《麽些图卷》“游戏”图

图 5—5　明代《麽些图卷》“泼水”图

图 5—6　明代《麽些图卷》“平整土地”图

图 5—7　明代《麽些图卷》“耕牛”图

图 5—8　明代《麽些图卷》“牛帮驮运”图

图 5—9　明代《麽些图卷》“牛帮驮运、落款”图

“狩猎”图中的两个猎人皆包头，穿红或蓝色上衣，下着白色短裤，扎腰带；捕鱼者则穿对襟上衣。

“汲水”图中妇女包头，穿蓝或绿色上衣，下着百褶裙，长及脚面，有的束腰。

“砍樵”图中的成年男子稚髻，身穿红衣、蓝裤；未成年男子椎髻、赤身、短裤。

“游戏”图中有一位妇女负薪而归，边走边纺轮捻纱。

……

此外，还有两幅名为“火把节”和“跳锅庄”。

“火把节”图中的男子皆包头，留椎髻，上衣下裤，扎腰带，也有披羊皮者。

"跳锅庄"图中的男女都佩戴双圈大耳环。

从以上服饰可见，少年男子一律梳一髻，穿长衫，成年后实行辮发，在头顶盘起，上下形成两髻，如葫芦状，俗称"三搭头"，有的青布包头。男子穿短衣，下着裤，赤足，少数人穿对襟上衣，还有穿羊皮。妇女则梳髻，以青布包头，有棱角，此即"布冠"。上穿短衣，下着长裙，扎彩色腰带，赤足。[①] 这些画卷上的服饰与文献记载比较，显然是明代丽江金沙江沿线纳西族的典型服饰。男子都穿短衣短裤，很少有人穿羊皮，女子则短衣百褶裙，几乎看不到穿羊皮或穿毡衣情况。这透露出她们所居住地域一般是坝子或沿江一带，气候较为湿润。既可以从事农业生产，也可以从事狩猎、捕鱼等生活。从此图卷所描绘的服饰内容看，何景文应该是进入纳西族地区后直接观察所得，而不是看文献记述来作画的。

此外，现存文献对明代丽江土司军队的服饰也有详细描述：

> 土司先世择所属摩些，佥大头目……戴白缨大帽，穿黑靴；（中土目）……戴花缨大帽，（小土目）……戴蓝缨大帽……凡入衙者，令束红系腰，佥军理戴花缨大帽；管军戴蓝缨大帽……率士兵俱戴黑缨大帽。[②]

缨，往往是牦牛毛做成，"（永宁）土产牦牛……毛可为帽、为缨"。这与百姓服饰截然不同，按照军队的级别来装备着装。

总而言之，明代纳西族服饰与发型，与唐宋元时期相比，有以下几点明显的变化：一些地区出现了戴帽子或"布冠"情况，还有一些地区则保留原有的编发，或发展成"三搭头"，这些变化与生产生活有密切关系。服饰上男子短衣短裤，女子上衣下裙，而且以麻为主要原料，取代了皮毛为主要原料的时期，这与农业发展和对外交往有密切关系，还与汉文化的影响有关系。在佩饰上，居住在山地的纳西族仍然佩戴短刀，但在坝子等平地的纳西族则鲜有记载。

---

① 宋兆麟：《一幅珍贵的纳西族风俗画》，《民族研究》1989 年第 6 期。

② （清）曹树翘编：《滇南杂志》第 9 卷，《中华文书丛书》之第 110 卷，华文书局股份有限公司 1969 年印，第 340 页。

3. 清代纳西族服饰的款式及流变

在清代，纳西族服饰的变化最为剧烈，各地区间服饰差异也愈加明显。

(1) 文献中的清代纳西族服饰

金沙江以西的纳西族地区，清初至雍正元年的79年间，仍沿袭土司制度，纳西族的服饰基本承袭了明代制式，从文献记载看也没有明显的变化。雍正元年（1723）丽江改土归流，设置流官，这对于纳西族地区来讲是一次重大事件，意味着中央直接派流官来治理。这种治理一方面有利于地区的安定与发展，另一方面则加快了“以夏变夷”，对民族传统文化进行了“刨根式”的改革。纳西族在这场满汉文化学习中，服饰的变化最为显著。

乾隆时期，就金沙江以西的丽江府而言，纳西族的服饰在城区、坝区、山区都有明显不同。如坝区的服饰：

> 麼些……今鹤庆、丽江二府有此种……男子衣冠悉从汉仪，妇女发结高髻，戴黑漆帽，耳坠大环，短衣长裙，覆以羊皮。①

再如：

> 丽郡夷人有九种……到郡城左右，则摩莎也……穿麻布衫、裤，皆甚短。衫袖露肘，裤管露膝，冬则背羊皮一方以御寒。女子头戴帽，形如荷叶，以布为之，黝以漆，富者则有绸，冬时裹用毡，质甚厚，复于首，顶耸而檐垂，名尖尖帽，背亦披羊皮，春夏背色布一方，新婚者用各种色布斗成之，饰以五色丝钱以美观。足每赤，近亦间有穿履者。②

丽江府所在的坝区和山区，“男子头总二髻，旁剃其发，名三搭头。耳坠绿珠，腰挟短刀。膝下缠以毡片，四时着羊裘，妇人结高髻于顶前，

① 谢圣纶辑：《滇黔志略》卷15，《中国西南文献丛书》，《西南史地文献》（第12卷），兰州大学出版社2003年版，第425页。

② （清）吴大勋：《滇南闻见录》（上卷），方国瑜主编《云南史料丛刊》（第12卷），云南大学出版社2001年版，第20页。

戴尖帽，耳坠大环。服短衣，拖长裙，覆羊皮，缀饰锦绣金珠相夸耀。今则渐染华风，服食渐同汉制”。[①]

而维西等金沙江流域以北地区：

> 自建设以来（指雍正六年筑维西城），男皆剃头辫发，不冠，多以青布缠头，衣盘领白氅，不袭不裹，棉布裤不掩膝。妇髻向前，顶束布勒若菱角，耳环粗如藤，缀如龙眼果，铜银为之，视家贫富。衣白褐青缘，及脐为度，以裙为裳，盖膝为度；不著裤，裹膁肋，以花布带束之。女红之类，皆不能习。男女老幼率喜佩刀为饰……严寒则覆背以羊皮，或以白毡。近年间，有著履屦躧者，头目效华人衣冠，而妇妆不改，裙长及胫，亦其旧制，以别齐民也。[②]

越往北，纳西族居民则越近藏人习俗，如“地近蒙番，好佛信鬼，性同北鄙，佩弩悬刀。设流以后，礼教渐兴”。[③] 兰坪一带的纳西族“男穿麻布衣，女穿布裙”。[④]

嘉庆年间由于流官的重视，加快了丽江坝区纳西族服饰汉化的步伐，“王厚庆，山东寿光县人，进士，嘉庆二十五年知府事。平易近人，慎用刑罚。时丽江虽渐染华风，而男女衣服、冠婚、丧祭未尽从汉礼，公力为劝戒禁革，风俗丕变，民称颂之。”[⑤] “又夷俗男子二十岁以上始戴帕，卷发辫，簪之，有冠礼遗意……嘉庆二十四年署知府王厚庆曲为化导，簪环服饰，悉遵体制，焕然改观矣。”[⑥] 此外，道光二十二年任丽江知府的庄粤台，“以丽不知纺绩，捐俸设机房于玉音楼（木府内），购置器物，令

---

① （清）管学宣等纂：乾隆《丽江府志略》（上卷），丽江纳西族自治县县志编纂委员会1991年印，第206页。

② （清）余庆远：《维西见闻纪》，方国瑜主编《云南史料丛刊》（第12卷），云南大学出版社2001年版，第61—62页。

③ （清）陈宗海等纂：光绪《丽江府志稿·地理志》（第1卷），丽江市古城区方志编纂委员会2005年印，第42页。

④ （清）叶如桐修，刘必苏、朱庭珍纂：光绪《永北直隶厅志》（卷7），方国瑜主编《云南史料丛刊》（第13卷），云南大学出版社2000年版，第728页。

⑤ （清）陈宗海等纂：光绪《丽江府志稿·秩官志》（第5卷），丽江市古城区方志编纂委员会2005年印，第213页。

⑥ 和志华主编：《民国丽江史志资料汇编》，丽江市古城区政协文史委编印2007年版，第236页。

子弟学习，民多便从”。[1] 第一次把江南纺织技术传入丽江。北胜州因明代建立卫所制，移民实边，因而在河谷普遍种植了棉花，“男女悉以棉布为衣”。[2]

在蒗蕖州一带的纳西族服饰却没有明显的变化：

> 披发左衽，赤足穿耳贯环……披毡毯为衣。
>
> （永宁之摩些）披发左衽，穿耳贯环……披毡毯，绞索绩麻而外，别无生计。[3]

木里安抚司控制下的麽些民族“衣梭布，左衽辫髻”[4] 与明代相比没有发生显著变化，仍然在土司控制下，“以夏变夷”政策在这里影响很小。

从以上所引用资料看，不同地域间的头饰、衣裳和装饰都发生了明显变化，区域性特点更加突出。

第一，头饰类。

就丽江府而言，男子“衣冠悉从汉仪”，不再留有“三搭头”；即使远离丽江府的维西一带，从明到清中期的“剃头辫发不冠，多以青布缠头”，到清末基本上改为汉俗，已经看不到纳西族原有的头饰特点。而永宁、盐源、木里一带的纳西族男子仍沿袭传统“披发”或“辫髻”，少染汉俗。女子头饰也发生了变化，丽江府附近的坝区和山区，妇女基本上把头发辫髻向前，再戴上黑漆帽，耳坠大环。黑漆帽又称“尖尖帽”，其实不是帽子，而是用黑色或藏青色布裹起来，看似帽子，这一习俗一直保留到了解放前。在永宁和木里一带的女子“披发”，没有戴帽子的记载。

第二，衣裳类。

在丽江府的坝区和山区，男子“穿麻布衫裤”，而且很短，衫袖露出肘部，裤管露出膝盖，到冬天都披上一块加工过的羊皮来御寒。丽江府内

---

① （清）陈宗海等纂：光绪《丽江府志稿·秩官志》（第5卷），丽江市古城区方志编纂委员会2005年印制，第214页。

② （清）叶如桐修，刘必苏、朱庭珍纂：光绪《永北直隶厅志》（第7卷），方国瑜主编：《云南史料丛刊》第13卷，云南大学出版社2000年版，第728页。

③ 同上。

④ （清）常明、杨芳灿等修纂：嘉庆《四川通志》（第97卷），《西南稀见文志文献》（第5卷），兰州大学出版社2003年版，第179页。

则改穿汉服。永宁、盐源一带男子仍是“披毡毯”，靠近山地男子则披羊皮。比之男子衣裳，女子的衣裳变化多彩，“短衣长裙”，而“背亦披羊皮，春夏背色布一方，新婚者用各种色布斗成之，饰以五色丝钱以美观”。这是最接近纳西族“七星披肩”的记载，羊皮内侧用布来装饰，一来便于打理，二来更加规整、美观、大方。而在丽江府的北部和永宁、盐源一带则完全不同，“以裙为裳，盖膝为度，不著裤，裹臁肋以花布带束之”。用花布扎上绑腿，与前面裙长过膝就有很大不同，由生产生活需要和所能提供物质条件所决定。还说是“妇人不改，裙长及胫，亦其旧治，以别齐民也”。

第三，装饰类。

除了靠近藏区的纳西族还有佩刀习俗外，其他地区基本上不再佩带刀具。妇女头饰和身披的羊皮都有不同程度的改进。

（2）清代《皇清职贡图》中纳西族服饰

傅恒等人编纂的《皇清职贡图》，是记述清代中期海外诸国及国内各民族的史籍。据《四库提要》记载，傅恒等受皇帝之命于乾隆十六年（1751）开始编纂，前八卷于乾隆二十八年（1763）修成，后来不断增补，于嘉庆十年（1805）完成。该图资料主要以各地总督、巡抚上报的草图和文字为基础，涉及各省管辖境内不同民族情况，还有朝贡于大清国之海外民族的基本情况，再由编纂者统一描绘各民族的衣冠形貌，注重对人物表情的刻画。总共绘制了三百种不同的民族与地区之人物图像，每一种图像皆描绘男、女二幅，共计约六百幅。[①]（当然，同一民族在不同地区的支系多有展现）每幅图绘之后，皆附有文字说明，文辞浅显易懂，简要地介绍各民族与清王朝的关系，以及当地的风土民情。书中记载多为作者亲眼所见，故为真实可信的风土地理类著作。

书中有两处绘制了纳西族人物形象，如“卷六”记载了建昌镇属会临等营辖瓜别马喇等处的纳西族服饰：“盐源县瓜别安抚司马喇长官司及儿斯瓦尾等十三土司所管麽些……男子以帕裹首，耳缀大环，短衣，披羊裘，以褐缠胫，綮牛草于足底，妇女首裹蓝帕，长衫布裙，知耕作绩，牛羊以织褐……”（见图5—10）

① 祁庆富：《〈皇清职贡图〉的编绘与刊刻》，《民族研究》2003年第5期。

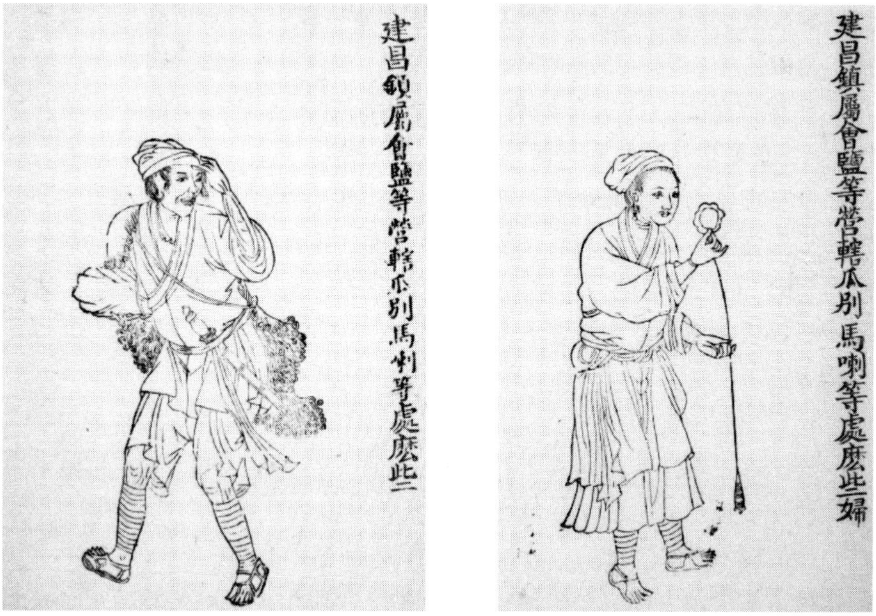

图 5—10　清代《皇清职贡图》中建昌麽些像

再如第七卷《丽江等府麽些蛮》记载的纳西族服饰：“麽些蛮，宋时其长蒙醋据丽江……今丽江、鹤庆二府皆有之，居处与齐民相杂，性淳朴，语多鴂舌。男子薙（剃）发戴毡帽，著大领布衣，披羊皮，其读书入学者，衣冠悉同士子。妇女高髻戴漆帽，耳缀大环，短衣长裙……”①（见图 5—11）

该书第 6 卷所记载的是木里、盐源一带的纳西族服饰，男子头戴布帕，耳缀大环，穿短衣，外披羊皮，用不同颜色的布料扎绑腿，穿草鞋。比明代盐源的服饰有了一些细微的变化，但在整体上保留明风。妇女戴头帕，穿长衫和长裙。丽江府的纳西族与“齐民”杂居，由明代辮发改为剃发戴帽子，穿大领口的麻布衣服，外披羊皮；女子戴漆帽，短衣长裙。该书所记内容当是乾隆二十八年前的纳西族服饰，此后男女衣裳都有了很大的变化。

① 傅恒等编纂，殷伟等点校：《皇清职贡图》第 7 卷，广陵书社 2008 年版，第 482 页。

图 5—11　清代《皇清职贡图》中丽江麽些像

从以上两组材料来看，所记两地纳西族服饰的内容与其他文献记载基本一致，只是受限于篇幅，记的内容过于简略，然图片非常珍贵，是继《麽些图卷》后绘制的纳西族人物画像。

（3）《滇省夷人图说》中纳西族服饰识读

《滇省夷人图说》最早成书于嘉庆二十三年（1818），是出身于满洲正黄旗的伯麟所作。他于嘉庆年间官至云贵总督，为了更有效地“治边”“定边”，也为了使朝廷对于滇省支系众多的民族有一个全面、直观的了解，主持编绘了《滇省夷人图册》和《舆地图册》，进奉朝廷。李诂是主要的绘制者。《滇省夷人图说》绘有 108 幅图，图绘后面有数页长的文字说明。

其中第 59 幅为“么（麽）些”图（见图 5—12），绘有二男相斗场景。在野外，两男子摩拳擦掌，怒目相向，由一妇女从中调解，另一妇女拉住一男手臂。题跋曰：“么（麽）些即唐书麽些蛮，男子椎髻，妇人缁布冠，习耕牧。乡有斗者，妇排解之。辄忘学儒之家，服与中华同，丽江府属有之。”从图上看，男子“椎髻”，为唐至元明以来纳西族的传统发型，到清代已改为戴帽或戴帕；没有戴耳环，上身着短衣，右衽，穿短裤，腰系一根麻绳，赤足。在很多文献上记载，嘉庆时期纳西族男子的服饰已经汉化了，由此可知，此图可能是依据元明时期文献所绘制。劝架的两妇女头戴布冠，发型已无法看清，短衣长裙，右衽，腰系一条布，赤足，男女都没有发现披羊皮，也没有佩带刀。从图上判定，此图为丽江府

图 5—12　《滇省夷人图说》之么（麼）些图

河谷地区的纳西族，不是金沙江以东的永宁、盐源一带的纳西族。笔者以为，此图不是绘制者亲眼所见，而是在前人文献介绍的基础上所绘制，此图虽然绘制晚于《皇清职贡图》中纳西族风俗画，但所反映的情境却是早于《皇清职贡图》。所以此图史料价值不及《皇清职贡图》那么具有“时代性”。总而言之，清代纳西族地区服饰差异很大。（见地图11　清末纳西族服饰区分布示意图）丽江一带纳西族中男子服饰除羊皮褂和毡帽外，基本与汉俗相同。女子则保留传统的发型、羊皮，并根据汉、满服饰进行改进，穿大褂和长裤，系百褶围腰，出现了“七星披肩”等最具地域特色的妇女服饰，穿裙之习俗消失。在永宁至盐源一带，仍能看到传统的纳西族服饰，如左衽、穿裙等，但也吸收了藏族服饰的元素；而在香格里拉的白地至木里的俄亚，则较完整地保留了明代以前的服饰特征，后期也吸纳了藏族服饰的元素。

4. 民国时期纳西族服饰的款式及流变

1912 年清帝退位，标志着两千多年的封建帝制在中国的终结。在民国 30 余年时间内，纳西族地区受到新文化运动影响，服饰方面也有一定程度的变化。

（1）文献中的纳西族服饰

这一时期的纳西族服饰，凸显了地域性变化，靠近城区和统治中心区的纳西族，继续向汉俗进化，而偏远的山区与河谷地区，则保留了明清时期纳西族服饰的总体特征。

如靠近藏区的中甸（今香格里拉县）、维西、德钦一带，“摩（麽）些族，衣服多用麻布，次大布，次毛布，亦间有用氆氇者。男子多长衫系带，半剃辫发，戴帽，着履者甚奚（稀）。妇女皆系百褶麻布长裙，不着袴（无裆的套裤），多跣足露踞，不喜装饰”。[①] 又载曰：“摩些族，俗称为‘本地人’，住居最久，散布于第三区之三坝乡及良美、吾车、木笔各乡……其在良美、吾车、木笔三乡者，渐与汉族同化。惟三坝乡囿于一偏，顽固如故。”[②] 这些服饰保留在中甸的三坝、洛吉，至今天木里的俄亚等地，金沙江沿线靠山地的维西、德钦一带也有保留。如白地

① 段绶滋纂修，和泰华、段志诚标点校注：《中甸县志资料汇编》（三），中甸县志编纂委员会，1991 年印（内部资料），第 159 页。

② 同上书，第 43 页。

的“阮可人”，穿麻布（夹杂了火草的麻布）衣服，男子上身穿大襟短褂或长衫，毛线束腰，下穿过膝的长裤，扎绑腿，穿草鞋；蓄独辫盘于头顶，戴毡帽。女子上身穿和尚领的对襟长衫，领口绣有红、绿、蓝等色的数道线条，下着百褶麻布长裙，穿牛耳草鞋。辫发盘于头上，饰以刻有太阳等图案的圆形银质头饰，披一张粗加工过的羊皮，系一根绳。戴银耳坠和手镯。[①] 靠金沙江的中甸和维西一带，男子穿大面襟麻布长衫，头戴蓝色麻布帽或包头，着麻布裤，长过膝，大裤脚，绑腿，赤脚，也有穿草鞋或丽江钉子皮鞋。腰系羊皮兜，兜分三层，一层放烟草，另一层放火石，再一层放贵重物件或银钱。留圆发型，脑后蓄一撮长发编成辫子盘于后。妇女上衣穿麻布对襟长衫，下穿麻布裙，不穿裤。背披羊皮，无七星装饰，羊皮四肢皆保留。蓄长发为辫，再盘绕头上成发髻。出嫁后喜用红布缠头，爱戴各种装饰，尤其喜欢银质饰品。[②]

这与丽江城区服饰差异愈来愈明显，而靠近河谷的良美、吾竹、木笔三乡则近乎汉俗。“摩些为木天王之后裔，与丽江一带之土族同宗……留落于澜沧江河谷平地……衣食生活已均同汉俗。”[③] 丽江坝区及附近山区，“妇女初习纺织，近日府城内外各设立机坊，竞相师法，纺绩之声，延而渐广。又从前城乡妇女服饰殊异者，奢而非制”。[④] 男子服饰与汉俗无异，只是在乡村，外穿一件经过深加工过的羊皮褂，所有边缘都用皮线穿成，无领亦无袖。妇女服饰很大程度上保留了本民族的特点，内穿汉衫，中穿右衽宽腰大袖、前幅短、后幅长及胫的大褂，以蓝青为主，外加布质或毛质的“氆坎肩”（蓝、青、紫红为多），下着布裤，打脚带，穿布绒面皮底船形鞋。腰束百褶围腰，背披羊皮“七星披肩”。这个披肩用上好的绵羊皮经过深加工而成，去掉四肢的皮，裁成上方下圆，留一个小尾巴，背面上端衬着黑平绒或黑色毛幅巾，其下用

① 和钟华整理：《中甸县三坝区白地乡纳西族阮可人生活习俗和民间文学情况调查》，云南省编辑组编：《纳西族社会历史调查》（三），民族出版社 2009 年版，第 2 页；又见《木里俄亚纳西族概况》，云南省编辑组编《纳西族社会历史调查》（二），民族出版社 2009 年版，第11 页。

② 云南民族调查组丽江分组调查整理：《中甸、维西纳西族婚丧习俗》，《纳西族社会历史调查》，云南民族出版社 1983 年版，第 57 页。

③ 李根源辑：《永昌府文征》第 40 卷，云南美术出版社 2008 年版。

④ 和志华主编：《民国丽江史志资料汇编》，丽江市古城区政协文史委编印 2007 年版，第 229 页。

7对皮条穗订有并排的7个绣有图案的圆布圈，代表“七星”。妇女披肩的肩带还有两个大的绣圆布圈，代表日月，俗称“披星戴月”，以示勤劳之意。披肩带尖或围腰带上均有刺绣图案，如大蝴蝶、如意、辣子灯、桂花、盆栽菊花、二龙争泉等。整个衣着稍饰花边，朴素大方（如洛克所拍摄的照片所示）。已婚妇女梳发打髻于头顶，再戴圆形的纱帕“古井”。[①] 未婚女子结条粗辫垂于背后。根据家庭经济情况，女子戴耳坠和镯子。显然，丽江附近的纳西族服饰在清代后期发生了巨变，女子的“七星披肩”最具代表性，也是有别于其他纳西族支系的服饰。妇女服饰的改变，“一切古董装饰，都由熊公强迫着使之改良”[②]。清代最后一任丽江知府熊廷权，大力推行移风易俗，所以服饰变化也在这一时期有了突出变化。

在永宁、盐源一带，则保留了明代以来的服饰，随着藏传佛教的深入传播，藏族服饰的元素也加入进来。

> 吕喜（永宁的纳西）男人服饰，著青布大襟、短衣裤，外披氆氇长袍，腰系彩色毛布带，长袍之右袖拖出不加于臂，带上挂一腰刀、针包、火镰、觻角等物，脚穿长筒皮靴，膝下系五色扎脚带，发留长辫，绕于头上，套—象牙环，缀所蜜腊珠，左耳坠银环，与藏族服饰大略相同。妇女穿麻布短衣，上著对襟之氆氇坎肩，腰系百褶长裙，裙沿大如车轮，拖及于地，跣两足，但不屈其足趾，其衣袖长及三尺，亦不露其手指，两耳坠银环，嵌着绿松石，额发上缀白银泡珠，头上缠育布包头，大如锣，肩披白山羊皮，反其半段，使羊毛露出半节，仪态极美。[③]

永宁往东至盐源、盐边一线，习俗差别不大，主要是受藏文化和汉文化的影响，形成了独特的纳西族服饰。1951年以后中国派出多批

---

① 李近春整理：《丽江纳西族的文化习俗于宗教信仰》，云南省编辑组编《纳西族社会历史调查》（二），民族出版社2009年版，第28页。

② 赵银棠：《清末到现在的丽江文化》，《玉龙旧话新编》，云南人民出版社1981年版，第150页。

③ 周汝诚：《永宁见闻录》，云南省编辑组编《纳西族社会历史调查》（二），民族出版社2009年版，第159页。

民族地区社会调查组进行调查。如李近春调查的四川盐源县达住村，与周汝诚的《永宁见闻录》所记载的服饰大同小异，妇女“喜用黑色青色丝线和牦牛尾加饰的粗辫绕于头顶，稍垂脑左后……”[①] 男子13岁举行“穿裤子”仪式，女子13岁举行“穿裙子”仪式，穿短右衽上衣，即是成人礼。13岁之前则穿麻长衫。又如《四川省盐源木里两县“纳日”人社会调查》[②] 中提到，13岁以前的小孩都穿长衫，13岁举行“穿裤子”或“穿裙子”仪式。成年男子用长一至两丈的青布包头，上衣下裤，有麻布的腰带，佩戴短刀，绑腿，穿草鞋或麻布鞋。成年女子也用长一至两丈的青布包头，以大为美，包头两端绣各种图案，饰以珠串，有的妇女用牦牛尾巴上的细毛编织，末端加一节蓝色丝线做成的“假发”，标志着已经有“阿注”（性伙伴），上衣下百褶裙，外加羊皮。

可见，民国时期，纳西族地区的服饰变化已经非常明显，形成了中甸三坝至俄亚的传统服饰区，丽江城区、坝区、山地的纳汉服饰交汇区和永宁至盐源的纳藏服饰交汇区。这种分化不是各地自然发展的产物，而是在外力作用下，纳西族主动（也有被动）接受的前提下，结合地域特点进行的改革。如果说纳西族服饰分异，自明代伊始，清代中后期变化突出，民国时期则趋于定型。

（2）民国时期西方人眼中的纳西族服饰

民国时期，进入纳西族地区的国外学者、教士、游士不少，其中，周游纳西族地区的美籍奥地利人洛克，旅居丽江长达22年，几乎走遍纳西族地区，在《中国边疆纳西族的生活和文化》一书中介绍了20世纪三四十年代丽江纳西族妇女的服饰。他认为，纳西族妇女的服饰非常美观，有不同的样式，头饰是区分结婚与否的最显著的标志。为此，他还专门拍摄了几组纳西族妇女服饰的照片。

从土通判合影照片看（见图5—13），照片有五个主要人物：木琼、木生奎（小孩）、木琼叔叔和他的表兄弟。大人都穿布或麻长衫，内穿汉衫，穿裤，后梳的短发，与汉俗无异。雪嵩村的纳西农夫和儿子照片

① 李近春：《四川省盐源县沿海公社达住村纳西族社会历史调查报告》，四川省编辑部《四川省纳西族社会历史调查》，四川省社会科学院出版社1987年版，第3—4页。

② 严汝娴、宋兆麟、刘尧汉整理：《四川省盐源木里两县“纳日”人社会调查》，四川省编辑部《四川省纳西族社会历史调查》，四川省社会科学院出版社1987年版，第173—175页。

（见图5—14）：一个男子，抱一个小孩，头戴毡帽，穿右衽麻布衣，外套羊皮褂，腰束一根麻布。纳西伐木者（见图5—15）：留短发，或布包头，穿右衽上衣，穿羊皮褂，束腰，穿土布或麻布裤子，穿草鞋。摆衣吾的纳西农夫（见图5—16）：远离中心城市，汉俗影响较小，五位男子，成年男子用蓝黑色布条缠头，未成年男子短发；穿右衽土布或麻布短衣，有的穿长衫，束腰，穿羊皮褂，穿短裤，履草鞋，身材高大强壮。奉可渡口的纳西族水手（见图5—17）：照片上有六人，其中两人戴瓜皮帽，两人用布缠头，两人短发不戴帽；五人穿右衽土布或麻布上衣，一人只穿一件羊皮褂，穿短裤，基本不穿鞋。北地布都瓦村的纳西族农夫（见图5—18）：照片上有11位男子。鲁甸射弩的纳西族人（见图5—19）照片：一个成年男子，头戴毡帽，身披毡衣，上衣下裤，束腰，穿布鞋。

见图5—20反映了民国时期丽江四方街集市一片繁荣的景象，妇女居多，头戴帕或包布，背蓝子，穿坎肩，披七星披肩，宽袖上衣。图5—21是雪嵩村的纳西族农妇，图上有三位女子，两位正面照，另一位背面照。左边一位是已婚妇女，头顶绾成发髻，用一块布将它包住；戴耳环，穿前短后长、大袖口的大褂，再套上右衽的坎肩，披“七星披肩”，用两条白布条在胸前交叉然后又绕到背后打结，围上百褶围腰，脚穿舟形布鞋，戴手镯。居中和右面的则是未婚女子，头戴汉式圆帽子，头发留后编发，戴一块布头巾，穿前短后长、大袖口的大褂，再套上右衽的坎肩，颜色与已婚的不同，披“七星披肩”，用两条白布条在胸前交叉然后又绕到背后打结，后肩处有两个大圆形图案，即“巴缪”（汉意为“蛙的眼睛”）。围上百褶围腰，脚穿舟形布鞋，戴手镯。图5—23鸣音吾的纳西族妇女，用布包头，耳坠大耳环，穿毡衣，束腰，穿自织的镶着蓝布边的百褶裙，不穿裤，赤足。图5—23麽些古宗农妇，不戴帽，后梳的发型，戴大耳环，穿右衽大褂，束腰，下穿百褶裙，戴手镯和藏式戒指。腰间挂藏传佛教的一些饰物。图5—24永宁吕西少女，戴着镶光玉髓、琥珀、绿松石等头饰，额头上缠着一条嵌金边的布条，戴超大纯金的耳环，穿右衽大褂，披白毛的羊皮，带子上都有一个圆盘的图案，穿裙及鞋面。图5—25永宁土司家的妇女。

图 5—13　民国时期木氏通判合影

图 5—14　雪嵩村纳西族父子合影

图 5—15　纳西族伐木者装束

图 5—16　摆衣吾的纳西族农夫

图 5—17 奉科渡口的纳西族水手

图 5—18 北地布都瓦村纳西族农夫

图 5—19　鲁甸射弩的纳西族人

图 5—20　丽江四方街集市

图 5—21　雪嵩村纳西族农妇

图 5—22　鸣音吾的纳西族妇女

图 5—23　麽些古宗妇女

图 5—24　永宁吕西少女

图 5—25　永宁土司家的妇女

从以上图片可以看出，洛克拍摄的照片不是抱有猎奇心态的，而是有选择地展示不同区域纳西族服饰特色。如女子照片中就有丽江、北（白）地、永宁三地的照片，而且都拍有已婚和未婚的照片，永宁一带女子是否有“伙伴”从头饰上可以判定。男子照片中既有丽江坝区的男子，也有山区的男子，还有与藏族杂居的麽些古宗男子。洛克的《中国西南古纳西王国》一书其实是一本文化地理类的著作，行文中几乎没有提到服饰文化，但在后面所附的图片中就有 15 张之多，记录了民国时期纳西族服饰的状况。

此外还有俄国人顾彼得，以推广“工合”组织为名旅居丽江数十年，留下了不少珍贵的图片和文字资料。他眼中的纳西族服饰与汉人眼中的纳西族服饰是有所区别的，他的图片和文字都说明了这一问题。

二　纳西族服饰的毛、皮、麻文化

1. 毛服饰的制作与毛文化

在纳西族服饰中，毛是一种很重要的衣服原料，是指羊的毛、牦牛的毛，也包括野生动物的毛。

先秦时期，纳西族先民以游牧为主，羊是他们生存和发展中最重要的财产，也是财富的象征。元代李京的《云南志略》有“以毛绳为裙”的记载，明正德的《云南志》有“披毛毡，胸前结以小绳，其短裳用牦牛毛或黑白羊毛会捻线为之”的记载，景泰《云南图经志书》记载：“常披毡衫，富者加至二三领，虽盛暑亦然。头载牦牛尾，帽重而厚，俗呼为喜鹊巢，皆非矢镝所能穿，盖以备战斗也。”此外，“大编毡”“短毡”“大帽”等，用毛料通过复杂的加工程序，制成毡帽、毡衣和毛裙。到了清代，“黑漆帽”“白毡”“披毡毯为衣”“毡帽”等，仍然沿用传统的动物毛料做衣服，大部分毛料为黑色，也有白色的“白毡”，但白色不易凑齐，不多见。清代后期，丽江府等坝区和河谷把毡帽换成布冠，山地仍然保存明代形制。民国时期，白地、永宁的纳西族“衣服多用麻布，次大布，次布毛，亦间有用氆氇者”。“氆氇”为藏语音译，即为汉语的“毡”。[①] 白地和永宁两区域的纳西族受藏文化影响，仍然戴毡帽，穿毡衣，尤其是经常外出打猎和放牧者，但名称上采用了“氆氇”（见图5—26）。

（1）毛的剔取及加工

毛料加工费工费时，比较复杂，一般需要五道工序：

第一道是毛的采集。每年春夏季节从绵羊身上剪下羊毛来（有死剪和活剪之别），有的地方用山羊和牦牛毛。这些毛杂乱无章，还有不少污垢之物，影响毡子的质量。

---

① 毡是中国古代运用动物毛制成的衣物和毯子。《说文》之解释为：“捻毛也，或曰捻熟也。蹂也，蹂毛成片，故谓之毡”。《释名》载：“毛相著旃旃然也，称为毡。”《考工记》载：“毡之为物，无经无纬，文非织非衽。”

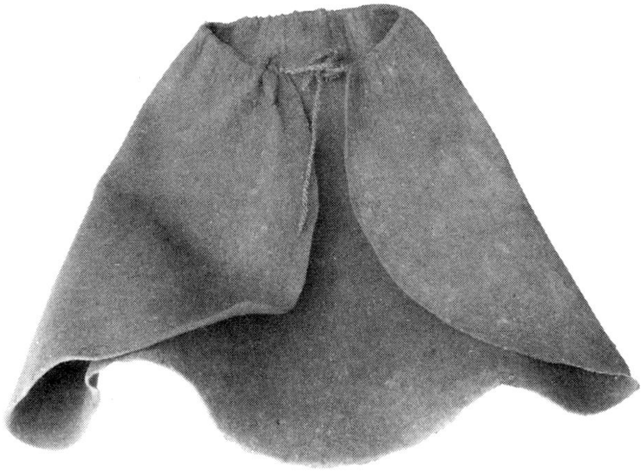

图 5—26　纳西族的披毡图

第二道是毛的清洁。先将成团的毛料撕开，把夹杂其间的杂物抖掉，去除用肉眼能看到的杂物。这道工序很费时，往往由闲在家的老人来完成。接着要制作碱水（把火塘边的火灰倒入一个水缸里，等杂物与碱水分层后就是碱水），碱水倒入放有毛料的容器内，加温并用棍子搅拌，然后把毛料取出，在清水中漂洗数次。这样就完成了清洁工序。

第三道是弹毛和理毛。把毛料放在一个较平整的地方，用自制的弹弓在成团的毛上弹多次，毛料就松开了。弹弓就地取材，可用竹子或小树枝制作。然后用理毛工具把毛料梳理成相对规整的毛料，理毛工具自制的方法，一般用两块木板，上面钉上一些疏密有间的小钉子。用时把一定量的毛料放在一块理毛板上，另一块不断在上面朝一个方向梳理只要毛料理顺即可。①

第四道是毛线捻制。把理好的毛均匀地铺在一个大竹席上，反复卷起，搓揉，不断洒水，使其交叉、黏合，形成较厚的一块羊毛片。然后铺在木板或石板上，用白芨煮水喷洒，用圆形杆子反复碾压，使毛黏合在一起。这样就做成了一块毡子。②

第五道是制作毛质衣物。做法与毡子相同，只是根据身材来制作袖口、领口以及穿绳打孔。

① 罗珏、钟秋：《云南物质文化·纺织卷》，云南教育出版社 2000 年版，第 97—98 页。

② 2013 年 2 月 19 日笔者调查香格里拉县白地时采访和树荣老师所得。

（2）与毛相关的文化

在女子服饰中，多用动物的毛来装饰。明代永宁的纳西族男子就有“头载牦牛尾”之俗。周汝诚于1936年在永宁调查时看到，妇女头饰用“牦牛尾”加以装饰，梳成粗辫绕于头顶。木里的“纳日”妇女也用牦牛尾巴上的细毛编织，末端加一节蓝色丝线做成的“假发”。尤其是清代后期，永宁、木里一带用牦牛毛作为头饰，只是他们既不养殖大量的牦牛，缘何用牦牛尾巴来装饰？这与藏文化南下与东部纳西族地区融合相关。

2. 皮服饰的制作与皮文化

在纳西族服饰中，皮革也是比较重要的原料之一。处于游牧时期的纳西族，面对多变的气候和复杂的地理环境，运用动物皮制成生活所需要的物什，如服饰中的帽子、羊皮、皮囊、皮褂、皮靴、烟袋、褡裢、皮毯子等。动物以养殖为主，如山羊、绵羊、牛、马等，也有猎物的皮，小到兔子的皮，大到麂子、黑熊等。明代以来，不断有汉族手工艺者进入丽江，在束河发展成皮匠村，宁蒗和香格里拉都有从丽江搬迁去的皮匠村，皮匠们行走于茶马古道上，有的远行至印度、加尔各答等地区。

（1）皮的制作

皮的价格远比动物的肉贵得多。如何保存和制作皮是一个经验活，不可小视。一般分作七道工序：

第一道工序是取皮。动物被放血后，先要从腹部纵向划开皮。一般不用刀子等锋利的金属工具，而用手来剥开。切开颈部和四肢关节。宰杀动物后褪下来的皮最好要撑开晒干，也可以直接加工。这些皮即便晒干了，两三个月就会生虫，一旦皮蛀了虫就报废了。所以，晒干后的皮子要及时做好以下工序。

第二道工序是泡皮、洗皮。将生皮泡到清水中，一般要泡12小时，如果是刚杀的动物皮就不要泡那么长时间。以泡软为适，用清水多次冲洗，去除生皮上的杂物和血渍污垢。

第三道工序是铲皮。泡软的生皮横放在一根圆木上，用铲刀把附着在皮上的肉等杂物铲去，并检查皮子表面是否光滑，整块皮子是否均匀、干净。

第四道工序是熏皮。铲后的皮子放置在一个炉子上熏烤，不时要洒点水，以免被烤煳、烤焦。一般需要熏烤3—4小时，半途不得停下来。要保留皮毛的则往往不采用这一办法，以免对毛发造成破坏。

第五道工序是揉皮、甩皮。熏好的皮子在一块板子上搓揉，一般用手力气不足，往往用脚搓揉，接着用手拎着一边，在一个较光滑的物体上甩打，增加它的柔韧性。

第六道工序是晒皮、修皮。把皮子暴晒2—3天，待其水分蒸发干；接着把皮子挂起来再用铲刀检查皮子表面，检查是否达到作物件的标准。

第七道工序是上色。这时候的皮子颜色是白净的，根据需要上色。一般涂上些皂矾或黄菜叶水。

（2）纳西族的皮文化

东巴经《创世纪》记载：男的穿牛皮或兽皮衣，女的穿羊毛毡衫。束羊毛毡带，戴羊皮毡帽、穿羊毛裙……可见古代的纳西人，不论男女，都披羊皮或毡衫。白地一带流传着妇女披羊皮的故事①：在远古时代，一位勤劳的妇女生有九个儿子，等儿子长大成人，不知什么原因一个接一个地失踪，这位妇女痛不欲生，决定远行去寻找丢失的孩子。她身穿白麻布衣，套上红腰百褶裙，越过九座高山，跨过九条大河，在密林深处遇到了骑山骡的木恶。木恶问她去哪儿？回答说是来找她的丈夫。木恶认为这是送上门来的礼物，便说帮她去找。木恶骗她来到一个山洞内。这位母亲哭诉自己丈夫是如何丢失的，骗过了木恶的怀疑。等木恶出门后，她在山洞中发现挂有九把弩弓，一眼就认出了这正是她走失的九个儿子的打猎工具，再往前走，看到了九颗人头挂于石壁上，晴天霹雳，真是自己儿子的头！经过一番伤心后，便决定要杀死这个魔鬼，但不知道如何才能杀死，等木恶回来时她装成若无其事的样子。聊天中知道，木恶的软肋是火烧平底锅、弯曲的钉子和空心的木碓，一旦触及其中一物，都是造成重伤甚至是丧命。第二天，这位妇女烧红了平底锅、钉子弯曲成钩，做好了空心的木碓，在门口设下重重机关。木恶如常归来，被机关所伤。这时候路过的野猪问她，发生什么事情？她把事情原委讲了一遍，野猪上前把魔鬼咬成九节，结果这九节变成了九个小鬼。这位妇女偷听到这些小鬼的讨论，有的说是怕东巴做法事，有的说是怕神石神树，有的说是怕羊皮。于是她披上了一张羊皮，并把这事告诉了其他人。此后，纳西族就知道了披羊皮可以驱赶魔鬼。

这虽是一个传说故事，但反映了纳西族服饰中羊皮的文化内涵。羊皮不仅具有保暖驱寒的作用，还被赋予了驱鬼避邪的功能。

---

① 范晓辉：《纳西族服饰文化初探》，中央民族大学2009年硕士毕业论文，第32页。

在丽江，关于“七星披肩”的传说就更多了，羊皮、七星和披肩上两个大圆圈图案“巴缪”等都有动人的故事，虽增加了人为想象的成分，但也是服饰文化发展的表现。

纳西族先民所处的地理环境对动物皮毛的依赖程度很高，他们不仅积累了制作皮衣的经验，还拓展到生产生活领域。在纳西族的东巴经《创世纪》中记载：先祖崇忍利恩在滔天洪水到来之际，就是在野猪皮缝成的皮口袋里度过了洪水泛滥的七个月，待皮囊飘到山顶上时，才用刀割开皮囊带着谷种走出来，重新开始生活。这个皮囊就是常说的革囊。居住在横断山脉九河纵横的纳西族，为适应自然环境，不仅学会修建“笮”（桥），还制成了可以渡江的“革囊”。革囊制作也是经验活，先把剥下的整张羊皮，缝成一个口袋，仅留一孔吹气后塞住，这样就制成了最早的救生圈。1253 年忽必烈南征大理国就是靠“革囊”渡过金沙江的。

丽江的束河是一个远近闻名的皮匠村。明代以来，茶马古道重镇丽江古城日渐繁荣，束河成了商品集散地和贸易村镇，加之不断有内地汉族工匠的移入，使束河皮匠制造、加工的技术日渐完善，发展成著名的皮匠村。至新中国成立前，束河的仁里、中和、街尾、松圆等村子有 336 户从事皮匠业，其中仁里 120 户中就有 80 户从事皮匠业。至今民间还有美传“一根锥子走天下”“半日之程必有束河人”。

3. 麻服饰的制作与文化

历史上，麻也是纳西族重要的衣服原料，历史悠久，形成了较为成熟的麻制作技术。

（1）纳西族地区的麻及麻文化

麻有苎麻、荷麻、亚麻、火麻等多种，俗称“中国草”，是中国特有的以纺织为主要用途的农作物。而在西南地区，主要有苎麻和火麻。苎麻为荨麻科苎麻属系，多年生草本植物，为中国特有植物。喜温暖，广布于中国黄河中下游和南方。火麻也称大麻，属桑科，一年生草本植物，皮粗糙有沟纹，掌状复叶，小叶 5—11 片，披针形，边有锯齿，单性花，雌雄异株，是一种十分适合纺织的纤维。[①] 纳西族种麻有两个用途：一是剥下麻皮，经加工后制成衣裤、口袋、绳索等。二是榨油。火麻适应性强，在中高海拔地区都可以种植，麻也就成了各民族长期依赖的衣物原料。在六

① 罗珏、钟秋：《云南物质文化·纺织卷》，云南教育出版社 2000 年版，第 58 页。

江流域，各民族用荨麻和树麻来制作衣物。

在先秦史书中就有麻的记载。湖南长沙马王堆汉墓出土的众多文物中就有细而薄的麻织物。浙江吴兴钱山漾新石器时代文化遗址的研究表明，在至少五千多年前苎麻已被作为纺织用纤维广泛种植，其加工与织造工艺也达到相当高的水平。1977 年昆明下马村考古发现了颈部缠有麻绳的战国铜剑等。麻衣物具有防腐、防菌、防霉等功能，得到了达官显贵、普通百姓的青睐。

《诗经》中便有对苎麻及其织物的详细描述：如素如皂、如漆如丝、如涤如沐等。《诗・豳风・七月》载："九月叔苴"，"苴"就是麻子。宋代沈括的《梦溪笔谈・药议》："麻子，海东来者最胜，大如莲实，出柘萝岛。其次上郡、北地所出，大如大豆，亦善。其余皆下材。"夏布、蜀布、绉布、细布等具有鲜明加工特色及时代特征的苎麻织物，清晰地勾勒出我国苎麻分布特征及麻文化的历史沿革。

古代先民选择麻植物作为织衣服的原料，首先是因为麻可以广泛地种植。在古代，穿麻布衣服和丝绸衣服，是身份和等级的象征。麻最初属于野生植物，后来被人类培植成农作物。它广布于热带、温带、寒带，对土壤和水分要求很低，适应性强，因此成为中国古代先民的选择。其次是麻线和麻布制作方便。最后是它的种植还产生了很多副产品。麻已经成为山区、半山区农村不可缺少的农作物。

现代研究表明，麻不仅具有光泽好、质地轻、强度高、吸湿散湿快等特性，而且含有人体保健元素，麻织物又重新回到人们的生活中来。

（2）麻的分布及对人类的影响

居住在横断山脉的各民族在选择衣物原料和纺织技术上首要的影响因素是自然地理条件，这在当时的生产条件下起了决定性作用。长期以来，在山区广泛地种植麻是自然和历史的选择，这种选择不是仅仅局限于某个民族，而是表现出地域性的特点。居住在西南的众多少数民族都掌握了麻布制作技术，只是他们在制作过程中所要表现的思想、观念和形式各有不同。如彝族[1]、傈僳族[2]、普米族、纳西族、藏族、哈尼族、白族、羌族、

① 欧丽：《彝族"罗噜颇"的火草麻布纺织》，《毕节学院学报》2009 年第 11 期。

② 宋明：《傈僳夫妇倾力保留火草麻布制作工艺》，《中国民族报・文化周刊》2010 年 10 月 29 日第 11 版。

土家族、苗族、景颇族等都如此。

西南地区最多的就是早期培植而成的火麻。这些麻，与西北地区的麻同属一种，这或许与西北地区民族大迁徙有关系。制作衣物时候，纯麻制作的很少，往往要在麻中掺杂一种叫火草的植物。这种火草遍地野生，不必培植。火草是箐沟中生长的一种植物，为白色纤维，采集白色的火草叶，捻成如棉线，可单独织成火草布，但缺少韧性，一般与麻混织成麻布衣服。

俄亚的麻布衣服，男装上衣右衽，生产生活中右手可以从袖口抽出，右袖口绕在腰带上，类似佛教的袈裟；圆领、半高领都有，边上缝制上一道颜色较为鲜艳的布条，以美化衣服和减少麻布对皮肤的摩擦。在两只肘关节袖口绣上不同花纹和图案，以增强美观。腰间系上一根红带子，增强颜色亮度和服饰美感。裤子做工比衣服简单，穿起来要用一根布条拴住。

（3）火草麻布背后的文化

火草麻布在纳西族、傈僳族和彝族中广泛流传，只要能采集到火草的地方，都有制作衣服的历史，各民族的工艺十分独特。“鹤庆有火草布”[①]，“金齿木邦又有火草布。草叶三四寸，蹋地而生，叶背有棉，取其端而抽之成丝，织以为布，宽七寸许”。[②] 今天的鹤庆彝族（白依人）、腾冲傈僳族以及中甸的纳西族仍有制作火草布的传统工艺。火草麻布绵软洁白，结实耐磨，冬暖夏凉，是麻布中的极品。由于制作过程工序多，且十分费时，在劳动过程中，各民族妇女发明了许多劳动歌谣。如傈僳族有《扯火草歌》[③] 曰：

> 傈僳儿女们，六月好时光。
> 火草叶面绿，背面白晃晃。
> 叶儿闪悠悠，火草窝儿旺。
> 六月不扯草，过时无用场。
> 背篼挎肩上，结伙上山坡。

① （民国）周钟岳、赵式铭总纂，李斌等点校，李春龙审订：《新纂云南通志》（七），云南人民出版社2007年版，第80页。

② （明）谢肇淛：《滇略》（卷2），梁公卿主编《中国西南文献丛书》（第3辑）之《西南史地文献》（第11卷），兰州大学出版社2003年版，第40页。

③ 宋明：《傈僳夫妇倾力保留火草麻布制作工艺》，《中国民族报·文化周刊》2010年10月29日第11版。

山腰扯几把，沟边拔几窝。
手掌磨起泡，扯草拇指疼。
全身湿又冷，鼻门吊清涕。
……

麻布的功能在不同民族间各有不同，各具民族特点。如彝族，除了常用服装外，更重要的是作为一种规定的礼服（即孝服），凡是彝族不管长幼必须预备一套麻衣服。从古代直至20世纪50年代，很多彝族地区仍然盛行穿火草麻布衣服。纳西族也有类似的情况，我们从远古的习俗“披麻戴孝”可知道，麻布早已经渗入人们的生产、生活中。

三 纳西族服饰文化的特点

明至民国时期纳西族服饰变化突出，既有地域性特点，也有民族性特点，还有外化的特点。如上节所论，明清时期是纳西族服饰变化最剧烈的时期，表现在传统服饰有保留、有改进，吸取更多外来民族的服饰元素，形成地域鲜明的服饰文化。

1. 明至民国时期纳西族服饰文化分异的原因分析

引起一个民族服饰变化的原因很多，可能是内因引起，也可能是外因引起，还有可能是在内外共同作用下发生的，当然，内因是关键性的。明清时期纳西族服饰分异，原因有三个方面：

第一是中央对边地民族所采取的政策导致民族服饰的改变。

服饰的基本功能无外乎是保暖、遮羞、美化，但它外表形式的变化受多方面因素的影响，有的甚至起到了决定性的作用。明初，朝廷对西南民族地区提出了“蛮夷土官，不改其旧，所以顺俗施化，因人摄政，欲其上下相安也”。沿袭元代土官制度，推行土司制度。在纳西族地区先后设置了丽江知府、永宁土官府、冕宁的“莫梭”土目、盐源的“五所四司三马头”土官，明代纳西族地区都是土司、土头目管辖下，民族服饰文化得以继续保留和缓慢发展，虽然丽江府、永宁府、盐源“五所四司三马头”管辖区的纳西族服饰有差别，但整体上是一致的，就是男子“辫发”“椎髻”，或戴帽子，披毡佩刀，短衣短裤；女子“编发”“椎髻”，或戴帽子，上衣下裙，披羊皮。这一时期永宁纳西族的“气习大抵与丽江各处所居者同”，根据明代史料表明，丽江、永宁、盐源三大区域的纳西族服饰没有明显的差异，这跟明代到清代前期纳西族地区的土司、土官制度有直接关系。

清雍正元年（1723）丽江的木氏土司被“改流”，坐镇一方的土司被降为土通判，流官杨馝、万咸燕、管学宣、王厚庆在丽江大力推行“移风易俗”。流官到少数民族地区后，认为这些民族都未开化，需要全方位的改造，尤其是他们已经形成的习俗，往往采用强制办法来推行。“嘉庆二十四年，署知府王厚庆曲为化导，簪环服饰，悉遵体制，焕然改观矣。”大力推行满族服饰。道光初年，丽江县知县朱延襄，江苏皖江人，努力提倡改良风俗，服装以苏北模式为标准，遇有新妇出嫁，他的太太亲自到女方家代为梳妆施粉，补贴衣料费用，裁成汉装，并劝人以后不要再缝丽江旧式服式。[①] 经过改造后的丽江纳西族服饰，男子除了羊皮褂外，基本穿汉服；女子的头饰、衣裳改造最为明显。妇女都要戴帕，而且都有明确的外型规定。衣裳中，短衣改为右衽宽腰大袖、前幅短、后幅长及胫的大褂，不穿裙子，改穿裤子，前面带有百褶围腰，长及鞋面；背上保留有四肢的羊皮改造成，上宽下窄，留一个小尾巴，背面上端衬着黑平绒或黑色毛幅巾，其下用 7 对皮条穗钉有并排的 7 个绣有图案的圆布圈。妇女披肩的肩带还有两个大的绣圆布圈，代表日月，俗称“披星戴月”，披肩带尖或围腰带上均有刺绣图案。改进后的纳西族服饰与其他地域内的服饰有了明显的区别，成为辨别纳西族不同支系的一个标准。

永宁州土司自洪武十四年（1381）归附明朝，授土知州以来，清代阿氏承袭，至 1949 年才结束；蒗蕖州土官明代阿氏袭职，并多次“从征”，清代沿袭，直至民国时期，彝族武装势力强大，土官权力衰微。在这样一个背景下，永宁纳西族仍然受本民族头人的统治，传统习俗得以保留。

明代，在今天的冕宁县东、越西县境内的“莫梭”活动区域设建昌卫、宁番卫，“莫梭”部落不断向四周山地转移。清代康熙年间投诚，设置目术凹土目、耳挖沟土目、瓦尾土目等，其中任过土职的莫梭有九个，

---

① 和汝恭：《解放前纳西族的婚礼》，云南省编辑组编《纳西族社会历史调查》（三），民族出版社 2009 年版，第 102 页。

约有 28 个寨子。[1]“莫梭”地区的土目制度一直延续到了清代后期。盐源的“五所四司三马头”地区，明设置所、司，清代仍设置所、司、马头等土官职位，五所指的是：左所土千户喇氏、中所土千户喇氏、右所的土千户八氏、前所土百户阿氏、后所土百户白氏，辖区内大部分是麽些人。四司指的是：木里安抚司喇嘛项氏、瓜别安抚司己氏、古柏树巡城兵马司郎氏、马喇长官司阿氏，其中，木里的喇嘛项氏和马喇长官司阿氏为藏族和傣族外，其他两个司都为麽些。三马头指的是：苹苴芦土目葛氏、阿撒土目、禄马六槽土目，都是麽些土目，管辖以‘麽些为主百姓。明至民国时期这一区域内都在土官、土目控制下，他们一方面横征暴敛，另一方面则维护了民族传统文化，在很大程度上保留了本民族的服饰文化特点。清代中后期，凉山彝族的大规模西迁和藏族南移，这一区域成为社会最不安定的民族交角区。

总而言之，明至民国时期纳西族服饰文化的分异与中央政策有密切关系，改土归流后中央直接派官员治理的地区，如丽江府，纳西族服饰被动改变，既保留了民族文化的符号，形制上又趋于全国通行的“规制”；而保留土司、土官、土目的区域，民族服饰虽然有所变化，但并没有主动迎合“汉制”，而保留了本民族原有的服饰样式和特点。

第二是纳西族支系所处地理环境不同导致服饰差异。

从本书第一章第一节论述中可知，纳西族广布于横断山脉间，山脉与江河南北向并排，气候差异明显。这是造成纳西族服饰差异的又一个主导因素。纳西族居住区海拔在 1500—3000 米之间，冬寒夏热，四季分明；夏天雨天多，一雨便成秋，需要遮体避雨；冬天又干燥多风，需要保暖驱寒。服饰首先要满足基本生存的需要。厚薄要适应气候变化；款式要符合生产生活的要求；而制作服饰的材料是就地取材的。毛和皮成为最理想的衣物来源，也是他们可以就地取材的原料。纳西族地区平地少，山地多，土地相对贫瘠，农作物产量低，除了从事农业生产外，还要依靠采集和捕猎来维持。依靠自然生长的麻和火草来编织衣服和裙子，是纳西族最重要的服饰原料。麻和火草自然生长，只要到一定的季节就可以采用，通过妇女灵巧的双手可以编织出帽子、上衣、裤子、裙子等。动物的毛和皮也是很好的衣服原料，毛编织的衣物不仅暖和，而且耐磨；加工后的皮最为结

① 郭大烈、和志武：《纳西族史》，四川民族出版社 1999 年版，第 439 页。

实，是生产生活中不可缺少的材料。然而，不同区域的纳西族支系也有不同特点。香格里拉县的白地和木里的俄亚，居住在斜坡上，气候四季分明，冬天很少下雪，海拔在2200米左右，所以，他们所保留的最具有纳西族传统特色的服饰，首先为麻布所编织，其次为皮，再次为毛，温润的气候使他们不需要那么厚重的衣服原料。丽江坝区海拔在2400米左右，他们的衣服比之三坝地区的厚一些，在山区，羊皮是很重要的衣服，毛编织的衣物较少。永宁至盐源、木里一带，海拔都在2600米以上，气候寒冷，仅靠麻布衣服来保暖已经不够，便主要依靠毡衣、毛裤、羊皮。可见，不同地理环境下的纳西族支系，服饰原料的选取与气候等自然环境关系密切。

第三是在周边民族和宗教文化影响下引起的。

从纳西族分布区域看，北部与藏族关系密切，交错杂居。明至清初，丽江木氏土司虽然把势力范围推到藏东的昌都、巴塘、理塘一带，也迁徙了一部分丽江纳西族居民，如芒康县的盐井、木里县的俄亚等，但随着木氏土司势力的衰退和改土归流，这些区域被南下的藏族所吞并。在常年与藏族的交往中，部分纳西族开始信仰藏传佛教，改行藏族习俗，渐渐地融入藏族中去。20世纪五六十年代的调查表明，盐井、俄亚等地的纳西族成为藏区中的文化“孤岛”，坚守着本民族的传统文化。盐源、木里等地的纳西族，在清代中后期受到藏族、彝族的排挤，土司、土官势力不断减弱，控制区域不断缩小。至民国后期，木里、盐源等地形成了以藏族和彝族为主体的区域。从民国时期纳西族服饰看，这一区域的纳西族已改信藏传佛教，行藏俗，头饰和衣裳等装束藏化趋势已经很明显了。丽江靠大理州鹤庆县的七河、靠剑川县的九河等，纳西族服饰则出现了纳西族和白族相互借鉴，兼容纳西族服饰元素和白族服饰元素，这是两个民族长期融合共处的结果。永宁一带的纳西族服饰与普米族服饰几乎为一种类型，没有显著的区别，是长期以来这两个民族在一起生产生活，融合共生，互通婚姻，“你中有我，我中有你”的民族大融合的结果。

2. 明至民国时期纳西族服饰的特点

服饰的基本功能是取暖保温、保体遮羞。但在不同地域所表现出来的外型特征是不一样的，即便是同一地区的不同民族，也有所区别。那么，纳西族服饰有什么特点呢？总的来说，有四个方面的特点：

其一，厚重且朴实。明至民国时期纳西族服饰发生了明显的变化，但其中比较稳定而鲜明的特点是厚重、朴实。毡、皮等都是较重的衣物，麻布相对较轻，但为了耐磨和耐劳，也织得比较厚重。“厚重”的纳西族服饰是所处地理环境所决定的，人是环境的产物，服饰也是如此。单薄的服饰无法适应相对恶劣的自然环境。以民国时期丽江古城妇女的服饰为例，头戴大包头，上衣第一层是衬衫，第二层是宽袖口、后面是长及胫的长衫，第三层是用毛料制成的“氆坎肩”，第四层是羊皮制成的“七星披肩”，加上各种装饰物件，重达几斤。男子的服饰虽然简单，但毡帽、毡衣都有一定重量，都表现出“厚实”的特点。居于横断山脉中的纳西族远离中央，远离中心城市，商业、交通受限，内地的棉布、细布、丝绸等很难输入丽江，只有土司、土官们利用朝贡的机会，在江浙一带购得（也有朝廷所赏赐的）。明代后期至民国初年，在丽江、永胜等地方出现了棉布、棉裤等，属于个别现象。

其二，深色且自然。纳西族服饰的颜色总体上讲以深色为主，间有白色。以丽江纳西族妇女服饰为例，头帕以黑色、深蓝、藏青色为主，上衣中的长衫以蓝色、灰色为主，“氆坎肩”以紫红、黑色、深蓝为主，边缘所绣的线条也不选特别艳丽的颜色，“七星披肩”上部的布料以黑色、深蓝为主，披肩上的两条布为白色，背后所饰的七星布片也是选用较为厚重的颜色。清代盐源一带男子用白布包头，女子的服饰出现藏化趋势，出现了比较艳丽的颜色。丽江民间有“纳西彬膜通”之说，意思是纳西族穿藏青色的衣服最为合适。所以，纳西族喜用黑、白、青、蓝、紫色，而很少用大红、黄色等较艳丽的颜色。白庚胜认为：“纳西族的服饰是纳西族对所处自然环境进行有效适应的结果，也是纳西族对自己的文化传统、民族性格的真实表现。”① 纳西族的服色与服装的质地、款式具有密切的关系，从游牧转向定居农耕时，就有两种倾向：一方面保留动物毛皮的自然颜色，另一方面采用植物和矿原料来发展颜色。纳西族服饰的颜色不纯粹是民族自然选择的结果，还是统治者体现等级的手段之一。清末民初，在永宁纳西族地区就发生多起百姓违法禁服色令（见表5—1、表5—2）。

① 白庚胜：《色彩与纳西族民俗》，社会科学文献出版社2001年版，136页。

表 5—1　　纳西族纳日人之服色与社会阶层区别表

等级＼色彩	黑	白	红	黄	绿	青	灰
土司	O	×	×	×	×	×	×
贵族	×	×	O	O	×	×	×
百姓	O（老人）	O	×	×	×	O	×
僧侣	×	×	×	O	×	×	×
奴隶	O（老人）	O	×	×	×	×	×

“O”表示允许，“×”表示禁止。

表 5—1 来自白庚胜著的《色彩与纳西族民俗》，社会科学文献出版社 2001 年版，第 157 页。

表 5—2　　纳西族纳日人犯禁受罚表

人名＼事项	村落	色彩	质地	样式	惩罚		
					罚金	监禁与降格	次数
拉池尔两姐妹	开基村	灰	布	裙		由百姓降为奴隶	3
阿抬梅三马尔池尔	开基村	红	缎子	服	50 银元	由百姓降为奴隶	1
尼阿三马	皮匠村	灰		裙	50 银元	监禁三年，由百姓降为奴隶	1
优他扎马	甲布奥村	灰		裙	50 银元	监禁三年	1
拉梅直马	阿沟奥村	青		裙	50 银元	被打及没收衣物	1

表 5—2 来自白庚胜著的《色彩与纳西族民俗》，社会科学文献出版社 2001 年版，第 157 页。

其三，多元文化集于一身。纳西族是一个善于吸收外来文化的民族，强调“阳主阴从”“为我所用”。在与周边民族的交往中，吸纳了不少民族的文化，包括服饰方面。如泸沽湖畔摩梭人的服装，男装的宽边呢帽、高筒靴，“楚巴”样式的斜襟上衣与藏族风格相近；而女性服装中的长裙保持了纳西族的传统习俗，但编发与头饰，显然兼有藏族、纳西族的特色。盐源一带的纳西族支系“纳汝人”，其黑头帕与蓝布衫明显与当地汉族相似。三坝纳西族编发时喜编一条色丝带，与藏族相似。丽江、鹤庆、剑川、中甸、维西等民族杂居的边缘地区，由于各民族间互市通婚，又处在同一气候带内，民族服装多有互相借用和混穿的情况。上衣是这一民族的服饰，裙子却是另一民族的，于是就产生了一个地域内几个民族服装互不相同，但风格相近，已分不清孰是孰非了。①

其四，就地取材。纳西族服饰有一个显著特点就是就地取材。从游牧时代至农耕定居，纳西族身上一直披着羊皮或毛制服饰。明代以来，纳西族普遍穿上了麻布衣服，这是对皮、毛原料的补充，明代后期至民国时期，麻布则成为纳西族最主要的衣料。这与人口增加和麻的广泛种植有关系。纳西族地区适合养殖牛羊，作为农耕经济的重要补充形式。在交通不便和商贸不通畅的地区，自给自足的经济成为纳西族地区主要的社会经济发展形态。养殖牦牛的纳西族地区如永宁、盐源、金沙江以北靠近藏区，妇女发饰上出现了牦牛尾毛和牦牛毛，男子的头饰中也有使用。

四　纳西族服饰与周边民族服饰交融的地理透析

1. 纳西族服饰中的汉式元素及地理分布特点

明代以来，纳西族接触汉人的机会不断增多。木氏土司每年都亲自或由把事代为朝贡，并随从明中央军队出征；明代推行的军屯、民屯、商屯和卫所制度，加快了纳西族与汉人交往的频率。但在明代，纳西族地区在本民族头领的控制下，如丽江的木氏土司，永宁、蒗蕖等土司、土官、土目，一般禁止百姓接触汉人。丽江的木氏土司“设关于岭嶠，以严出入”，严格管理出入办法，“出入者非木公之命不得擅行”，以致“通安诸州守，从天朝选至，皆驻省中，无有入此门者”。② 明末徐霞客以文会友，受木增邀请进入丽江坝，感受到木氏土司的对百姓严格管理，俨然是“夜郎自雄”。同一时期“宦游”西南的王士性，先后到了永胜、大理等地，但没有进入丽江，可见土司控制的纳西族地区是不可以随意出入的。与此同时，木氏土司在明清时期不断从中原引进能工巧匠，并安置在木府周围。据史料和家谱研究表明，汉族进入丽江的有：戍边、从政、行医、工匠、经商等行业，出现了鲍、赵、杨、李、赖等数十个姓氏③，与丽江本土居民的木、和二姓有别。景泰《云南图经志书》记载：“近府治而居者，皆汉僰人，今乐育教化，渐被华风。”这里所指的“汉僰人”，其实就是从鹤庆府搬迁到丽江的部分移民，有了“华风”。天启《滇志》卷三

① 夫巴：《纳西族服饰流变初探》，《玉龙山》2002 年第 1 期。

② （明）徐弘祖撰，朱惠荣校注：《徐霞客游记校注》（下），云南人民出版社 1985 年版，第 929 页。

③ 杨林军：《徐霞客与丽江》，云南美术出版社 2007 年版，第 182 页。

载："衣同汉制"，不是指百姓的服饰，而是指外来的尤其是从鹤庆等地搬迁到丽江的移民，还有木氏土司家族和把事、通事等管理人员。另外，靠近四川盆地的盐源等地的纳西族，则有习从成都汉俗的倾向。其他纳西族分布区则更少有"华风"的影响。

雍正元年改土归流，流官直接控制丽江府，用汉俗来管理和规范百姓的行为。汉、满习俗如洪流蜂拥而至，至清末的200多年间，丽江是仿效汉俗最突出的地区之一，其中土司降为土通判，失去了保留传统服饰的保护伞。雍正二年，首任流官杨馝在《迁建府治记》中称：（纳西族）"卷髻环耳，服饰诡异……更易服饰，教以衣冠"。男子"衣冠悉从汉仪"，从短衣短裤改成了汉式的长衫，右衽，史书中多次提到"今则渐染华风服食，渐同汉制"。女子的短衣则发展成三件套：汗衫、大褂、坎肩，背披披肩，原来的百褶裙只留下一块百褶围腰，由于纳西族"男主外，女主内"的家庭管理模式，妇女很少出现裹脚现象。维西、德钦一带的纳西族也"头目效华人衣冠"。嘉庆二十五年任丽江知府的王厚庆，道光九年任丽江县知事的朱延襄、道光二十二年任丽江知府的庄粤台等大力推行满汉服饰，丽江纳西族的服饰有了根本性的变化。《新纂云南通志·名宦》载："王厚庆，嘉庆间任丽江知府。甫至，即以移风易俗为先务。丽邑妇女尽夷装，闺女以调羹帽为荣……"在他看来，当时纳西族的衣饰是夷装蛮服，要以清代内地服饰取而代之，他不遗余力地推行婚丧习俗变革。至民国时期已成定型，与今天所看到的传统服饰没有较大区别。

盐源、盐边一带的纳西族，明清时期受川西汉族服饰的影响，男、女都戴白头帕。《天下郡国利病书》第68卷载"（麽些塘）白布巾缠头"，与明代四川汉族流行的"白头帕"[①]有关系，明清时期的纳西族虽有戴头帕的，如清代维西纳西族就戴青色头帕，丽江也是自清代以来戴青色头帕，而鲜有戴白色头帕的。与藏族杂居的白地、俄亚等区域，受汉文化影响较小，汉式服饰对这区域的影响也很小。

2. 纳西族服饰与白族服饰的交融

纳西族与白族有着深远的民族渊源关系，先秦时期就有接触和交往，尤其是唐代磨（麽）些蛮在洱海边建立越析诏，成为南诏的心腹大患，散居在金沙江中游的麽些民族关乎南诏、唐、吐蕃三者势力的消长。宋代

① 蓝勇：《西南历史文化地理》，西南师范大学出版社2001年版，第311页。

这一区域成为大理国的版图，但丽江一地，“段氏虽盛，亦莫能有”。元代一举统一了金沙江流域的纳西族，使其直接在中央政权管辖下，并设置了丽江府。白族与纳西族接壤区域主要在丽江九河与剑川、丽江七河与鹤庆、丽江老君山的石头与剑川等，清代以来不断从鹤庆搬迁到丽江坝东部居住，即今天的金山一带。纳西族较为集中的白地、俄亚、永宁、盐源等区域白族鲜有交往。因此，纳西族服饰与白族服饰的交融最突出地表现在九河一带。

早在唐代，九河就有白族活动的记载。《蛮书》卷四载：“弄栋蛮，则白蛮苗裔也。本姚州弄栋县部落……尝有部落首领为刺史，有误殴杀司户者，为府承论罪，遂率众北奔。后分散在磨（麽）些江侧，并剑、共诸川悉有之，余部落不去……贞元十年，南诏异牟寻破掠吐善城邑……迁于永昌之地。”弄栋蛮即分布在今姚安、大姚等地的白蛮，唐初因误杀汉官而北走，部分迁至今丽江及大理州剑川、鹤庆等地。玉龙县九河乡龙应村的姚姓家族自称是当时姚州的移民。[①] 胡蔚增订本《南诏野史》（上）称：“理宗甲辰淳祐四年（1244），蒙古兵出灵关，伐大理，（段）祥兴遣将高禾迎战，禾败死亡……宋遣使吊祭。”当时大理国与宋联合在九河一带阻击蒙古军队南下，大将高禾战死，宋朝还“遣使吊祭”，在今天九河修建高禾塔以示纪念。元代，为了消除大理国影响，把九河等靠北之地划归丽江府管辖，所以，木氏土司不断增派纳西族百姓到九河一带居住。明至民国时期这一带仍归属丽江府，除个别时期政治动乱外，基本处于稳定、发展状态。这一时期不断有剑川、大理、鹤庆等地的白族进入九河居住。九河乡中和村的彭、杨、和三姓，分别从剑川和丽江束河搬迁而来。如彭永春，曾被封为将军，他生于道光癸卯年，其墓碑曰：“……公讳复元，号树廷，系秀年公之主，原籍住居剑川，年后族旺，先辈又于丽属之九河里中和村新置产业，广厦阡陌，素称殷实，至太高祖仲小公，遂徙后焉……”由于史料所限，明代以前九河白族与纳西族关系如何，已不可考。明至民国时期，纳西族和白族共同开发了九河坝，形成了今天纳、白文化交融的九河服饰。

九河白族男子服饰中除了喜好白色以外，与纳西族服饰无异。最具特

① 杨文顺、木永跃编著：《丽江白族纳西族历史文化概论》，云南民族出版社2008年版，第13页。笔者采访九河退休教师姚世丽（白族），其也是这样认为的。

色的是妇女的服饰。民国后期俄国人顾彼得描绘了一位叫阿姑雅的九河白族姑娘，“穿着长达脚后跟的蓝色束腰外衣和蓝色裤子。头上戴着精巧地系成结的头巾——蓝色、红色、白色。两端结在鬓角附近，形成漂亮的猫耳朵”。① 这与现代的九河妇女服饰没有多少区别。无论是白族还是纳西族，妇女装束基本相同。小姑娘头披“首巾”，妇女戴“璀帽”。姑娘和已婚妇女最大的区别在头饰，已婚妇女戴璀帽，小姑娘是用红毛线将辫子绕在五六床颜色各异的头巾上，使之成披散状，或耸起兔耳般的棱角，故有“小白兔”之称。已婚妇女的璀帽由母巾、子巾、盖巾三部分包扎而成，母巾是由一块一尺八寸长的黑布对折成三角形，作捆绑子巾之用。子巾通常是十多床，每床子巾由一尺五寸的布分成两半，子巾颜色以蓝、白、花为主，各种颜色相间搭配，最里面的子巾最长，然后依次缩小，层层叠加呈梯田状。盖巾，顾名思义就是盖在最外面的一块头巾，是用一块蓝布或黑布绣上花草图案而成的。母巾将子巾、盖巾包扎起来，就成了高耸的漂亮的“璀帽”。把头发梳成上下两辫，再把下辫拉到上辫处，盘结成柱形，以套稳高耸的璀帽，与丽江古城纳西族妇女的“古资”一致。上身均着右衽长衣套“比甲”，下身都穿长裤，腰系围腰，围腰上缀飘带，背披七星羊皮，右衽挂绣花手巾。

在太阳穴两侧贴有太阳杲，是九河妇女服饰的又一大特点。太阳杲用毛呢、氆氇碎布剪成小圆片，小圆片剪成窗花格，贴上锡箔金箔，这与白族太阳崇拜有关系。上身穿右衽长衣套“比甲”，右衽长衣的后幅长至膝盖部，前幅短至能扎进围腰即可，有的单独做成衣尾围在臀部。衣袖短至盖住手肘即可，外镶袖套，袖套内可随手装针线等细碎物品。短衣袖便于妇女进行生产劳动，“比甲”的特点是无袖、圆领口、右衽，领口与右衽一线镶黑白相间花边，右侧结两个襻。

腰系围腰、腰带、飘带，九河围腰用一块二尺左右的白布或黑布缝制，中间缝长短不一的三条褶线，这显然是从纳西妇女围腰十三条褶线简化而来。而勒在后腰部的那段带子，与大理相似，要绣上各种花草图案。围腰上还要系上飘带，飘带是蓝布作底，然后用丝线绣上各种花草图案而成。大理妇女的围腰短而窄，九河妇女的围腰长而宽；大理服饰中飘带佩在后面，九河腰带佩在前面。背披七星羊皮。大理妇女所披的羊皮保留了

① 顾彼得著，李近春译：《被遗忘的王国》，云南人民出版社 2008 年版，第 22 页。

四肢，也无过多修饰。白地至俄亚、永宁等地区也如此，而丽江坝区的纳西妇女把羊皮制成蛙形，讲究修饰，配以七星。每一个九河妇女同时具备两床不同的羊皮。一床是保留头尾的羊皮，用作劳动时垫背防寒之用，另一床是纳西妇女的七星羊皮，用作赶集、做客、过节时的礼服。挂绣花手巾是白族女子的习俗，右衽挂绣花手巾。通常挂两片毛巾，一片往下直垂腰带，另一片从侧边而下，拎一小角勾入腰带中，其余任随飘荡，以显示潇洒飘逸的风姿。从侧边飘荡的这片挂边手巾，讲究边沿垂丝和绣花，通常绣上牡丹梅花蝴蝶喜鹊之类以表示吉祥如意的图案。①

综上所述，九河妇女服饰与纳西传统的色调深重的宽衣大袖相比，显得贴身轻巧，色泽鲜艳，与大理白族贴身短小、轻巧的金花服相比，又显得宽松厚重，可谓取纳西之长补白族之短。它集白族、纳西族、汉族等民族服饰元素于一身，容纳各民族的历史文化、宗教习俗和聪慧睿智，形成了民族间交融共享的特点，体现了各民族在历史时期互相影响、互相融合、互相渗透的文化走势。

3. 纳西族服饰中藏族服饰元素

藏族与纳西族关系也非常密切，在明至民国时期表现尤为突出。明代丽江木氏土司向西北、向北开疆拓土，一度控制了滇西北乃至藏东地区。这种军事实力较量的背后便是文化的传播和调适。在今天的昌都地区、巴塘、理塘、得荣、稻城到木里、盐源一带，都有明代纳西族的足迹。明代后期藏族势力南下，尤其是蒙古和硕特部打败白利土司、木氏土司后，势力直抵金沙江流域。随着藏传佛教不断地向南渗透，清代在纳西族地区广布着藏传佛教寺庙，靠北部地区的纳西族不仅信佛，还表现出不断藏化的趋势，最终形成了以金沙江为自然界线的民族分布格局。在清代，永宁到盐源一带受藏传佛教影响，“藏化”现象突出。在这个过程中，纳西族服饰也不可避免地吸纳了藏族服饰的元素。

据《滇略》所载：“与吐蕃接界，多羊马……挟短刀以砗磲为饰。”如果这还看不出纳西族服饰藏化趋势的话，那末清代后期到民国时期永宁至盐源一带纳西族服饰藏化的现象就明显了。从1936年周汝诚在永宁的社会调查中即可见一斑，男子穿青布大襟、短衣裤，外披氆氇长袍，腰系彩色毛布带，尤其是“长袍之右袖拖出不加于臂，”挂一把腰刀，脚穿长

① 平女：《白乡拾穗》，云南大学出版社2012年版，第123—124页。

筒皮靴，膝下系五色扎脚带，发留长辫，绕于头上，套一象牙环，缀所蜜腊珠，左耳坠银环，与藏族服饰大略相同。而在滇西北的维西、德钦、中甸一带，“地近蒙番好佛信鬼，性同北鄙，佩弩悬刀。设流后，礼教渐兴。”生活习俗上受藏文化影响很深，这些地区的纳西族被称之为“古宗纳西”。

4. 纳西族服饰与彝族服饰的异同

从明清时期西南地区服饰看，纳西族服饰与彝族服饰最为相似，差异很小。纳西族与彝族同属于氐羌系统民族，从西北南下过程中，一直在川西南大片区域内发展，语言上又同属于汉藏语系藏缅语族，服饰上也最为接近。如明代与纳西族杂居的彝族服饰，“男子椎髻……妇女披发衣皂，贵者锦饰，贱者披羊皮……耳穿大环，剪发齐眉，裙不掩膝”。[①]《蜀中广记》卷34记载：“（建昌卫）裙不过胫…男女俱用白布缠头”，而越巂卫男女则“下身衣土绣花长衣……纽发盘头上。”可见，与川西南地区纳西族服饰甚为相似，具有同一地域性特征。清代以来，与纳西族杂居的彝族主要是妙罗罗，在《皇清职贡图》记载：“男子椎髻短衣，妇女青布缠头以幅布披右肩，绾于左腋，短衣短裙，跣足无袴。”这与永宁到盐源一带的纳西族服饰相似，差别很小。男子短衣短裤，披毡；女子短衣长裙，尚青色服饰等特点[②]，与所处地域、社会经济发展等方面有关系，而不是单纯的民族喜好所决定的。民国以后，各区域的纳西族服饰发生了很大变化，而彝族服饰从外型到材质上变化却很小，所以，具有相似特点的两个民族的服饰分别朝着风格迥异的方向发展。

5. 民族服饰交融的地理透析

历史上纳西族服饰的多元性和变异性，是由多种因素共同作用的结果。这些因素包括了自然环境、农作物发展水平、政治势力干预程度、民族发展中的偶然事件等，而且在不同时期和不同地区所起的作用是不均衡的。因此，要透析纳西族服饰交融的缘由和过程，是难度较大的课题。笔者通过上文的考察和论述，结合西南民族服饰的特点，认为民族服饰交融的因素主要有以下几点：

① （明）刘文征撰，古永继点校，王云、尤中审订：天启《滇志》（卷30），云南教育出版社1991年版，第999页。

② 蓝勇编著：《西南历史文化地理》，西南师范大学出版社2001年版，第329页。

其一，自然环境是制约纳西族服饰变化的主因。

人是自然的产物，自然环境在方方面面都影响和制约着人类的发展，人类发展当然会受到自然法则的制约。地理环境对人类文化的影响，通过三个方面来发生作用："第一是特定的地理环境经由物质生产方式这一中介，给各种不同的文化类型奠定了物质基础，各种文化类型都会程度不同地染上地理环境的特征；第二，地理环境通过人自身的活动影响着人们的风俗习惯、性格面貌；第三，地理环境直接赋予某些文化色彩。"①毋庸置疑，自然环境对人类文化的产生、发展都起到了基础性的作用。"地理环境的独特性往往形成民族文化的独特性，也形成民族服饰的独特性。"②不同区域的纳西族在服饰上出现的分异，首先受到的是地理环境，海拔的高低、山势的陡平、土地的肥瘠等影响。秦汉以来纳西族先民多以迁徙为主，唐代以后纳西族以农耕定居生活为主，明代以后与中原汉文化的接触多了起来。就服饰原料而言，最初以皮、毛为主，明代以来则以麻布为主。清代，棉花种植传播到西南横断山区，纳西族开始以棉为服饰材料。然而，棉的种植受到地理条件限制，所以，直到民国后期仍有不少地方以麻布为主要服饰原料。可见，纳西族服饰的变化主要受自然环境的制约。这里谈的是以广大百姓日常生产生活的服饰为对象，而不是以土司、土官、土目的服饰作为讨论的对象。

其二，从整个西南的视野考察纳西族服饰，共性中又有个性的特征。

我们仅从一个民族服饰的纵向变化来分析它的特点，未免有失偏颇，甚至误把共性当作个性来看待。所以，还应从横向来考察纳西族服饰的变化，这样才能客观地认识到它的个性。从西南各民族服饰的特征来看，可以分为披毡系统民族服饰、皮裘系统民族服饰、斑斓系统民族服饰、桶裙系统民族服饰四大类，但这四大服饰系统并不是绝对的，有一些民族服饰的地域特征还处于完全交叉状态。③ 从秦汉有文献记载以来，纳西族的服饰以皮裘、披毡、着裙见长，先有披皮遮风挡雨，后有披毡保暖，宋元以来才以麻作为主要的服饰原料。那皮裘、披毡是否可以看作西族服饰的特点呢？显然是把共性当作个性看待了。除了皮裘、披毡系统民族外，斑斓

① 冯天瑜等：《中华文化史》，上海人民出版社1990年版，第5—6页。

② 戴平：《中国民族服饰文化研究》，上海人民出版社1994年版，第143页。

③ 蓝勇：《西南历史文化地理》，西南师范大学出版社2001年版，第359页。

系统民族中苗族就有披毡的现象，如平越、清平等处的西苗，歌舞时“祝者著毡衣大幅，履革靴前导”；贵筑、修文等地的蔡家苗的男子“以毡为衣”。我们不难发现，披毡和皮裘的民族的居住区域都是山地民族，越靠北披毡越厚，皮裘毛发和件数增加，反之，则越薄。裙是西南多数民族曾经都穿过的服饰，只是唐代以来出现了上衣和下裤，取代男子的裙，而女子也随着穿上衣和下裤子，裙子改为围腰，如清代后期丽江纳西族女子的服饰中，也有的穿裤着裙的现象。越靠高纬度地区的民族，裙子的厚度则增加，质地取用毛发。低纬度地区民族的裙则变薄，变轻盈。这些都是由古老的氐羌族系统发展而来的民族，他们在衣着方面至今仍有共同的古老的服饰习俗，披羊皮或披毡。这是因为历史上氐羌系统藏缅语族的民族多居于地势较高、气候相对寒冷和多变的山区或半山区，“披毡”是为了适应气候环境，同时，历史上共同的历史渊源、相同的经济形态和生产模式，是相同服饰文化特征形成的重要因素。[①] 那么，哪些才是纳西族服饰的特点呢？

纳西族服饰中最具特色的当属“七星披肩”，与各民族的披肩相比，不仅在外观上特点突出，在文化内涵上也有特点。纳西族三大服饰区中只有丽江的女子才背七星披肩，但因穿此披肩的人数多，又是在传统的服饰基础上发展起来的，因此，可以把七星披肩视为纳西族服饰中最具特色的。披肩经过深加工后，剪裁成上平下圆，有点象平放的青蛙外形，称为“优轭”，上部还缝着一块八寸宽的氆氇或麻呢，再缝上两个带子，带子左右各订上两个大圆形的图案，称为“巴缪”，即青蛙的眼睛之意。再订上七块圆形图案，成一字排开，中间用麂子或羊皮制成的两根皮线穿出，延伸到披肩底部。这样就构成了“披星戴月”的纳西族披肩。如果说七星披肩是纳西族最具特色的服饰，还不如说七星披肩是多民族文化交融的杰作。

其三，独立的地理单元是纳西族服饰多元化的又一重要原因。

纳西族在文化观念上较为开放，善于吸纳兄弟民族的先进文化，这种文化的吸纳表现在服饰上，就是相互交融。纳西族服饰的变迁，地域也起了重要作用。如丽江九河，自唐代以来白族与纳西族交错杂居，民国时期已经形成了白族和纳西族都通用的女子服饰，与大理白族的服饰不同，也

① 张瑛：《西南彝族服饰文化历史地理》，民族出版社 2005 年版，第 246 页。

与丽江坝区的纳西族服饰有所区别。这种现象在丽江东坝的金山没有出现，是因为历史上两个民族共同开发了九河坝，政治和经济实力上处于相对均衡状态，所以客观上就选择了文化交融，形成“你中有我，我中有你”的民族服饰文化大融合。丽江东坝白族是在乾隆三十五年鹤庆府归丽江府管辖后，白族的主体才从鹤庆迁居丽江，无论在政治势力、经济发展还是人口数量上一直处于下风，所以，服饰上还出现了“纳西化”的趋势。木里的俄亚，虽然自 1675 年就受木里喇嘛寺管辖，但由于俄亚地处崇山峻岭之间，道路难行，木里县城到俄亚需走三天，这样的地理条件使俄亚比较封闭，明时期的纳西族服饰得以保留。丽江和永宁至盐源一带不仅受到藏地势力控制，而且藏传佛教在这一地区的强力渗透，在信仰和服饰上都出现了藏化。芒康县的盐井，清代以来被藏族所“包围”，至国民时期已经明显藏化。

第二节　纳西族饮食文化演变及其特征

一　纳西族地区外来物种的传入和影响

“民以食为天”。在人类生存的基本要素中，饮食首当其冲。今天人们所享用和追求的色香味俱全的饮食，是人类尊重和利用自然的结果，也是人类交往和创造的结果。在全球一体化的大背景下，语言同音，居所同形，服饰同款，行走同轨，唯独饮食保留并发展成地域性最强的文化，是一个地区或一个民族的标志性符号之一。对纳西族饮食文化的研究，前人都从现状来研究，如郭大烈主编的《纳西族文化大观》一书中，把纳西族饮食区划为丽江到维西、宁蒗到盐源两大区域，详今略古地介绍两大饮食文化区的特色。更多学者关注的则是半个世纪以来纳西族饮食特色上，如三滴水、丽江粑粑、琵琶猪、鸡豆凉粉等，研究和复原明至民国时期纳西族饮食状况的成果很少。一种饮食文化的形成要经历较长时间的调适，需要适应地方的气候、原材料的取用、地方口味习惯等方面，还要经得起时间考验。因此，今天纳西族特色饮食文化不是一时形成的，而是经历了较长时间的实践，形成一种成熟的特色饮食。

纳西族经历了从游牧、游牧与农耕并举、农耕三个发展阶段，在这个过程中，始终保留了牛、羊、马等牲畜的饲养。从文献记载情况看，纳西族经历了生食、熟食、调制饮食这样三个发展阶段，三个阶段之间没有严格区分。即便在现代调制饮食阶段，也有生食和熟食阶段遗留下来的习惯。如猎人猎取麂子等动物后，剖开心腹，直接吸食尚未凝固的心血，据说这些鲜血能改善人的心肺功能，在山间奔跑也不觉得胸闷和难受；用麂子的心血来泡酒，也能起到同样的作用。丽江饮食中的火烧粑粑、烤乳猪等采用了熟食制作手段，近代形成的“三滴水”等大宴则是调制饮食的“作品”。从纳西族发展史来看，纳西族肉食原料一方面依靠自己所饲养的动物来满足生存的需要，另一方面则就地猎取野物来满足需求，但随着人口增加，民族生存空间压缩，对外交流获得经验等因素推动了外来物种的传入，从而引发了农业的快速发展。因此，要研究纳西族饮食文化的发展历程，就得探讨外来物种引入和农业的发展。

1. 纳西族地区外来物种种类及传入时间

从汉代到唐宋时期，纳西族先民的活动范围十分广泛，从居无定所的游牧生活，到有定居的农耕生活。处于向自然环境索取生存资料的时期，对外交流甚少，谈不上外来物种的传入。如《史记·西南夷列传》记载：“（邛都）耕田，有邑聚。”《华阳国志·蜀志》记载：“朱提郡，本犍为南部……先有梓潼文齐，初为属国，穿龙池，溉稻田”。《后汉书·南蛮西南夷传》卷116记载：“邛都夷者……其土地平原，有稻田。”“冉駹夷者……土地多寒……又土地刚卤，不生谷粟麻菽，唯以麦为资。”以上文献资料表明，这一时期已经定居在平坝的纳西族先民，种植水稻，成为他们的主食。而居住在山地的先民由于土地贫瘠和气候的因素，“不生谷粟麻菽”，以麦为主食。邛都为今天的西昌及凉山地区，正是汉代纳西族先民的主要活动地区。西南地区是中国稻作发源地之一，在云南元谋大墩子、剑川的海门口、宾川的白羊村、滇池地区等处的考古发掘中都发现了稻谷的遗物。

元代文献中对纳西族的记载比前朝有所增加，如《云南志略·诸夷风俗》记载：“末些蛮俗甚俭约，饮食疏薄，一岁之粮，圆根已半实粮也，贫家盐外，不知道别味。有力者，尊敬官长，每岁冬月，宰杀牛羊，竞相邀客，请无虚日，一客不至，则为深耻。”这里提到的圆根为何物呢？其实就是蔓菁，学名芜菁，民间根据外型称为圆根、大头菜、盘菜等，十字花科草本植物，广布于亚洲、美洲、欧洲等。据《本草纲目》记载，它出自“西番吐谷浑”，是张骞出使西域后传入。由于它广布于中国较阴凉的地方，汉代就视为粗粮，如《后汉书·孝桓帝纪》卷7记载：

"蝗灾为害，水变仍至，五谷不登，人无宿储。其令所伤郡国种芜菁以助人食。"据说三国时，诸葛亮命令部队于所驻之处种芜菁。因此，四川及湖北江陵一带又称为"诸葛菜"。光绪《盐源县志·物产》"蔓菁"条记载："一名介，一名芜菁，一名诸葛菜。按《云南录》武侯南征，命获此于山中以济军食。苗根苔茎无不可食。其子可打油，即油菜也。"历代诗人对蔓菁都有描述，如唐代的韩愈就有"黄黄芜菁花，桃李事亦毕"的诗句。可见，蔓菁在中国的种植历史悠久。元代李京笔下的纳西族百姓则把蔓菁当作了主食。

关于蔓菁为纳西族最古老的农作物证据，我们还可以从《东巴经》的记载中得知。在《崇忍利恩的故事》中聂盘司沛说："人类从天上迁徙下去的时候，本来没有把完好的酥油饼一样的蔓菁的种子送给人类，可大地上却已有蔓菁了。"《创世纪》中也记载，"送给他（崇忍利恩）百种粮食，不送给他蔓菁的种子。蔓菁也是粮食的种子，随着粮食的后面迁徙下来。衬恒褒白把蔓菁种子夹在手指甲间，偷来白蔓菁种子。"《超度死者·执法杖》记载道："到了上面另一个地方，到了补本居里迪地方时，蔓菁的块根有马头一样大，死者不知道这样的蔓菁，将要出现在面前了。你不要做出不知道的模样，让马来吃蔓菁叶子，用叶子做马的饲料。由死者吃蔓菁块根，用块根做死者的吃食呀。"在《创世纪》中还记载了崇忍利恩三个儿子都不会开口说话，有一天早上，到了种蔓菁的补本居里底的地方，看到一匹马在地里吃蔓菁，大儿子开口说出了"刀尼余冒刹"；小儿子开口说出了"满依佐果宇"；二儿子开口说出了"阮尼阿肯开"。在《超度男能者·铺设神座》中记载：能干的朗道罗姆，用一棵白蔓菁，做成百盘菜，招待成千个来客，获得了能者的名声，于是在上面铺设她的能者神座，并把祭粮撒在上面。可见，蔓菁在纳西族东巴经中涉及很广，平时人们比喻也经常会引用蔓菁来说事，说明蔓菁在古代纳西族生产生活中很普遍，从蔓菁是从天上带下来之说看，可以认为蔓菁与纳西族农业发展相伴随。直到今天，纳西族分布的广大山区仍然种植蔓菁。蔓菁不仅可做成可口的菜，晒干的叶子可作为干菜；蔓菁根块与萝卜一样，可以把根块剪成长条形，晒干后与腊肉炖汤，味道鲜美。在农业社会，蔓菁也是重要的动物饲料。如此看来，蔓菁不是外来物种，是纳西族很重要的传统农作物。

到了明代，纳西族地区农作物数量不断增多，如正德《云南志》第

11 卷记载："盐、圆根（蔓菁俱府境出）、松子（巨津州出产）、无芒麦（小麦结秀时无芒而实圆，宝山州出）。"明代中后期，丽江木氏土司不断在巴塘、理塘拓展势力，并在适合居住的河谷种植水稻，"纳西族人善于修沟造田，打墙建房，种植水稻"。今天巴塘东南的大片梯田是明代在纳西族移民带动下开垦出来，门扎、白村至今还在种植水稻（红米），纳西族对巴塘农业的发展作出了贡献。

清代，随着对丽江木氏土司的改土归流，流官不断引进物种，《建丽江府治记》记载："授以种稻之方"。"本年（乾隆三年，1783 年）八月秋收后，管（管学宣）太守由内地带来汉种麦使民试种，改进农业生产。因为丽江仅有紫麦，没有白麦，据说白麦系官府传种，土人谓之 hedze，汉种麦也。"① 到了清代后期，诗人桑映斗以大麦为题材作有《大麦黄》，收入《铁砚堂集》："大麦黄，未登场，撷麦穗，充饥肠，饥肠充几日，骡马下村乡，一颗一粒留不得，几年拖欠今年还。大麦黄，快登场，未入贫民口，先充富户仓！大麦黄，苦莫数，凶年有语可支吾，丰年更比凶年苦。"可见，这时小麦已经成为纳西族地区最重要的农作物，官府收粮食以麦粮为主。

清代，百合、西瓜等新物种在丽江试种。《滇南闻见录》记载："百合：以丽江者为最好最佳，实大而味甘不苦，但产甚少，土人拆瓣出售，留其心，复种也。西瓜：宾川、鲁甸所产皆著名。宾川者圆小，鲁甸者长大，味皆美。丽江日见长者更佳。"由于丽江特殊的地理环境，山地甚多，所以广大山地仍然以刀耕火种为主，光绪《丽江府志稿》记载："田赋……居民刀耕火种，半属荞梁菽麦，而稻田无几。"盐源、永宁一带则是另外一个景象，土司收取的税粮以荞麦为主。光绪《盐源县志》记载："古柏、中所、左、右所…年纳荞粮。"光绪《永北直隶厅》卷七记载：（永宁）"食荞稗。"《天下郡国利病书》第 68 卷记载："麽些尚以羊皮青稞养麦，乳饼酥油煎茶充饥。"余庆远在《维西见闻纪》也记载："麽些……谷将熟，取其青者，蒸而舂脱粟，曰扁米，家献二三升，腊臈奉鸡米。"

虽然清代流官们大力引进汉麦、水稻、苞谷等农作物，但并没有减轻

① 周汝诚等编纂、郭大烈整理：《纳西族史料编年》，云南民族出版社 2011 年版，第 144 页。

百姓负担。民间靠稗子①来救济青黄不接的季节。李倬云的《稗子行》诗曰：

妇女纷纷携筐篚，齐向荒郊收稗子；
晨出暮归收几何，一斗才舂二升米。
莫嫌此物太艰难，犹胜田间把耒耜；
……
小麦湿蠹秋禾空，辛苦何曾咽糠粃；
天生稗子惠子遗，残喘暂延全杖此。

值得注意的是，清代丽江改土归流后所修的乾隆《丽江府志略》就没有苞谷和洋芋的记载，而到了光绪《丽江府志稿》就记载了御麦（苞谷，纳西族语 $\mathrm{Kha}^{21}\,\mathrm{tse}^{33}$，直译为“王的麦子”，即御之麦也）和压芋（洋芋，纳西族语 $\mathrm{iæ}^{21}\,\mathrm{y}^{55}$）。这表明，洋芋和玉米传入丽江时间当在乾隆八年之后，至光绪年间已经广泛种植，“（压芋）在城市只作蔬菜，山民则恃以为食，故山居者多种之”。② 由此可以判断，苞谷和洋芋引入丽江，通过数十年的试种，到清代后期，洋芋已经成为山区百姓的主要粮食，苞谷则是坝区、河谷地区百姓的主要粮食。

民国时期，纳西族对外交流机会增多，引进了桑植、棉花等经济作物，以丰富农业发展。1912 年熊廷权任丽江府府长，兴办实业，创建蚕桑学堂等。1931 年 8 月，丽江县第三区七河里太平村、鲁瓦村所有农田，被冰雹击落将熟之稻谷、玉米、大豆。《中甸县志稿》记载：“仅江边一隅天气温和宜种桑，现有桑株野桑、夏桑二种，共计七百余株。”“中甸……不生五谷，经前土人开渠种稻，屡试无成。”《丽江县志表册》记载：

（二）棉业：有大具里二三百亩，四五十户。棉籽种类：草棉、木棉两种……（三）蚕业：现存鲁桑、荆桑万余株，在巨甸、桥头、

① 稗子：田间形状如稻子的杂草，又称精米。
② （清）陈宗海等纂：光绪《丽江府志稿·食货志》（第 3 卷），丽江市古城区方志编纂委员会 2005 年印，第 133 页。

> 石鼓。七八百户养蚕。在巨甸设蚕桑实习所……（六）牧业之牛羊乳制品：牛乳作为酥油产东山、白沙，每斤五角，用温水浸出牛乳，去其渣，以乳汁为饼销于本地。（七）渔业：有鲫鱼、面鱼、鲤鱼、江鱼。特种鱼类有土王鱼产于剌是里。①

本书还列出民国十年丽江县稻、麦、豆、苞谷产量、种植面积、价目等。《中甸县志稿》记载："麽些族粮食，多以苞谷、稗子为大宗，米次之，荞麦小麦又次之，喜食蔬菜，鸡鱼猪羊，亦知烹饪。"在金沙江畔的大具，盛产西瓜子，"其形如瓜类，栽于苞谷地内，除草时不可动其根茎，易于苦（枯）死"（见表5—3）。

表5—3　明至民国时期纳西族地区主要农作物分布表

区域 农作物 时间		丽江	中甸	盐源	永宁
明代	谷物	稻（麻线、鼠牙、光头、香谷）、菽（黄、菜、红、黑、豌、蚕等六种）、黍（翻、糯）、稷（黄、红、黑）、梁（红、白）、麦（无芒麦、大、小、紫麦）、稗（龙爪等四种）	荞、梁、菽、麦	稻、荞、梁、菽、麦	荞、梁、菽、麦
	蔬菜	蔓菁、萝卜、葱、韭菜、蒜、青菜、白菜、蕨菜、山药、芥菜、野芹菜、菠菜 、菌、豆芽、茴香、莴苣、麦兰、豌豆、豇豆、山药、红蕻、芋（红、白）、西瓜、南瓜、王瓜、茄子、葫芦、蘑菇复生菜（蔓菁花）	蔓菁（圆根）等	蔓菁（圆根）等	蔓菁（圆根）等

① 和志华主编：《民国丽江史志资料汇编》，政协丽江市古城区委员会2007年印，第19—22页。

续表

时间	农作物 \ 区域	丽江	中甸	盐源	永宁
清代	谷物	稻（黑背子、老乌谷等五种）、菽（蚕豆、绿豆、白扁豆等七种）、黍（饭、糯粟两种）、稷（红、黄二色）、梁荞（苦、甜二种）、麦（大、小、无芒等五种）、稗（龙爪、鸭爪等四种）、苞谷、芝麻	苞谷、小米、大米、小麦、燕麦、青稞、稗子、高粱、荞麦	稻（百谷、黑谷、谷、香谷、金糯等三十余种）；高粱、包谷、糯粟、蛮粟等七种；稗、麦粟、小麦、火麦、燕麦、大麦、光头麦、黑麦、白麦、苦荞、碧麦（青稞）、芝麻、豆十六种	荞、稗、白谷、糯谷、大麦、小麦、苞谷、芝麻、豆
清代	蔬菜	蔓菁、萝卜、葱、韭菜、火晒葱、蒜、青菜、白菜、蕨菜、山药、芥菜、水芹菜、芋（红、白）、压芋（洋芋）、茴香、豌豆、大豆、架豆（豌豆）、蚕豆、绿豆、白扁豆、茄子、菠菜、黄瓜、南瓜、苦瓜、西瓜、莲花白、苤蓝、黄薯、白薯、木耳、菌、虎皮①、百合、蘑菇复生菜（蔓菁花）、萵苣、花椒	蚕豆、豌豆、黄豆、绿豆、洋芋、辣椒、蔓菁、葱、蒜、青菜、白菜、蕨菜、山药、南瓜、菌、虎皮、百合、蘑菇、复生菜、萵苣、竹叶菜、秦椒、木耳	佛豆、蚕豆、胥豆、绿豆、黎豆、黄豆、红豆、白豆、豇豆、四季豆、树豆、刀豆、扁豆、棕子豆、爬山豆、橹豆、菘、蔓菁、萝匐、芸薹、芹菜、菠菜、葱、水木耳、蒚	蚕豆、豌豆、黄豆、甘蔗、绿豆、西瓜、洋芋

① 虎皮，疑为辣椒的代称。明代丽江没有“虎皮”记载，清代乾隆八年的《丽江府志略》也没有记载，到了光绪《丽江府志稿》就有记载，而且是列入农作物一栏中；时间上与辣椒传入丽江一致，史料中又没有辣椒的记载。有待详考。

续表

时间	农作物\区域	丽江	中甸	盐源	永宁
民国	谷物	稻（红、白、糯）、菽、黍、稷、粱、麦（黄麦、白麦、黑麦）、麻、苞谷、芝麻、燕麦、大麦、青稞、稗子、荞子	苞谷、小米、大米、小麦、燕麦、青稞、稗子、高粱、荞麦	燕麦、小麦、青稞、稗子、苞谷	白谷、红谷、黄谷、糯谷、天雪米、苞谷、糯包谷、大麦、小麦、燕麦、青稞、蚕豆、豌豆、黄豆、鸡豌豆、绿豆、饭豆、扁豆、四季豆、黑豆、甜荞、苦荞、高粱、稗子（有龙爪、鸭爪、铁杆、米稗等品种）
民国	蔬菜	蔓菁、萝卜、葱、韭菜、火晒葱、蒜、青菜、白菜、蕨菜、山药、芥菜、水芹菜、芋（红、白）、压芋（洋芋）、茴香、豌豆、蚕豆、大豆、架豆（豌豆）、饭豆、茶豆、四季豆、茄子、菠菜、黄瓜、南瓜、苦瓜、西瓜、莲花白、苤蓝、黄白薯、木耳、菌、虎皮、百合、蘑菇复生菜（蔓菁花）、莴苣、花椒	蚕豆、豌豆、黄豆、绿豆、洋芋、菜子、西瓜、辣椒、莱菔（蔓菁）、葱、蒜、青菜、白菜、蕨菜、山药、南瓜、菌、虎皮、百合、蘑菇复生菜（蔓菁花）、莴苣、秦椒	洋芋、黄豆、四季豆、南瓜、蔓菁、辣子、韭菜、葱、蒜、青菜、白菜、莲花白、甜菜、莴笋	蔓菁、青菜、白菜、萝卜、韭菜、葱、蒜、芋头、百合、洋芋、白薯、黄薯、山药、辣子、甘露、茼蒿菜、冬瓜、西瓜、南瓜、北瓜、黄瓜、苦瓜、土瓜、五子瓜、洋萎、莲花白、甜菜、莴笋、竹叶菜、石花菜、蕨菜、山韭菜、山白菜、海花、菱角、茨菰、麦来菜、龙须菜、香菌、北风菌、虎掌菌、羊肚菌、松菌、红头菌、青头菌、扫把菌、木耳、黄木耳

资料来源：正德《云南志》乾隆《丽江府志略》《滇南闻见录》《维西见闻纪》、光绪《丽江府志稿》、光绪《盐源县志》、光绪《中甸县志》、民国《中甸县志》（民国二十一年、二十八年两种）、《永宁见闻录》、民国《丽江县志稿》《四川省纳西族社会历史调查》《纳西族社会历史调查》（一、二、三）等。

该表说明了三个问题：其一是明至民国时期，纳西族地区种植的物种不断增加，是与内地不断交流的结果；其二是清至民国时期物种的增加量不及明至清时期，但引进高山旱地农作物玉米和土豆，在社会中所起的作用则是巨大的，在人口增长和自然环境改变方面最突出。其三是受资料限制，所收集到的物种并非全面、客观地反映了这时期的物种引进和种植的情况。

由于史料所限，很难判定纳西族地区的外来物种数量和引入时间。笔者以为，应该依照这样三条原则来判断：第一，是否有纳西语命名的物种名称；第二，是否在东巴经书中找到出处和来源；第三，文献资料有无明确记载。据方国瑜《纳西象形文字谱》所记载来看，以下表格所列举的植物具有相对独立的纳西语名称。从名称上体现了纳西民族对植物特征的认识（见表5—4）。

表5—4　　　　纳西族东巴经书中的植物种类表

汉名称	东巴字	纳西名称	名称特点
橘		Mi^{21} tv^{33}	据外表而得名
柿子		Ta^{55} ʥ^{21}	古语
花椒		ʥy^{21}	古语
桑树		ʨhi^{21} sər^{33}	发音类似汉语
烟		iə^{21}	外来物种，发音类似于汉语
麻		sa^{33}	古语
小麦		ʥe^{33}	古语
大麦		mɯ^{33} ʥe^{33}	因外形而得名
青稞		zɿ^{33}	古语
燕麦		mɯ^{21} zɿ^{33}	古语
稻		ɕi^{21}	因培育较难而得名
稗子		bər^{21}	古语
黍		tshy^{55}	古语

续表

汉名称	东巴字	纳西名称	名称特点
高粱		la^{33} na^{21}	因外形而得名
苦荞		ə^{55} kha^{33}	因口味而得名
甜荞		ə^{55} gɯ^{21}	因习性而得名
黄豆		nv^{21}	古语
蚕豆		da^{33} dy^{33}	古语
向日葵		ȵi^{33} me^{33} da^{21} pa^{21}	因习性而得名
南瓜		tɕi^{33} kue^{21}	古语
白菜		dʑy^{33} phər^{21}	因外形而得名
蔓菁		dʑy^{33}	古语
姜		ku^{21}	因外形而得名
蒜		kv^{33}	因外形而得名
百合		o^{33} lo^{33} kho^{55}	因外形而得名
石花菜		dʑ^{33} khv^{55}	因外形而得名
菌		mu^{55}	古语
米		tʂhua^{33}	古语
麦面		by^{21}	古语
乳		no^{33}	古语
奶渣		thv^{55}	不详
酥油茶		ma^{21} le^{55}	因制作原料而得名
琵琶猪		bu^{21} tʂhər^{21}	外形得名
酒		zɿ^{33}	古语
茶		le^{55}	因叶子特点而得名
雪茶		ko^{21} le^{55}	古语
麦芽糖（白色）		bæ^{33} phər^{21}	因外形颜色得名
粉皮		ka^{33} le^{21}	因外形而得名

注：东巴字均来自方国瑜的《纳西象形文字谱》。

有些物种进入纳西族地区的时间是明显的，而且经过数百年种植后，适应了这些区域的土壤和气候，产量稳定，成为纳西族地区主要的农作物（见表5—5）。

表5—5 纳西族地区主要外来农作物种类及时空分布表

外来物种类	传入时间	主要种植地域	产 量	备 注
百合	清代后期	丽江各地	产量低	实大而味甘
西瓜	清代后期	丽江之鲁甸、大具	产量低	甜脆
小麦（汉麦）	清雍正年间	丽江各地	产低量	亩产50斤（1石）
水稻（引种）	清雍正年间	丽江坝区、永胜坝、永宁、盐源等	产量较低	明代丽江纳西族地区就种植红米（亩产1.05石）
棉花	明代	永胜、巨甸、石鼓等金沙江边	产量中等	
桑、蚕	清代	巨甸、桥头、石鼓、拉市、丽江坝区等	（蚕丝）产量中等	
苞谷（玉米）	清乾隆八年之后	丽江各地、永宁、盐源等地	产量中等	（亩产100斤，0.9石）
洋芋、土豆	清乾隆八年之后	丽江各地、永宁、盐源等地	产量中等	（亩产500斤）
四季豆	明清时期	丽江各地、永宁、盐源等地	产量中等	（亩产1石）
糯米	明代	石鼓	产量低	
梁（红、白）	明代	金沙江河谷	产量中等	
芝麻	清乾隆八年之后	金沙江边一线	产量中等	
葡萄	清代后期	金沙江、澜沧江河谷	产量低	稍苦
莴笋（莴苣）	明代	丽江、盐源、永宁等地	产量一般	明代已传入丽江，而传入盐源则是清代后期

在外来物种当中，洋芋和苞谷对该地区的影响最为深远，属于高产旱地农作物，它们的引进属于我国粮食生产和培育的第二次革命，对中国社会的影响可能更为深远。① 这两种物种都来源于南美洲，苞谷于16世纪传入中国，而洋芋则是在17世纪时传入。真正在西南地区广泛传播则在乾嘉年间，从丽江府两部《志书》的比对中证明了这一点。洋芋是属于茄科类植物，块茎繁殖生长，产量高，喜寒，适合在高寒山地种植，温度高于25摄氏度就停止生长。南瓜是果品之一，收成好。不仅是饲料，人也可以食用。韭菜、葱、蒜等属于早期的蔬菜。青菜、白菜、莲花白、甜菜、莴笋是晚近才传入的。

这些高产旱地农作物的引入，一方面改变了过去只能在坝区、台地、丘陵种植农作物的状况，大面积的山地开发，增加耕地数量，客观上满足了人口快速发展的物质条件；另一方面扩大耕地，带来了广大山地、森林、植被等自然环境的破坏，导致人居环境进一步恶化，影响深远。②

2. 外来物种的主要传播途径和过程

外来物种的传入主要途径：一是流官或地方官员引入；二是外地移民带入；三是本地人从外面带回。最主要是靠前两者。明代移民是以政府行为为主体，清代的汉族移民则是以自主行为为主，很少受到政府限制。这些移民客观上起到了文化传播和生产技术的普及作用。

明代丽江府在木氏土司控制下，很少有汉人进入丽江，清雍正元年以来，汉族移民源源不断地涌入。《丽江姓氏考》研究表明，乾隆《丽江府志》记载中只有44个汉姓进入丽江，到了光绪年间，已增加至130多个汉姓，如"牛、郭、陈、方、赖"等。进入丽江的汉族有七种情况：为官落籍、为师落籍、行医落籍、充军落籍、手艺落籍、经商落籍、躲灾落籍等。"清末民初，有少部分四川省的汉族冲破彝族农奴制的阻拦，逐渐辗转迁进永宁边远地区，投身作纳西族封建主的佃客，领到允许居住和从事农业耕作的'红照'。"③ 1960年宋恩常等人到永宁调查，全区（宁蒗县永宁区）有338户汉族，1753人。汉族移进永宁边远

① 蓝勇编著：《中国历史地理》，高等教育出版社2010年版，第248页。

② 同上书，第249—250页。

③ 宋恩常、尼阿巴圭调查，宋恩常整理：《永宁纳西族社会及母系制度调查》，《宁蒗县永宁区纳西族社会及家庭形态调查》。以1960年的调查资料为主。

地区后，为永宁纳西族带来先进的生产技术，开始播种水稻和栽培马铃薯。民国二十一年，中甸县全县人口为14578人，其中汉人有1268人。民国二十八年[①]“中甸汉族”，男女共12015人。在这不到十年的时间里，汉族人口就增加了9.5倍。有陕、赣、湖广、川、滇等籍，一部分是从绿营兵中繁衍而来，其他通过贸易、开垦、游艺而来，大部分居住在第三区的金沙江边，有的居住在县城附近，还有一部分居住在上桥头一带。

从外来移民的原籍看，主要来自陕西、山西、河南、浙江、江苏、福建、江西等省，还有一部分是云南省内的大理、昆明、玉溪、红河等地。外来移民客观上带来了先进的生产技术和优良的农作物品种，推动了纳西族地区社会的进步。

3. 外来物种的传入引起了耕作技术的进步

明崇祯年间到丽江的徐霞客在“游记”中记载：“其地田亩，三年种禾一番。本年种禾，次年即种豆菜之类，第三年则停而不种。又次年，乃复种禾。”明代丽江，农业比较发达，形成了轮休耕作制度。这种制度一直延续到解放前。清代纳西族诗人杨品硕有《刀耕》《火种》两首诗：

刀耕

高田陡峻不涂泥，两手扶叉脚踏犁；
胜似牛耕翻赤壤，晚耨秋获种春时。

火种

块压松枝火有烟，铲平待雨种荞田；
先苦次甜继燕麦，收在三禾荒几年。

这一时期的耕作技术主要有点播和撒播两种。永宁实行休耕和轮耕，左所地少人多，不实行休耕，以轮耕为主，还有套种的情况（见表5—6）。

① 段绶滋纂修，和泰华、段志诚标点校注：《中甸县志资料汇编》（三），中甸县志编纂委员会1991年印（内部资料），第43页。

表 5—6　**四川纳日人休耕和轮耕情况表**

时间 / 作物名称 / 种类	第一年	第二年	第三年
第一种	苞谷	洋芋	小麦
第二种	稗子	燕麦	小麦
第三种	苞谷	燕麦	小麦

资料来源：宋兆麟、严汝娴、刘尧汉调查整理：《四川省盐源木里两县纳日人社会调查》，《四川省纳西族社会历史调查》，第 147—149 页。

二　纳西族地区饮食习惯及时空差异

（一）明至民国时期纳西族地区的饮食文化

由于资料所限，早期纳西族地区的饮食文化了解得不多。到了明代，纳西族饮食有了突出的变化，这种变化不仅受到自然环境影响，而且与人类迁移和文化交流都有关系。这些美食既有采自山林雪域的，也有从沟河中打捞的，还有是来自农副产品的，来源多样，形成了具有一定地域特点的饮食文化。那么，纳西族的传统美食有那些呢？

1. 雪蛆

雪蛆，又名冰蛆、雪蚕，只有手指大，在终年积雪的雪山上生，采雪时才能发现，雪融化即消失。据《本草纲目》记载：“蛆行趑趄，故谓之蛆。”其功能在于解内热渴疾，而味道极为甘美。明清时期的文献都有关于“雪蛆”的记载。《滇略》记载：“雪蛆，产丽江之雪山，形如竹鼺，土人于积雪中而得，膳食之，云愈心腹热疾，间有脯至鹤庆鬻者，然不恒有也。”[①] 雪蛆产地就在玉龙雪山、哈巴雪山上，动物体形不大，藏于雪中，经过烹调成为极为鲜嫩的美食。可以治内热疾病。从“间有脯至鹤庆鬻者”来看，民间还有贩卖到鹤庆府集市上，说明产量还不低。这种雪蛆只产于积雪中，受到季节性气候的影响。

到了清代，关于雪蛆的记载多了。清人吴大勋于乾隆三十八年到丽江任知府，在《滇南闻见录》记载：“丽郡城外二十里有雪山……产蛆大者

① （明）谢肇淛：《滇略》（第 3 卷），梁公卿主编《中国西南文献丛书》（第 3 辑）之《西南史地文献》（第 11 卷），兰州大学出版社 2003 年版，第 56 页。

如兔，味如乳酥，性极热。”[①] 吴大勋在丽江任知府六年，所见所闻当是可信的。雪蛆大如兔，而且从“味如乳酥”可知是亲自品尝过。《洱海丛谈》记载：“小雪山亦出雪蛆，大者如兔……多食令口鼻出血。”[②]《滇南新语》记载：“（玉龙山）产蛆，形类大瓠，雪虾蟆如萁，性热，称珍药。”[③] 不知何故，民国时期就没有再提及此种美食。

2. 琵琶猪

外形如琵琶状而得名，明代对琵琶猪的记载很少。《滇南新语》介绍了琵琶猪制作方法：“琵琶猪，取猪重百余斤者，去足，刳肠胃，剔诸骨，大石压之薄，腻若明珀，形如琵琶，因名琵琶猪。丽江女子挟以贸，远望若浔阳商妇也。”纳西族地区冬季气候干冷，是屠宰猪、羊的最好时机，利用干冷的气候制成干肉，还有冬日宴请的习俗：“每岁冬月，宰杀牛羊，竞相邀客，请无虚日，一客不至，则为深耻。”[④] 清人吴大勋的《滇南闻见录》也有较详细的记载：“丽江有琵琶猪，将整猪去其头足大骨，四足折叠于腹中，腌之，压令扁，如琵琶，其色甚异，其名甚奇，煮而食之，颇似杭州之加香肉，味淡盐贵故也。”[⑤] 吴大勋是亲自品尝过琵琶猪，认为与杭州的加香肉极为相似，但是味道偏淡。他的这些记载是可信的。《维西见闻纪》记载：“麽些多畜马牛羊及琵琶猪为富，头目倍蓄之。冬日屠豕去骨足，腌令如琵琶形，故云。”杨琼的《滇中琐记》也有类似的记载。琵琶猪的数量成为贫富象征之一。琵琶猪广布于纳西族地区，从盐源到永宁，从丽江到维西成为纳西族最普遍的肉类食品。

到了民国时期，琵琶猪的分布发生了明显变化。《永宁见闻录》记载：“挖其骨节，擦以食盐，缝其肚腹，用板压平。”富裕的家庭，储藏有二三十只琵琶猪，逢年过节和红白喜事，都要切成大小不等的肉条，作

---

① （清）吴大勋：《滇南闻见录》（上卷），方国瑜主编《云南史料丛刊》（第12卷），云南大学出版社2001年版，第10页。

② （清）释同揆：《洱海丛谈》（卷一），杨复吉编《昭代丛书·戊集》（第25卷），世揩堂藏版本。

③ （清）张泓：《滇南新语》，王云五主编《丛书集成初编·大理行记及其他五种》，商务印书馆1936年发行，第13页。

④ （元）李京撰、王叔武辑校：《云南志略·诸夷风俗》，云南民族出版社1986年版，第94页。

⑤ （清）吴大勋：《滇南闻见录》（下卷），方国瑜主编《云南史料丛刊》（第12卷），云南大学出版社2001年版，第33页。

为礼物赠送亲友。[①] 洛克在《中国西南古纳西王国》一书中多处提及琵琶猪，还拍摄了不少照片资料。永宁、盐源、木里俄亚等地区仍保留了琵琶猪的腌制技术，而丽江、维西、中甸一带则不再制成琵琶猪，而是解剖成条状，肥、瘦肉分开，火腿便是唯一保留下来的腌制品。

3. 乳制品

纳西族地区由于受自然环境制约，畜牧业一直处于第二产业地位，在长期养殖畜牧过程中，制作了不少乳制品。据《徐霞客游记》记载，徐霞客刚到丽江，在通事家午休时，通事“献酪为醴，余不便沾唇也”。“献酪为醴”意即献上来以牛羊乳浆酿制而成的甜酒，其异味甚浓（可能是酥油茶或米酒）。这是丽江当时的一种待客习俗。徐霞客因不习惯饮食，故“不便沾唇也”。但从中可以看出当时丽江的生产生活中畜产品所占的地位。《天下郡国利病书》第68卷也载：“麽些尚以羊皮青稞养麦，乳饼酥油煎茶充饥。”民国时期，任乃强对康滇民族地区进行考察，认为乳制品主要有：酥油、奶渣、酸奶子。[②] 《丽江县志表册》记载：“……（六）牧业之牛羊乳制品：牛乳作为酥油产东山、白沙，每斤五角，用温水浸出牛乳，去其渣，以乳汁为饼销于本地。”酥油的食用主要以酥油茶为主，也有用来油炸粑粑。奶渣、酸奶子等都是纳西族重要的美食。

4. 丽江粑粑

徐霞客在解脱林，把事“传致油酥面饼，甚巨而多，一日不能尽一枚也”。这就是著名的丽江粑粑。其原料主要是丽江优质的麦面，“面粉品质佳良，为西北各邑之冠”，再加上山泉水，经过几道工序而成，其味道和口感自然与众不同。丽江粑粑有三种：油煎的千层粑粑、蒸出的水焖粑粑以及火烤的火铲粑粑。由于制作工艺复杂，对面粉的要求很高，所以，只采用丽江生产的小麦面粉。丽江粑粑不易变质，有的掺杂些火腿，使粑粑成为色、香、味俱全的佳肴。如今丽江粑粑已成为具有丽江特色的食品。油煎的千层粑粑含油量高，当年木增送给徐霞客的“油酥面饼”做得比今天市场上的大得多，以至“一日不能尽一枚也”。

---

① 周汝诚：《永宁见闻录》，云南省编辑组编《纳西族社会历史调查》（二），民族出版社2009年版，第160页。

② 任乃强著：《西康图经·民俗篇》，南京新亚细亚出版科1933年版，第52—53页。

5. 加加面

在今天芒康县盐井乡纳西族村里，还保留有一种传统的饮食，称为加加面。据传，明代木氏土司攻占盐井后，为管理澜沧江两岸的盐场，设“木瓜”（地方官员），经营盐业。有一位“木瓜”对百姓甚好，与藏民关系融洽。逢年过节，村民都要请“木瓜”到家里来做客。这位“木瓜”犯愁了，全村约有50户，如每家都去，吃不了那么多饭（纳西族习惯上到家的客人都要动一下筷子）。于是他想了个办法，每去一家只吃一筷子的面条，到每家都动了一下筷子。这样下来，既不得罪主人，自己也不会吃太多了。自此以后，客人到家都要吃一小碗加加面，成为盐井最具纳西族特色的饮食。

6. 纳西族的“满汉全席”——三叠水

明代丽江、永宁、盐源等地都受土司、土官统治，一些高雅的饮食在上层流行，成了饮食文化的引领者。明代崇祯年间徐霞客到丽江，受到游历途中最高规格的接待，“大肴八十品，罗列甚遥，不能辨其孰为异味也。”寥寥数语，就烘托出宴会之规模，待客之盛情。传说是用81种鸡、鱼、猪、鸭、牛等荤菜和素菜，摆成横竖各九列。走南闯北的徐霞客从未受到过如此高规格的招待，只能发出“不能辨其孰为异味也”的感叹。从这里可以看出木氏土司的排场非同一般，同时也反映了当时丽江的烹饪技艺已经达到相当高的水平。这就是纳西族最传统的高级菜系——“三叠水”。“三叠水”在民间被誉为纳西族的“满汉全席”，使用三套大小不同的餐具，即六个大碗、六个小碗和六个盘子，共十八个碗盘，远看三层三叠，故此得名。上菜分三次：第一叠是以甜点类为主的，如米糕、蜜饯、果脯、时鲜的果类食品，最多为十三碟；第二叠是凉菜类，其中包括丽江特产，吹猪肝、鸡豆凉粉、火腿、高勒韭黄、神龙地参等，最多也是十三碟；第三叠是熟食类，主要以蒸菜和铜火锅为主，又根据季节而有所不同。三叠水中既有采集来的山珍，也有农作物产品，还有饲养的动物肉类；这些菜当中既有纳西族地方风味特产小吃，也有外来汉族大菜。可见，纳西族这套大餐其实是多民族文化融合的物质表现，是明清以来纳西族不断吸纳外来文化的成就。

7. 丽江烤乳猪

明代徐霞客介绍丽江的特色菜时，提及“肴味中有柔猪、牦牛舌”。“柔猪”即为火烧乳猪、烤乳猪。它的选料和烹调方法非常讲究，小猪断奶后，专门用米饭喂成的五六斤重的小猪（大约出生一个月），然后放血煺毛，剖腹后涂上香料，在炭火上通体烤炙，至其骨俱柔脆，乃切片以食。

8. “奇点”麦芽糖

麦芽糖，在纳西族地区如丽江、中甸、永宁、盐源等广泛制作。麦芽糖纳西语称作“摆时”“摆盘”，意为“黄色的糖”或“白色的糖”。麦芽糖比较脆，在温度20摄氏度时就变得柔软了，敲碎后慢慢咀嚼，老少皆宜。在整个制作过程中，有两点尤其要注意：工具和材料都不能有油、盐之类的东西；水、火候和量要适度，否则失败的概率会很高。麦芽糖在农村中应用广泛，在制作蜜饯和各种果品时都用到它。

由此可见，自明代以来纳西族地区的饮食文化不断丰富，区域特点突出。与其他民族的饮食相比较，纳西族饮食文化更具有地域性特点。如加加面，在盐井的纳西族、藏族中都有留传；琵琶猪，在四川木里、盐源、永宁等地的纳西族、藏族、彝族、普米族等都腌制。麦芽糖，是西南地区的百姓利用农产品，通过酿制而形成的糖类食品，应用十分广泛。

（二）饮食习惯的形成及时空差异

1. 早茶习惯

纳西族地区种茶、饮茶的历史可追溯到先秦时期。唐代就有云南的茶叶输送到藏区的记录。明清时期，随着茶马古道的形成，滇南地区的茶叶通过大理、丽江运送到西藏，乃至印度、尼泊尔等南亚次大陆。丽江不仅成为茶叶贸易的集散地，也成了茶叶的消费地。纳西族地区普遍气候干燥，人体需要补充大量的维生素和水分，蔬菜、水果的生产又受季节的影响，所以纳西人都有饮茶的习惯。徐霞客到丽江，受到木增的热情款待，“叙谈久之，茶三易”。民国时期，大研古城有一户姓李的人家，老人过世后定在第四天上午八点出殡，由于伙夫不能按时热好泡茶的热水，因此延误了出殡的时间。可见纳西族“嗜茶如命”，而且贫富贵贱僧俗，主要以熬茶为主，可以说是“食必熬茶”，纳西族有饮早茶的习惯。从地域看，靠近北面与藏族交错居住的纳西族，与藏族的酥油茶饮用方法一致；而靠南的纳西族则以熬茶为主。其次是卤茶（加盐）。气候干燥，外出从事农业、畜牧业，出汗较多，饮水又比较困难，于是就在茶里加盐成为卤茶，茶水浓度高，既可以满足身体所需之维生素，又可以补充体内所需盐分。

2. 全民嗜酒

早在一千多年前，纳西族先民生活中就有酒文化。《蛮书·云南管内物产》卷4记载："磨蛮……俗好饮酒歌舞。"《新唐书·南蛮传》卷222记载："磨（麽）些蛮……俗好饮酒歌舞。"正德《云南志》第11卷记载："此外若咂酒、星回节等俗大抵与各府相同。"咂酒节是流行于羌族、纳西族等西南民族中的一个重要节日，每年农历十月初一举行，用自产的大麦、高粱等农作物酿制，酒度低，把亲朋好友邀约到家饮酒，伴以歌舞。正德《云南志》第6卷详细记载了咂酒饮用过程："俗尚咂酒。俗以米麦酿酒，既熟凡蒸待宾亲。"在酒樽四周摆放糖果点心，酒樽内不时注水，插一节竹子请客人轮流吸饮。主人则在旁边不断往里面加水，如果酒水溢出就要继续劝酒，这种劝酒视为"爱樽"。

余庆远在《维西见闻纪》中记载："延客肴不过三，酒一盂……"①即便菜肴少些，酒是少不了的。遇到红白喜事，也不能缺酒。如《滇南闻见录》记载："丽江之夷风，人死殡于野……是日宰牛猪，具酒食，凡亲友以之劝丧者之主，丧主人必大醉饱，欢笑而归。"②靠酒精麻痹来缓解主人失去亲人的悲痛。光绪《永北直隶厅》卷七记载："（蒗蕖）婚姻听从父母，止用牛羊猪酒聘娶……"《盐源县志·食货志》之物产中提及："金糯，长而酿酒，多俗名黄糯。高粱，茎高丈余，穗大如帚，粒黑如漆，少有食者，唯一煮酒。"③《维西县志》记载："（麽些）饮食简单，惟嗜酒，多食粥。"《中甸县志稿》也记载："麽些族，喜饮酒。"《永宁闻见录》记载了永宁一地的饮酒习俗："无论男女都嗜酒"。俄国人顾彼得于1941年到1949年在丽江创办"工合"，在《被遗忘的王国》一书中记载：

> 丽江酒店供应的酒既不是进口货，也不是玻璃瓶装的。它完全是用各家酒店用特别的家庭酿酒法，按照古老而保密的配方制成。酒有

---

① （清）余庆远：《维西见闻纪》，方国瑜主编《云南史料丛刊》（第12卷），云南大学出版社2001年版，第62页。

② （清）吴大勋：《滇南闻见录》（上卷），方国瑜主编《云南史料丛刊》（第12卷），云南大学出版社2001年版，第20页。

③ （清）辜培源等修，曹永贤等纂：光绪《盐源县志·食货志》，《中国地方志集成·四川府县志辑》（第70册），成都巴蜀书社1992年版，第731页。

> 三个品种，青白的酒被称作“日”（ʐi⁵⁵），用小麦酿成，酒力和味道与杜松子酒相当。甜的窨酒用糖、蜂蜜、小麦和其他东西酿成，呈琥珀黄色，而且透明，味道相当像托卡伊葡萄酒或甜雪利，越陈越香。还有一种是梅子酒，淡红色，酒力很大。我喜欢酿造期特别长的窨酒。①

这种窨酒，成为丽江最有特色的低度酒。而在永宁、盐源一带，则以苏里玛酒最为有特色。“苏里玛”是纳西语，意为粮食酿制的酒水。用青稞、糯米、苦荞、玉米、大麦、红米等作原料，用从山上采来的植物蕨菜根来制成酒曲，通过发酵酿而制成苏里玛酒。酒度低，男女老幼都可饮用。据传是为了敬献给泸沽湖边的格姆女神山而酿造的。泸沽湖边的纳西族、普米族等都自制苏里玛酒。可见，清代以来，丽江以窨酒为代表，泸沽湖以苏里玛酒为代表，香格里拉的白地和木里的俄亚则以青稞酒为代表。

3. 米面兼主食

明代以来，纳西族地区都种植了麦子和稻谷，产量稳定，成为主要的粮食。在光绪《丽江府志稿》记载，雍正元年丽江改土归流后，流官征收夏秋两季粮食税，以本色麦为主；而在靠近金沙江河谷地区的十四处官田，适合种植水稻、麦子、豆类，所以夏税征麦，秋税征米。② 后来为了方便征粮，把麦子、豆类税折成米来收取，或按米价折成银两来征收。光绪《盐源县志》记载：“乾隆四年，题准四川建昌所属木里地方土司应征荞粮，离营遥远，山路崎岖，夷民背负上纳甚属艰难，将每年的荞粮照折净仓斗米价上纳。”③ 可见，盐源所属的木里等地的物产以荞麦为主，征收荞粮，后折为米价征收。民国时期丽江农业得到很大发展，而且以麦、豆、苞谷、水稻等产量提高。其中，麦和苞谷成为最主要的粮食作物。民国《中甸县志》记载，在大、小中甸土人曾经开渠种稻，屡次实验都没有成功，主要是气候寒冷，土地贫瘠，稻秆高大，而稻穗不饱满。所以中

---

① （俄）顾彼得著，李茂春译：《被遗忘的王国》，云南人民出版社2007年版，第64页。

② （清）陈宗海等纂：光绪《丽江府志稿·秩官志》（第5卷），丽江市古城区方志编纂委员会2005年印，第109页。

③ （清）辜培源等修，曹永贤等纂：光绪《盐源县志》，《中国地方志集成·四川府县志辑》（第七十册），成都巴蜀书社1992年版，第710页。

甸的麽些则"多以苞谷、稗子为大宗，米次之，荞麦小麦又次之"。在土司统治下的永宁，虽然具备种植水稻的条件，但土司禁止百姓种植水稻，所以能吃得上米的很少，而以大麦、小麦、荞麦等为主。

4. 口味厚重

明清时期的纳西族所饮食的肉类除了野生动物外，主要是靠家庭饲养的猪、牛等。每年农历十一月前后，天气寒冷，进入了农闲时期，各家养殖的年猪开始宰杀，都制成琵琶猪。琵琶猪晒干就成了腊肉，不易败坏。在不具备保鲜条件的情况下，一年的肉类主要靠它度日，腊肉的特点就是口味重，油多。纳西族不喜欢清淡食物。如猎人饮血之俗、啖生之俗，丽江粑粑、三叠水、乳猪、火锅、乳制品等都是重口味饮食。由于纳西族地区气候特点和地域海拔等方面的影响，地区间有着不同的饮食差异。

三　纳西族饮食文化中的民族特性与地域特点

明至民国时期纳西族饮食文化处于形成时期。这里主要讨论纳西族地区饮食的时空差异，即在纳西族所生存的西南地区视野下分析具有纳西族特点的饮食文化，主要与周边其他民族饮食情况相比较而言，即是饮食的民族性；而饮食的地域性则是指不同地域所表现出来的饮食习惯。有些饮食习惯具有很明显的地域性特点，民族性特点反而很弱；有些饮食习惯则具有民族特点，与地域关系不大。这就需要从宏观和微观双重视角来考察，也只有这样才能更明晰地发现纳西族饮食文化的分布特征和时空差异。

1. 纳西族饮食文化中的民族性

这一时期的纳西族饮食文化中，具有民族特点的饮食还是很明显的。如以面食为原料的丽江粑粑和加加面，丽江粑粑做法复杂，需要很多调料，没有掌握制作技术是做不好的。而周边其他民族所制作的也有外形酷似丽江粑粑的，但是做法相去甚远。加加面是明、清时期在澜沧江边的盐井纳西族村落中发展起来的，虽然上盐井、澜沧江对岸的加达村都与纳西族村落关系密切，相隔不远，但只在纳西族村落中发展起来，而且成为这一地区纳西族饮食文化的一个显著特征。再如，丽江纳西族的最高级的菜谱——三叠水，涉及数十种名菜，单个的菜种可能是全国普遍都有或是南方较为流行，但通过生熟搭配、甜酸调和、炸炖煮炒相间、碗碟交错，形成了纳西族独特的饮食文化。

2. 纳西族饮食文化中的地域性

在纳西族饮食文化中，也有一部分饮食是体现了地域性的特征。如琵琶猪、乳猪等，是西南高海拔地区最普遍的腌制猪肉的手段。明清时期丽江、永宁、盐源、俄亚等地的纳西族腌制琵琶猪，在彝族、普米族地区也有腌制琵琶猪的记载。明代后期徐霞客到丽江品尝了乳猪，大为赞赏。其实这是西南各民族中普遍流行的烧烤食品，调料不同，可烹制出不同味道的乳猪肉来。明清时期丽江最出名的雪蛆，在很多文献中无不提及。其实，雪蛆不仅在丽江出产，而且在大理的苍山、西藏的雪域高山上都有，“雪蛆、雪蝦蟇，出苍山，二物产于积雪之中，不知几何年。一曰西藏积雪之中，尚产猪，谓之雪猪，性极热……又云雪中产物甚多，不可为名数，而性皆极热”。① 再如乳制品，纳西族居住区海拔一般不超过3000米，以山间平地和倾斜度小的山坡居多，以农业和畜牧业并行。所以，乳制品成为畜牧业的副产品，这样海拔高度的地区往往湿度低，日照强等适合饮用乳制品以补充不同营养需求。酥油、奶渣、酸奶子等都是高海拔地区的主要畜牧业副产品，不仅自己食用，而且成为一种商品。麦芽糖等食品，是民间制作的一种甜食品，在西南广大地区都有制作。所以，这方面的饮食就具有很强的地域性特征，而没有明显的民族性特点。

第三节　纳西族民居建筑分布及其特征

一　纳西族民居建筑的演变

早期的纳西族先民从河湟一带迁徙至川西地区，居无定所，或居于洞穴，或已“构木为巢”。今天丽江、宁蒗一带发现了不少旧石器遗址，尤其是金沙江中游两岸的悬崖峭壁上，发现了52处之多的岩画，有学者依据这些考古资料提出，这就是纳西族先民的生活画卷，过着狩猎和农耕并举的生活。金沙江岩画的创作者是谁？怎么知道他们就是纳西族祖先呢？据文献记载，汉代时期纳西族先民的主体还在川西南，到隋唐时期才广布在金沙江中游沿岸，因而称为“磨（麽）些江”。这些古老的岩画创作内容朴拙，是纳西族迁徙到金沙江流域以后才创作的呢，还是

① （清）檀萃：《滇海虞衡志·虫鱼志》，民国刻本，第67页。

原著居民所为？这些问题有待进一步研究，方能确定岩画与纳西族之间的关系。

明代以来纳西族地区民居建筑，形成了三种不同建筑风格的格局。第一种是百姓民居建筑的演变。在明至民国时期纳西族百姓民居建筑发展缓慢，既有生产力发展水平限制，又有统治阶级“以别贵贱”的限制。第二种是官署衙门、地方公共场所的建筑发展，这些建筑严格按照各朝代规制来修建，以别于民舍。第三种是宗教寺宇的建造，既有汉传佛教、藏传佛教，也有道教、基督教等多元宗教建筑。

1. 纳西族传统民居建筑的演变

最早明确记录纳西族民居情况可追溯到《史记·西南夷列传》中，司马迁指出，西南夷中，夜郎、靡莫、滇、邛都等部族从事农耕生活，有“邑聚”，说明有了固定居所，但不知居于洞穴还是“构木为巢”。据考古材料显示，这一区域内已经出现了干栏式建筑。而巂、昆明、徙、筰都处于居无定所的游牧生活，其居所的样式不得而知。我们也能从《华阳国志·蜀志》中发现一些信息：“摩沙夷，有盐池，积薪以齐水，灌而后焚之，成盐。”拥有盐池之地的摩沙夷已经处于定居生活，而且势力强大，汉末才有了张嶷擒杀狼岑，控制盐池的记载。其后关于纳西族民居演变情况，出现了一个空白，所能查找到的资料很少，尤其是正面记录民居情况的资料寥寥无几。

明代以来，纳西族在滇西北和川西南异常活跃，文献记载相对丰富起来，从中可以管窥这一时期纳西族民居演变的脉络。正德《云南志》第11卷记载：“板屋，麽些蛮所居，用圆木纵相架层而高之，至十八尺即加椽桁覆之，以板石压其上，房内四面皆施床榻，中置火炉高于床齐，用铁鐣刳木甑炊爨其上（诗注西戎之习俗，以木板为屋，其由来远矣）。”这是第一次翔实记载纳西族民居板屋的情况，这种板屋，其实就是“木楞房”。景泰《云南图经志书》卷4记载：“（永宁风俗）磨（麽）些蛮……所居多在半山之中，屋用木板覆之，气习大抵与丽江各处所居者同。”天启《滇志》卷三也记载：“丽江府，衣同汉制，俗不颣泽，板屋不陶……”[①] 无论是滇西北还是川西南纳西族的分布区域，民居都为“板屋”。明末，徐霞客进入鲜有外人涉足的丽江，“郡署踞其南，东向临玉

① 陶，意为房屋顶不盖烧制的瓦片。

水。丽江诸宅多东向，受木气矣”。“历象眠山之西南垂，居庐骈集，萦坡带谷，是为丽江郡所托矣……瓦屋栉比”，“府治东向，临溪而峙，闻其内楼阁极盛，多僭制，故不在此见客云”。“（白沙岩脚院）其处居庐交集，屋角俱插小双旗，乃把事之家也。”“岩脚院，倚山东向。其处居庐连络，中多板屋茅房，有瓦室者，皆头目之居，屋角俱标小旗二面，风吹翩翩，摇漾于夭桃素李之间”。在木氏土司控制下的丽江，百姓住板屋，而土司、把事、通事等住盖瓦片房屋，已不再局限于“木楞房”，不仅“别贵贱”，还是经济实力差异的表现。

清代是纳西族地区移风易俗最为活跃的时期，而民居建筑却没有发生明显的变化。余庆远在《维西见闻纪》记载：

（维西）麽些……倚山而居，覆板为屋，檐仅容人……铺毡踞坐，贫则以席、以草茵……卧无衾茵，夜则攒薪置火，各携席橐，袒裸还睡，反侧而烘其腹背，虽盛夏亦然，富能备衾枕毡褥之类，而亦置火于侧，露其上身烘之。

又光绪《永北直隶厅志》卷七记载：“（兰坪）麽些一种，砍卖枋（檀树）板。”“（永宁）麽些一种无姓氏，零星散处，近田居之，以板覆屋。”由于板屋成为当时百姓民居的主要形式，在兰坪一带的百姓还以出售木板为业。

民国时期，百姓民居发生明显变化。山地百姓仍以板屋为居所，有一定经济基础的百姓开始盖瓦片，所以出现了“瓦中仍覆板数片”的情况。

又旧时土官廨舍用瓦，余皆板屋，用圆木四周相交，层而垒之，高七八尺许，即加椽桁，覆以板，压以石，屋内四面结床榻，中置火炉，并炊爨具。改设后渐盖瓦房，然用瓦中仍覆板数片，尚存古意。

还有建成楼房，下层关牲口，上层住人，“摩些族住宅，多盖闪片（木板），亦有楼房。惟楼下必关牲畜。其房屋建筑苟简，间架狭隘，每每各厢孤立，不相联络，墙垣门户不讲齐整，不求坚固。亦有桌椅，惟寻常多席地而坐，聚餐均在火塘周围。其在上江边各乡与汉、回杂居者，渐已汉化”。[①]

> 永北、丽江、鹤庆诸夷（多麽些种），卧无衾茵，炊无灶室，就堂中挖穴为炉，环布席藁。入夜攒薪置火，男女各携披毡蓑衣裸袒环卧，反侧而烘其腹背。盛夏亦然。虽富能备衾枕毡褥，亦置火于侧，露上身烘之。早、午餐即就炉为炊，旁设一石为锅砖石，虔奉若神，来往宾客不许触弄，否则怒不与言（或出诸门外）。[②]

可见，他们是以堂屋为主要活动区，火塘更是家庭的核心区。《永宁见闻录》记载了土司禁止百姓“建盖瓦房”，其建筑格局是：

> 居室卑陋，无瓦屋，其建筑不用直柱，以圆木四面叠垒之，高丈余，上覆人字形之木板，半间开一道门，以便出人。其四周围以土垣，中有天井、竖麦架。正房之对面为畜房。家家户户形式如一，主房皆坐北向南，正西为经堂，大门皆南向，一进大门，便是很广大的天井，放着鸡群和猪群。北面的主房二间或五间，几三进，每进都没有户，称为三进房。由其檐下进去，则为广四尺余之一过厅，置一大水槽，盛着清水，为一家饮食之用。左为灶室…右为闺房……再进小门，门槛甚高，以防鸡诸之闯进。

永宁的火塘还有些特点，就地而做成，四周用木柜围成井字形，安放一个重达三四十斤的三脚大铁架，作为烧水做饭的支架。火塘的西面墙上往往泥塑着一尊彩色塑像，“灶神”之类。火塘的北面安放着一个可坐五六人的坐台，专门招待客人。东北角“置一箱形神台，内供佛像”。火塘南（西）面有橱柜，北面墙壁上还有一扇门，是储藏间（见图5—27）。[③]

---

① 段绶滋纂修，和泰华、段志诚标点校注：《中甸县志资料汇编》（三），中甸县志编纂委员会1991年印（内部资料），第164页。

② （民国）董贯之编绘：《古滇土人图志》，骆小所主编《中国西南文献·西南民俗文献》（第7卷），兰州大学出版社2003年版，第166页。

③ 周汝诚：《永宁见闻录》，云南省编辑组编《纳西族社会历史调查》（二），民族出版社2009年版，第160页。

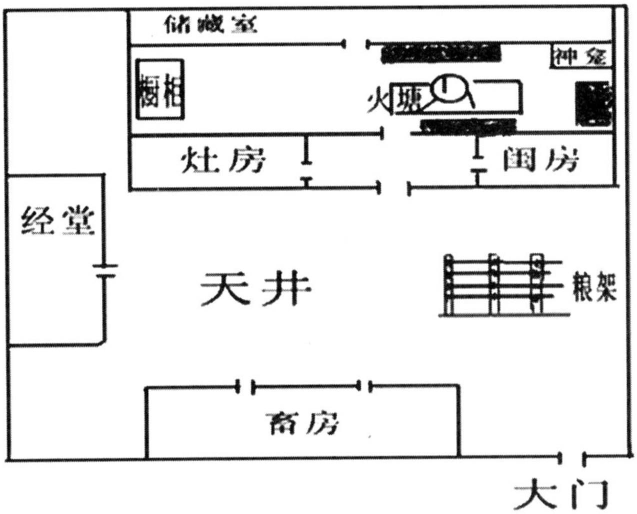

图 5—27　永宁摩梭院落示意图

此外，我们还可以从新中国成立后民族学者的社会调查中知道更多的信息。从四川盐源县和木里县的“纳西”与“纳日人”居所调查情况看，绝大多数为传统的井架式人字顶的木楞房，坐北朝南或坐西朝东，由圆木去皮后首尾交叉垒架而成，顶盖木板，横放木条，用石头压上。开天窗，楣低槛高，正室由主室、左室、右室、储物间、后室等部分组成。有上、下火塘之别，上火塘高出地面一米许木架撑起，下火塘就地生火。一家人吃饭、休息、娱乐都在火塘边。纳西人支系与“纳日人”其住宅建筑和布局有三个明显的区别：其一是纳西人主要是用上火塘，纳日人则主要用下火塘；其二是纳西人在火塘正上方设置神龛，而纳日人没有神龛；其三是纳西人堂屋内只有一根中柱，而纳日人则有两根柱子，分别代表男柱和女柱。

丽江城区的纳西族民居也发生了很大变化，1941 年俄国人顾彼得到丽江后在城中找到一处住所，他是这样描写的：“丽江房子都是两层的，盖有三方或四方边房，或者更多。不管大小，建筑式样都是一致的。下半截用土基砌成。”外面粉刷成白、橘黄或淡蓝色。“中央是石板镶成的院子，有三条石头镶边的高出地面的花坛。每方楼下的中屋有四至六扇雕刻精美的合门。其他房间有雕花窗或花格子窗。房间后面安上护壁镶板，遮盖住难看的土基。上头这一层是个宽大的房间。楼上通常作为粮食、庄稼和货物储藏室。屋顶用沉重的土瓦盖成，依照汉族的传统样式，角落处稍微朝上卷起。”①

在丽江，纳西族民居已经有很大的发展，形成“三坊一照壁”“四合五天井”等格局，房屋出现了“蛮楼”“骑厦楼”“闷楼”“跑马转角楼”等楼房形式（见图5—28）。

图5—28 丽江四合五天井建筑图示

2. 纳西族地区官署衙门建筑的发展

明代，丽江木氏土司大修府衙，“闻其内楼阁极盛，多僭制”，徐霞客评价说是“宫室之丽，拟于王者！”这些宫室豪华到何等程度，依照江南何处宫室所营建，受资料所限就不得而知了。洪武十六年（1383）土官木得建造丽江府公署，“在大研里西隅，黄山东麓，管理夷民、征解钱粮”。明代先后修建了忠义坊、仪门、议事厅、万卷楼、护法殿、光碧楼、玉音楼、三清殿、勋祠等，这些依照中原建制，增加本区域建筑元素修成。如木氏勋祠，在张志淳的《丽江木氏勋祠碑记》中记载：“正室三

① 顾彼得著，李茂春译：《被遗忘的王国》，云南人民出版社2008年版，第33页。

稳，室下周屋共二十四稳，而厨、库、池、桥、垣、宇，罔不饰。凡堂廉、陈级、阑楯，皆石为之。而石产雪山者，晶莹璨洁，罔不琢。中门三稳，题曰：‘崇德’。外大门一稳，题曰：‘诚心报国’。”① 清代改土归流后，按照清制在丽江修建了各种府署和配套公共机构，如首任流官杨馝创建了“城廓、官廨、雪山书院”②、府学等，还“出囊俸，招剑工，伐丽木，购民地”③。可见，这一时期的这些公共机构建造，有剑川木匠参与，融入了白族地方性建筑特点。知府吴大勋重修了奎阁，“度地量材，构一阁……阁三层，高出城闉数尺，杰然与城内相辉映。阁之前为祠，祠奉正乙元坛……祠前而阁后……阁高而祠平，高者取其层累而高，平者取其财用均平也。……祠之前为门庑，东西为两厢。门之外为酬神之所。周以缭垣，施以丹雘，屹然丽城一巨观也”。④ 改土归流后，流官并没有在土司府基础上修造流官府，而在土司府对面山坡上修建，府署规制如下：“大堂居中，左右厢房各六间，进而二堂三间，左右厢房各五间，堂之左角为厨房二间。右翼为升官祠三间。其右为花厅，前为阅躬亭各三间。进二堂为虎坐门，又进为上房五间，左右厢房各四间，小厨房二间……”⑤ 这样，丽江就有了“一城两府”，两府建筑规制和功能各不相同，客观上拓宽了丽江古城的规模。虽然流官府按照清代规制而修建，但实际上受地理环境因素的影响而出现了新的变化。

3. 明代以来纳西族宗教建筑的发展

宗教寺宇的形式为宗教活动服务，不仅营造出神秘的宗教氛围，还形成了独具特色的宗教建筑艺术。明代中后期，丽江出现了道教的三清殿、玉皇阁、文昌祠、城隍庙、九顶龙王庙、真武祠、大觉宫、玄天阁等十余处，佛教庙宇琉璃殿、大宝积宫、大定阁、金刚殿、万德宫、护法殿、观音阁、福国寺等十五处⑥，明末徐霞客“西南遐征”到丽江，对福国寺作了翔实的记载：

---

① 杨林军编著：《丽江历代碑刻辑录与研究》，云南民族出版社 2011 年版，第 12 页。

② （清）陈宗海等纂：光绪《丽江府志稿·秩官志》（第 5 卷），丽江市古城区方志编纂委员会 2005 年印，第 211 页。

③ 杨林军编著：《丽江历代碑刻辑录与研究》，云南民族出版社 2011 年版，第 173 页。

④ 同上书，第 36 页。

⑤ （清）陈宗海等纂：光绪《丽江府志稿·建置志》（第 2 卷），丽江市古城区方志编纂委员会 2005 年印，第 68 页。

⑥ 郑卫东：《文明交往视角下纳西族文化的发展》，云南民族出版社 2011 年版，第 153 页。

寺门庑阶级皆极整，而中殿不宏，佛像亦不高巨，然祟饰庄严，壁宇清洁，皆他处所无。正殿之后，层台高拱，上建法云阁，八角层甍，极其宏丽，内置万历时所赐藏经焉。阁前有两庑，余寓南庑中。两庑之外，南有圆殿，以茅为顶，而中实砖盘。佛像乃白石刻成者，甚古而精致。中止一像，而无旁列，甚得清净之意。其前即斋堂香积也。北亦有圆阁一座，而上启层窗，阁前有搂三楹，雕窗文槅，俱饰以金碧，乃木公燕憩之处，扃而不开。其前即设宴之所也。其净室在寺右上坡，门亦东向，有堂三重，皆不甚宏敞，四面环垣仅及肩，然乔松连幄，颇饶烟霞之气。[①]

法云阁，即为五凤楼，其建筑“八角层甍，极其宏丽”，此楼为高20米的飞檐楼阁[②]，基呈“亚”字形，共有三层，层檐又是八角，三层叠加成二十个吻天飞檐，从任何一个角度看，都见翼然飞角，酷似五只展翅腾飞的凤凰，故此得名。全楼共有三十二根柱子落地，其中四棵中柱高12米，柱上部分用斗架手法建成，楼尖贴金宝顶。天花板上绘有太极图、飞天神王、龙凤呈祥等图案，融汇了汉、纳、白等民族的建筑风格，是滇西北明代建筑中的精品。这一时期，丽江木氏土司与藏传佛教的噶玛噶举派已经有了频繁的交往，但在丽江尚未出现藏传佛教的寺院。

清代，丽江木氏与藏传佛教上层保持密切关系，佛教传入丽江，修建了不少寺庙。光绪《丽江府志稿》有“佛寺颇多，道观次之”的记载。道教寺宇多达23个[③]，这些建筑多数为汉式，如文昌宫：“光绪三年冬月，知府许其翔重建大殿、左右殿、殿西厢过厅、耳房。”[④] 汉传佛教寺庙也有增加，如白马龙潭寺、玉龙锁脉寺、金山寺、靴顶寺、净莲寺、普贤寺等，这些寺院经过百年来不断地维修和改造，与丽江纳西族民居建筑浑然一体。如玉龙县黄山镇的弘法寺院和启文寺，都为一座四合院，由大

① （明）徐弘祖著，朱惠荣校注：《徐霞客游记校注》（下），云南人民出版社1985年版，第935页。

② 王明生主编：《云南寺庙塔窟》，云南科技出版社1996年版，第151页。

③ 据光绪《丽江府志稿》所记载的庙宇数量统计的数字。

④ （清）陈宗海等纂：光绪《丽江府志稿·祭祀志》（第4卷），丽江市古城区方志编纂委员会2005年印，第177页。

殿、厢房、耳房、山门等组成；靴顶寺和净莲寺都是一座典型的“三坊一照壁”建筑。房屋都为人字木架，夯土墙，上盖瓦。藏传佛教寺院一举成为丽江最主要的寺院，在滇西北先后出现了13大寺院，如福国寺①、玉峰寺、文峰寺、指云寺、兴化寺、普济寺、灵照寺等，这些寺院分别由四合院、三坊一照壁或两个院落组成②，与藏区寺院有明显区别。

民国时期，道教、藏传佛教、汉传佛教都得到继续发展。清代后期不断有西方传教士、游历者进入丽江，开始在丽江修建天主教堂。1909年荷兰人柯佳到丽江传教，收大研镇人宣明德③为教徒。1912年安永静、杰西夫妇在大研镇王家庄修建第一座天主教教堂。在丽江、维西、香格里拉、德钦一带展开传教活动。1913年英国五旬教在维西保和镇租赁房屋传教。此后在金沙江中游、澜沧江和怒江流域进行传教，修建教堂、福音堂等，纳西族很少信之，其教徒以傈僳族居多。他们修建的房子为人字屋架，与丽江的民居的楼房高，上覆瓦片，外形与民居建筑无异，外墙显眼处挂一个十字架以别于周边建筑。

二 纳西族民居建筑分布的地理特征

从明至民国时期纳西族民居建筑的分布来看，有如下几个明显特征：

第一，从房屋外型看，明代以来纳西族民居以板屋为主体。板屋即“木楞房”，就是就地砍来的木料“四周相交，层而垒之，高七八尺许，即加椽桁，覆以板，压以石”。明代这类型的房屋结构广布在纳西族地区，除了官署、宗教场所、土司、把事等头目住所外，无论从坝子到山地都是这种建筑风格。但清代后期到民国时期，这种木楞房有从城区逐渐向山地隐退的趋势，如民国时期的丽江大研古城就很少见这类房子，取而代之的是“蛮楼”“闷楼”等木结构的房屋，内地汉族民居形式在丽江古城逐渐铺开，加上茶马互市的不断繁荣，城区已看不到木楞房了。在永宁到盐源一带，因受土司、土官禁止，不允许盖瓦房。这一时期的木楞房本身规模也有了很大的发展，出现了三进门的大房子（又称“重屋”），而且各地自然地理条件不同，建盖了三层木楞房，最下层关牲口，中间一层住

① 福国寺为明代丽江第一个汉传佛教寺院，清康熙十八年（1679）改为喇嘛寺。

② 宋恩常、李静生调查：《噶玛巴派喇嘛教在纳西族地区的传播》，云南省编写组：《云南民族民俗和宗教调查》，云南民族出版社1985年版。

③ 宣明德，即宣科的父亲。

人，最高一层存放东西。这种木楞房的存在主要受生产力水平和自然地理条件的限制。经济发展水平制约了民居建筑的规模、装修程度。由于清代后期西南地区山地开发和旱地农作物的推广，人口不断增加，导致开荒造田日益严重，原有林区受到很大破坏，修建一座三层高的木楞房，至少需要上千根圆木，还要动用数百人次的劳动力。木楞房虽然费木料，但在安全性能和经济成本上看，却有着就地取材和防震减灾等方面的优势。所以，能看到的民国时期的山地民居，无论是住房还是牲畜圈，都用木楞房。瓦片制作受很多条件限制，如土质、烧制时间、燃料、技术等，盖瓦片主要是看经济发展情况。明代以来只有官署、宗教场所、公共场所建盖瓦房；而清代后期以后丽江大研古城民居则以瓦房为主。

第二，从建筑风格看，干栏式民居建筑是纳西族民居中的主体。干栏式民居建筑可分成四类，即井干干栏式、千脚落地式、吊脚楼式、典型干栏式①。纳西族地区以井干干栏式为主体，间有地面式民居建筑。井干干栏式又可以分作井干栏式和地面式干栏式。明代以来以地面干栏式（类似墙抬梁）为主，在一块平地的四周垒些石头，在上面直接垒木料建成，旁边再盖上几个简易的牲口圈就成了普通的民居家园，这种地面式多以丽江、维西、香格里拉为主；而井干干栏式与藏族文化影响有着一定关系。在盐源至永宁一带、澜沧江流域和木里之俄亚、巴塘之白松就分布有这种类型建筑。这一类型建筑与藏式的土掌房有所不同，虽然具有相同功能和结构，但在原材料上区别很大。清代以来，木里俄亚纳西族大村受藏族土掌房的影响，加上所居区域山林破坏严重，继而采用藏式民居形式。每户一般建三到四层的土掌房，最下一层关牲口等大型家畜，顶楼养家禽，中间两层为住所，墙体以石头为主，相互连成，“独木凿齿为梯”，户户相通。总体来看，民国时期有一个明显的趋势，就是形成了永宁至盐源一带以木楞房为主体的民居，丽江大研古城为中心的以汉式楼房四合院为主体的民居，而靠北的香格里拉、德钦、芒康的盐井则完全被藏化，形成了以土掌房为主体的民居建筑。

三　纳西族民居建筑的空间布局和艺术特点

考察一个民族民居建筑的分布、成因和特征，仅从这一民族的民居建

① 蓝勇著：《西南历史文化地理》，西南师范大学出版社2001年版，第364页。

筑来研究和分析是不够的，蓝勇认为：“从文化人类学角度看，在同一时期或不同时期内，由于相同或相似地理环境的作用，不同民族或不同居民完全可能在相对封闭的环境下形成相同或相似的文化类型。”① 所言甚是。从“纳西族分布与迁徙”一节可以得知，历史上的纳西族在川西南的广大地区与众多民族交杂在一起，不断迁徙而成为今天的格局。从藏彝走廊民族关系的相关研究表明，纳西族与藏族、彝族、白族、傈僳族、普米族等都有很深的渊源关系，长期以来频繁交往，文化的相互渗透是不可避免的，因此说，我们通过上文的分析得出纳西族民居建筑的特点是干栏式。其实，西南地区众多民族多盛行干栏式民居建筑，就以木楞房为例，在明至民国时期，建昌卫、越嶲卫、昭通、临安府、楚雄等地的彝族都以“板屋”为主；松潘、维西、中甸等地的藏族也是以“板屋”为主；普米族、傈僳族也以“板屋”为主。虽然各地的“板屋”楼层和内部格局有所不同，但都为盖木板的木楞房。丽江的汉式民居也不是纳西族所独有的特点，明清以来，白族、汉族和纳西族的民居逐渐发展成为典型的抬梁和穿逗式木结构建筑，是融合了南北汉式民居建筑特点，又融入白族、纳西族特点而发展起来的，是南北建筑文化的结晶。② 所以说，丽江纳西族民居中的“三坊一照壁”“一颗印”等都是在白族民居建筑的基础上发展起来的，很多建筑就是大理、剑川、鹤庆的白族工匠修造的。那么，纳西族民居难道就没有特点了吗？其实不然，纳西族民居的特点在于空间布局和艺术表现上。

1. 从民居建筑空间布局上看，纳西族民居注重亲近自然的特点

纳西族民居有悬山式、硬山、卷棚、歇山等多种形式，其中悬山式居多，山墙头的屋顶外伸较多，与白族民居有所不同。有博风板、悬鱼、麻雀台和山墙尖端暴露的木构架，而很少有风火墙（如方国瑜故居是徽派建筑，有明显的防火墙），这与纳西族地区季风和雨水有关系。明清时期的丽江纳西族民居多为倚西山面东向而居，春秋冬三季都需要太阳光热，因此充分利用了斜坡的地势，高低错落，形成“居庐骈集，萦坡带谷”的景象。从居所空间来看，善于利用室外庭院的空间和半室外的厦子空间。纳西族的楼房、木楞房的廊檐都较深，厦子宽敞，放上一张桌子绰绰

① 蓝勇著：《西南历史文化地理》，西南师范大学出版社2001年版，第366页。

② 同上书，第382页。

有余，与白族、内地汉族的楼房都不同。宽敞的厦子下是白天休息、交流、喝茶、吃饭、待客的主要场所，又可以从事家务活，不受雨雪天气的影响。庭院是纳西族民居中不可缺少的，半开放的厦子和庭院构成了纳西族民居的小天地。丽江位于云南地震分布带中，从明代以来的文献记载看，大约每半个世纪都有一次较强烈的地震。所以，传统民居均为木构架的土木结构，各种形式的楼房都要考虑稳定性和抗震性，能达到“屋塌房不倒”的要求。房屋一般是夯土墙，夯土内要放些较易找到的竹子条、稻麦草等，起到稳固作用，还有些比较考究的民居，土坯和砖墙内还有木板的顺墙板，既起防盗的作用，又起到防震作用。丽江传统民居的组合、造型及尺度充分吸收了中国四合院体系的优点，环境虚实结合，内外一体，土坯砖、白粉墙、条石板、木结构，因地制宜选取当地材料。

2. 从民居建筑的装饰艺术看，室内外的装修和陈设都体现了纳西族的传统文化理念

如果说明代的木楞房建筑较为简单，记载较为模糊的话，那么民国时期的木楞房就显得成熟，并且有了多层木楞房（重屋）的发展。自然性、尺度感、人情味、平民化成为丽江古城民居的个性化特征。[①] 丽江的三坊一照壁并没有像大理的那样经典，而是偏重于悬山式，屋顶较为舒展，保留了唐、宋时期中原建筑的风格，而且结合地势表现出灵活多变的特色，处理手法也更加丰富。厦子两端的照壁一般镶嵌有四边至六边不等的大理石图案，再用精美的木雕或砖琢线脚，前面再摆上一盆兰花，别具一格。正房对面的照壁，往往用含有特殊意义的图案来装点；檐部用砖砌线脚，形成白色和青色交相搭配，给人以素雅大方之美感。天井则以石块、瓦喳、鹅卵石等简易材料按照一定图案拼成，有“八仙过海”“四蝠闹寿”“麒麟望月”等方圆嵌套图案。正房中间是民居艺术的最精华部分，由六扇木门组成，每扇木门槅扇有六幅木雕图案，有花格图案、“四季百工”“八仙过海”“治家格言”、多层镂雕等，一扇门就有三到四层图案，各有不同，整个六扇门窗完全体现了主人的艺术思想和经济实力。

民国时期永宁至盐源一带的木楞房有了很大的发展，内部空间结构和宗教艺术也有了很充分的展示。如木里县“那日人”民居，一般为三层，最高一层设为经堂，最低一层为关牲口，其余为正室和卧室。以右为大，

① 朱良文编著：《丽江古城与纳西族民居》，云南科技出版社 2005 年版，第 30 页。

客人坐右面；左为小，主人坐左侧。火塘前有左右两根木柱子，虽有支撑屋顶的作用，但主要是体现宗教意识。左边为“男柱”，右边为“女柱”，用红、黄、蓝等颜色绘上各种图案。据传，男女柱必须是从一棵树上砍下来的，预示着男女一条心。东北向有神龛，是与神沟通的主要场所，一般女人、小孩是不能靠近的。

此外，一个民族选择何种民居建筑，不是根据个人喜好和规章制度来决定，而是依据所处自然环境、生产力水平、民族传统文化（宗教、婚姻家庭等方面）来决定的，是经历了上百年的考验和调整才形成的，跟社会形态没有直接关系。笔者以为，自然因素是首要的，也是基础性的。人类在修建民居时主要考虑：就地取材、适应环境，再考虑安全舒适和生活便捷等条件。越是社会经济发展缓慢、自然环境艰苦的区域，对自然的依赖程度越高；社会经济相对发达和对外交通顺畅的区域，其民居建筑越不受限制，出现多元化的趋势。因此，纳西族民居建筑空间分布和地域差异性明显突出，而且，随着自然环境的不断改变，过去纳西族主要依靠的建筑材料由自然资源转向人工制成品，从形式到内部装饰也随之发生变化（见图5—29）。

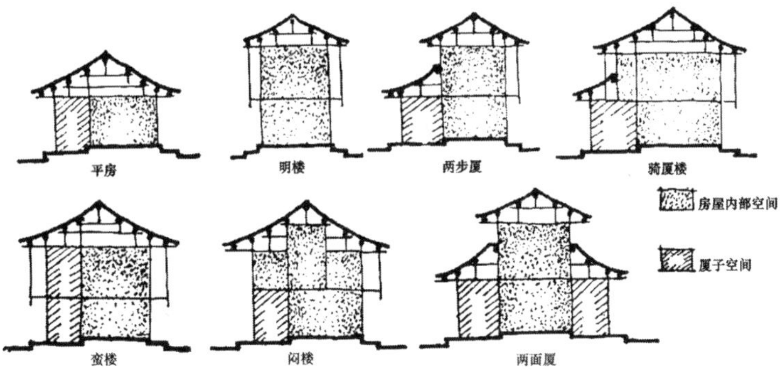

图5—29　纳西族民居构架示意图

资料来源：朱良文编著：《丽江古城与纳西族民居》，云南科技出版社2005年版，第39页。

本章小结

从纳西族生产生活的时空变迁来看，服饰是一个民族的表征，是人类发展的“指针”。纳西族服饰的时空变化突出，各区域间差异明显，明代显现出以丽江、永宁为主的服饰文化区，清代形成了丽江、白地、永宁三个服饰文化区。毛、皮和麻是这一时期最为重要的服饰材料，纳西族先民就地取材，设计出多样化的民族服饰，与周边的藏、白、彝、傈僳等民族在服饰上体现出相互交融的特点。纳西族地区引进的外来物种促成了区域内不同的饮食习惯，也促进了区域内社会结构的变化。纳西族的饮食文化体现出民族性和地域性两大特点。早期纳西族以“木楞房”为主体的民居建筑，随着对外交流和宗教建筑的引入，引发了民居建筑的大发展，形成了“三坊一照壁”“四合五天井”、蛮楼、闷楼等多种样式的民居格局。这些民居建筑的变化多受当地的气候、材料、民族文化等因素的制约。

第六章　明至民国时期纳西族文化区演变研究

划分历史时期的文化区是历史文化地理研究的一个重要内容。文化区是指某种文化特征在空间的分布，从文化的形式、功能和感觉三个不同的角度可分为形式文化区、功能文化区及感觉（乡土）文化区。[①] 从文化地理学的视野看，划分文化区的主要原则有差异性原则、行政性原则、民族与语言原则。[②] 蓝勇[③]、司徒尚纪[④]和张伟然[⑤]从历史地理学的视野提出划分文化区的几个原则，这些原则对纳西文化区的划分是很有启发意义的。纳西族文化区的划分，关键在于纳西族文化因子的筛选和确定，是一个非常复杂的问题。本书选取了十二个文化因子作为考察纳西族文化区演变的指标，如纳西语言、象形文字、东巴经书、宗教、岁时节庆、丧葬、婚俗、服饰、饮食、民居建筑等文化因子。通过对上述章节的讨论，我们发现，这些文化因子并没有朝着同一方向发展。选择哪些因子作为文化区划分的主导因素，是本书布局谋篇的一个难点。笔者认为划分文化区时不能单靠某一种文化因子，而应综合考虑前述的几种文化因子。

第一节　纳西族综合文化区形成及文化亚区的特点

从全国的文化区来看，纳西族文化隶属于西南文化区；从分省文化区

---

① 王恩涌等编著：《文化地理学》，江苏教育出版社 1995 年版，第 42 页。

② 王恩涌等编著：《中国文化地理》，科学出版社 2008 年版，第 273 页。

③ 蓝勇：《西南历史文化地理》，西南师范大学出版社 1997 年版，第 455 页。

④ 司徒尚纪：《广东文化地理》，广东人民出版社 1993 年版。

⑤ 张伟然：《湖南历史文化地理研究》，复旦大学出版社 1995 年版。

来看，纳西族文化集中在滇川藏交角区，是在滇云文化亚区、藏文化亚区和巴蜀文化亚区的交接地带。由于处于几重文化区的边缘，纳西族文化区一方面表现出与周边文化圈晕染浸透式的过渡特征，另一方面形成了三个中心区为代表的纳西族文化亚区，与周边文化圈的民族文化差异明显。由于纳西文化区并不在一个现行的省区内，不能用一个省区来代表全部，因此，纳西族综合文化区具有个性特点，属于形式文化区。

一 纳西族综合文化区的形成

和钟华在《纳西文化三类型》一文中认为，纳西族文化的多元性、多层次性和多样性，是由社会发展的不平衡性、与同语系民族的密切交往和自然、人文地理环境造成的开放程度等原因形成。根据周边文化的影响程度，可以划分为：吸收了汉文化而形成的纳西文化，以丽江为中心；吸收了藏文化而形成的纳西文化，以中甸白地为中心；固守本民族原有文化的纳西文化，以宁蒗永宁为中心。① 笔者虽然认同于这一划分方法，但从历史地理学视域下看则显得过于简单，关键是忽视了演变的过程。

纳西族综合文化区既与周边文化区有明显区别，域内又有相对明显的文化亚区，是在一个相当长的历史时期形成的。我们从第一章第三节的“历史时期纳西族分布与变迁”一节中可知，直到唐朝初年，纳西族先民还处于向西、南、东三个方向发散型迁徙的时期。虽然唐代磨（麽）些民族分布区域很广，一度在洱海边建立过越析诏政权，但考察这一时期主要的文化因子后发现，并没有形成独具特色的综合文化区。直到元明时期，麽些民族的综合文化区才渐显雏形。丽江木氏土司的先祖阿琮在蒙古军队南下过程中因协助有功，遂利用蒙古军队的力量统一了金沙江中游的麽些民族，为形成纳西族综合文化区打下了坚实的基础。从川西南的盐源、木里到永宁一带的纳西族，虽划归不同的行政区，但基本上处于本民族的土司、土官控制之下，这种政治特色有利于本民族文化的持续发展。所以说，明代是纳西族综合文化区形成的关键时期。这一时期从宗教信仰、岁时节庆、丧葬习俗、婚姻习俗、服饰、饮食等方面都显示了纳西族地区文化的共同特征：以本民族历史上形成的习俗为主导，外来文化的影

① 和钟华：《纳西文化三类型》，白庚胜、和自兴主编《和钟华纳西学论集》，民族出版社2008年版，第3页。

响因素很小。这一时期纳西族综合文化区形成了以丽江和永宁到盐源为中心的文化亚区，是在行政区划影响下形成的。“秦汉以来在开发西南地区的进程中，行政区划的设立本身便充分考虑了历史时期民族、民俗的基础。”① 明代纳西族地区的行政区划虽然并没有像内地一样界线非常清楚，由于地处藏区与内地的交接地带，更多地采用了“羁縻”性质的政策，即土司土官制。丽江的木氏土司一方面效忠明王朝，在西南疆域随中央军作战；另一方面不断对藏区用兵，这在一定程度上遏制了吐蕃的南下，防止重演唐代初年陈兵洱海地区的局面，明王朝视木氏土司为“屏藩”，因此，木氏土司统治时期，以丽江为中心的纳西族文化得到了长足的发展。

清至民国时期是纳西族综合文化区正式形成的时期，以丽江坝、永宁到盐源、中甸的白地为中心的三个文化亚区形成。丽江为中心的文化亚区，以汉文化的影响最为明显，从服饰到岁时节庆，从宗教信仰到丧葬习俗都进行了重大改革。从第五章第一节“纳西族服饰文化的分布与变迁”论述中可知，明代纳西族服饰虽出现了地域性差异，但总体上保持着以地域内所产动植物为服饰原料，形制上也没有更多变化。木氏土司“改流”后，对纳西族传统的服饰进行了根本性的改革，以清代江浙一带服饰为底本，吸取满族大袍的款式，在原有服饰材料的基础上设计出新型服饰，以“七星披肩”为代表。就从穿裙子习俗来看，中甸三坝、永宁到盐源文化亚区都保留了穿裙子的习俗，而丽江文化亚区早在明代就有退缩的迹象，清代则完全消失，取而代之的是穿筒裤和前后各系一块围腰（纳西语称“考答”“兜答”）。这些显著的文化表征说明了文化亚区已形成。再从丧葬习俗角度看，清代以前所有纳西族地区都沿袭火葬之俗。清代丽江改土设流，在城区、坝区逐渐改为土葬习俗，在山区和半山区则“顽固”地坚持火葬之俗。东巴也随之退居山区，道士、喇嘛则在城区、坝区不断取代主祭司的地位。而在中甸的白地、永宁到盐源文化亚区则仍然沿袭火葬之俗，东巴（达巴）为丧葬仪式的祭司，把死者灵魂安全送到祖居地。从婚姻习俗看，丽江文化亚区早在明代就已经进入一夫一妻制社会，清代还出现了上百位贞节烈女。清代后期至民国时期，丽江文化亚区内在封建礼教的桎梏下，追求自由婚恋的青年男女以自残方式对抗礼教，“殉情”之风盛行，丽江甚至被称为“殉情之都”。中甸白地文化亚区也同于丽江

① 蓝勇著：《西南历史文化地理》，西南师范大学出版社2001年版，第456页。

婚俗。永宁到盐源文化亚区则保留了异常丰富的婚恋习俗，既有走婚习俗，也有多偶制习俗，俄亚还保留了“安达”婚习俗。这些婚俗既与周边民族的婚俗相类似，也有本民族婚俗的特点。从纳西族综合文化区来看，婚俗文化地理分布最有特点，这也是学术界一直关注的热点问题。

二 纳西族文化亚区的划分及其特点

在纳西族文化亚区的划分上，《纳西文化三类型》一文和《纳西语简志》一书是这方面研究的代表，对后世影响很大。前者从民俗学的视野将纳西族地区的文化区划分为丽江、永宁到盐源、白地三个文化亚区，后者主要从纳西语言调查中提出东、西方言区，也可以说是东、西方言亚区。这两者并不矛盾，说明了相同区域内文化因子发展的不趋同性。语言是文化分区所倚重的文化因子。纳西语言的研究是语言学范畴，笔者曾数次深入三个区域进行文化调查，发现其语言差异是明显的，尤其是东、西部的方言，从声韵母、声调、词汇各个方面都有差异。从 1956 年纳西族地区语言调查来看，其实对中甸白地所选取的样本数量很少，可能不足以说明这一区域的语言特点。笔者对语言学知之甚少，也就期待着这方面研究的成果问世，以破解这一是非问题（见表 6—1）。

清代形成了纳西族文化的三个亚区（见地图 12 清代纳西族文化分区图），分别是：以丽江为中心的纳西族文化亚区、以中甸白地为中心的纳西族文化亚区、以川滇交界的泸沽湖畔的永宁为中心的纳西族文化亚区。

表 6—1 **清至民国时期纳西族文化亚区文化指标对照表**

亚区 / 指标	丽江文化亚区	永宁到盐源文化亚区	白地文化亚区
语言	西部方言区；云南官话影响明显	东部方言区；四川官话影响明显	西部方言区；西南官话影响很小
文字	表音、表形的两种象形文字兼备	保存少量的表形象形文字	表形象形文字为主
信仰	祭天；“三多”神信仰为主	干母女神信仰为主	祭天；白水台信仰为主

续表

指标＼亚区	丽江文化亚区	永宁到盐源文化亚区	白地文化亚区
宗教	东巴教；藏传佛教中的噶玛噶举派为主，兼有其它宗教	达巴教；藏传佛教中的格鲁派为主，兼有萨迦派	东巴教
节庆	保留纳西族传统节庆，增加汉族节庆，如清明节、端午节、中元节等	保留纳西族传统节庆，增加藏族节庆，如朝山会等	以纳西族传统节庆为主
丧葬习俗	土葬为主，兼保留火葬；汉俗影响突出	火葬，藏俗影响突出	火葬，保留纳西族传统习俗
婚俗家庭	一夫一妻制；父系制家庭	走婚制；母系制家庭、少数双系制家庭	一夫一妻制、“安达”婚、多偶制等；父系、母系、双系制家庭并存
服饰	男子穿麻衫裤，与汉俗同；女子戴帽、配耳坠、围腰、穿裤、七星披肩	男子披毡、左衽；女子披发、短衣长裙，披羊皮	男子穿左衽麻衫裤、披毡、花布扎绑腿；女子扎发、短衣长裙，披羊皮
饮食	早茶、饮酒、米面兼食、口味较重	酥油茶、饮酒、面食为主、口味较重	酥油茶、饮酒、面食为主、口味较重
民居	木楞房、间架结构的楼房、汉俗修饰	单层、多层的木楞房、屋内藏俗影响明显	单层、多层的木楞房、屋内信仰意识明显

三个亚区在文化上既有联系又有显著的区别，通过上表文化因子的比对，可以看出以下几个特点：

第一，各亚区以传统纳西族文化为“底本”，在此基础上都有“嫁接”其他文化的特点。从过春节的习俗来看，纳西族最传统的年节在每年的冬月，即十一月至十二月之间，杀猪宴请，延续五天左右。这些节庆并不是固定不变的，是由掌管天文历法的东巴们根据天象和年份的属相来确定时间的。所邀请客人如果不到，则“以为深耻”，每有客人离开，都要把剩余部分相赠送。明代，在纳西族地区这种习俗是很普遍的现象。清代以来，丽江的纳西族被动接受汉文化，原来的习俗被迫改变，过年的时间完全与汉俗一致。木里的俄亚、宁蒗的叶枝等区域，至今还保留了节庆间相互走访并赠送礼物的习俗。据和树荣①介绍，在中甸三坝，此习俗在

① 和树荣，男，出于生 1953 年，纳西族，迪庆州香格里拉县汝卡东巴文化学校校长。

民国时期还是比较盛行的，新中国成立后与汉族的春节融合为一个节庆。我们再从其他文化因子来考察，不难发现这些区域的特点。丽江文化亚区受汉文化的影响很深，无论从宗教信仰、服饰、节庆，还是丧葬婚俗，汉文化已融入到纳西族文化的根脉。白地文化亚区则更多地保留了纳西族传统文化特征，没有信仰藏传和汉传佛教，清代移入三坝的回民、汉民都被同化，各种传统宗教仪式得以正常举行。20 世纪三四十年代，洛克、李霖灿等学者对白地进行实地调查，在他们的论著中也说明了这一点。永宁文化亚区则受藏文化的影响很深，民间信仰、丧葬礼仪等方面表现最为突出。

第二，纳西族文化亚区对外来文化的吸纳和调适体现了“阳主阴从”的特点。明代以来，纳西族地区的三个文化亚区总体上表现出对外来文化的吸纳，无论是宗教信仰、丧葬、服饰、岁时节庆，还是在民居建筑方面。以节庆为例，从第四章的“历史时期纳西族岁时节庆表”说明，新年祭天、二月八日的“见跌节”、星回节、冬日宴请等节庆在三个文化亚区都得以较完整地保留。春节、清明节、端午节、中元节等则是吸纳了汉俗，但并不是完全照搬，而是根据需要进行了必要的调适。据光绪《盐源县志》记载，清代俄亚纳西族地区所使用的历法以东巴所掌握的天文历法为主，但与木里活佛所掌握的阴历不同，两者很难一一对应起来。为适应木里活佛统一管理的需要，每年年初，木里大寺都要送一次日历表，而每次送达的时候已是三四月了。而在丽江，明代汉学对木氏土司的影响很大，已经出现了能创作诗文的作家群，加之清雍正年后，流官大倡汉文化之风，至民国时期丽江百姓都能使用全国通用的阴历，东巴所掌握的历法则局限于祭祀活动中。从丧葬习俗来看，虽然丽江坝区以土葬为主，但在丧葬仪式方面则邀请东巴来主持送魂仪式，而且极为隆重。可见，纳西族地区的习俗演变体现了主体性，即“阳主阴从”的特点。再如中元节，明代纳西族都推行火葬习俗，追思先人以祭天、祭祖的形式来举行。清代丽江改土归流后，坝区不再沿袭火葬，改为汉俗的土葬，随后，相应的祭祀节庆也增加进来。如光绪九年宝山州吾木村所立的《永远碑记》载：“至每七月内遇中元节，各户要迎接祖宗，称家有无敬心，烧包之，节以尽孝道，此则予之深望者也。”直到新中国成立前，村民也没有按照汉俗来接送祖先，中元节如常日。纳西族三大文化亚区所吸纳的外来文化从数量到程度各不相同，丽江文化亚区以吸纳汉文化为主，同时有藏传佛教、汉传佛教、道教文化，民国时期还有天主教进入丽江，成为多元宗教和谐发展的典型地区。纳西族对这些外来宗教保持“信而不笃”的态度，在自己的生产生活中需要祭拜的时候才去寺庙，平日则对此不闻不问。白地文化亚区则较好地保留了纳西族的传统文化习俗，东巴教是他们信仰的核心，对周边藏传佛教不予过问，很少有人信仰。而在永宁到盐源文化亚区，藏传佛教对域内影响长久，加之木里的藏传佛教对这一区域形成压制的态势，因此，接受藏传佛教中格鲁派的居多，也有萨迦派信仰。但在寺院管理方面，具有各自特色，“永宁喇嘛多数不住在喇嘛寺中，只是在重要时节，例如每年的节日，喇嘛跳神会等，或被堪布召集时才到寺庙，其余时间，喇嘛们都住在家里，没有人监督”。[①] 在藏传佛教寺院中，喇嘛长期不在寺院是很少见的，这是长期以来藏传佛教与永宁地方文化融合的体现。一方面喇嘛都聚集在寺院，日久会产生各种矛盾，而在家只是舅叔关系，矛盾不易激化；另一方面与永宁走婚习俗相适应，男子都在寺院，会造成永宁男女关系的失衡。永宁的纳西人也没有放弃达巴教，在日常生活中，仍然要邀请达巴主持成年礼、新年祭拜、丧葬等各种宗教仪式。可见，纳西族文化亚区虽然吸纳了不同的外来文化，但是纳西族的本体文化并没有散失，形成了各具特色的纳西族文化亚区。外来文化的“本土化”是纳西族文化区最突出特点之一。

第三，纳西族文化亚区对传统文化的继承和摒弃是拓展生存空间的需要。纳西族三个文化亚区所受的外部力量和影响在时间上并非同时，在力度上也并非均衡。因此，文化区的形成及各亚区的演变也并非同时进行。如果把一个文化亚区切开一个剖面就会很容易发现，既有上千年沉积下来的传统文化，也有不断融入的外来文化，还有曾经融入却消失的文化痕迹，而且各种文化因子并非规则排列，而是有着或明或暗的断裂迹象。有的外来文化一旦适应了纳西族文化区内的“土壤”，就会生根、成长。在各个亚区内，纳西族传统文化或有继承，或有摒弃，是体现自我发展、拓展生存空间的需要。以春节为例，南诏时期，纳西族先民以每年冬十一月作为一年伊始，开始举办冬月宴请活动。元代李京的《云南志略》也有记载，还说主人所邀请的客人如果没有来，主人则很没有颜面，“以为深

① ［美］约瑟夫·洛克著，刘宗岳等译，杨福泉、刘达成审校：《中国西南古纳西王国》，云南美术出版社 1999 年版，第 270 页。

耻”。清代余庆远在《维西见闻纪》记载：“延客肴不过三，酒一盂，馂余，客携去。”[①]“馂余客携去”记载了纳西族一个很古老的习俗，冬月邀请客人（俄亚等地则以阴历十二月）时，受邀客人除了享用主人款待以外，走的时候还要接受赠礼。这一习俗在白地文化亚区和永宁文化亚区都得到保留，直到今天在木里的俄亚、宁蒗的油米、树枝等偏远的村落中还盛行。明代以来，丽江木氏土司一方面加强对百姓控制，另一方面则加强汉文化的学习。丽江文化亚区放弃了这种宴请后还要赠礼的习俗，取而代之的是礼制严谨的宴请，“伙头见头人土官，则拜而侍坐。伙头，又头人之所属也。宾主为礼，俯首以手抚胸，久不见及节序则交拜”。[②]纳西族祭天习俗与汉俗的春节是没有联系的，但在明代，祭天时间却在春节期间举行，这是一种文化调适的结果，目的是既要汉文化，又要保存纳西族传统习俗，通过不断调适，两种文化都得到了有机结合。丽江古城、纳西古乐就是这种文化调适的产物，既不完全是纳西族传统文化，又不是照搬外来文化，而是形成了以纳西族文化为主体的多元文化交融为一体的文化产物。这种现象在三个文化亚区都有明显的体现。

第二节　纳西族文化区形成的综合分析

卢云在《文化区：中国历史发展的空间透视》[③]一文中认为，文化区生成及演变主要受到自然环境、行政区划、经济类型、移民及城市发展五方面的影响与制约。从纳西族文化区演变情况看，主要的影响因素有地理环境、行政区划、交通及与周边的民族关系四个方面，这是纳西族所处的自然和人文环境所决定的。虽然丽江古城对于形成以丽江为中心的纳西族文化区的影响是重大的，但从综合文化区的角度看，移民和城市发展方面反而显得不是那么重要。我们再以另外一个视角来看，纳西族分布区域其实就是自然区、行政区和文化区的叠加关系。“文化区域与行政区域以及自

① （清）余庆远：《维西见闻纪》，方国瑜主编：《云南史料丛刊》（第12卷），云南大学出版社2001年版，第62页。

② 同上。

③ 卢云：《文化区：中国历史发展的空间透视》，《历史地理》（第11辑），上海人民出版社1990年版。

然地理区域的关系，事实上体现了社会、国家与环境之间的关系。”① 纳西族所处的自然区域是不相同的，从崇山峻岭间的台地到坝子，从半山腰到河谷底部，气候、植被等方面都有明显的差异；纳西族地区的行政区划历来就划归不同省区级别，“山川形变”的划分原则切割了民族的整体性。所以，就纳西族地区而言，自然区与行政区不重合，自然区、行政区与民族分布区不重合，自然区、行政区与文化区也不重合。如果我们把民族分布区视为底图，那么会呈现出一幅自然区、行政区、文化区交错的拼图。

一　地理环境是纳西族文化区形成的客观条件

一个民族所处的自然环境决定了他们的生产生活方式，青藏高原上的民族与赤道附近的民族在生产生活方式上的差异是突出的，即便是仅隔一江一山的民族，也会有一些差异。可见人类对自然环境的依赖性和自然环境对人类的制约性是何等明显。就丽江坝及其周边地区而言，丽江坝区和金沙江边虽然土地不多，但物产丰富，主要种植稻麦，饮食文化多样；而南山、东山等半山区，海拔高，只能种植麦谷，产量低，饮食习惯和饮食文化单一。丽江文化亚区与永宁文化亚区相比，虽然处于同海拔地区，但因地势、气候迥然不同，从饮食习惯到服饰民居等都有显著的差异。纳西族三大文化亚区之间虽有“晕染浸透式的界线”，但作为感觉文化区（又称乡土文化区）还是有一定的边界，往往是山脉、水系等自然切割形成界限。丽江与永宁到盐源文化亚区是以金沙江为边界，丽江与白地文化亚区是以金沙江、雪山山脉为界，白地与永宁到盐源则是以水洛河和金沙江交汇处为界线。但这样划分也不尽准确，如白地文化亚区的范围并没有严格以金沙江为界线，金沙江以西的奉科、宝山、鸣音甚至是大东都属于这一文化区。永宁到盐源文化亚区内还有自丽江搬迁过去的纳西族支系，他们的文化特征与丽江一致。

自然环境是文化区形成的基础，山川水系的分割往往促进了文化亚区的形成；各亚区内多元文化趋于整合。总体而言，自然环境对纳西族文化区的形成起到了分异的作用，形成三个明显的文化亚区。

---

① 周振鹤：《序——兼议自然区、行政区与文化区相互关系研究之重要性》，张晓红《文化区域的分异与整合：陕西历史地理文化研究》，上海书店出版社2004年版，第5页。

二　政治势力、行政区划是纳西族文化区形成的“双刃剑”

行政区划与文化区关系非常密切，在“秦汉以来在开发西南地区的进程中，行政区划的设立本身便充分考虑了历史时期民族、民俗的基础”。历代中央政权对西南地区的控制力偏弱而且不平衡，尤其是明代以前。从明代开始，纳西族分布区基本固定下来，中央对西南少数民族地区的行政区往往采用“羁縻”政策，即土司、土官制度，从战略角度来设置行政区划。丽江军民府下辖四州一县，范围包括了今天丽江市的古城区、玉龙县，迪庆州的维西县、香格里拉县的大部分地区，怒江州的兰坪县等。这些区域一直在木氏土司的严格控制下，起到了整合和强化文化区的作用。甚至把纳西族的文化向藏区扩散，推进到今天的昌都、理塘、巴塘一带，直到今天，巴塘还有当年纳西族士兵修筑的梯田和带来的红米。明代永宁府划归永北府管辖，尤其是在丽江和永宁之间设置了军屯为主的永北府，它切割了两个纳西族文化区的交接地带，这是造成两个文化亚区的主要因素。

清代丽江改设流官，土官大权旁落，以丽江为中心向外“移风易俗”，边远区域得以保留纳西族的传统文化。清代，永宁至盐源一带仍受“五所四司三马头”土官的统治，在汉族移民、藏族南下和彝族西进的共同作用下，纳西族头人在这一地区的地位日渐衰败。随后木里县、盐源县成立，纳西族（摩梭支系）地位更是一落千丈。所以，在民族地区行政区划并非都起到文化整合的作用，要具体区域具体分析。行政区划在纳西族地区发挥了双刃剑的作用，一方面促进了纳西族文化区的分异，形成三个文化亚区，文化差异更加明显；另一方面三个文化亚区处于相对稳定的政区范围内，从长时间来考察对文化亚区内部则起到了整合的作用。

三　交通状况是纳西族文化区接受外来文化的制约因素

文化的传播靠人的运动，人的行动又受到交通的制约。交通是文化传播的主要路径。自唐代以来，今天的西双版纳、德宏、普洱等地区的茶叶不断地被送到藏区，甚至到了南亚的印度、尼泊尔。明代，随着茶马互市的加强，这条交通要道成为藏彝走廊南北走向的大通道。它不仅把滇南的文化传播到滇西北，同样把藏区的文化带到了丽江、大理等地，促进了民族间的文化交流。这条茶马古道穿梭于不同民族文化区之间，使各文化亚区习染了不同文化，促进不同文化区之间的交流。明代木氏土司对藏传佛教顶礼膜拜，但并没有在丽江修建寺院。清代雍正年后，丽江纷纷修建了噶举派的寺院。笔者认为，这条茶马古道不断发展，为噶举派活佛在丽江的弘法创造了有利的条件，也促使纳西人远行藏区，推动了纳藏文化的交流。清代，丽江通往永宁的道路多达数条，其中丽江界内的鸿门口是通往川西地区的主要关口。外来物种和文化就是从这条道路源源不断地传到丽江的。（见地图 13 明至民国时期纳西族地区交通路线图）

丽江通往白地、俄亚的道路异常艰险，正如前文提及，数年前俄亚到木里县城，需从三坝转到丽江，再从丽江到永宁，最后到达木里县。在这样交通极其不便的条件下，区域内的文化得以保存，对外来文化的接触很少。而在民国时期的丽江，曾经修建了驼峰航线的航空加油站，那些美国飞行员在白沙草坪上与纳西族展开足球比赛，带来了一种新风尚；20 世纪 40 年代，洛克曾带东巴和才到美国展演东巴祭祀仪式和舞蹈，然后取道昆明回到丽江。

可见，交通是文化亚区接受外来文化的决定性因素。

四 民族融合是推动纳西族文化多元化的主导因素

纳西族所处的滇川藏交角区是多民族共生区域，处于藏彝走廊范围。这里生活着古老的濮獬蛮、僰人等，也有自西北迁徙而来的白族、傈僳族、普米族，还有从东南地区而来的苗夷系民族，是民族大融合的区域。民族之间不仅要争夺生存空间，也要相互协调与学习。明代以来，纳西族与藏族关系最为密切，文化上以藏文化对纳西族地区的影响为主，同时也有纳西族文化对藏区的影响。藏文化在川西地区一泻而下，对永宁文化亚区产生了很大的影响。同时，纳西族与周边的傈僳族、普米族长期共存共融，文化上趋于类似，如永宁摩梭人与普米人的服饰，几乎相同，很难区分。走婚习俗不仅在摩梭人中流行，在普米人中也是如此；母系家庭不仅在泸沽湖畔的多个民族中保留，而且具有地域性分布。此外，纳西族与白族、彝族、汉族杂居地区，形成各民族相互接受的一种多元文化体系。

总之，文化区和文化亚区的形成并非一个因素所决定，是多种文化因素共同作用的结果，两者都处于渐变状态中。自然环境是纳西族文化区形成的客观条件，以山脉、水系为边界构成一个个特征明显的文化亚区；政治势力和行政区划导致文化区形成，在多元化文化区中，长期以来的行政区划内政治势力的影响，使各种文化趋于同质化，起到了整合作用，也由于行政区划，使同一民族文化发展成不同特点的文化区；方便的交通不仅促进了区域文化的繁荣，也加快了区域文化的对外交流和发展；民族融合是西南地区社会稳定的重要因素之一，同一区域内的民族长期融合，形成相对均质的文化区。

第三节　纳西族文化与外来文化的时空互动研究

历史上纳西族居住区虽没有与汉族居住区直接接壤或交错，但汉文化作为中原正统文化一直辐射于边远的纳西族居住区域。早在汉代就有了“摩沙夷”的记载，还记载了“摩沙夷”曾向大汉献诗三首，史称“白狼王歌”。明代以来汉文化全面影响纳西族地区，清代则在流官教化下，汉文化成为最有影响的外来文化。历史上纳西族与周边的藏族、普米族关系密切，既有对纳西族文化的影响，也有纳西族对它们文化的影响，这种地缘性的互动关系一直延续至今。有些唐宋时期盛行于宫廷的上层文化，到明清时期已经完全消失，却在边地的少数民族地区保留了下来，“礼失求诸野”，丽江洞经音乐正是纳西族文化包容性和传承性的体现。

一　汉文化对纳西族文化区的全面影响

汉文化对纳西族社会的全面影响，肇始于明代。木氏土司忠于明王朝，既没有建立政权也没有称王，而是不断地加强同内地的交往，有选择地把汉文化传入了土司上层。这种影响表现在很多文化因子上，孔子曰：“移风易俗，莫善于乐！”丽江洞经音乐是一个突出表现，此外，丽江壁画、汉文化教育也是这方面的表现。

1. 丽江洞经音乐

在历史上，对传入丽江的洞经音乐有不同的称谓，如“道教音乐”“雅集型儒乐”“文人音乐”“丽江洞经音乐”“丽江古乐”“纳西古乐”等，这些称谓体现了不同历史阶段的名称。其中，“丽江洞经音乐”是最稳定和正式的名称。这一名称体现了外来文化——“洞经音乐”，与本土——“丽江”相结合的特点，是时空互动的结果。

（1）洞经音乐传入丽江

纳西族地区最有影响力的音乐无疑是“纳西古乐”，但这一称呼始于民国时期，根据其传说、曲牌及形态，以“丽江洞经音乐”为正名。它主要包括了三部分：“‘白沙细乐’‘洞经音乐’和‘皇经音乐’，由于其有一套严格的传承方式，必须以师带徒或以父带子相传，历史悠久，古朴典雅，用背诵工尺谱口传心授，所以一直流存至今，是中国最重要的大型古典管弦乐之一。白沙细乐是由纳西族聚居地白沙而得名，由于乐队中不用音响强烈的打击乐器和管乐器，所以又名‘细乐’。洞经音乐是明代和清代早期在中国内地流行的道教音乐，当年土司将其引入丽江，又融合了当地的纳西族传统音乐的风格，这种道教音乐从 19 世纪后期在内地已经绝迹，在丽江却被保留下来，既具有古朴典雅的江南丝竹风格，又糅进了纳西族传统音乐的风格。”[①] 桑德纳诺的阐述非常精当，对丽江洞经音乐给予客观的评述。“洞经”一词源于道教经典《玉清无极总真文昌大洞仙经》，简称“大洞仙经”或“洞经”。此外还有“武经”和“皇经”，一般都统称为“洞经”。

这些音乐是何时传入丽江的？这是一个不可回避的问题。第一种观点认为，丽江洞经音乐是忽必烈南征过丽江时留下的音乐。光绪《丽江府志稿》记载：“先是元太弟革囊渡江，其音乐相传有胡琴、筝、笛诸器。其调有《南北曲》《叨叨令》《一封书》《寄生草》等名。及奠期，主人请乐工奏曲灵侧，名曰细乐，缠绵悱恻，哀伤动人，其发引也，亦以乐送之。”[②] 认为是“元人遗音”，还有一件乐器“苏古笃”为证据。此一说法不无道理。第二种观点认为，俄国人顾彼得在《被遗忘的王国》记载，纳西族的洞经音乐是三国时期诸葛亮传授给的。这一说法没有更多的依据。第三种观点认为，是“明代永乐、嘉靖年间传入”，此说亦不无道理。“洪武调卫”在云南戍边屯田，在大理、鹤庆、永胜等地移入大量内地汉人，有一些乐工进入丽江，在木氏土司家院经常演奏。嘉靖九年（1531）冬至节，嘉靖皇帝在北京天坛祭天，演奏道教洞经音乐，丽江木

---

① 桑德纳诺：《丽江纳西族洞经音乐的传说、曲牌及形态》，《民族艺术研究》1996 年第 2 期。

② （清）陈宗海等纂：光绪《丽江府志稿·地理志》，丽江市古城区方志编纂委员会 2005 年印，第 44 页。

氏土司闻后派人学习并请乐师到丽江传播。[1] 第四种观点认为，是丽江改土归流之后传入，即雍正年间开始传入。[2]

综合以上几种说法，丽江洞经音乐不是一次或一时传入，而是自元以来，经历明、清两朝不断传入，并与纳西族传统音乐文化调适而形成的。所传承下来的音乐不完全是洞经音乐，具有了“丽江”地域性和“纳西族”民族性的特征。

洞经音乐作为道教文化的重要组成部分，传入丽江的时间与道教的传播具有一致性。明代，道教在丽江取得较高的地位，洞经音乐也随之传入，但受土司控制，不可能在民间有大范围的传播。清代丽江“改土归流”后，各里约纷纷修建文昌宫，组建洞经音乐会，至 1949 年，丽江经济、文化较发达的丽江坝、拉市坝、金沙江河谷一带都组建了洞经会或洞经乐队。

（2）丽江洞经音乐分布及其特征

丽江洞经音乐的传播也并非只有一条渠道（见地图 14　丽江洞经音乐传播路线图）。从明清时期传入丽江的路线看，主要有两条传播路线

其一是以江浙、湖广等地的流官、移民到丽江传播。如丽江的张、潘两姓，多为道士之后。潘氏：“原籍南京当涂县人，一世祖昭信校尉潘公旺陶氏务道教，移居鹤庆后到丽江。第十一代潘朝海李氏为迁居丽江始祖，务道教，法事高强，外号‘赤贞子’，木土司重用因迁居丽江，到今有 10 代，计 11 户。住新华街、七一街。”张氏：“张氏原籍江苏南京沙桥五柳树村。南京鼻祖张留柱，传至张觉义移居丽江，从事道教，作法事。到张之吉孙为 21 代住光义、七一、五一街等处，白沙及中甸木笔弯有同族人。仅光义街 6 大户已有 50 户。据传觉义善于彩画到丽江始居白沙岩脚。有家传对联二副：继世源从五柳树，传家自有百忍图；十九代宗族繁衍庆绵绵之瓜瓞，千百年子孙荣贵叶振振于麟趾。”[3] 其二是从附近的大理、鹤庆、剑川等地传入。早在元末明初，大理就已传入洞经音乐了，“云南最早成立的洞经会是 1530 年下关三元社和大理叶榆社，赵雪屏、李元阳分别为两社社长。‘三元会’之三元为杨升庵（状

① 杨曾烈：《丽江洞经音乐调查》，和志华主编《丽江文史资料全集》（三），云南民族出版社 2012 年版，第 53 页。

② 赵银棠：《玉龙旧话新编》，云南人民出版社 1984 年版，第 154 页。

③ 唐有为：《丽江姓氏考》，高等教育出版社 2008 年版，第 7—8 页。

元）、李元阳、赵雪屏（解元），同时，'三元'也意味着对天、地、水三元的崇奉"。[①] 剑川、鹤庆两县在清乾隆三十五年（1770）划属丽江府，并一直延续到1956年才回归大理州。这两个县属于大理文化圈，汉化程度较高，早在明代已传播洞经音乐，行政区域改划后，把这两县的部分百姓移入丽江，促进了丽江与两县之间的相互交流。[②] 此外，丽江、大理、鹤庆、剑川、永胜同处茶马古道交通线上，历史上一直进行着频繁的经济贸易，唐代以来的大理三月街、清初吴三桂在北胜府设茶马互市、鹤庆松桂骡马会、丽江骡马会等，都成了丽江与周边地区经济、文化交流的良好平台。

明代，道教在丽江的传播很有局限。虽然木氏土司从内地聘请了道士、儒士，并在丽江广建道观、佛寺，竭力学习中原文化，形成了以古城为中心，辐射滇西北的政治、经济、文化中心。但这一时期道教庙宇集中在木氏土司府—大叶场和木氏土司的老宅—白沙，百姓没有广泛地参与。

清代改土归流后，因丽江政治、经济、文化教育与内地接轨，大大加快了汉文化在丽江的传播进程，并随着古城规模的日益扩张，其政治、经济、文化辐射能力趋于增强，融合于纳西族当中的移民也不断地由古城外迁到适合农耕的坝子、河谷地带，促进了纳西族地区经济社会的发展及文化的整合。到20世纪40年代，丽江大研镇就有了洞经会、皇经会、松花乐会、白马村乐会、益友乐会、文明村乐会、新营盘乐会等十余个乐会组织；在经济、文化较发达的丽江坝、拉市坝及金沙江沿线的河谷地区的乡镇也组建了洞经会或洞经乐队，如白沙乡就有白沙乐会、龙泉乐会、开文乐会、新善乐会、木都乐会等；拉市乡有吉祥乐会、丰乐乐会、满祥乐会、南尧乐会等，其他如阿喜、格子、大具、巨甸、鲁甸等地也有不少乐会。[③] 这些乐队基本上从白沙传出，主要的传播路线是：白沙→长水→拉市→石鼓→格子→巨甸→鲁甸→杵峰。这条

① 张兴荣：《云南洞经文化——儒道释三教的复合性文化》，云南教育出版社1998年版，第21页。

② 杨杰宏：《族群艺术的身份建构与表述——以丽江洞经音乐为研究个案》，云南大学2011年博士论文。

③ 杨曾烈：《丽江洞经音乐调查》，和志华主编《丽江文史资料全集》（三），云南民族出版社2012年版，第56页。

传播路线最长，影响最广。巨甸的洞经音乐曾由大理木马邑商人杨锡珍来传授，拉市海南的吉祥村曾请长水村的高建明来传授，大具乡老培村曾请白沙的和爱来传授洞经音乐。此外，还有几条比较重要的传播路线：白沙→龙蟠，白沙→大研镇→金山，白沙→大研镇→白华，白沙→大具。经过明清两代的发展，丽江坝区形成了白沙、大研、金山、白华四个元老级的古乐会。乐会由各村寨的音乐爱好者自发组织，属于自娱性洞经音乐团体，不念诵任何道教经典，亦不举行任何宗教礼仪，仅在年节吉庆之时及业余时间聚会，以娱乐为主；其成员多为手工业者、自由职业者、中小地主、商人、农民等。

丽江洞经音乐的分布具有明显的区域性特征：第一，洞经音乐的传入具有多元性。虽然洞经音乐形式、乐器、服务对象等具有一致性，但地域性差异还是很突出。传入丽江的洞经音乐不仅来自江浙、湖广等东部地区，也有来自经历了大理白族文化影响的洞经音乐。大理作为明清以来云南洞经音乐的发源地，对丽江的影响是可想而知的。巨甸的洞经音乐曾邀请大理人来传授。第二，丽江洞经音乐的分布具有明显的地域性特征。丽江洞经音乐分布在丽江坝区的白沙、大研、白华、金山、拉市等，其余的主要分布在金沙江河谷地带，如大具、龙蟠、石鼓、巨甸等，唯有鲁甸和杵峰在山区，可能与民国时期这些地区加强汉文化教育和社会调查学者的频繁往来有关系。其余山区、半山区则没有分布。民国时期丽江洞经音乐虽走上了民俗化的道路，多是自娱自乐性。顾彼得在《被遗忘的王国》中说：

> 这类演奏会（古乐谈经班）多半在知识阶层中举行……在丽江，一位小康之家的男人，要想成为甚至在汉族中都有资格的学者，或想爬上名副其实的绅士阶层中去的话，必须懂得这种音乐（洞经音乐）才成……（纳西族妇女）对男子汉们之过分放纵，使得他们有充分的时光去吃喝玩乐，而不必从事家务劳动……她们给予男子汉的这种“闲暇”并非白白地被浪费掉，更不是单调乏味的。随着岁月的推移，这些娇生惯养的、过量抽鸦片的男子汉们，却从这种“闲暇”时光中提供他们对人生来一番观察和思考的机会。使他们从一切美好事物，特别是在音乐、美术去陶冶自身，潜移默化，最终成为了有教

养、有造诣的人！[①]

顾彼得此番夸张的描述，引起了不少的误会，以为纳西族男子根本不用去干活，其实，这些仅限于丽江大研镇和几个经济、文化较好的区域，他们热衷于弹奏洞经音乐。具备这样“娇生惯养”的男子主要在城区，丽江有民谚说：“殷实之人谈经班。”[②] 这从另外一个侧面反映出参与洞经音乐者必须具备较好的经济基础，毕竟这是高雅而自娱自乐的音乐。

（3）丽江洞经音乐对纳西族社会的影响

洞经音乐传入丽江后，对纳西族社会产生了深远的影响。这种影响主要表现在以下三个方面：

第一，洞经音乐与纳西族传统音乐融合，产生了具有纳西族特色的古乐。洞经音乐指的是道教经典借助于音乐来弹奏，主要有“洞经”“皇经”“武经”三个部分。这些洞经音乐传入丽江后，纳西族精英们对洞经音乐进行了必要的调整，使之适应于地方社会。“别时谢礼”（又作“崩时细哩”）作为丽江洞经音乐的一个重要组成部分，早期无论是内容还是音乐表演形式都与道教没有关系。它由“笃”“一封书”“三斯汲”“阿哩哩格汲泊”“踩磋”“开磋”“公主哭”等乐章组成，是“创自民间的纳西族音乐‘安魂乐’”。[③] 主要反映纳西与崩之间一场血流成河的大战后，为安抚战死的亡灵回归祖居地而作的安魂乐。清代以来，“别时谢礼”已经成为洞经音乐的重要组成部分。光绪二十八年，李绍源在其抄写的洞经经卷中增创了《北岳宝诰》，内容为赞颂纳西族保护神“三多”。1944年周樊把宋人张炎的《咏白莲》一词填入《水龙吟》曲谱中，1945年画家周霖自创新词填入《到春来》曲谱中，石鼓鼓乐队把宋人程颐的《春日偶成》填入经腔《清河老人》曲谱中，后来有人把南唐后主的《浪淘沙》词填入洞经曲牌《浪淘沙》中，由于情调吻合，风格古朴，得以流传至今。由于不断对洞经音乐的改进和调整，已经形成了具有纳西族特

① （俄）顾彼得作，宣科翻译：《纳西人的音乐、美术和闲暇时光》，和志华主编《丽江文史资料全集》（三），云南民族出版社2012年版，第44—45页。

② 杨曾烈：《丽江古乐的社会功能及社团组织演变》，和志华主编《丽江文史资料全集》（三），云南民族出版社2012年版，第90页。

③ 宣科：《〈白沙细乐〉探源》，和志华主编《丽江文史资料全集》（三），云南民族出版社2012年版，第40页。

色的古乐。

第二，洞经音乐在丽江得以代代相传，并赋予了地域性的宗教色彩。洞经音乐传入丽江后，儒、释、道三教合流趋势不断明显。在所供奉的神祇中既有佛教的释迦牟尼、观音，又有儒家的孔子。1942 年白华乡古乐会有数条坛规，其中有“当时时体贴三教之道，切不可互相谤讪”的规定。①再如，创制信奉“三多”神的《北岳宝诰》等。在丽江祥云乡、白华乡、大具培当村都有取名“经勒”的村子，多为道士之后，几十代人都在传承着洞经音乐演奏技艺，他们还学习佛教经典，如弹诵《金刚经》《楞严经》等。

第三，洞经音乐已渗入丽江纳西族的生产生活中，成为纳西人精神生活的一部分。宣科认为：“纳西古乐是纳西化了的洞经音乐。纳西文化里有汉文化，纳西族音乐里有汉族音乐，是纳西化的，是纳西族接受、传承、融合、改变了的文化。所以纳西古乐的提出，是尊重历史，符合历史实际，也是现实的要求。”② 无论称作丽江洞经音乐还是纳西古乐，都已不是最初的模样，两者长期交融而自成一体。从乐器上看，既有元代就出现的“苏古笃”，也有洞箫、琴、瑟、筝、钟、磬等乐器，还有现代的小提琴、风琴、扬琴、唢呐、吉他等乐器参与，使得洞经音乐的民俗化进一步加强。洞经音乐最初进入丽江时，只是上层人士欣赏的高雅音乐；清代中后期，成为配合推广汉式丧葬习俗的“哀乐”，私家做寿、求子、祈福、消灾、竖新房等活动多有邀请去奏乐，一般中下层家庭是办不了这场音乐会的。光绪三十一年牛保庆书写的《疏文底稿》一书就记载有举办各种乐会时用的 54 篇“疏文”③，平均每周一场以上。可见，洞经音乐会在民间活动还是很频繁的。

2. 汉文化影响下的丽江壁画

（1）纳西族地区壁画分布

明代以来，汉文化自东、南方向传入丽江，藏文化自北传入，多元文

---

① 杨曾烈：《丽江洞经音乐调查》，和志华主编《丽江文史资料全集》（三），云南民族出版社 2012 年版，第 74 页。

② 杨杰宏：《族群艺术的身份建构与表述——以丽江洞经音乐为研究个案》，云南大学 2011 年博士论文，第 135 页。

③ 杨曾烈：《丽江洞经音乐调查》，和志华主编《丽江文史资料全集》（三），云南民族出版社 2012 年版，第 59 页。

化在丽江的交融，在纳西族文化中沉淀着多元文化的因子，形成了独具特色的纳西文化。就壁画而言，丽江坝区和永宁坝区是保存较好的区域。从现存壁画看，多为明代中后期所为。丽江壁画主要分布如下表所示（见表6—2）。

表6—2　　纳西族地区壁画时空分布表

事项 位置名称	绘制年代	主要内容	风格	特色及现存状况
丽江白沙乡大宝积宫	明嘉靖二年（1523）	佛教（密宗）、喇嘛教、道教	汉、藏式绘画风格	现存12幅；规模最大、现存最完整
丽江白沙乡琉璃殿	明永乐十五年（1417）	佛教、道教	汉式绘画风格	破损严重，现存16幅（原55幅）
丽江白沙乡大定阁	明万历年间	喇嘛教、佛教（密宗）、道教	汉、藏式绘画风格	现存18幅；多处破损，基本完好
丽江白沙乡护法堂	明崇祯年间	佛教（显、密宗）、道教	汉式风格	完全消失
丽江白沙乡玉峰寺	清雍乾时期	八大菩萨图	藏式风格	司徒班钦所画，现存30余幅木版画
丽江白沙乡福国寺	清雍乾时期	喇嘛教、佛教（密宗）、道教	汉、藏式风格	完全消失
丽江白沙乡玄天阁	明代	不详	不详	完全消失
丽江白沙乡雪嵩庵	明代	佛教（显、密宗）	汉式风格	完全消失
丽江束河镇大觉宫	明万历二十六年（1598）	佛绘图、十八罗汉等	汉式绘画风格	现存6幅；还有木版画多幅
丽江大研镇皈依堂	明成化七年（1471）	佛教、南无净土等	汉式风格	完全消失
丽江大研镇光碧楼	明万历年间	佛教	汉式风格	完全消失
丽江七河乡觉显寺	明万历年间	佛教	汉式风格	仅存1幅摩崖画像
丽江七河乡护法堂	不详	不详	不详	完全消失
丽江漾西万德宫	明嘉靖三十五年（1531）	四壁佛像	汉式风格	完全消失

续表

位置名称＼事项	绘制年代	主要内容	风格	特色及现存状况
丽江黄山镇正觉寺	民国十九年	佛教	汉式风格	完全消失
丽江束河镇寒棠寺	明代中后期	佛教（显、密）、道教	汉式风格	绘于12张屏风上；完全消失
宁蒗永宁乡贡布经堂	不详	喇嘛教	藏式绘画风格	现存2幅

参考文献：《徐霞客游记》刘敦桢《丽江古建筑考察》《丽江壁画》、光绪《丽江府志稿》、云南省文物工作队《丽江壁画调查报告》《丽江文史资料全集》等。

从明代开始到民国时期分布在纳西族地区的壁画仍多达十多处，主要集中在丽江坝区，此外，永宁也有一处壁画。明代是纳西族地区绘制壁画的高峰期，多达12处，占全部的70%以上，清代有两处，民国时期仅有1处，还有两处的绘制时间不详。这些壁画中，体现汉式风格的就占了10处，这与汉文化对纳西族地区的影响有着直接关系；体现藏式风格的也占到了5处，这与明代后期以来藏传佛教南下相一致。在这些壁画（包括木版画）中，仅存7处，不及一半；而且现存的壁画中多数残缺不全，只有大宝积宫和玉峰寺版画保留较好（见图6—1、图6—2）。

图6—1　大觉宫壁画“佛会图”

图 6—2　文峰寺文殊菩萨

（2）丽江壁画的特征

丽江壁画自明永乐年间开始绘制，延至民国后期，绘制时间长达 500 余年。壁画（含木版画）的创作者是研究壁画特征的重要因素，一般认为，既有来自中原的汉族画家，也有来自藏区的画师，还有来自大理的画工，也有纳西族东巴画师参与。不同的壁画，参与者也是不一样的。

以玉峰寺的八幅菩萨画为例，这些画与现藏在美国鲁宾艺术博物馆的唐卡画极为相似，据杜凯鹤考证，这些是清代雍乾时期著名藏族画师司徒班钦①的遗作。而且，"司徒班钦与丽江关系是互惠的，因为司徒至少（在丽江）观看了一些汉地绘画的重要收藏，使他在视觉上能够接触到这些重要的汉式画风范本。毫无疑问，这些画对他后来在绘画风格上自成一派有很大的影响。很明显，司徒在第二次丽江之行时已经懂汉语了，这也为他从书本上广泛地了解汉地绘画信息提供方便"。② 据他的亲侍弟子贝洛编写

① 司徒班钦·却吉迥乃为第五世司徒，是嘎赤画派的重要艺术家。1729 年在四川德格修建八邦寺，成为噶玛噶举派中心，下辖 105 个寺院，清代以来滇西北的十三大噶举派寺院受其管辖。

② ［美］杜凯鹤：《菩萨在云之南：司徒班钦在云南的活动及其艺术影响力》，《故宫博物院院刊》2011 年第 2 期，第 105—106 页。

的《噶玛巴派史》记载，他先后三次到丽江，分别在福国寺、鸡足山的悉檀寺、指云寺、玉峰寺、文峰寺、普济寺考察作画，留下墨宝。且在丽江木氏土通判府衙看到了很多汉式画卷，直接影响到嘎赤画派风格。

纳西族地区壁画具有三教合流的特征。从上表统计情况看，有五处壁画明显是“儒、释、道”三教集于一画中。现存最完整的大宝积宫壁画，以《大藏经·宝积部》为题材，群英会聚，众神汇集，藏传佛教、汉传佛教、道教兼有，还有滇密内容。“观音普门图”“如来佛会图”等涉及道教的帝君、天女、神将等，还有百姓日常生产生活的场景。

纳西族地区的壁画体现了内地艺术与藏域艺术大汇集、大交流的特征。能把佛、道、喇嘛教、日常生活融为一体的画师，绝非一人一时可以绘制而成，需要长时间处于几种文化交融的区域活动。汉族画家马肖仙，“江南人，工图画，山水臻神品，花卉人物靡不精妙，识者称为马仙画，西域闻其名，延去数载，后复归丽。”[①] 由此，我们不难看出，明代中后期，丽江已经是汉文化、藏文化交融之所。在万德宫现存有一块“万德宫记”碑，其落款处有“画士古宗古昌、铸匠云南舒凤翼”。“画士”即画师或画匠；“古宗古昌”，“古宗”是古代对藏族先民称呼，“古昌”疑为藏族画师的名字。撰写于嘉靖七年的《木氏勋祠自记》中记载：“其土木砖石彩绘之类，乃大理巧工杨得和氏成之。”“杨得和氏”为大理工匠无疑。在研究白沙壁画创作者问题上，有学者认为是古昌参与作画。万德宫碑记与白沙壁画创作时间上基本吻合，有可能是壁画的创作者。可见，丽江壁画绘制者并非一人所为，是来自内地的汉族画家、来自大理的白族画家、来自藏区的吐蕃画师和本土画家的共同参与下完成的，体现了多元创作主体的特征。

3. 汉文化教育

纳西族地区的汉文化教育始于元朝初年，至元十年（1273），回回人赛典赤到云南主持政事，推行“治滇”方略，大力提倡儒学，“命云南诸路皆建学，以祀先圣”。要求云南各路设置学校，教师“以蜀士充之”。至正十四年（1354），王升墓志铭记载：“董治大理、永昌、丽江、鹤庆、姚安、威楚诸路学庠，所至庙宇圣像一新。”看来当时就在丽江设置过学

① （清）陈宗海等纂：光绪《丽江府志稿·人物志》，丽江市古城区方志编纂委员会 2005 年印制，第 340 页。

校，王惠、王升父子先后到丽江倡导汉文化和儒学，但由于学生都为“官府子弟”①，汉文化和儒学的传播很有局限。

（1）明代丽江木氏土司汉学的形式、成就及特点

明代，朱元璋推行“调卫”制度，在云南广设卫所，百万军民被调到云南，这样不仅推动了军屯、民屯的发展，还使云南的汉族人口第一次超过少数民族，引发了云南社会的一系列变化。纳西族地区也不例外，“丽江地区的汉人迁徙也是较多的时期，一方面受到中央王朝的派遣，有大批的汉人来云南屯垦，另一方面纳西族木氏土司为了更好地维护其统治而大力提倡学习汉文化，还从内地招聘了一大批汉族工匠、教师、道士、和尚以及医生等，到纳西族地区传教授业和治病”。② 对于木氏土司而言，接受汉文化是他们治理一方，加强与中央沟通，学习中原先进生产技术和生活方式的需要。

①木氏土司学习汉文化的形式

有明一代，丽江始终没有建学校。“永乐十六年，检校庞文郁言，本府及宝山、巨津、通安、兰州四州归化日久，请建学校，从之。”③ 1418年，检校庞文郁上书请求丽江设置教育机构，虽然应允，但最终没有开设。丽江虽没有专门的教育机构，木氏土司却非常重视对自身及子弟的教育。木氏接受汉文化的形式有如下几种：

其一，邀请江南、四川或滇地的文化名流到丽江传授汉文化知识。木氏家族在明代就热衷于学习汉文化，聘请内地文人到丽江为其子弟传授汉文化，并建立了“玉嵩书院”和“万卷楼”。“楼中凡宋明各善本以数万卷，群书锓版亦能备其大要。”④ 木增曾请徐霞客指教其四子写文章，“以窥法程”。

其二，结交文化名士，以文会友，提高汉文化水平。木氏家族结交的国内文化名士有杨慎、蓟羽士、周月泉，名震江南的有董其昌、陈继儒、徐霞客、毛晋等，滇地文化名士有永昌府张志淳父子、苍雪、唐泰等。木公多次书信于谪贬云南的状元杨升庵；杨升庵也多次以诗相赠，还帮助木公批点诗文和作序——如《仙楼琼华》序、《万松吟卷》序、《雪山诗

① 杨福泉：《纳西族文化史论》，云南人民出版社2006年版，第243页。

② 和少英：《纳西族文化史》，云南民族出版社2001年版，第47页。

③ （清）张廷玉等：《明史·云南土司列传》（第314卷），中华书局1974年版，第8099页。

④ 《新纂云南通志·地理考·古迹》

选》序和《木氏宦谱》（乙种本）序等。明正德年间蓟羽士来到丽江，久住不去。每日写《黄庭经》数章，其所居之室，常见紫气缭绕，野鹤成群，驯服于阶前不去。木公赠诗曰："山阴雨雪归来夜，玉杖霞裙引凤凰。"滇地文化名士有永昌府张志淳父子，曾与木公同舟泛玉湖，留下了《历代木氏勋祠碑记》《万松堂记》《雪山庚子稿》跋语、《雪山大夫传》等。徐霞客（1587—1641）晚年"遐征"西南，在丽江完成了《溯江纪源》《丽江纪略》《法王缘起》等专文和首部《鸡山志》。在丽江，徐霞客还帮助木增点校文稿，"大把事来，求作所辑《云薖淡墨》[①] 序"；"初四日有鸡足僧以省中录就《云薖淡墨》，缴纳木公……其所书洪武体，虽甚整而讹字极多……"[②] 徐霞客对《云薖淡墨》初稿提出"讹字极多，既舛落无序，而重叠颠倒者亦甚"。经过多次校勘，该书在《四库全书》"子部杂家"和《四库全书提要》中都有介绍，后来的《四库全书存目丛书》和续修《四库全书》则全册收入。乾隆《丽江府志·艺文》称："有明一代，世守十余辈，唯雪山（木公）振始音于前，生白（木增）绍家风于后。"木公的诗入选《明诗别裁》；木公、木增等人的诗集入选《云南丛书·集部》及《古今图书集成》等。

②明代木氏土司的汉学成就

主要有：木泰的《两关使节》，木公的《雪山诗选》（三卷），分《雪山始音》《隐园春兴》《庚子稿》《万松吟卷》《玉湖游录》《仙楼琼华》六个部分。木增创作刊印了《芝山云薖集》《云薖淡墨》《山中逸趣》《竹林野韵》《啸月函空翠居录》等作品，包括诗、赋、词，其中以诗为主，另外还有散文《隐居十记》等。今存诗约五百首，赋、文20余篇（存目的诗词373首未计）。云南布政使冯时可所撰的《木氏六公传》记述了木氏土司在汉学方面的成就。在明代丽江的木氏土司中出现了作家群，其诗文造诣颇受推崇，"文墨比中州""共中原之旗鼓"等。在《明史·土司传》记载："云南诸土官，知诗书好礼守义，以丽江木氏为首云。"[③] 在明代钱牧斋的《列朝诗集》，清代编撰的《四库全书》，

---

① 据考，第一次送来的当为《山中逸趣》，参见杨林军《徐霞客与丽江》，云南美术出版社2007年版，第163页。

② （明）徐弘祖著，朱惠荣校注：《徐霞客游记校注》（下），云南人民出版社1985年版，第957页。

③ （清）张廷玉等：《明史·云南土司列传》（第314卷），中华书局1974年版，第8100页。

民国编撰的《云南丛书》以及《滇诗丛录》《滇文丛录》《滇词丛录》等中都有木氏土司创作的诗、文、词。1956年，黄裳在云南省图书馆看到从丽江木家收集来的11种木氏著作雕版本后，给予了很高的评价："不只因为这是我在云南看到过的最旧的雕版书，还为它雕印之精美而惊叹。同时也感到这是中原与边疆兄弟民族之间文化往来、融合的实证，是重要的文献资料，远远超过了它本身的文学价值。"

木氏的汉学成就还表现在藏书方面：木增是云南省乃至全国不可多得的少数民族藏书家，亦是丽江木氏土司世袭470年共22代中学习汉文化最多并在政治、经济、文化方面都取得较大成就的一代开明土司。木增花巨资在府署建了土楼三层，又不惜资金，从内地购进大量书籍，置于三层楼中，"楼中凡宋明各善本以数万卷，群书镘版亦能备其大要"，成为名副其实的"万卷楼"。木增有《检书》诗云："万卷浑如邺架藏，清藜小阁满云香"，生动地描画了"万卷楼"藏书之丰富。

③木氏土司汉学成就特点

其一，汉学局限于土司阶层。虽然木氏土司学习汉文化，但却禁止民间学习汉文化。清人杨品硕评价说："木氏有例，禁人民读书。"在木氏领地内处于"土司有学而人民无学"的境况。丽江改土归流后，首任流官杨馝在《重建丽江府学记》中记载："丽旧无学，土酋木氏，虞民用智而难治，因如秦之愚黔首，一切聪颖子弟，俱抑之，奴隶中，不许事诗书。康熙辛巳（应为丁丑）春，曲阜孔公兴询来判府事。见丽民质甚美，力请建学以造士，木氏犹然挠之，事几寝。"① 光绪《丽江府志稿》也记载："丽至国朝，而尚无所谓学也。"可见明代丽江学习汉文化，仅限于木氏土司家族内部。

其二，他们的诗歌创作思想具有乐观豪放、进取向上的审美特色，反映了木氏土司的国家意识。如木泰的《两关使节》中有名句曰："凤诏每来红日近，鹤书不到白云闲；折梅寄赠皇华使，愿上封章慰百蛮。"反映了纳西族领袖与中原王朝的亲密关系和边地少数民族的一片赤诚忠心。木公的《述怀》中曰："忧国不忘驽马志，赤心千古壮山河。"体现了木公忧国忠君之心。木增在《玉山瀑布》中曰："天上银河落玉峰，穿云喷血

① 杨林军编著：《丽江历代碑刻辑录与研究》，云南民族出版社2011年版，第172—173页。

吼蛟龙；千条练曳千里界，万丈虹拖众壑封。”生动描述了丽江千姿百态的山和千年堆积的雪。

其三，注重创作汉文作品、引进各方面的人才。这表现在，一方面是学习汉文化，创作出一大批有品位、有质量的汉文诗文，成为中华文明的组成部分；另一方面是引进中原医学、建筑、手工业等方面的能手，提升了丽江古城文明的厚度，促进古城经济的进一步繁荣。中医在丽江的传播，不仅解决了民生问题，它还结合了丽江传统民间医术，提高了救助能力；纳西族传统的建筑和中原建筑在丽江交相辉映，相互融合，促进了丽江多元文化的形成；丽江传统的手工业，是在引进人才的基础上结合丽江生产、生活的特点而流传下来的。

（2）清代纳西族地区教育发展及其分布特征

总体上看，清代纳西族地区汉文化教育得到快速发展，但各区域发展参差不齐。我们以丽江、中甸、盐源、盐井等地为例来考察。

①丽江纳西族汉学教育发展

丽江改土归流后，流官倡导修建了文庙、书院、义学馆，全面推行汉学教育。康熙三十九年通判孔兴询初建文庙，后任流官不断扩建。设施齐备，有祭器、乐器、舞器等。书院有：玉河书院，康熙四十九年由樊经初建，后不断维修；雪山书院，雍正三年初建；天井书院，光绪二十年建。据乾隆《丽江府志略》记载统计，乾隆八年已经有22所义学馆，至光绪二十年增至30所。具体义学馆有：忠孝馆，乾隆二年建；节义馆，乾隆二年建；白沙馆，雍正十二年建；東河馆，乾隆二年建；白马馆、剌沙馆、吴烈馆、七河馆、九河馆、巨甸馆、通甸馆、江西馆、树苗馆、小川馆、兰州馆、下井馆、剌缥馆、剌是馆、山后馆、温井馆、乐天场、黄登馆、阿喜馆、鲁甸馆、石鼓馆、剌宝馆、东山馆、大具馆、南山馆、江东馆等30个义学馆。几乎遍及丽江府下的各县、里。

我们从阿喜馆可以知义学发展之艰难。近年在玉龙县龙蟠乡发现一批地方文书档案，其中有一本乾隆年间的地契文书——《三甲义田簿》。这本文书起于乾隆五十六年（1791），至光绪二十九年（1904）止，历113年之久。“此书大小与现在32开本相似，纸质为绵纸，绵线装订。书本不厚，全书共23页”。[①] 丽江改土归流后，当时地方流官积极提倡办学，

① 杨杰宏：《乡村档案视域中的历史叙事——丽江龙蟠档案为个案》（未发表）。

以期达成“以夏变夷”之效。地方一些乡绅积极响应，所以才有了置办义田的这一地方事件。这本《三甲义田簿》对义田的来龙去脉进行了交代。其中一则材料记载（见图6—3）：

> 窃闻盛朝立学校以明人伦，庶人制义田以教子弟，前人为之创其基，后人为之继其志，岂非叁甲之盛事也哉？乃地接江水，田属火山，东连于亏当古之公山，南近于鲁南瓦之护地，西南至于指云寺之田界，东北止于李氏家之山边松林竹箐，或高而或低，水冲山颓，或田而或石，竟至喇嘛侵占义田，既经之报于约保悚悚未知佃理，又尝论以规矩纸张？或有掯勒租子，或有私收种种弊端，难以枚举，倘游移不守，恍惚不理，将无束脩之资又无。又无见闻子弟无田以培植风俗，无由以敦厚矣。为此葡萄湾、土官村、鲁南瓦叁甲耆民同情共议，划山形、录纸张、定租子，以立义田古规，自此之后，苟能遵守以教子弟诵读，以知仁义，则庶几可慰前人之心乎。
>
> 光绪癸卯年花月中浣叁甲耆民等谨识

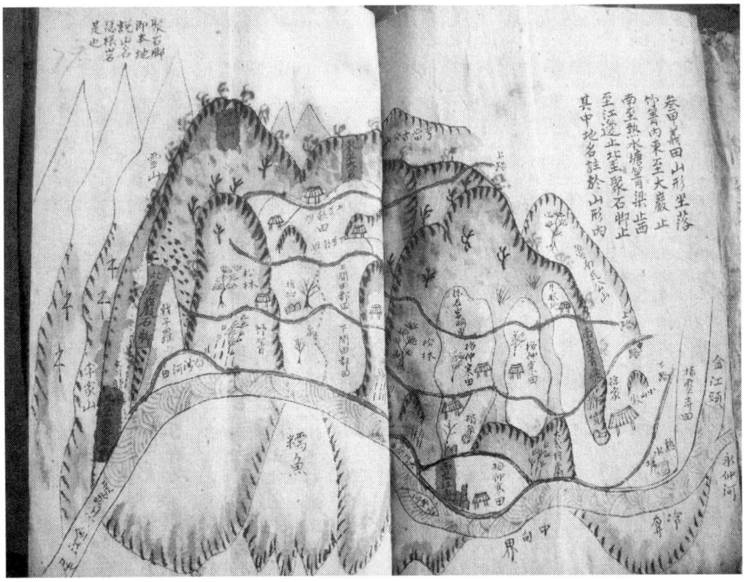

图6—3　乾隆五十六年绘制的义田地形图

"三甲"是指现在的龙蟠村、土官村、鲁南村，共同创办义学馆，乡绅带头购置土地。"义田"即为学田，是学馆的供养田。据光绪《丽江府志稿》记载，曾设置过阿喜馆，具体创办时间不详，但从乾隆《丽江府志略》中尚没有记载来看，当是乾隆五十年左右的事情。

清代丽江府内学习汉文化蔚然成风，先后中举进士8人，其中武进士1人，分别是：龚渤（字随可），乾隆进士，入翰林院，任检讨，侍讲学士；王春藻（号碧泉），道光进士，官授湖南永定县知县及澧晃州知州等职；李樾（号果亭），道光进士，翰林院庶吉士，官至山东定陶县知县；李櫄（字秀岐），咸丰进士，官户部广东司主事；杨福豫（号棋海），咸丰进士，官至浙江溪县、缙云县知县；杨邦卫（字即藩），同治进士，官至四川长宁等县知县；和庚吉（号松樵），光绪进士，官兵部主事，车驾清吏司；杨师慎，乾隆元年武进士。其中，龚渤、李樾在翰林院供职。另计有举人70余名，贡生约113名。诸生更多，无法统计。

这些成就得益于官府和民间的大力支持，嘉庆五年（1800），时任知府的和费颜因念赴乡、会试路途遥远，多有困难。有人倡议筹集"乡、会赆金"，首捐俸银就达数百两，一时地方人士牛毓麟（恒超）、牛即麟（玉书）、李廷俊、李寿孙、赵旭、郭楷、牛化麟及其他邑绅素丰者皆相继解囊捐助。知府因牛毓麟、牛即麟兄弟望重乡里，遂委托管理经营，制定规章，多方筹划。嘉庆二十年立于雪山书院的"童试卷金田庄记"碑记载："（时任丽江知府的冯敬典）接见士子，讲品行，谈文章，谆谆不倦，不啻师保之于弟子焉"。值童试，"念此邦士多单寒，饬令绅士酌减卷价，数十年之积弊，一旦澄清；而轸念寒士，于心尚歉然也"。于时，多士济济，蒙受其泽。光绪年间，雪山书院内立有《丽江科考卷金碑》：

丽自创置公项，捷春秋两试者代不乏人，则卷金之设功至钜也。兹复推衍旧章，以广前人之惠，谨列其条目如左：

一中解元者，除卷金外送银贰佰两，此系新中之年复次会试不在此例

一中会元者，除卷金外送银肆佰两

一进士者，送卷金银壹佰伍拾两

一进士即用送银伍拾两

一点中书者，送银柒拾两

一点主事者，送银柒拾两

一点词林（傅胪）者，送银贰（叁）佰两

一点榜眼探花者，送银陆佰两

一点状元者，送银壹仟两

一优朝考京官，送银伍拾两

一举人中书国子监助教学正学録，送银伍拾两

一举人教习，送银贰拾两

一中副榜者，送银壹拾两

绅士　杨赞 杨承训 杨衍洛 王成章 王树和 杨咸和 杨亦桂 周兴洛 李森 杨品硕 和庚吉 和建勤 李福宝 李中铨 杨超群 赵惠广 赵礼 木坤

傅恩锡　书丹

大清光绪十九年岁次癸巳中秋月吉日公立①

这样大举资助学子考取功名，不仅有助于汉学在丽江的传播，也为广大贫苦学子摆脱贫困，走向官阶提供了机会。

②清代盐源县汉学教育发展

清初，盐源卫指挥使司改为守备，节制于建昌总兵。雍正六年罢卫，设置盐源县，归宁远府辖，属于四川省。这时期的盐源县包括了今天的盐源县和木里县。清代盐源县的汉学得到了很快地发展。先后设置有三个书院：柏香书院、香城书院、斗瞻书院，建于同治年间。义学多达 42 所之多，分别是：香城义学、元善义学、斗瞻义学、饮和义学、端蒙义学、增华义学、茹函义学、育材义学、受采义学、兰修义学、凤崴义学、深柳义学、摛华义学、正习义学、仁熟义学、正心义学、崇善义学、兴文义学、敷文义学、经正义学、正习义学、碧山义学、撷秀义学、文河义学、果泉义学、道腴义学、培风义学、培元义学、兴仁义学、明善义学、储秀义学、经畲义学、同文义学、崇德义学、兴文义学、正蒙义学、修文义学、启文义学、养正义学、兴贤义学、启蒙义学、桂香义学。这些义学除了增华义学建于光绪元年外，其他的义学均建于“同治五年，知县柳元芳新

① 杨林军编著：《丽江历代碑刻辑录与研究》，云南民族出版社 2011 年版，第 180—181 页。

设”①。

由于盐源县设置书院和义学均在清代后期，所以参加科举考试的学子和中举比例相对少些。至光绪二十年，共出了5位举人，恩贡21位，拔贡11位，其余的副榜、岁贡、优贡有72位，武举共14位。这5位举人中，4位出在乾隆时期，另一位出在嘉庆时期。

③清代盐井县汉学教育发展

清代，盐井隶属于巴塘县。光绪三十一年，巴塘发生动乱，川边大臣赵尔丰派兵镇压并对土司进行改土归流，盐井乡升格为盐井县。据宣统《盐井乡土志》记载：“学堂为关外开化第一要义……光绪三十三年现就成都省会开设藏文学堂，并编纂浅议科学课本。”光绪三十四年六月先后建了盐井、蒲丁、河西、上觉陇、中觉陇、下觉陇、宗崖、八头人地、甲日顶、茶里、昌多等十余所学校，招收男女学生354名。“先教习官话，次及国文，次及乡土历史地理科学教习。”② 可见，这一时期盐井的汉学才开始起步，并用双语教学，参加科考情况不得而知。据民国《盐井县志》记载：“因学费无着，仅留本城一堂，改为县立小学校，学生五十余人。”③ 其中有一位叫华庆的学生，年幼就到刚达寺为喇嘛，在校读书时非常优秀，文章清丽，被认为有鸿图之志，遂送往京师大学堂，不幸半道病死。可见，延至民国初年，盐井县的汉文化教育局面仍然没有打开。

④清代中甸汉学教育发展

中甸的汉学教育起步很晚，“中甸自古未设学官，未开棚考试。旧例有夷童二名，附入丽江县学应试，无人学终悬待”。④ 此后有志于科考的学士附属于丽江县学考试。至光绪八年（1882）云南省颁发给丽江府兼中甸厅学铜印一颗。次年在中甸厅开考，九月赴省城岁试。“中甸设棚开考，创始于吴公自修；学宫司铎，始设于张公云和。”中甸自古未设书院。义学共有三处，分别在大中甸、小中甸、江边。义学初建于乾隆二十

① （清）辜培源等修，曹永贤等纂：光绪《盐源县志》（卷4），《中国地方志集成·四川府县志辑》（第70册），成都巴蜀书社1992年版，第738—740页。

② 段鹏瑞编：宣统《盐井乡土志·学堂》，《中国地方志集成·西藏府县志辑》，江苏古籍出版社1995年版，第412页。

③ （民国）刘赞廷编：《民国盐井县志·教育》，《中国地方志集成·西藏府县志辑》，江苏古籍出版社1995年版，第386页。

④ 吴自修修、张翼夔纂，和泰华、段志诚标点校注：《中甸县志资料汇编》（二），中甸县志编纂委员会1990年（内部资料），第47页。

二年（1757），整个清代汉学教育没有铺开

⑤清代纳西族地区汉学教育的地理分布特征

通过对以上各府县的考察，清代纳西族地区教育地理分布特征有以下几个方面：

其一，清代纳西族地区汉学教育都有一定的发展，从无到有，盐井、中甸两地甚至出现了双语学校。光绪时期的丽江，已是“民不喜讼，勤于输将。士子勤诵读，喜收藏书籍”。“么（麽）些……今读书入泮者甚多，彬彬尔雅，与齐民无别矣。”① 光绪九年在偏远的宝山州吾木修建学校，推行汉学，并随着要求百姓移风易俗。至今还立有“永远碑记”。

其二，从具体府县汉学教育发展情况来看，参差不齐。丽江府因受到明代汉学的影响，加上地理区位因素，因此与汉文化圈接触频繁，丽江府汉学教育的发展也较为繁荣。土司、土官制度的存在是制约汉学传播的因素，比之其他纳西族区域，丽江改土归流时间早、最为彻底，为汉学教育发展创造了条件。无论从考取进士、举人数量，还是创办学校都有明显优势（见表6—3）。

表6—3　　清代纳西族地区人才、学校比较表

人才、学校 / 区域	人才			学校	
	进士数	举人数	贡生	书院	义学馆
丽江县	8	70	113	3	30
盐源县	无	19	104	3	42
中甸厅	无	无	无	无	3
盐井县	无	无	无	无	10

其三，整个清代，纳西族地区的汉学教育远远落后于其他府县。据《新纂云南通志》统计，清代丽江府进士33人，其中丽江县7人，剑川和鹤庆26人。丽江府进士分布的地理密度（人/万平方公里）为5人②，居于云南中间位置，如果以丽江县来计算，那就更低了。清代云南有193个书院，丽江3个，比例很低。

① （清）陈宗海等纂：光绪《丽江府志稿·地理志》，丽江市古城区方志编纂委员会2005年印，第49页。

② 蓝勇：《西南历史文化地理》，西南师范大学出版社2001年版，第128页。

其四，纳西族地区的汉学教育分布于金沙江河谷地区，以丽江府、中甸厅、盐源县等治所附近最为集中，其余分布在交通要道附近，或人口较集中区域，或乡里所在地，偏远山区则几乎没有创建学校。

（3）民国时期纳西族地区教育的发展及其分布特征

清末，维新变法推动了新学的发展。在丽江县县长张嘉璧、进士和庚吉、举人周兰坪、赵式铭等的配合下，在原来三个书院基础上改设丽江高等小学堂，这是纳西族地区创办得最早的一所新式学校。此后修建了黄山幼儿园、丽江中学堂（先后称：六属联合中学、省立第三中学）、“国立”丽江师范学校、蚕桑传习所、初等农业学堂等。20 世纪 30 年代丽江县范围内创办了 85 所不同级别的学校[①]，其中小学分布最为密集，如白沙、东元、吴烈、束河、阿喜、石鼓、九河等里所创办学校都超过了四所。足见当时汉学教育已蔚然成风。抗战期间，推动汉学的民间力量不断壮大，“民众教育馆”“群学所”等组织的出现，丽江共有各类学校 247 所，在校生 13800 人之多。[②]

民国时期，丽江纳西族学子广泛接受维新思想，有的亲赴海外求学、考察。早期出国留学生有“一周三李”，即留日生周冠南、李耀商、李汝炯，留法生李汝哲。此外，还有留俄生周咏南，留美生杨凤、方宝贤、和惠桢等。国内求学者更多，据不完全统计，纳西族学生在云南省内各级高校中求学者不少于 50 人，不少人在陆军讲武堂学习，也有人在西南联大求学。在全国高校就读的纳西族学子，如纳西族第一位大学生陈可轩，就读于北平高等师范国文部；此后有方国瑜、周杲、李寒谷等 15 人[③]。

光绪三十三年（1907），在知府彭继志、赵式铭等有识之士的努力下，丽江创办了《丽江白话报》（月刊），用进化论思想抨击时弊和孔孟之道，倡导科学和实业救国思想，云南第一份“白话报”很快发行到全省各府县，影响很大。

抗日战争时期，由于抗战形势严峻，全国很多高校迁到西南，吴泽

---

① 依据：《云南丽江县学校调查表》，和志华主编《民国丽江史志资料汇编》，政协丽江市古城区委员会 2007 年印，第 12—16 页。

② 杨启昌：《丽江纳西族自治县教育简史》，和志华主编《丽江文史资料全集》（二），云南民族出版社 2012 年版，第 472 页。

③ 以上数据，主要参考郑卫东著的《文明交往视野下纳西族文化的发展》一书，第 400—402 页。

霖、傅懋勣、陶云逵、罗常培、李霖灿等著名学者到纳西族地区调查，在一定程度上推进了纳西文化和教育的发展。

民国时期，中甸县教育继续发展。民国二十二年，中甸县分别设置了 20 所学校，除县城内设高、初级汉语识字学校 1 所外，其余均分布在金沙江沿线的纳西族分布区。教育的滞后影响了人才的培养，“县属地处蛮荒，并无入大学专门之生”。据《云南省中甸县全县教育统计表》显示，20 所学校中有两所为私立学校；初级小学共有学生 477 人，高级小学共有学生 95 人。[①] 民国三十年，学校数量有所增加，省立中甸小学 1 所，县立两级小学 3 所，县立小学 26 所。30 所学校共招收 1235 名学生。省立中甸小学“学生除十分之二系汉族子弟外，其余十分之八为藏族、摩些族、力些族、及准藏族之子弟”。[②] 据民国三十年中甸县人口统计数据看，汉族人口 12015 人，麽些人口 8259 人，藏族为 8252 人，力些、倮倮、苗、回等4000 余人。再从所里学校位置看，有近一半在纳西族分布区，由此我们可以估算出当时纳西族地区的教育情况。纳西族主要居住在金沙江沿线的良美、吾车、木笔、三坝等地，外来汉族移民也大多居住在这些区域，所以，这些区域不仅学校分布最广，而且纳、汉民间文化交流最为频繁，推动了这一区域在民国时期的汉文化的大发展。

纵观民国时期纳西族地区汉学的发展，仍然以丽江为中心，小学等教育机构已经深入各村寨，走出家门求学者已成梯队发展，海外求学者也不少。这是汉学教育成功的体现，呈现出全面开花的态势。而中甸、盐井、盐源等纳西族地区，则是在全国统一办学的推动下，扩大学校数量和规模，但在汉学成就方面仍然处于较低水平。泸沽湖区域的纳西族则仍然处于土司、土官的控制之下，汉文化仍彷徨于门外。外来移民的不断增多，也带来了汉文化的迅速传播，尤其以金沙江沿岸和主要县城所在地为代表。抗战时期茶马古道成为国际大通道，在一定程度上可以说是汉学传播的一个通道。

---

① （民国）和清远修、冯骏纂，和泰华、段志诚标点校注：《中甸县志资料汇编》（四），中甸县志编纂委员会 1991 年印（内部资料），第 58—63 页。

② （民国）段绶滋纂修，和泰华、段志诚标点校注：《中甸县志资料汇编》（三），中甸县志编纂委员会 1991 年印（内部资料），第 98—102 页。

二　纳西文化与周边文化的互动研究

1. 纳西文化与汉文化的互动

纳西文化对所接触的文化都有互动关系，这种关系虽然有着强势者对弱势者的“征服”和同化，但在不同区域和时间段则有相互影响的表现。这种文化互动关系并没有“楚河汉界”般明确，“汉化”和“夷化”是结论性的概念，而文化互动是一个动态过程，所以要考察两种文化的互动关系，不能用“汉化”“夷化”来归类，更多的是要注重这两种文化的互动过程。纳西族文化对汉文化的影响并没有像对藏族、白族文化的影响那么深远，但从明代以来丽江古城的发展来看，这方面还是很突出的。

文化是人活动的产物，在区域文化变迁中人占据了首要的地位。纳西族地区文化的发展变化，我们应该关注两种情况：一是本土居民，即纳西人；二是外来居民，即以汉族为主的移民。两者在纳西族地区的融合、交流便是文化互动的体现。明代以来，纳西族地区不断有外来移民移入，对纳西族社会的影响不言而喻。在不同历史时期却表现出不同情况。以丽江古城为例，明代移民多数为木氏土司邀请而来的能工巧匠等。据史料记载，至明末到丽江的外来者，大体有几种情况：戍边、从政、行医、做工、经商等，就姓氏而言，有鲍、赵、杨、李、赖诸姓。

戍边到丽江的，如鲍氏。据《鲍氏家谱》载：“考吾氏原籍南京应天府伏县竹菌村人氏，自明朝随沐国公任军宰，职云南，授封世袭云骑尉都指挥之职来大理……维公家迁丽城，始在白沙创业而家……随府署，迁丽城大西门外作家。”[①] 鲍氏由于戍边而到大理，官至云骑尉都指挥。明末迁到丽江居住。

从政到丽江的，如赵氏。据丽江八河《赵氏家谱》载：“原籍广东，明时指挥使得胜公，从沐国公征云南，落籍昆明石碧中村，至四氏祖维鼎公来丽贸易，维繁公木柢聘为掌书官，遂家焉。”到现在已有21代了，是居住丽江较早的汉族。

行医到丽江的，如杨氏。在长水老人撰写的《杨翁十世起源记》和《继杨氏十氏谱》记载：“始祖讳为辉，字德升，湖南常德府武陵县人也。明时应丽江土知府木聘，素号国手，数年累验奇方。辞回，世守不许。强

① 和湛主编：《丽江古城》，云南民族出版社2003年版，第391页。

之，佯喏。厚酬资欢送，伏劫之，再馈，再劫，如是者三，乃家焉。”[①] 明洪武元年（1368）杨氏由湖南行医到昆明，后至丽江，世传歧黄之术，从小通医学，尤精于针灸之术。木氏称他为“国手”。前三代姓杨，后七代曾改为姓和[②]，至今已有24代。

能工巧匠，如银匠李氏。《李氏宗谱》载：“吾宗李氏原籍江苏省江宁府上元县人，到丽江以来，世以冶银为业，兼之力农，忠厚传家……”从始祖李氏到今已有15代了。[③] 又如周氏，据《周氏家谱》载：“……盖我之祖，原籍江南省蓟州府常熟县柳营村人氏。……至九世祖宗耀，于明朝崇祯年间木府请至丽江，因日久远，遂于大研里街尾村居住。”至今已有13代。

到丽江经商的，如赖氏。原籍为福建永定县永兴乡丰田里人，明代时从事贸易至丽江。历代经商，曾有商号“仁和昌”。20世纪30年代的赖耀彩，生性慈善，乐善好施，曾慷慨捐资修建三座重要的桥梁，至今传为佳话。至今已有14代。

以上姓氏，以25年算为一代，凡至今有14代的，应在明代就迁居丽江了。

丽江改土设流后，一大批汉族姓氏出现在丽江，据乾隆八年（1743）纂修的《丽江府志略》“官师略”“学校略”“人物略”中统计，共提及的姓氏有44个，分别是：杨、元、冯、靳、管、何、沈、张、周、孔、樊、余、程、姜、刘、王、赵、荓、仉、颜、郑、苗、段、万、胡、于、魏、龚、蒋、汤、黄、邵、李、董、陈、徐、罗、仲、寸、敖、唐、蓟、周、马。

又据光绪时期纂修的《丽江府志稿》统计，姓氏又新增了83个，如：牛、郭、陈、阙、徐、方、赖、鲍、姚、龙、吕、羊、姜、梁、白、奚、彭、邱、肖、熊、阿、金、范、习、潘、洪、严、田、蒙、桑、大、瓦、庄、辛、江、朱、克、吴、宋、庆、冯、嵩、温、广、施、福、贾、钟、裴、许、陆、屈、恒、积、欧阳、冒、游、符、关、伍、孙、叶、汪、雷、范、胡、曹、席（葆真）、韩、韦、汇、钱、蒲、易、欧、武、

① 唐有为：《丽江姓氏考》，和志华主编《丽江文史资料全集》（五），云南民族出版社2012年版，第114页。

② 郭大烈、和志武：《纳西族史》，四川民族出版社1999年版，第336页。

③ 和湛主编：《丽江古城》，云南民族出版社2003年版，第393页。

谭、陶、卢、苏、丁、薛。

清光绪年间丽江的汉姓达 126 个，延至解放前夕，发展到 138 个之多[①]。这其中有恢复原来姓氏的情况，也有后期移民的姓氏。这从一个侧面反映了汉族移民不断增多，大规模的移民势必会引起强势的汉文化的渗入。

地处西南边陲的丽江长期处于木氏土司统治之下，从 1253 年忽必烈南征到丽江算起，至雍正元年（1723）改土归流，木氏土司在滇西北的统治长达 470 年之久。在这一过程中，木氏土司对汉族移民多采取"以夏变夷"策略。在《徐霞客游记》中记载："止分官、民二姓，官姓木，初俱姓麦，自汉至国初。太祖乃易为木。民姓和，无他姓者。"担任翻译的把事"和姓。盖丽江土著，官姓为木，民姓为和，更无别姓"。明代木公在述怀诗中也说："四郡齐民一姓和。"这是不仅针对纳西族取用汉姓而言，当然也包括了外来移民的姓氏。据传，明代木氏土司对外来者有两个要求：一是不许反叛；二是不得保留原姓，一律改姓为"和"。只有遵从这两条规定者，才给居住的地基和活动的资金，当然也可以长期居住。[②] 土司木泰时期推行强制改姓运动，一方面是积极学习汉文化的体现，另一方面又是汉文化与纳西族文化的融合，是汉人纳西化的运动，实现了"居楚而楚，居夏而夏"的同化。而且当时木氏土司处于强势，所以进入丽江的外来移民，都存在着不断"纳西化"的问题。如前面所说，1949 年丽江已经有 138 个之多的汉族姓氏，这些大多是明以来的移民发展起来的。进入到丽江的外来移民，一两代就实现了"纳西化"。所以，数量上没有占优势的外来移民在纳西族社会中渐变为纳西人，这是纳西文化对汉文化影响的主要表现之一。

2. 纳西文化与藏文化的互动

就纳西族与周边民族关系而言，与藏族的历史渊源深远。从整个历史时期来看，藏文化对纳西族地区的影响也是最突出的。由于文化具有相互渗透性，因而纳西族文化也对藏区产生影响，可以从民俗文化、农耕技术、语言等方面表现出互动的关系。

---

① 唐有为：《丽江姓氏考》，和志华主编《丽江文史资料全集》（五），云南民族出版社 2012 年版，第 109 页。

② 和湛主编：《丽江古城》，云南民族出版社 2003 年版，第 388 页。

（1）纳西族民俗文化对藏区的影响

明代，木氏土司向北拓展，一度控制了昌都以南的巴塘、理塘、稻城的藏区，“徙摩些戍焉”，通过“移民实边”政策，“麽些文化输至吐蕃者亦有之（如食品、礼节多习麽些也）。”[①] 民国十七年九月，民国政府决定建立西康省，把隶属于云南的中甸、维西、阿敦子（德钦）归西康省，认为此区域内古宗[②]民族很多，而且云南省未能很好地治理。其实这一区域的古宗民族只有五千七百户，域内总户数超过了一万五千户，不及三分之一人口，“故此区内居民以麽些为主，盖麽些多已汉化，其他民族之融合以麽些为中心也”。对融合于麽些的吐蕃，清代以来称之为“麽些古宗”，服饰、礼仪、习俗多与纳西族相同。“据 1954 年开展民族识别时，有人提到纳西族曾经在甘孜藏族地区最少有五千户以上，这个估计丝毫不过分，尽管现在居住在这一地区的纳西族人数不多。”[③] 再从民国时期中甸县人口变化，也可以看出纳西族对藏区的影响。民国二十一年，么（麽）些 12884 人，古宗 9777 人[④]；民国二十八年，么（麽）些 8259 人，古宗 8252 人[⑤]。可见，民国时期中甸人口中，麽些民族人口数量超于古宗数量，而且分布于金沙江沿岸、大中甸、小中甸、三坝等地，称为“本地人”，民俗文化的影响由是可见一斑。任乃强认为，“麽些为康滇间最大民族，亦为最优秀之民族也”。[⑥] “此开辟康滇间文化之三大动力……以丽江木氏图强，经略附近民族，为第一动力！”[⑦] 明代以来，木氏土司及后来的管理者采用纳西族军政合一制度——“木瓜”“本孙”制度在康区推行，也是纳西文化对藏区影响的表现。纳西族“木瓜”制度源于古代部落战争，形成于元代。“木”意为“兵”，“瓜”意为“管理”。清代木氏土司在康区衰败，“木瓜没有因为木氏土司的失败而从藏区消失”。[⑧]

---

① 方国瑜：《麽些民族考》，白庚胜、和自兴主编：《方国瑜纳西学论集》，民族出版社 2008 年版，第 49 页。

② “古宗”是滇西北各民族对藏族的一种称谓，纳西语称“古兹”（kv^{33} ʥɿ^{21}）。

③ 格勒编著：《甘孜藏族自治州史话》，四川民族出版社 1984 年版，第 114 页。

④ （民国）冯骏纂、和清远修，和泰华、段志诚标点校注：《中甸县志资料汇编》（四），中甸县志编纂委员会 1991 年印（内部资料），第 31 页。

⑤ （民国）段绶滋纂修，和泰华、段志诚标点校注：《中甸县志资料汇编》（三），中甸县志编纂委员会 1991 年印（内部资料），第 44 页。

⑥ 任乃强：《西康图经·民俗篇》，南京新亚细亚出版科 1933 年版，第 318 页。

⑦ 同上书，第 331 页。

⑧ 赵心愚：《纳西族与藏族关系史》，四川人民出版社 2004 年版，第 285 页。

如《红坡噶丹羊八景如意宝瓶底簿序》载："噶玛教派木瓜僧迪吉和诺布二人新建本寺……"① 杜昌丁在《藏行纪程》中载："碟巴之下有木瓜、神翁、头人等名色。"② 这些文献中都有"木瓜"官职之记载。"本孙"，"本"意为村寨，"孙"意为管理者或掌控者，是木氏土司在控制区内推行管理村寨的头人制度，它与"木瓜"制度一样延续到1949年。

（2）纳西族农耕技术在藏区的传播

明代木氏土司向藏区大量移民，战时为兵，修筑碉楼，在今天白松乡的河谷、山顶都有碉楼遗址。平时开垦造田，自给自足。以村寨为单位的移民带来了丽江的生产生活模式，修沟造田，打墙建屋，种植红米。木氏土司统治中甸时期，派大批徭役，开挖水沟，造梯田教种稻谷，栽种核桃等。因不顾地理条件，结果以失败告终。至今在大、小中甸还保留着好几处稻田湾的地名。③ 今天巴塘东南区的大片梯田就是纳西族移民所修造的。得荣县白松乡下的门扎、白松村是该县唯一种植水稻的地方，以种植旱稻红米，红米属于纳西人引进的品种，其种植技术和要求高于其他作物。至今保留有纳西人开挖的大水渠。纳西族生产技术已在这些地方得到传播，"明季，当地藏族多使用硬质木做成的犁铧犁地，纳西族带来了丽江铁犁，使耕地的深度和速度都有了明显的改观，当地人将这种铁犁叫'绛肯'（绛，藏语，对丽江纳西族的总称；肯，藏语，犁铧。即为纳西犁铧）"。④ 纳西族在藏区传播农耕技术，带来生产工具和农作物种子，推动了康南地区农业的发展。

（3）纳西语在藏区的影响

康南地区以纳西语命名的地名不少。《乡城县地名录》中的"热公"（绛岗），意为纳西族居住之地；《稻城县地名录》中的"巨龙"（绛让），意为纳西族的水沟。中甸是受纳西语影响最深的藏区，在藏语方言中，纳西语借词占相当的比例。小中甸和东旺的藏语中夹杂有很多的纳西话，小

① 《红坡噶丹羊八景如意宝瓶底簿序》，瑟格苏郎甲初、西洛嘉措辑录译注《中甸县志资料汇编》（五），中甸县志编纂委员会1991年印（内部资料），第3页。

② （清）杜昌丁：《藏行紀程》（第1卷），世楷堂藏板，光緒二年重印本。

③ 瑟格·苏诺甲建：《明季木氏土司对中甸的经营浅识》，《中甸县志通讯》第3期，第54页。

④ 杨嘉绒、阿绒：《明季丽江木氏土司统治势力向藏区扩张始末及其纳西族遗民踪迹概溯》，《甘孜州文史资料》第18辑，第241页。

中甸的藏民对核桃、蚕豆、玉米、衬衫以及撮箕等物的称呼都借用了纳西语。[①] 由于借纳西词不少，形成了康方言区的南路语群中的特殊土语。在中甸县境高寒山区，至今还有很多纳西语地名，如大中甸的吾日、洛东、洛茸、吉利古、格都、布伦、阿极、川词、阿日克、古孜莱、白色词等，小中甸的日吕、木鲁古、瓦嘎、吉沙等。[②] 纳西语对藏区的影响远不及藏语对纳西族地区的影响，但从以上这些事例说明了纳西文化对藏区的影响，在民族杂居区域，民族文化的交融就是相互影响的过程，也是推进区域内民族团结和发展的需要。

3. 纳西文化与白族文化的互动

历史上，纳西族与白族地缘关系密切，文化交流也很频繁。在东巴经《崇搬图》中记载了纳西族、藏族、白族是一家三兄弟，白族排行老三。南诏、大理国时期，纳西族与白族之间关系紧密，既有冲突也有融合。明代以来，纳西族与白族在经济、文化方面的交往更趋频繁。据光绪《丽江府志稿》记载，与纳西族交往的白族有两支：僰人，即为大理白族，又叫民家；剌毛，专指生活在澜沧江、怒江的"那马"白族。《维西见闻纪》载："那马，本民家，僰人也。……麽些谓之那马，遂以那马名之，语言实与民家无异，男女衣服之饰，杂用古宗、麽些之制，而受制于麽些头人、土官。"[③] 纳西族地区的白族，多数从清代中后期迁居丽江，其中居住在丽江金山、七河、巨甸等乡镇的白族多从鹤庆迁来。居住在丽江九河、石头等地的白族多从大理、剑川迁来。他们长期与纳西族杂居，不断调适民族间关系，形成"你中有我，我中有你"和谐的民族关系。纳西族对白族的影响主要表现在服饰、语言、宗教信仰方面。

纳西族服饰对白族的影响是明显的。例如，九河乡的白族妇女服饰就吸收了纳西妇女以双带束于胸前的羊皮披肩服饰习俗；已婚妇女所戴的"璀帽"，与纳西族阿妈的"姑子帽"有渊源关系。九河白族围腰长而宽，大理白族的围腰则短而窄，显然是从纳西族的十三褶围腰简化而来的。这方面在第五章之"纳西族服饰与白族服饰交融"一目已作了详细的论述。

目前，学界对白语归属的分歧还很大。但在与纳西族长期交往中，形

---

① 杨福泉：《纳西族与藏族历史关系研究》，民族出版社 2005 年版，第 365 页。

② 潘发生：《明季清初姜岭大战史初探》，《中甸县志通讯》1994 年第 4 期。

③ （清）余庆远：《维西见闻纪》，方国瑜主编《云南史料丛刊》（卷 12），云南大学出版社 2001 年版，第 58 页。

成了独具特色的金山、九河土语。白族与纳西族交往过程中，两种语言在很多字词发音上相同，而意思上大相径庭，经常闹笑话。据张克武①讲，以前有一个白族小伙子在古城里打工，事前商量好，一天给工钱五元。结果当天很晚才把事做完，主人家用纳西话说付给他十元，白族小伙不太听明白，以为是要扣钱，他说不行，一定要付五元的工钱。这是白族人听不懂纳西话所致。一个白族人乳名叫“阿尼”，听起来就成了纳西话中的脏话。盐叫“必”，如果去买盐巴，就得说：“必其又（买些盐巴）。”听起来也成了纳西语中一个十足的脏话。白语的“古录尼”，就是指“对了”的意思。纳西人听起来就是脏话。这样，民族间交流就出现了许多问题，为了生存和交流方便，丽江的白族有意识地对容易产生歧义的字词进行变调和改字处理。于是就把上文改成了没有脏话（纳西族）语义的语言。凡是跟纳西语有冲突的就改了。由此，丽江白族已很难跟剑川、大理白族进行沟通，也成了很有特色的白族语言。

宗教信仰既有民族性，也有地域性。丽江白族为求得生存，对纳西族的神也有信仰。丽江东山庙是清代乾隆年间照搬鹤庆石宝山的东山庙而修建的。白族认为，每年二月八日是东山老爷的生日，跟纳西族的战神三多是同一天出世。他们都参加北岳庙祭拜活动。在丧葬方面，丽江的白族跟纳西族一样，父母过世的“四七”那天，由死者女儿来筹办宴会，而在大理、鹤庆等地是没有这个风俗的。

由于语言、服饰、信仰等方面与大理白族差异明显，因而有人说，来自鹤庆的丽江白族是“白倮倮”，意思是白族的野蛮人。这也是长期以来与纳西族文化互动的结果。

总之，明代以来，纳西族与周边民族在文化交往中，既有吸纳其他民族文化的一面，也有纳西文化影响到其他民族的一面。这种时空的互动推动了民族间文化的渗透，形成了兼有民族性和地域性的特色文化。

本章小结

通过对以上文化因子的考察，本章探讨了纳西族地区综合文化区及三

① 张克武，男，白族，55岁，古城区金山乡文化站站长。本条资料是2007年11月22日笔者做“金山乡村文化大开发课题”调查时所得。

个文化亚区关系。丽江、白地、永宁到盐源三个文化亚区间差异明显，主要影响因素有：地理环境、政治势力和行政区划、交通发展及民族融合等。明至民国时期，纳西族受汉文化的全面影响，表现在丽江洞经音乐、壁画、汉文化教育等方面。历史上纳西族与藏、白、普米等周边民族关系密切，文化互动突出，这种地缘性的互动关系一直延续至今。

总之，纳西族蔚为大观的民族文化，是在历史时期不断吸纳外来文化基础上形成的。不同历史时期，不同民族的文化层在纳西族地区交融、变异、沉积，形成了以纳西族文化为“标签”的具有地域性和民族性的文化综合体。

结　　语

本书所考察的内容几乎涵盖了纳西族文化的方方面面，这从另外一个方面暴露出论文的弱点，即对问题的深究不足。但从纳西族整体观来研究历史文化地理，有其独道和创建之处。这部分主要围绕这四个方面来展开。

一　丰富的东巴文献难与汉文献资料在研究中相得益彰

自明代以来，汉文献所记载的纳西族历史不少，但通过对不同文化因子考察后发现，汉文献所记载的纳西族文化是支离破碎的，并没有发现连续剧式的记载。要复原这些文化因子的景观和演变脉络，必须依靠地方文献资料，包括东巴经书、地方碑刻、口述史料等，但这些资料的记载方法、模式与正史体例、记录方式不同，两者资料同时运用在一起，显然有着很大差异。如东巴经书内容记述了纳西族发展史，纪年方式上与公元纪年不同，很多事件的发生时间不可知，加上它用优美的文学色彩来记述，与正史中的时间、空间观念迥然不同。这是本书运用材料时所遇到的困难。只有突破传统史学观念和方法，考辨东巴经书内容的时间性和可靠性，完全可以同正史资料一样使用，更能丰富和完整地展现纳西族不同文化因子的发展脉络。

二　阳主阴从——多元性的纳西族文化以民族性为显著特点

从前文的研究表明，纳西族文化形成和发展伴随着不断吸纳外来文化。我们几乎见不到纯粹的纳西族文化，总是渗透着其他民族的文化。通过考察丽江洞经音乐后发现，今天我们所说的“纳西古乐”，不仅有道教音乐，也有中原其他音乐元素，还有纳西族传统音乐，已形成一个多元一体的文化。丽江古城建筑、丽江壁画等都有这样的特点。文化的一个特质就是具有很强的穿透力，文化一旦接触，就变成一种新的文化，而不是相互不溶解的混合物。外来文化的渗透，总是在主体文化的容量下进行的。丽江洞经音乐不是洞经音乐和纳西族音乐的简单综合，而是洞经音乐在纳西族传统文化中变异、分化、发展，形成丽江特色的洞经音乐。这就体现了“阳主阴从”的思想，纳西族文化就是“阳”，外来文化是“阴”，纳西族文化不可能完全被外来文化所“吞噬”，经过不断调适和自我调节，形成一种新的文化模式，具有了新的生命力。所以说，纳西族文化是以纳西族文化为“标签”的具有地域性和民族性的文化体。

三 研究少数民族文化地理不可忽略地域性文献资料

在中国，文献资料可谓是汗牛充栋，浩瀚无边，但要深究一个问题的时候，又往往会感到捉襟见肘。汉文献如此，少数民族文献更是如此。研究少数民族历史文化，要高度重视地方文献资料，汉文献中的资料毕竟有限，很多是蜻蜓点水式的记载，很难弄清事件的来龙去脉。以本书为例，书中使用大量碑刻文献资料和东巴经书内容，一方面拓展了历史时期纳西族文献资料的使用范围，前人已作了大量研究，正史中的文献资料已经使用“殆尽”，研究出现了瓶颈，使用碑刻文献可以弥补这方面的不足。传统的历史地理研究中，多采用概括性强的文献，缺少入景式的文献材料。碑刻资料还可以弥补正史资料记载不足和勘误正史。东巴文献资料丰富，内容涉及历史时期纳西族的方方面面，称为“百科全书”。通过识读东巴经书后发现，很多正史资料中未曾提及的内容在经书中作了详细记载，从经书的形式到内容都能反映出纳西族文化地理的特点。所以说，研究少数民族文化地理，需要注重收集地方性文献资料，如碑刻、民族文献、民间应用性文书、口述史等，有条件还要进行多次田野考察，只有这样，才能掌握最全面的材料，支撑起一个铿锵有力的论点来。

四 多个民族的历史文化地理研究是探讨少数民族历史文化地理研究范式的基础

文化是软实力，文化的生命力最为强大。虽然中国历史文化地理的研究起步晚，但三十余年的研究成果表明，本学科是最具有“现实关怀”的学科。少数民族文化地理是中国历史文化地理研究中不可或缺的部分，是有机的组成部分。如果对五十五个少数民族都进行历史文化地理专题研究，加之以内地各省区为单位的研究，定能较为全面地反映出中国历史文化地理的全貌，也为中华文化一体注入新的理论支撑，为中华民族文化复兴作出贡献。本书虽开创了少数民族历史文化地理研究的一条途径，但它不足以成为一种范式，只有十个以上的研究文本放在一起来总结、提炼，才具有普遍的意义。因此，本书只是开了个头，期待有更多的学者关注和投入到少数民族历史文化地理的研究当中，薪火相传，历史文化地理研究才能愈走愈远，愈走愈坚实。

诚然，本书的不足是显而易见的，尤其是社会经济对纳西族文化地理的影响方面甚为薄弱，是本书特别需要着力的一个方面。

人地关系系统包含有三个重要的内容，即自然地理、经济活动、社会文化。三者关系密不可分，相互作用。自然地理是其他两者的基础，是提供物质资料和人类活动的场所。自然地理可以直接影响经济活动，还可以直接影响社会文化；经济活动对自然地理产生不同程度的影响，对社会文化也产生直接影响；社会文化对前两者同样产生不同程度的影响。既然三者关系如此密切，研究任何一个方面都应考虑到其他影响因素。严格说来，本书就应该从纳西族生存环境、纳西族社会经济和纳西族文化三方面来考察纳西族文化的变迁，充分考虑社会经济对另外两者的影响。由于本书涉及文化因子众多，所处自然地理的复杂性，因此在行文中重点论述了自然地理和社会文化之间的互动关系，而经济活动对另外两者影响则论及得不多。这是本书还需拓展和深入探讨的空间，也只有这样，历史时期的纳西族文化地理研究才会更加全面、更加完备。

参考文献

（一）历史文献[①]

［1］（南朝）范晔修：《后汉书》，中华书局1965年版。

［2］（晋）常璩撰，任乃强校注：《华阳国志校补图注》，上海古籍出版社1987年版。

［3］（唐）樊绰撰，木芹校注：《云南志校注》，云南人民出版社1995年版。

［4］（晋）刘昫等：《旧唐书》，中华书局1975年版。

［5］（宋）欧阳修，宋祁等撰：《新唐书》，中华书局1975年版。

［6］（元）李京撰，王叔武辑校：《云南志略》，云南民族出版社1986年版。

［7］（明）倪辂辑，木芹会证：《南诏野史会证》，云南人民出版社1990年版。

［8］（明）宋濂、王祎等主编：《元史》，中华书局1976年版。

［9］（明）诸葛元声撰，刘州朝校点：《滇史》，德宏民族出版社1994年版。

［10］（明）刘文征撰，古永继校点，王云、尤中审订：《滇志》，云南教育出版社1991年版。

［11］（明）陈文纂修，李春龙、刘景毛校注：《景泰云南图经志书校注》云南民族出版社2002年版。

［12］（明）刘文征纂修：天启《滇志》，上海古籍出版社1995年版。

① 按文献撰写时间先后来排列。

［13］（明）徐弘祖著，朱惠荣校注：《徐霞客游记校注》（上、下），云南人民出版社 1985 年版。
［14］（清）张廷玉编：《明史》，中华书局 1974 年版。
［15］（清）顾祖禹：《读史方舆纪要》，中华书局 1955 年版。
［16］张永康、彭晓主编：《木氏宦谱（影印本）》，云南美术出版社 2001 年版。
［17］（清）管学宣等纂：乾隆《丽江府志略》，丽江纳西族自治县县志编纂委员会 1991 年翻印。
［18］（清）陈宗海等纂：光绪《丽江府志稿》，丽江市古城区方志编纂委员会 2005 年印制。
［19］（清）傅恒等编：《皇清职贡图》，广陵书社 2008 年版。
［20］（清）伯麟主修，揣振宇编：《滇省夷人图说》《滇省舆地图说》，中国社会科学出版社 2009 年版。
［21］（清）倪蜕辑，李埏校点：《滇云历年传》，云南大学出版社 1999 年版。
［22］《皇明恩纶录》，载《纳西族社会历史调查》（二），云南民族出版社 1986 年版。
［23］（清）王崧编纂，刘景毛点校，李春龙审定：《道光云南志钞》，云南省社会科学院文献研究室 1995 年印。
［24］（清）王崧编纂，李春龙、刘景毛点校：《正续云南备征志精选点校》，云南民族出版社 2000 年版。
［25］（清）段鹏瑞编纂：《盐井乡土志》，《中国地方志集成·西藏府县志辑》（全一册），成都巴蜀书社 1995 年版。
［26］（清）李英灿修，李昭纂：《冕宁县志》，《中国地方志集成·四川府县志辑》（第七十册），成都巴蜀书社 1992 年版。
［27］（清）顾炎武撰：《肇域志》（点校本），上海古籍出版社 2004 年版。
［28］（清）顾祖禹撰：《读史方舆纪要》，中华书局 2005 年版。
［29］（清）辜培源等修，曹永贤等纂：光绪《盐源县志》，《中国地方志集成·四川府县志辑》（第七十册），成都巴蜀书社 1992 年版。

[30]（清）第五世达赖喇嘛撰，郭和卿译：《西藏王臣记》，民族出版社1983年版。
[31]（清）阿旺钦饶撰，鲁绒格丁等译：《木里政教史》，四川民族出版社1993年版。
[32]（民国）赵尔巽、柯劭忞等编：《清史稿》，中华书局1977年版。
[33]（民国）周钟岳、赵式铭总纂，李斌等点校，李春龙审订：《新纂云南通志》，云南人民出版社2007年版。
[34]（民国）段绥滋纂修，段志诚、和泰华标点校注：《中甸县志》，中甸县志编纂委员会办公室1991年印。
[35]（民国）刘赞延编：《盐井县志》，《中国地方志集成·西藏府县志辑》（全一册），成都巴蜀书社1995年版。

（二）现代著作①

[1] 和志武：《纳西东巴文化》，吉林出版社1969年版。
[2] 詹承绪等：《永宁纳西族的阿注婚姻和母系家庭》，上海人民出版社1980年版。
[3] 方国瑜编纂、和志武参订：《纳西象形文字谱》，云南人民出版社1981年版。
[4] 王辅仁：《西藏佛教史略》，青海人民出版社1981年版。
[5] 谭其骧主编：《中国历史地图集》（5—8册），地图出版社1982年版。
[6] 严汝娴、宋兆麟：《永宁纳西族的母系制》，云南人民出版社1983年版。
[7] 中国西南民族研究学会编：《雅砻江下游考察报告》，中国西南民族研究学会编印1983年版。
[8] 格勒：《甘孜藏族自治州史话》，四川民族出版社1984年版。
[9] 冉光荣、李绍明、周锡银：《羌族史》，四川民族出版社1985年版。

① 按出版时间先后来排列。

［10］［法］石泰安著，耿昇译，王尧校：《西藏的文明》，西藏社会科学院西藏学汉文文献编辑室 1985 年印。
［11］尤中：《中国西南民族史》，云南人民出版社 1985 年版。
［12］四川省编辑组：《四川省阿坝州藏族社会历史调查》，四川社会科学出版社 1985 年版。
［13］《宁蒗县纳西族社会历史及其形态调查》（宁蒗县纳西族家庭婚姻调查之一），云南人民出版社 1986 年版。
［14］《永宁纳西族社会及其母系制调查》（宁蒗县纳西族家庭婚姻调查之三），云南人民出版社 1986 年版。
［15］杜瑜、朱玲玲编：《中国历史地理学论著索引（1900—1980）》，书目文献出版社 1986 年版。
［16］达仓宗巴·班觉桑布著，陈庆英译：《汉藏史集》，西藏人民出版社 1986 年版。
［17］方国瑜：《中国西南历史地理考释》（上、下册），中华书局 1987 年版。
［18］刘敦桢：《刘敦桢文集》（三），中国建筑工业出版社 1987 年版。
［19］四川省编辑组：《四川省纳西族社会历史调查》，四川社会科学出版社 1987 年版。
［20］《宁蒗县纳西族社会历史及其母系制调查》（宁蒗县纳西族家庭婚姻调查之二），云南人民出版社 1988 年版。
［21］中甸县志编纂委员会：《中甸县志资料汇编》（1—5 册），中甸县志编纂委员会办公室 1991 年印。
［22］丽江纳西族自治县志编纂委员会编：《丽江志苑》（1—7 辑），丽江纳西族自治县志编纂委员会办公室 1988 年版。
［23］戈阿干主编：《祭天古歌》，中国民间文艺出版社 1988 年版。
［24］云南省社会科学院丽江东巴文化研究所编：《滇川纳西族地区民俗和宗教调查》，云南省社会科学院丽江东巴文化研究所编印 1990 年版。
［25］丁世良等编：《中国地方志民俗资料汇编》（西南卷，上），书目文献出版社 1991 年版。

[26] 卢云：《汉晋文化地理》，陕西人民教育出版社 1991 年版。
[27] 龚荫：《中国土司制度》，云南民族出版社 1992 年版。
[28] 王会昌：《中国文化地理》，华中师大出版社 1992 年版。
[29] 蓝勇：《历史时期西南经济开发与生态变迁》，云南教育出版社 1992 年版。
[30] [俄] 顾彼得著，李茂春译：《被遗忘的王国》（中文版），云南人民出版社 1992 年版。
[31] 杨世光主编：《纳西族文学史》，四川民族出版社 1992 年版。
[32] 王明达、张锡禄：《马帮文化》，云南人民出版社 1993 年版。
[33] 和志武、杨福泉编：《中国原始宗教资料丛编·纳西族卷》，人民出版社 1993 年版。
[34] 郭大烈、和志武：《纳西族史》，四川民族出版社 1994 年版。
[35] 尤中著：《云南民族史》，云南大学出版社 1994 年版。
[36] 杨福泉著：《神奇的殉情》，香港三联书店 1994 年版。
[37] 王忠翰主编：《中国民族史》，中国社会科学出版社 1994 年版。
[38] 迪庆藏族自治州民族宗教事务委员会编：《迪庆藏族自治州宗教志》，中国藏学出版社 1994 年版。
[39] 四川省盐边县民族事务委员会编：《盐边县少数民族志》，四川民族出版社 1994 年版。
[40] 木里藏族自治县志编纂委员会编：《木里藏族自治县志》，四川人民出版社 1995 年版。
[41] 张伟然：《湖南历史文化地理研究》，复旦大学出版社 1995 年版。
[42] 贾克荣等编：《云南藏学研究论文集》（一），云南民族出版社 1995 年版。
[43] 杨福泉：《原始生命神和生命观》，云南人民出版社 1995 年版。
[44] 四川勘察设计协会编：《四川民居》，四川人民出版社 1996 年版。
[45] 王森：《西藏佛教发展史略》，中国社会科学出版社 1997 年版。
[46] 贾克荣等编：《云南藏学研究论文集》（二），云南民族出版社 1997 年版。
[47] 蓝勇：《西南历史文化地理》，西南师范大学出版社 1997 年版。

［48］周振鹤主编：《中国历史文化区域研究》，复旦大学出版社 1997 年版。

［49］程民生：《宋代地域文化》，河南大学出版社 1997 年版。

［50］中甸县志编纂委员会：《中甸县志》，中甸县志编纂委员会办公室编纂，云南民族出版社 1997 年版。

［51］刘曼卿：《国民政府女密使赴藏纪实》（原名《康藏轺征》），民族出版社 1998 年版。

［52］彭建华、李近春主编：《纳西族人物简志》，内蒙古大学出版社 1998 年版。

［53］杨福泉：《多元文化与纳西社会》，云南人民出版社 1998 年版。

［54］郭大烈主编：《纳西族文化大观》，云南民族出版社 1999 年版。

［55］杨福泉：《秘笈古韵》，云南民族出版社 1999 年版。

［56］［美］约瑟夫·洛克著，宣科主编，刘宗岳等译，杨福泉、刘达成审校：《中国西南古纳西王国》，云南美术出版社 1999 年版。

［57］陈垣：《明季滇黔佛教考》，河北教育出版社 2000 年版。

［58］杨福泉著：《绿雪歌者——李霖灿与东巴文化》，云南教育出版社 2000 年版。

［59］方国瑜主编，徐文德、木芹、郑志惠纂录校订：《云南史料丛刊》（1—13 卷），云南大学出版社 1998—2001 年版。

［60］和湛编：《丽江文化荟萃》，宗教文化出版社 2000 年版。

［61］丽江地区民族宗教事务局、丽江地区行署地方志办公室编：《丽江地区民族志》，云南民族出版社 2001 年版。

［62］石硕：《藏族族源与藏东古文明》，四川人民出版社 2001 年版。

［63］和少英：《纳西族文化史》，云南民族出版社 2001 年版。

［64］李汝明等编纂：《丽江纳西族自治县志》，云南人民出版社 2001 年版。

［65］华林甫编：《中国历史地理学五十年（1949—1999）》，学苑出版社 2001 年版。

［66］白庚胜：《色彩与纳西族民俗》，社会科学文献出版社 2001 年版。

［67］余海波、余嘉华：《木氏土司与丽江》，云南民族出版社 2002 年版。

[68] 杨福泉：《古王国的望族后裔》，云南人民出版社 2003 年版。
[69] 赵心愚：《纳西族与藏族关系史》，四川人民出版社 2004 年版。
[70] 张晓虹：《文化区域的分异与整合——陕西历史文化地理研究》，上海书店出版社 2004 年版。
[71] 丽江东巴文化研究所译注、编纂：《纳西东巴古藉译注全集》（1—100 卷），云南人民出版社 2004 年版。
[72] 杨福泉：《纳西族与藏族历史关系研究》，民族出版社 2005 年版。
[73] 范玉春：《移民与中国文化》，广西师范大学出版社 2005 年版。
[74] 张瑛：《西南彝族服饰文化历史地理》，民族出版社 2005 年版。
[75] 徐嘉瑞：《大理古代文化史稿》，云南人民出版社 2005 年版。
[76] 杨福泉：《纳西族文化史论》，云南大学出版社 2006 年版。
[77] 周智生：《商人与近代中国西南边疆社会——以滇西北为中心》，中国社会科学出版社 2006 年版。
[78] 杨尚孔、白郎主编：《四川纳西族与纳文化研究》，中国文联出版社 2006 年版。
[79] 安介生；《历史民族地理》，山东教育出版社 2007 年版。
[80] 黄绍文：《诺玛阿美到哀牢山：哈尼族文化地理研究》，云南民族出版社 2007 年版。
[81] 薛正昌：《黄河文明的绿洲：宁夏历史文化地理》，宁夏人民出版社 2007 年版。
[82] 朱圣钟：《历史时期凉山彝族地区经济开发与环境变迁》，重庆出版社 2007 年版。
[83] 杨林军：《徐霞客与丽江》，云南美术出版社 2007 年版。
[84] 杨杰宏：《纳西族民俗学通论》，云南美术出版社 2007 年版。
[85] 赵心愚：《纳西族历史文化研究》，民族出版社 2008 年版。
[86] 喻遂生：《纳西东巴文研究丛稿》（第二辑），巴蜀书社 2008 年版。
[87] 杨文顺、木永跃编著：《丽江白族纳西族文化概论》，云南民族出版社 2008 年版。
[88] [英] 阿兰 · R. H. 贝克著，阙维民译：《地理学与历史学——跨越楚河汉界》，商务印书馆 2008 年版。

[89] 郭声波：《彝族地区历史地理研究——以唐代乌蛮等族羁縻州为中心》，四川大学出版社 2009 年版。

[90] 石硕：《藏彝走廊：文明起源与民族源流》，四川人民出版社 2009 年版。

[91] 蓝勇编著：《中国历史地理》（第二版），高等教育出版社 2010 年版。

[92] 吴宏岐：《历史地理学方法论的探索与实践》，暨南大学出版社 2010 年版。

[93] 许桂香：《岭南服饰历史文化地理》，民族出版社 2010 年版。

[94] 杨林军编著：《丽江历代碑刻辑录与研究》，云南民族出版社 2011 年版。

[95] 和志华主编：《丽江文史资料全集》（1—5），云南民族出版社 2012 年版。

（三）期刊论文

[1] 方国瑜：《么些民族考》，《民族学研究集刊》1944 年 4 期。

[2] 吴泽霖：《从么些人研究谈到边政的原则》，《边政公论》1946 年第 12 期。

[3] 何炳棣：《美洲作物引进、传播及其对中国粮食的影响》，《清史论丛》1962 年第 5 期。

[4] 宋兆麟：《泸沽湖畔摩梭人的农业》，《农业考古》1982 年第 1 期。

[5] 和即仁：《试论纳西族的自称族名》，《思想战线》1984 年第 4 期。

[6] 雷宏安：《丽江洞经会调查》，《民族学调查研究》1987 年第 4 期。

[7] 张大群：《略论丽江纳西族历史上的学校教育》，《云南师范大学学报》1987 年第 6 期。

[8] 姜竹仪：《纳西语东部方言的土语》，《民族学调查研究》1987 年第 2、3 期。

[9] 和品正：《丽江古纳西人的民俗节庆与原始宗教》，《丽江志苑》1988 年第 6 期。

［10］刘龙初：《纳西族火葬习俗试析》，《民族研究》1988 年第 5 期。
［11］周振鹤：《从北到南与自东徂西——中国文化地域差异的考察》，《复旦大学学报》1988 年第 6 期。
［12］卢云：《文化区：中国历史发展的空间透视》，《历史地理》1990 年第 9 期。
［13］宋兆麟：《一幅珍贵的纳西族风俗画》，《民族研究》1989 年第 6 期。
［14］宣科：《对热美磋的来历经的研究》，《音乐探索》1990 年第 4 期。
［15］姜竹仪：《纳西语在藏缅语言中的地位》《民族语文》1990 年第 1 期。
［16］卢云：《先秦两汉时期婚姻礼制的地域扩张与阶层传播》，《历史地理》1990 年第 8 期。
［17］曹树基：《清代玉米、番薯分布的地理特征》，《历史地理研究》（第 2 辑），复旦大学出版社 1990 年版。
［18］王清廉：《服饰与地理环境》，《河北师范大学学报》1991 年第 4 期。
［19］［日］诹访哲郎：《从创世神话看纳西族的游牧民性与农耕民性》，《东巴文化》云南人民出版社 1991 年版。
［20］和力民：《纳西族东巴音乐文化简述》，《玉龙山》1992 年第 1 期。
［21］谭其骧：《历史人文地理研究发凡与举例》，《历史地理》1992 年第 10 期。
［22］张附孙：《把丽江的历史文化作为区域文化来研究》，《云南文化资源研究与开发》云南民族出版社 1994 年。
［23］雍际春：《论历史文化地理学的研究对象、科学内容及其任务》，《中国历史地理论丛》1994 第 3 期。
［24］黎小龙：《两汉时期西南人才地理特征探析》，《西南师范大学学报》1995 年第 2 期。
［25］郭大烈：《明清时期纳西族地区经济的发展》，《民族学》1995 年第 1—2 期。
［26］宋兆麟：《俄亚纳西人的农业》，《农业考古》1995 年第 3 期。

［27］宣科：《纳西古乐》，《玉龙山》1995 年第 1 期。
［28］理安民：《云南白、彝、纳西等民族的“衣尾”习俗探源》，《民族艺术研究》1995 年第 5 期。
［29］李国文：《云南丽江纳西族地区的道教》，（台湾）《道教学探索》1995 年 12 月第 9 号。
［30］蓝勇：《历史时期四川居民个性特征的地理分区及演变研究》，《中国历史地理论丛》1996 年第 3 期。
［31］蓝勇：《明清时期云贵汉族移民时间和地理特征》，《西南师范大学学报》（哲学社会科学版）1996 年第 2 期。
［32］吴必虎：《中国文化区的形成与划分》，《学术月刊》1996 年第 3 期。
［33］阿泽明次尔独支：《摩校人的饮食习格》，《民族学调查研究》1996 年第 3 期。
［34］宣科：《纳西多声民歌“热美磋”的原始状态》，《天津音乐学院学报》1996 年第 4 期。
［35］李劼：《教化与教育：兼论纳西族历史上的教育》，《民族教育研究》1998 年第 4 期。
［36］盖兴之：《纳西族双语地区的汉语中介语研究》，《中央民族学院学报》2000 年第 2 期。
［37］张晓虹：《明清时期陕西民间信仰的区域差异》，《中国历史地理论丛》2000 年第 1 期。
［38］丸山宏，张泽洪：《论纳西族东巴和彝族毕摩的仪礼传统：以送葬仪礼为中心》，《西藏民族学院学报》2001 年第 4 期。
［39］盖兴之，高慧宜：《纳西族文化中的多元现象》，云南民族学院学报 2001 年第 5 期。
［40］孙宏开：《纳西族在藏缅语族语言中的历史地位》。《语言研究》2001 年第 1 期。
［41］盖兴之：《纳西语中的多元文化现象》，《玉振金声探东巴：国际东巴文化艺术学术研讨会论文集》，社会科学文献出版社 2002 年版。
［42］毛曦：《历史文化地理学的理论与方法》，《陕西师范大学学报》

2002 年第 3 期。
[43] 段塔丽：《战国秦汉时期巴蜀丧葬习俗——船棺葬及其民俗文化内涵》，《中国历史地理论丛》2002 年第 1 期。
[44] 洪璞：《乡居·镇居·城居——清末民国江南地主日常活动社会和空间范围的变迁》，《中国历史地理论丛》2002 年第 4 期。
[45] 周源：《纳西族神祇"三朵"考》，《云南师范大学学报》2002 年第 3 期。
[46] 杨福泉：《论唐代吐蕃苯教对东巴教的影响》，《思想战线》2002 年第 2 期。
[47] 陈树珍：《从婚丧习俗谈中甸藏纳文化的交融》，《玉振金声探东巴：国际东巴文化艺术学术研讨会论文集》社会科学文献出版社 2002 年版。
[48] 木基元：《略论民族服饰的传承与发展：以纳西族服饰的流变和推广为例》，《思想战线》2002 年第 3 期。
[49] 杨德鋆：《东巴古代墨迹蕴藏的纳西服饰写真史》，《文艺研究》2002 年第 1 期。
[50] 白庚胜：《纳西族空间观念之色彩表象》，《西北民族研究》2003 年第 1 期。
[51] 介永强：《历史宗教地理学刍议》，《陕西师范大学学报》2004 年第 3 期。
[52] 张伟然：《中国历史文化地理研究的核心问题》，《江汉论坛》2005 年第 1 期。
[53] 蓝勇：《中国西南地区传统建筑的历史人文特征》，《时代建筑》2006 年第 4 期。
[54] 蓝勇：《巴蜀休闲好赌风考》，《西南大学学报》（社会科学版）2008 年第 6 期。
[55] 许桂香，司徒尚纪：《岭南服饰历史文化地理初探》，《三门峡职业技术学院学报》2008 年第 1 期。
[56] 唐晓峰：《"超级机制"与文化地理学研究》，《地理研究》2008 年第 2 期。

[57] 马强：《唐宋时期对西部地理认识若干特征初探》，《社会科学战线》2009年第9期。

[58] 葛剑雄：《中国的地域文化》，《贵州文史丛刊》2012年第2期。

地　图

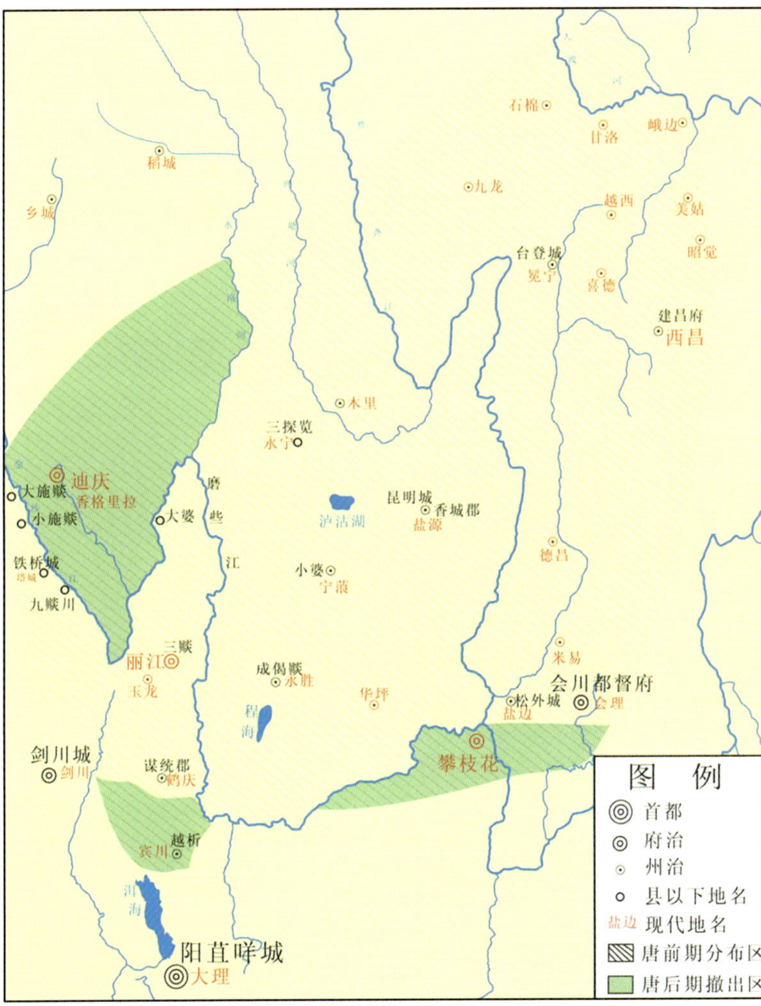

地图 1　唐代磨（麽）些民族分布图

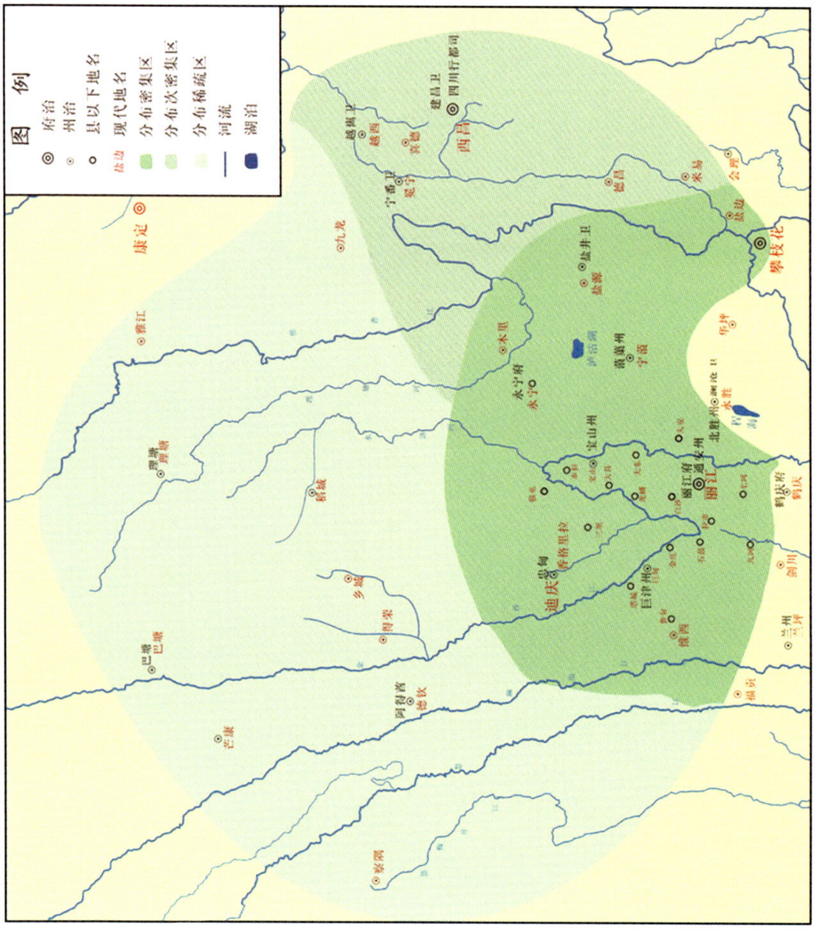

地图2　明代万历年间纳西族分布图

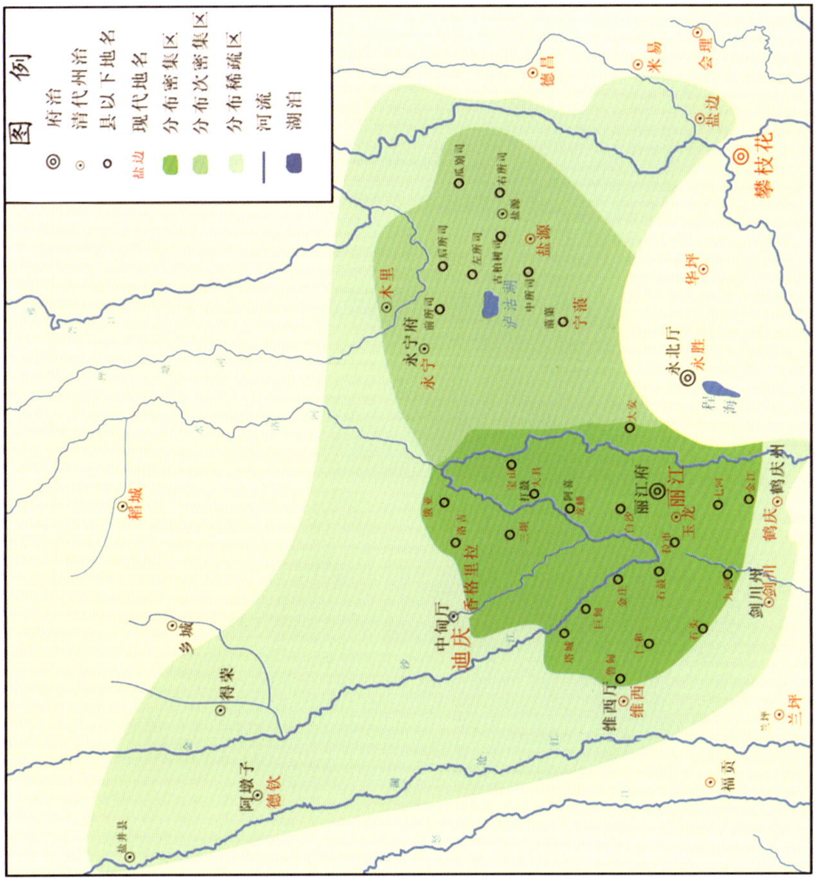

地图3 清代纳西族分布图

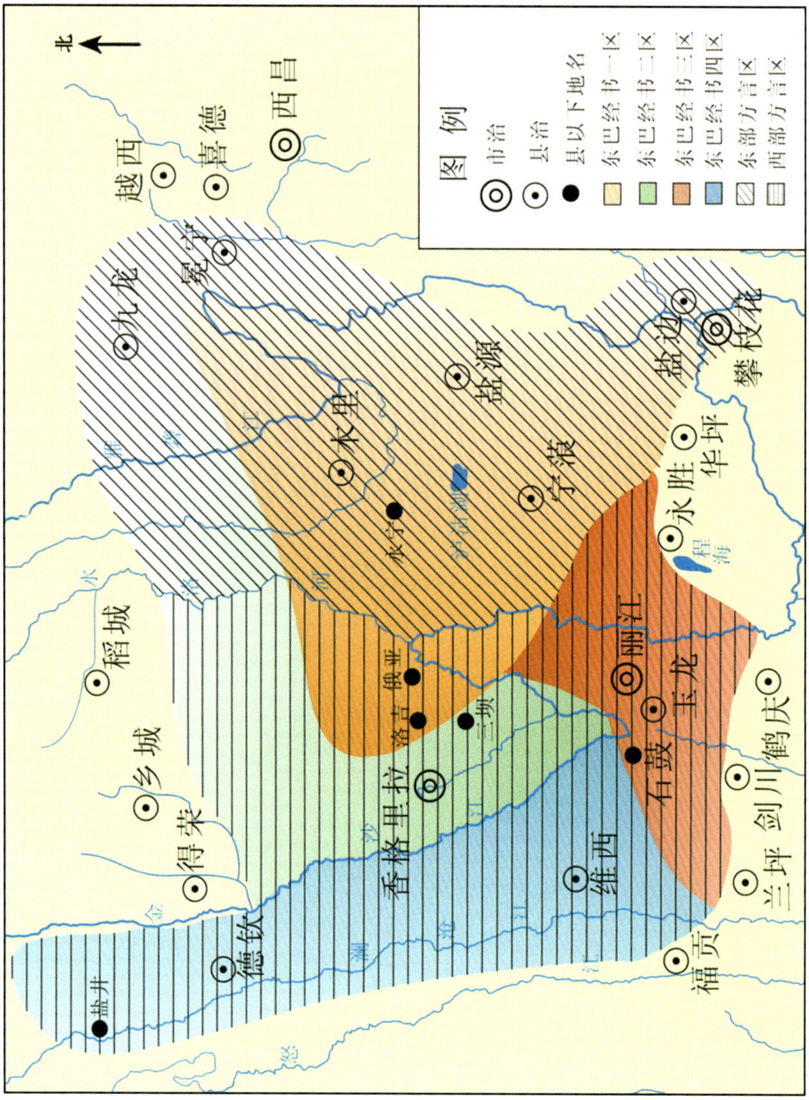

地图4　纳西族地区东巴经书及方言分布图

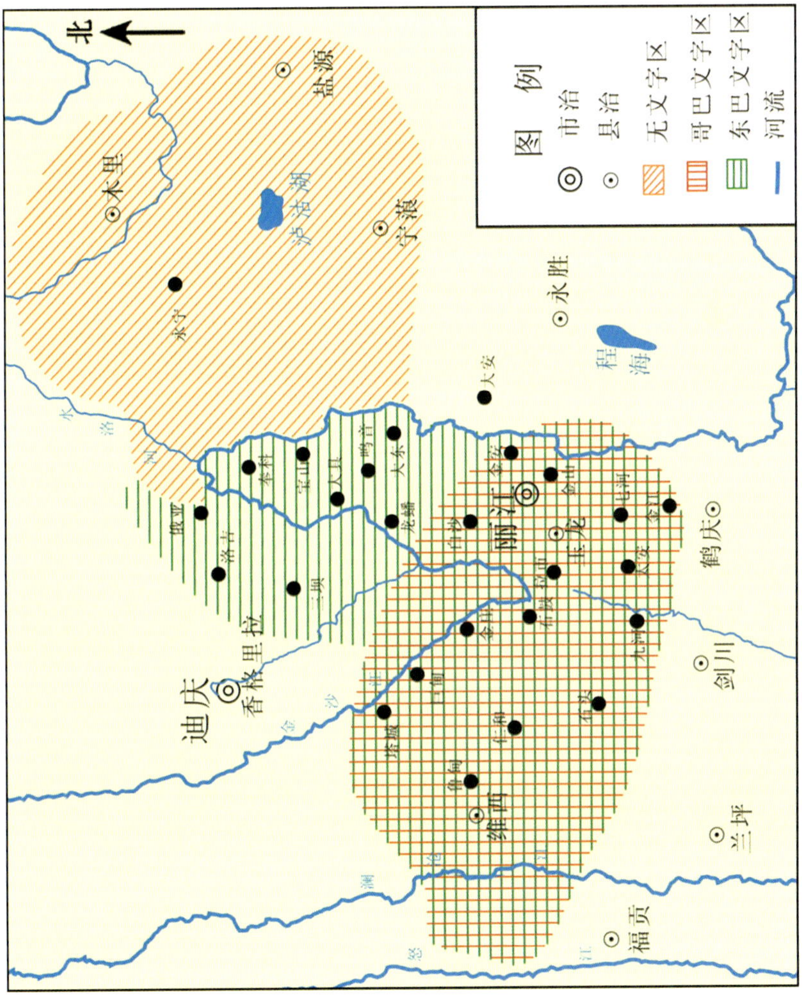

地图5 民国时期纳西族地区象形文字空间分布图

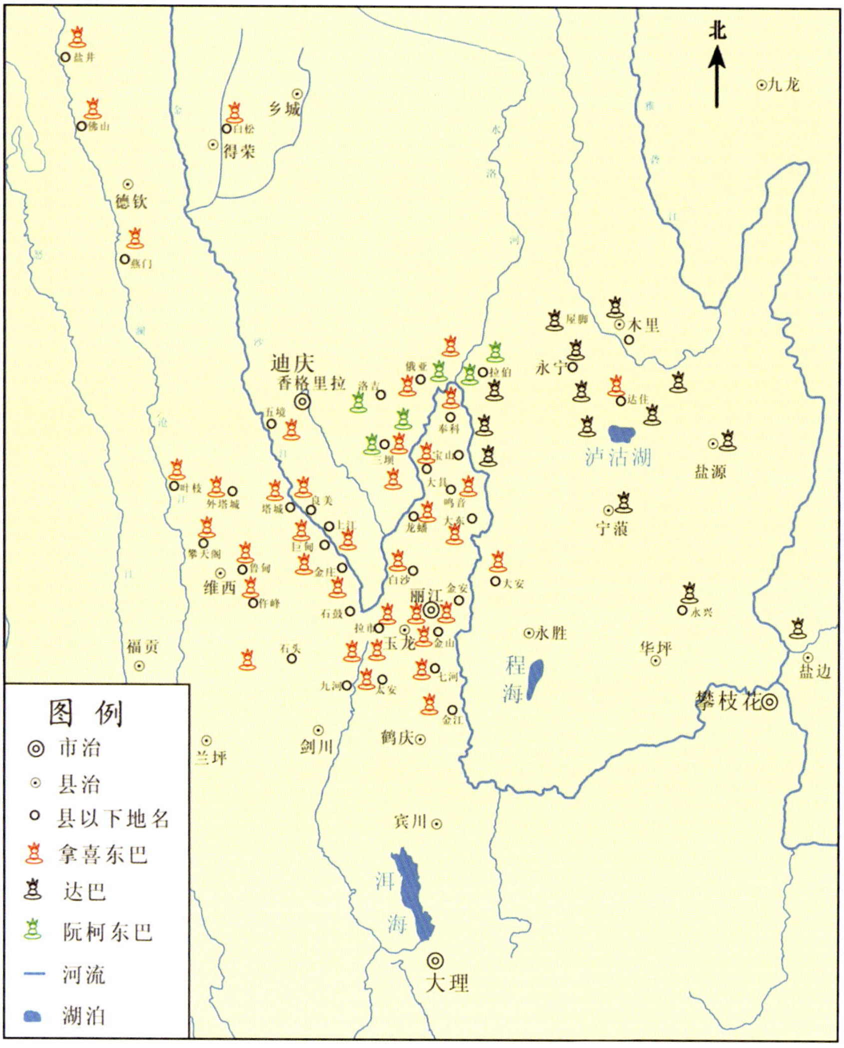

地图6　民国时期东巴、达巴地理分布图

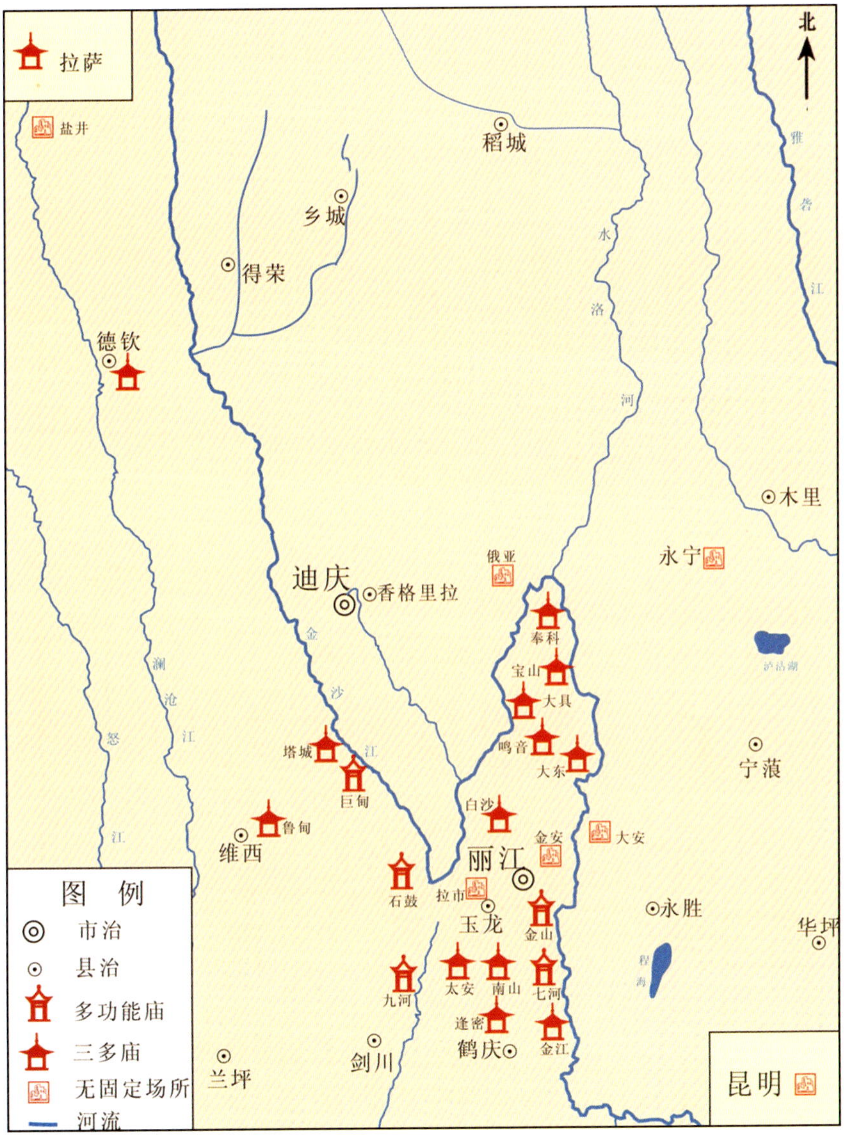

地图 7 民国时期纳西族地区“三多”神信仰空间分布图

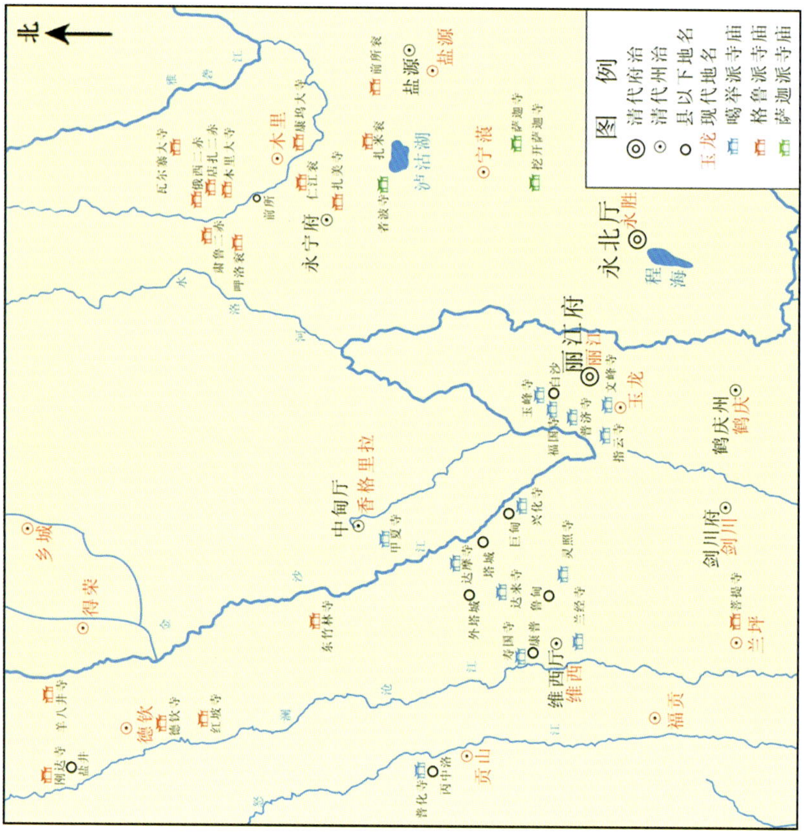

地图8　清末纳西族地区藏传佛教空间地理图

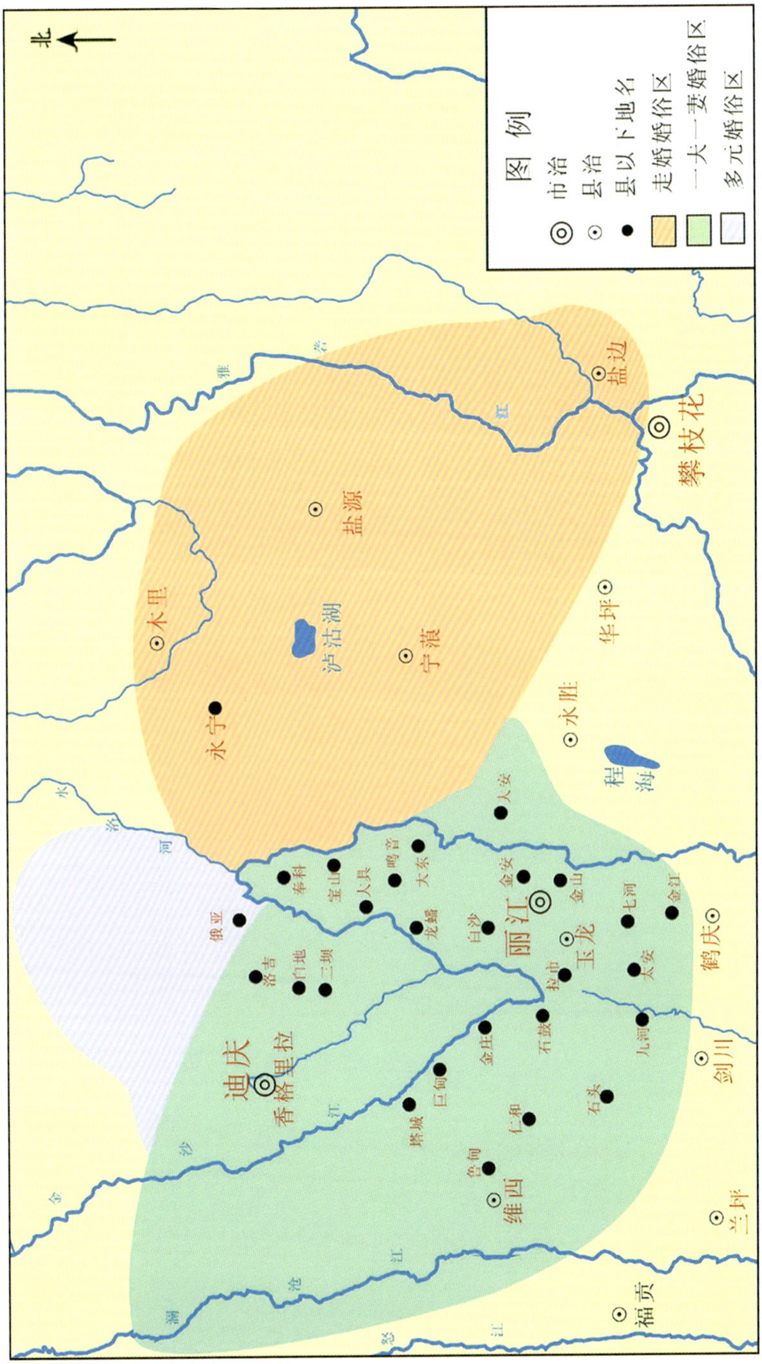

地图9 纳西族地区婚俗文化区分布图

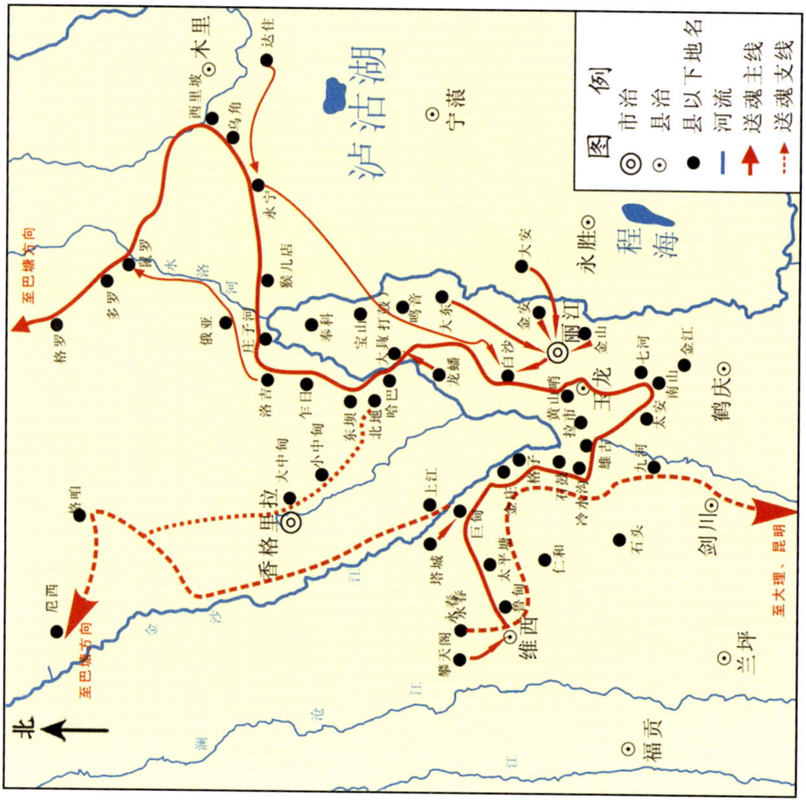

地图10 民国时期纳西族送魂路线图

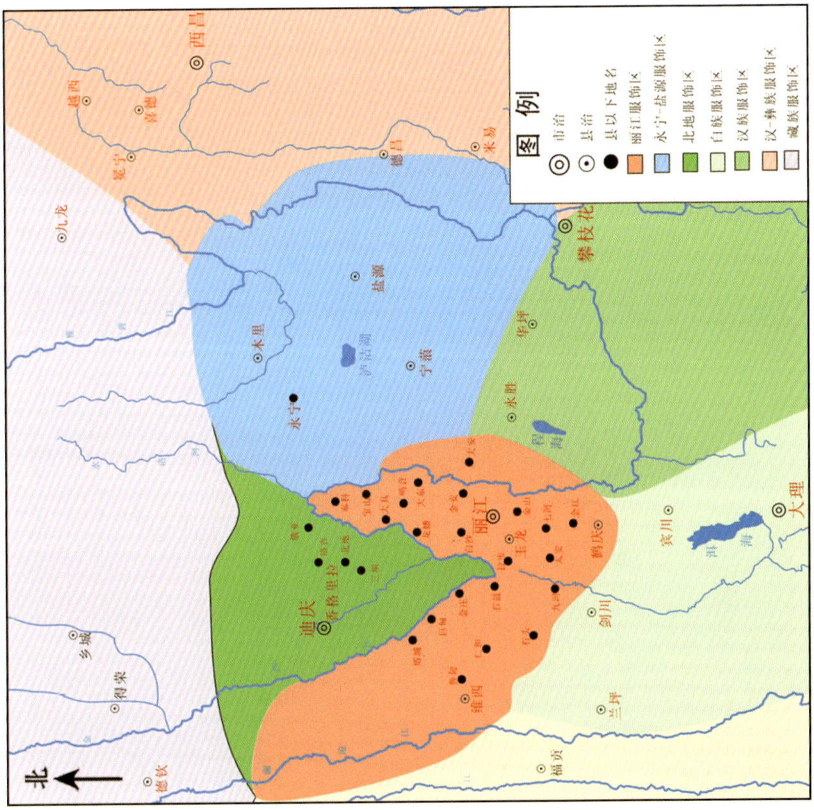

地图11　清末纳西族服饰区分布示意图

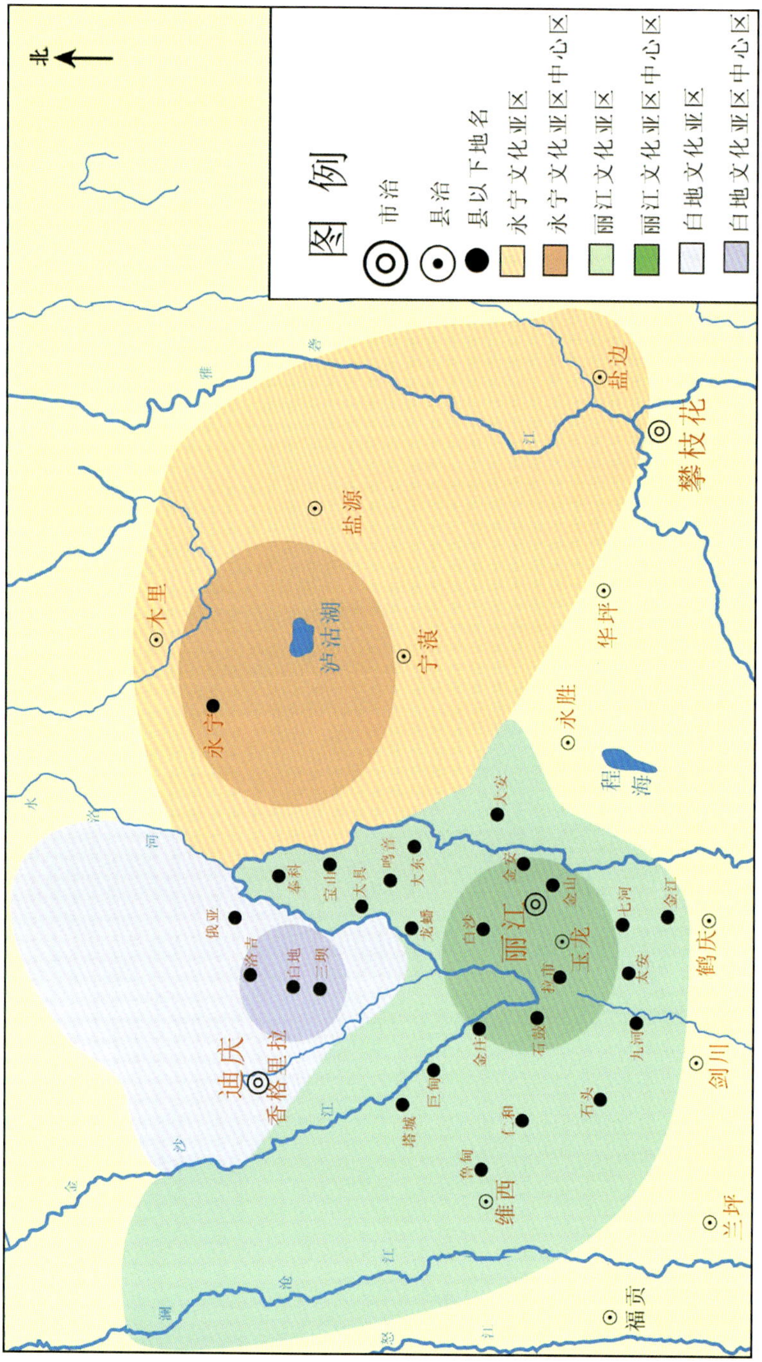

地图12 清代纳西族文化分区图

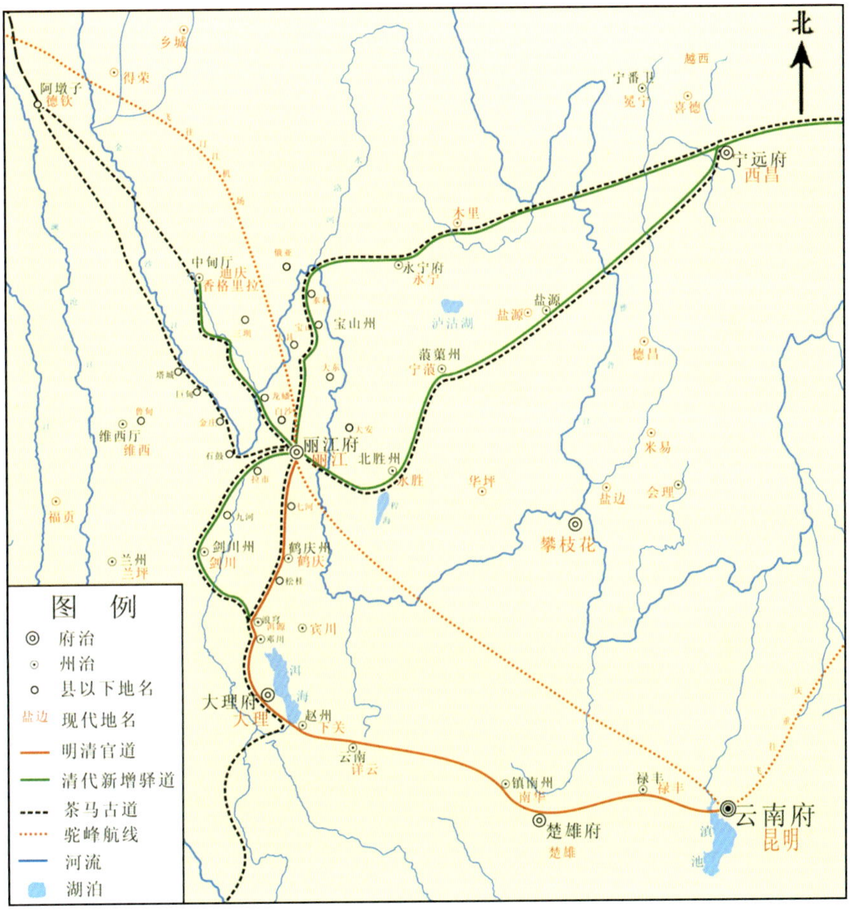

地图 13　明至民国时期纳西族地区交通路线图

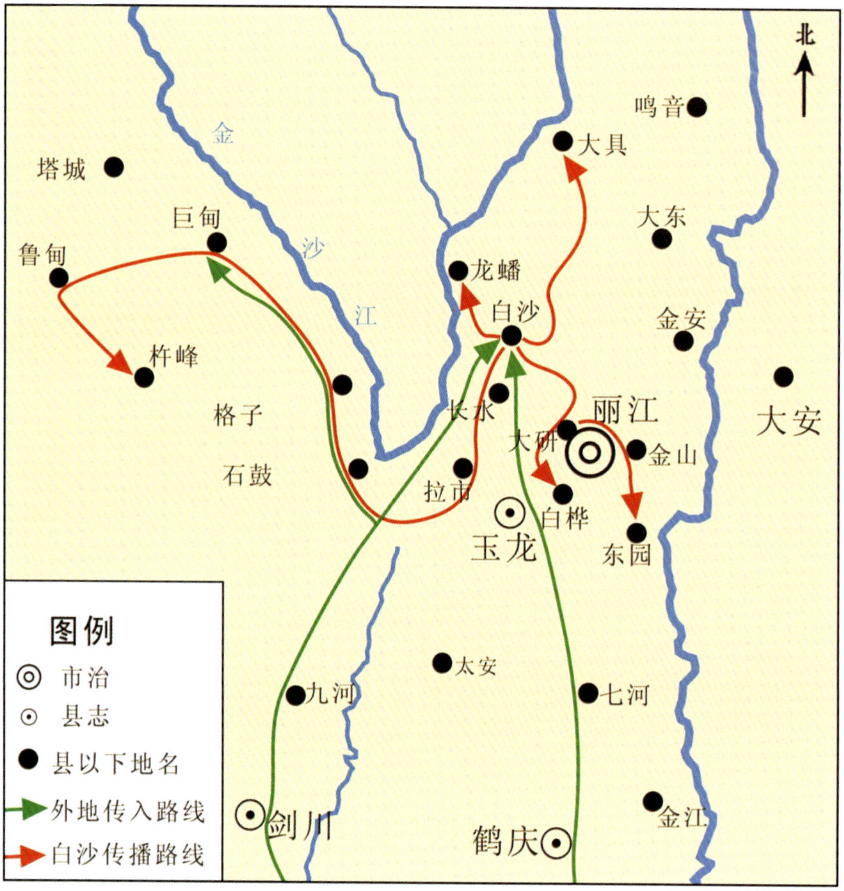

地图 14　丽江洞经音乐传播路线图

后　记

当论文写到后记时，已没有当初的冲动和憧憬，身疲心倦，只想为此付出很多辛劳的您们说上几句感激的话。在您们的提携、关爱、点拨下，我幸庆地完成了学业，在读博的道路上您们给力最多。

人到中年，时常会感到自己置于“舍得”天平的中间，得到的总是以舍弃为代价。在娱乐和消磨时光方面，我很“大方”地舍弃了；而在亲情和友情方面，我还是“痛心”地舍弃了。读博期间，失怙后的内心空白一直是我难以抹去的伤痛！

最想感谢的是导师蓝勇先生！您率先垂范的人格魅力，聚合为一股无言的力量，铸就了历史地理研究所的“气场”。为学楷模，严谨的治学态度和学术的“范儿”，让学子沐浴在历史地理学温泉里，勤奋和严谨已成为历史地理研究所的品性，是这个气场最强的音符！从论文的选题、资料舍取、提纲修缮到初稿修改，都有您的智慧和心血。在我撰写毕业论文的艰辛心路上，蓝老师给予了最浓的关爱和最真的帮扶。

感谢汉语言文献所喻遂生教授！多年前在丽江认识，后来在您帮助和鼓励下，我有幸到西南大学攻博。三年来，您及夫人对我关爱有加，引来您学生的羡慕和嫉妒。您为东巴文化呕心沥血，我真诚地感谢您！

在攻读博士期间，得到历史文化学院、历史地理研究所众多老师帮助，特别是：黎小龙教授、张文教授、卢华语教授、杨光华教授、马强教授、朱圣钟博士、马剑博士、李苹老师等，在此深表谢意！

感谢姜立刚、彭学斌等师兄师姐一直以来关心和指点，栾成斌、秦立凯等同窗的关心和帮助，罗权、姜海涛等师弟师妹给予关照和帮助。还要感谢杨亦花、和耀荣、周寅、郑邦宏、史晶英、马文丽、和学璋等同校好友、乡友们，一路走来一路得到您们的帮助，难以忘怀。

感谢一直以来心系本人学业的您们：郭大烈、余嘉华、杨福泉、白庚胜、杨国清、曹相、吴宝璋、李寿、古永继、黄乃镇、陈桂云等，感激之情，无以言表。感谢一帮好兄弟：陶卫君、和万传、杨杰宏、和继全、和春云、沈毅、杨建勋、李向刚等，您们的鼓励和关心让我在学业上更加专注。

在紧张的学习期间，师兄陈庆引我认识了八卦掌传人庄严森，在庄师傅门下学习健身之术，得到孟凡君、陈东亚等师兄的不少帮助，在健身习武与撰写论文之间找到了结合点，感谢您们的关爱！

最让我心存感激的是大哥、嫂子和弟弟，这些年来您们无怨无悔地照顾多病的老母，总想着不影响我的学业。在我脱产攻博期间，糟糠之妻托起了一个家庭，应酬人情世故已让您疲惫不堪，却总是装出很轻松的样子。您的付出远比我在学业上付出的多得多！

论文答辩至今已过去了二年多，在修改和补充过程中，脑海中不断浮现出读博期间一张张难忘的画面，或是青涩单调，或是慷慨激昂，或是嬉戏娱乐，这些成为了博士论文调料。在出版过程中，得到云南省哲学社科学术著作出版资助，在此对他们深表诚挚的谢意！

文中难免有错漏和有待考究地方，敬请读者指正。

2013 年　重庆北碚

2015 年　云南丽江